沂蒙革命诗词选注

Yimeng Geming Shici Xuanzhu

主　编　曲文军　李洪彦
副主编　王纪明　张红云　刘硕伟　卢少林

山东人民出版社
国家一级出版社　全国百佳图书出版单位

图书在版编目（CIP）数据

沂蒙革命诗词选注/曲文军,李洪彦主编. —济南:山东人民出版社,2015.4
ISBN 978-7-209-07430-8

Ⅰ.①沂… Ⅱ.①曲…②李… Ⅲ.①诗词—作品集—中国—现代②诗词—作品集—中国—当代 Ⅳ.①I226

中国版本图书馆 CIP 数据核字（2015）第 083631 号

责任编辑:王 晶

沂蒙革命诗词选注
曲文军 李洪彦 主编

山东出版传媒股份有限公司
山东人民出版社出版发行
社 址:济南市经九路胜利大街 39 号 邮 编:250001
网 址:http://www.sd-book.com.cn
市场部:(0531)82098027 82098028
新华书店经销
青岛国彩印刷有限公司印装

规 格 16 开(184mm×260mm)
印 张 29
字 数 530 千字
版 次 2015 年 4 月第 1 版
印 次 2015 年 4 月第 1 次
ISBN 978-7-209-07430-8
定 价 65.00 元

如有质量问题，请与印刷厂调换。电话:(0532)88194567

前　言

沂蒙山与井冈山、延安是中国革命战争时期最重要的革命根据地之一。在抗日战争和解放战争时期，沂蒙人民为抗击外来侵略和中国革命的胜利作出了巨大的牺牲，为共和国的建立作出了不可磨灭的贡献。沂蒙革命根据地被无数革命后人誉为“两战圣地、红色沂蒙”。在这片红色的土地上，诞生了无数可歌可泣的英雄儿女，如沂蒙六姐妹、沂蒙母亲、沂蒙红嫂等。他们的革命精神后来被高度概括为沂蒙精神，即“爱党爱军、开拓奋进、艰苦创业、无私奉献”。伟大的沂蒙精神与井冈山精神、延安精神、西柏坡精神一样，都是中华民族宝贵的精神财富。

临沂大学沂蒙文化研究院承担了《沂蒙革命诗词选注》的编纂注释工作。本书所收作品以旧体诗词为主，兼收部分自由体诗歌。这些诗词的作者既有毛泽东、朱德、董必武、叶剑英、陈毅等老一辈无产阶级革命家，也有驰骋疆场、身经百战的中国人民解放军高级将领；既有王麓水、陈明、刘之言等为国捐躯的革命烈士，也有新中国成立后为社会主义革命和建设继续贡献力量的老红军、老八路；既有清正廉洁、勤奋为民的人民公仆，也有范筑先、刘民生等与我们党同舟共济、肝胆相照的民主党派和无党派人士。他们不是专业诗人，但他们是真正的诗人！他们在工作战斗之余，以诗言志，抒发了中华民族爱国为民、自强不息的民族精神，艺术地再现了中国共产党人抛头颅、洒热血，惊天地、泣鬼神的丰功伟业，用生命和热血谱写了一曲曲动人的优秀诗篇。这些作品让我们看到了从20世纪初沂蒙地区共产党人于民族危难之中寻路开拓，到新中国成立后社会主义革命与建设的探索改革，在民族崛起和复兴的征途中创造和弘扬沂蒙精神的英雄群像。

中国传统诗学历来重视诗歌的政治教化功用，强调借诗歌以观察民风国情，用诗歌感化教育百姓，所谓“正得失，动天地，感鬼神，莫近于诗”（《诗大序》）。革命历史研究的终极意义是“资政育人”，最终为了推进中华文明的不断演进与发展。沂蒙革命诗词作品，既具有形象的“资政育人”的功能，可以使后人“察得失、知成败”；又可以体现现代史学家颇为推崇的“以诗存史”“以诗补史”和“以诗证史”的治史方法。这些诗词作品既具有生动的文学审美价值，又具有宝贵的党史学的史料价值。这些诗词作品对于我们大力提倡的精神文明建设、政治文明建设和深化沂蒙文化的研究，无疑都具有重要意义。

沂蒙革命诗词主要来源于五个方面：一是党和国家领导人颂扬在沂蒙地区战斗工作过的老一辈无产阶级革命家的诗词，如毛泽东的《吊罗荣桓同志》、董必武的《忆王尽美同志》等；二是在沂蒙地区战斗工作过的老一辈无产阶级革命家的诗词，如陈毅元帅的《孟良崮战役》、谷牧的《深切怀念希伯同志》等；三是在沂蒙地区战斗工作过、具有广泛影响的革命烈士、战斗英雄、老红军、老八路、老党员、老干部等的诗词作品；四是在新中国成立以前加入中国共产党或参加革命工作的临沂籍知名人士的诗词作品；五是与我们党同舟共济、肝胆相照，为沂蒙地区革命和建设作出贡献的民主党派和无党派知名人士的诗词作品。

在诗词作品的筛选方面，本书坚持政治性与艺术性相结合、政治性第一的原则。对于在沂蒙革命史上具有重要地位、存世作品极少的作者，本着“以诗存史”和“以诗证史”的原则，对其作品尽可能地全部收录；对于在沂蒙革命史上具有重要地位、存世作品较多的作者，对其作品则进行认真筛选，力求在一定的篇幅内凸显作者创作的思想深度和艺术高度。

本书作者的排列顺序，除担任中央顾问委员会副主任、全国人大副委员长、全国政协副主席、中央军委副主席、国务院副总理、国务委员以上的党和国家以及军队的主要领导人之外，其余作者一律按照生年排列。生年不可考的作者列入最后。每个作者的作品，基本按照写作年代排列；写作年代不可考的作品，按照习惯顺序排列。

本书的读者对象定位为党史研究者和旧体诗词爱好者，主要对象群体为老红军、老八路、老党员、老干部等。考虑到主要读者群体的文化程度，在作品的注释方面采用详注的方式。详注的原则主要体现在以下五个方面：

第一，对于专有名词的注释：凡作品（包括作者“题记”）中涉及的历史人物、历史事件、古今地名、专业名称、组织名称等专有名词，本着“以诗存史”“以诗证史”的原则，广泛采用人物传记、人名辞典、历史词典、县区方志、党史研究等方面的资料予以注释。

第二，对于相对生僻词语和方言的注释：广泛借鉴《汉语大词典》《汉语大字典》《辞源》《辞海》等相关资料予以注释。注释时注意吸收和深化前人的已有成果。在词语注释之后，相应地引出该意义的最早出处及书证，以帮助读者体会该词语的最早语境。如果最早出处的文字过于艰涩,则适当选取时代晚出、文字平易的书证,以减少读者阅读注释文字的障碍。

第三,对于含义深刻或较为费解的诗句:除对生僻字词进行解释外,尽可能地概括出全句的意义。

第四,对于出现频率高而又确实需要注释的语词:为了减少读者的“二次翻检”之劳,一般不采用“参见某诗注释”的方法,而是不厌其烦地予以注释。不过,在首次注释时尽可能概括出该语词的全部信息,以后再出现时则根据具体情况予以简单注释。

第五,对于词牌名的注释:只注释“潇湘神”“烛影摇红”“一叶落”“满路花”“高山流水”等非常用词牌名,对“沁园春”“水调歌头”“满江红”“浣溪沙”等常用词牌名则不予注释。

本书作品的筛选参阅了各类诗词选集、个人作品集、地方史料、文艺期刊等共116种。其中主要参阅了张秀岳的《沂蒙之光诗词选》(山东人民出版社,1998年版)、李兴河的《沂蒙当代诗词选》(黄河出版社,2001年版)、山东省民政厅的《山东革命烈士诗词选》(天津人民出版社,1994年版)、魏巍的《将帅诗词选》(辽宁人民出版社,1987年版),以及个人诗词专辑,如陈毅的《陈毅诗词选集》(人民文学出版社,1977年版)、李子超的《白驹集》(山东文艺出版社,1992年版)、高锐的《行吟集》(军事科学出版社,1999年版)等。由于历史的原因,这些沂蒙革命诗词选集和个人专辑中,还存在着程度不同的历史事实错误和文字错误等。我们在进行注释时进行了必要的订正。

本书从搜集资料、确定篇目、制订注释体例、分工注释,再到全书合成,进一步斟酌、增删和润色,前后经过了一年多的时间。这其中的感受,真可谓是“如鱼饮水,甘苦自知”。一般来说,诗词注释是最出力不讨好的事情。汉代董仲舒就说过“诗无达诂”的话,意谓对《诗经》没有通达的或一成不变的解释,会因时因人而有歧异。后人说“注诗难,注杜诗尤难”也体现了这个意思。因为有些诗意只有作者自知,别人是很难理解的。在注释的过程中,我们虽然为沂蒙革命的诗词所感动和熏陶,但“入乎其内,出乎其外”需要渊博的学识和深奥的洞见,而我们似乎很难做到这一点。尽管如此,我们凭着认真执着的精神,只要有一点点注释的“空间”,我们就不轻易放过——那就是沿着前人走过的路,再多看一眼路上,尽可能地扫除注释过程中所有的障碍,选取自认为最贴切、最能反映原意的那一种说法介绍给读者,努力为沂蒙革命诗词的研究贡献自己的一份力量。

本书在注释的过程中，广泛参考了已经出版的沂蒙革命诗词方面的各种著作，注意借鉴和吸收了诗词注释方面最新的研究成果。凡有借鉴的诗词著作，一并在书末单独列出参考文献目录，一是对文献的所有者表示诚挚的谢意，二是便于读者的进一步核查。由于注释者水平所限，注释风格不尽统一，出现缺点和误读也是难以避免的，敬请广大读者不吝赐正。我们热切地期待着搜罗更广、注释更为详尽精当的沂蒙革命诗词注释本的出现。

2014年3月18日

目　录

◎毛泽东

毛泽东（1893~1976），湖南湘潭人。伟大的马克思主义者，无产阶级革命家、战略家、理论家、诗人，中国共产党、中国人民解放军和中华人民共和国的主要缔造者，中国各族人民的伟大领袖，马克思主义中国化的伟大开拓者，近代以来中国伟大的爱国者和民族英雄，党的第一代中央领导集体核心。毛泽东的旧体诗词作品，至20世纪70年代末期，共发表43首。后来，在与毛泽东同时代人的回忆文章中，又披露了毛泽东另外一些诗词。著名诗人贺敬之认为："毛泽东诗词以其前无古人的崇高优美的革命感情、遒劲伟美的创造力量、超越奇美的艺术思想、豪华精美的韵调辞采，形成了中国悠久的诗史上风格绝殊的新形态的诗美，这种瑰奇的诗美熔铸了毛泽东的思想和实践、人格和个性。"

吊罗荣桓同志[①]

1963年12月

记得当年草上飞，红军队里每相违。
长征不是难堪日，战锦方为大问题[②]。
斥鷃每闻欺大鸟[③]，昆鸡长笑老鹰非[④]。
君今不幸离人世，国有疑难可问谁？

【注释】

①选自中央文献研究室《毛泽东诗词集》，中央文献出版社，1996年版。本诗最早发表在1978年9月9日《人民日报》。罗荣桓（1902~1963）：湖南衡山人。伟大的无产阶级革命家、军事家，中国人民解放军创建人之一，党、国家和军队卓越领导人。他率领的八路军一一五师，与山东人民抗日武装组成的八路军山东纵队并肩作战，先后在鲁西、鲁南、冀鲁边、鲁中、滨海地区发动群众，建立抗日民主政权，发展人民武装，巩固和扩大抗日根据地，建立了中共最强大的抗日根据地——山东抗日根据地，正规军人数占共产党军队的三分之一。

②战锦：指锦州战役。在辽沈战役中，罗荣桓坚决执行中共中央军委关于先打锦州把国民党军封闭在东北予以全歼的战略决策，对夺取辽沈战役胜利起了决定性作用。

③"斥鷃"句：典出《庄子·逍遥游》："斥鴳笑之曰：'彼且奚适也?'"陆德明释文引司马彪曰："斥，小泽也。本亦作'尺'。鴳，鴳雀也。"成玄英疏："鴳

雀，小鸟。”本句意思是斥鷃嘲笑鹏鸟为了飞得高而天天那么辛苦，哪像自己在蓬蒿中飞翔那么轻松自在。

④“昆鸡”句：出自俄国克雷洛夫寓言《鹰和鸡》，意思是鹰因为低飞而受到鸡的耻笑，认为鹰飞得跟自己一样低。鹰答道：鹰有时比鸡飞得还低，但鸡永远不能飞得像鹰那样高。这两句诗暗喻罗荣桓将军是大鹏和老鹰，有远大抱负，不管小人怎么说，总是很值得信赖。

◎朱　德

朱德（1886～1976），字玉阶，原名朱代珍，曾用名朱建德，四川仪陇人。伟大的马克思主义者，无产阶级革命家、政治家和军事家，中国人民解放军的主要缔造者之一。中华人民共和国的开国元勋，是以毛泽东为核心的中共第一代中央领导集体的重要成员。在新民主主义革命时期，朱德先后担任中国工农红军总司令、八路军总司令、中国人民解放军总司令，并在党内担任重要领导职务。朱德身经百战，历尽艰险，功勋卓著，在每一个重大关头都发挥了极其重要的历史作用，为推翻帝国主义、封建主义、官僚资本主义三座大山，实现中华民族的独立和解放，建立人民当家做主的新中国作出了杰出贡献。

我为陈毅同志而作①

1941 年底

江南转战又江东，大将年年建大功。
家国危亡看子弟②，河山欲碎见英雄。
尽收勇士归麾下③，压倒倭儿入笼中④。
救世奇勋谁与识，鸿沟再划古今同⑤。

【注释】

①选自中共中央文献研究室编《朱德诗词集》，中央文献出版社，2007 年版。1938 年 1 月，新四军军部在南昌成立。陈毅率部挺进江南，开辟茅山根据地。嗣后又派部队东进，开辟苏北根据地。黄桥之战，打退国民党顽固派的进攻。皖南事变后，陈毅代理新四军军长，与刘少奇一同领导新四军粉碎了日寇的“围剿”，打退了国民党顽固派的进攻，渡过难关，壮大了队伍，扩大了抗日根据地。为赞颂陈毅新建之功勋，朱德故赋是篇。

②子弟：指人民子弟兵。

③麾下：即部下。《史记·秦本纪》：“缪公与麾下驰追之，不能得晋君。”

④倭儿：对日本侵略者的蔑称。

⑤鸿沟：古运河名。在今河南省。楚汉相争时曾划鸿沟为界。《史记·项羽本纪》：“项王乃与汉约，中分天下，割鸿沟以西者为汉，鸿沟而东者为楚。”此诗中指国界。比喻界线分明。

悼罗荣桓同志[1]

1963 年 12 月 19 日

起义鄂南即治军[2]，忠诚革命贯平生。
身经百战摧强敌，留得丰功万古存。

【注释】

①选自中共中央文献研究室编《朱德诗词集》，中央文献出版社，2007 年版。1963 年 12 月 16 日，罗荣桓在北京逝世，朱德因赋是篇以悼。

②鄂南：泛指现在的咸宁市、黄石市、石首市、鄂州市、武汉江夏区等，因这些县市区位于湖北省南部，故称之为“鄂南”。1927 年 9 月 9 日，在中共湖北省委的领导下，中共鄂南特委发起了以“中伙铺劫车”为起点，遍及鄂南各县的农民秋收起义。

悼陈毅同志[1]

1972 年 2 月

一生为革命，盖棺方论定[2]。
重道又亲师[3]，路线根端正。

【注释】

①选自中共中央文献研究室编《朱德诗词集》，中央文献出版社，2007 年版。1972 年 1 月 6 日，陈毅在北京逝世，朱德赋是篇以悼。

②盖棺方论定：指一个人的是非功过到死后才能做出结论。《明史 · 刘大夏传》：“人生盖棺论定，一日未死，即一日忧责未已。”

③重道又亲师：同“尊师重道”，尊重师长所传之道。《礼记 · 学记》：“师严然后道尊。”汉郑玄注：“尊师重道焉，不使处臣位也。”

◎董必武

董必武（1886～1975），湖北黄安（今红安）人。杰出的无产阶级革命家，马克思主义的政治家和法学家，中国共产党的创始人之一，中华人民共和国的缔造者之一。1911 年参加辛亥革命。1920 年在湖北建立共产主义小组。1921 年出席中国共产党第一次全国代表大会。第二次革命战争时期，任中共中央党校校长，中华苏维埃共和国中央执行委员，最高法院院长。1934 年参加长征。到陕北后，任中共中央党校校长，陕甘宁边区代主席。抗日战争和解放战争时期，任中共中央华北局书记处书记、华北人民政府主席。新中国成立后，任政务院副总理兼政法委员会主任，最高人民法院院长，第二届全国政协副主席，中共中央监察委员会书记，中华人民共和国副主席、代主席，全国人大常委会副委员长等职。他是一位博学多才、通古达今、功底深厚、诗兴勃发的老一代革命诗人。

忆王尽美同志[①]

1961 年 8 月 21 日

四十年前会上逢，南湖舟泛语从容[②]。
济南名士知多少，君与恩铭不老松[③]。

【注释】

①选自董必武《董必武诗词》，人民文学出版社，1977 年版。此诗作于 1961 年，距中国共产党第一次全国代表大会召开时，恰是四十年。王尽美（1898～1925），山东莒县人。中国共产党的创始人之一，中国共产党第一次全国代表大会代表，也是中国共产党在山东的早期组织者和领导者。

②南湖：浙江嘉兴南湖。中国共产党第一次全国代表大会在南湖的一艘游船上闭幕。

③恩铭：邓恩铭（1900～1931），贵州荔波人。1920 年，在济南与王尽美共同创办马克思学说研究会，1921 年与王尽美发起创建济南共产党早期组织，并一同出席中国共产党第一次全国代表大会。他是中国共产党的创始人之一、山东党组织早期组织者和领导者。1925 年被军阀政府逮捕，1931 年遭杀害。

纪念王师长麓水同志[①]

1954 年 6 月

身是萍乡一雇工，参加革命显英雄。

鲁南解放开新局[2]，痛惜滕郊未竟功[3]。

【注释】

①选自董必武《董必武诗词》，人民文学出版社，1977 年版。王麓水（1913～1945）：江西萍乡人。1932 年加入中国共产党。参加了长征。抗日战争时期，先在晋西南坚持抗战，后为鲁南抗日根据地领导人之一。1943 年春，任鲁南军区政委兼鲁南区党委书记。1945 年 8 月，任山东解放军野战兵团第八师师长兼政委，在解放滕县时英勇牺牲。

②鲁南：即山东的南部，主要包括临沂、枣庄、济宁等市，是山东的南大门。

③“痛惜”句：1945 年 12 月 12 日，王麓水率山东军区第八师包围滕县城，并亲临前沿阵地指挥。在东大门外马神庙房家坑处观察敌情时，一颗炮弹在附近爆炸，王麓水胸部中弹牺牲。下午 4 时，全城战斗胜利结束，滕县城遂告解放。为纪念王麓水，滕县曾一度改为麓水县。

答陈毅同志[1]

1945 年

吾爱陈师道[2]，新诗句句雄。
闭门心若水，惊坐气如虹。
百战劳横槊[3]，三年依卧龙[4]。
驱倭过东海，欢饮一樽同。
六十今初度，深惭学未成。
书荒欲试剑，苔异喜同岭[5]。
儒术终误身[6]，兵家此日邻。
余身犹可用，驱策愿当仁[7]。

【注释】

①选自董必武《董必武诗词》，人民文学出版社，1977 年版。1945 年是抗日战争取得最后胜利的一年，适逢董必武同志六十大寿，陈毅为他写了一篇祝寿诗，充满着对革命即将胜利的喜悦。这是董老对陈毅的答诗。

②陈师道（1053～1102），北宋著名诗人。字履常，一字无己，号后山居士，彭城（今江苏徐州）人。一生安贫乐道，闭门苦吟，有“闭门觅句陈无己”之称。为苏门六君子之一，江西诗派重要作家。亦能词，其词风格与诗相近，以拗峭惊警见长。著有《后山先生集》，词有《后山词》。

③横槊：横持长矛。指从军。《南齐书·垣荣祖传》：“若曹操、曹丕上马横槊，下马谈论，此于天下可不负饮食矣。”

④卧龙：喻尚未崭露头角的杰出人才。《晋书·嵇康传》“（钟会）言于文帝曰：

‘嵇康，卧龙也，不可起，公无忧天下，顾以嵇康为虑耳。’”

⑤“苔异”句：青苔虽不同且喜在同一山岭，意为人虽不同且喜在同一革命阵营。

⑥儒术：儒家的原则、学说、思想。《史记·封禅书》：“窦太后治黄老言，不好儒术。”

⑦驱策：驾驭鞭策。《北齐书·王昕传》：“（元悦）乃令骑马在前，手为驱策。”当仁：谓义不容辞。唐王勃《益州德阳县善寂寺碑》：“下官以文在兹手，愿展当仁之笔。”

◎叶剑英

叶剑英（1897～1986），广东梅县人。坚定的马克思主义者，伟大的无产阶级革命家、政治家、军事家，中国人民解放军的缔造者之一，中华人民共和国的开国元勋，党和国家的卓越领导人。1927年加入中国共产党。1931年后历任中央革命军事委员会委员兼总参谋部部长，红一方面军参谋长，红军前敌总指挥部参谋长，中革军委副总参谋长等职。抗日战争时期，任八路军参谋长。抗战胜利后，任北平军事调处执行部中共代表。1947年回延安，后任中共中央后方委员会书记，中国人民解放军参谋长，北平市市长等职。新中国成立后，历任广东省人民政府主席，华南军区司令员，军事科学院院长兼政治委员，中共中央书记处书记，中央军委副主席兼秘书长，国防部部长，政协全国委员会副主席，中共中央副主席，全国人大常委会委员长等职。1955年被授予元帅军衔。

悼罗荣桓同志（二首）[①]

1963年12月

一

毕生战斗明敌我，侪辈庄严一典型[②]。
大业方兴公竟逝，哀歌声里起雷霆。

二

严明公正三军冠，苦学力行不尚言。
东海朝阳南山月[③]，清辉漫洒在人间。

【注释】

①选自中共中央文献研究室编《叶剑英诗词集》，中央文献出版社，2008年版。1963年12月16日，罗荣桓因病在北京逝世。叶剑英写下了这二首哀悼诗篇。

②侪辈：同辈；朋辈。《三国志·魏志·武帝纪》：“公与遂父同岁孝廉，又与遂同时侪辈。”

③南山月：多情的月亮。语出陆游《秋波媚》词：“多情谁似南山月，特地暮云开。”

慰陈毅同志[①]

1971 年 12 月 19 日

君子坦荡荡[②]，于人曰浩然[③]。
赣南危不屈，福建错能悛[④]。
斯人有斯疾，闻道可闻禅。
信回天有力，前路共巨艰。

【注释】

①选自中共中央文献研究室编《叶剑英诗词集》，中央文献出版社，2008 年版。本诗作于 1971 年 12 月 19 日，当时陈毅病重，叶帅前去探视。当晚回来，很不放心，又写信安慰。信中写道：“毅公：顽疾受挫，病体渐痊，科学昌明，名医云集，不愁恶魔不灭也。望宽心医治，老英雄定能胜顽疾，祝早日恢复健康。”

②“君子”句：语出《论语·述而》：“子曰：‘君子坦荡荡，小人长戚戚。’”荡：清除，洗涤。坦荡荡：心胸宽广、开阔、容忍。

③浩然：正大豪迈貌。晋陶潜《扇上画赞》：“至于于陵，养气浩然。”

④悛：悔改。《左传·襄公十年》：“为臣而君，过而不悛，亡之本也。”

◎王尽美

王尽美（1898～1925），山东莒县北杏村（现属山东省诸城市）人。中国共产党的创始人之一，中国共产党第一次全国代表大会代表，也是中国共产党在山东的早期组织者和领导者。积极参加五四运动，是山东学生联合会负责人之一，并参加进步组织“齐鲁通讯社”的活动。1920 年与邓恩铭、王翔千等发起组织“励新学会”，主编《励新》半月刊，并于年底成立山东共产主义小组。1921 年同邓恩铭代表山东共产主义小组参加了在上海举行的中国共产党第一次全国代表大会。1922 年出席在上海举行的中国共产党第二次全国代表大会。1923 年，任中共山东地方执行委员会书记。1924 年创办了《十月》杂志，并参加了《晨钟报》《现代青年》等报刊的编辑和撰稿工作。1925 年病逝于青岛。

沉浮谁主问苍茫①

1918 年

沉浮谁主问苍茫，古往今来一战场。
潍水泥沙挟入海②，铮铮乔有看沧桑③。

【注释】

①选自中共潍坊市委党史资料征集委员会编《潍畔英豪》，山东人民出版社，1985 年版。

②潍水：即潍河，源出山东省五莲县箕屋山，北流入莱州湾，流经王尽美的故乡莒县北杏村的北面。

③铮铮：比喻声名显赫，才华出众。南朝宋刘义庆《世说新语·赏誉》：“洛中铮铮冯惠卿，名荪，是播子。”乔有：山名，在北杏村南。1971 年中共诸城县委在大北杏村前的乔有山上修建王尽美烈士纪念馆。

肇在造化

——赠友人①

1921 年

贫富阶级见疆场，尽善尽美唯解放②。
潍水泥沙流入海，乔有麓下看沧桑。

【注释】

①选自李海涛编著《王尽美》，中共党史出版社，2005年版。这首诗与王尽美1918年考入省立一中时所写的“沉浮谁主问苍茫，古往今来一战场。潍水泥沙挟入海，铮铮乔有看沧桑”相比，可以明显地看出，党的成立，更加坚定了王尽美的阶级斗争的意识和坚定革命信念，追求人民的解放成为他毕生奋斗的目标。肇在造化：语出唐王维《山水诀》：“肇自然之性，成造化之功。”肇：开始，初始。

②尽善尽美：1921年6月，王尽美和邓恩铭一起赶赴上海，参加中国共产党第一次全国代表大会。据史料记载，就在这时，他将自己的名字由王瑞俊改为王尽美，取“尽善尽美”之意。

长江歌[①]

看看看，滔天大祸，飞来到身边——
日本强盗似狼贪，硬立民政官[②]！
此耻不能甘，山东又要似朝鲜！
嗟我祖国，攘我主权，破我好河山。
听听听，山东父老，同胞忿怒声，
送我代表赴北京，质问大总统[③]！
反对卖国廿一条[④]，保护我山东，
堂堂中华，炎黄裔胄[⑤]，主权最神圣。

【注释】

①选自李海涛编著《王尽美》，中共党史出版社，2005年版。五四运动前后，王尽美积极参加爱国反帝斗争。这首歌是他暑期返乡向群众做宣传时所写。《长江歌》是当时的一首歌曲，王尽美用它的曲调另填新词。

②民政官：当时日本侵略者为了攫取我山东的主权，要在胶济沿线设立5个民政署。

③大总统：指中华民国总统袁世凯。袁世凯（1859～1916），河南项城人。辛亥革命期间逼清帝退位，并成为中华民国临时大总统，后当选为中华民国首任大总统。1915年12月悍然称帝，建立中华帝国，后来在护国运动的压力下取消皇帝尊号，不久后去世。

④廿一条：即“二十一条”。1915年1月18日，日本驻华公使日置益晋见袁世凯，递交了二十一条要求的文件，并要求政府“绝对保密，尽速答复”。此后日本帝国主义以威胁利诱的手段，历时五个月交涉，企图迫使袁世凯政府签订，从而把中国的领土、政治、军事及财政等都置于日本的控制之下。这些条款称中日“二十一条”，也称《民四条约》。

⑤裔胄：后代。《左传·襄公十四年》：“昔秦人负恃其众，贪于土地，逐我诸戎。惠公蠲其大德，谓我诸戎，是四岳之裔胄也，毋是翦弃。”杜预注：“裔，远

也；胄，后也。”

无情最是东流水[①]

无情最是东流水，日夜滔滔去不停。
半是劳动血与泪，凡人从此看分明[②]。

【注释】

①选自秦岭、川之《革命烈士诗选讲》，内蒙古人民出版社，1985年版。此诗作于1922年，反映工人生活的困苦情况，最初发表于《山东劳动周刊》。

②凡人：此指众人、一般人。《汉书·疏广传》：“自有旧田庐，令子孙勤力其中，足以共衣食，与凡人齐。”

革命天才明（五首）[①]

1923年

对工人

工人白劳动，厂主吸血虫；
工人无政权，世道太不公；
工人站起来，革命打先锋！

对农民

穷汉白劳动，财主寄生虫；
人穷并非命，世道太不公；
农民擦亮眼，革命天才明！

对店员

店员白劳动，财东吸血虫[②]；
人穷并非命，世道太不公；
工商联合起，革命无不胜！

对学生

反帝反封建，五四大运动；
打烂旧社会，民族才振兴；
同学快觉醒，革命学列宁！

对士兵

小兵死千万，大官立了功；

为何打内战，道理讲不清；

枪口要对外，反帝是英雄！

【注释】

①选自山东省民政厅编《光照千秋——山东革命烈士事迹选》，山东人民出版社，1981 年版。这组歌写于 1924 年。因为歌词通俗且合辙押韵，很受工人、农民、学生、士兵和店员的欢迎。

②财东：旧时商店或企业的所有者。《歧路灯》第三十回：“余剩下的，或完或拖，叫他们各人与财东清算。”

◎徐向前

徐向前（1901~1990），山西五台人。坚定的马克思主义者，无产阶级革命家、军事家，中华人民共和国的缔造者之一，党、国家和军队的卓越领导人。1927年加入中国共产党。历任中国工农红军第三十一师副师长、第四军军长、第四方面军总指挥、红军前敌总指挥部总指挥、西路军军政委员会副主席兼西路军总指挥。抗日战争时期，任八路军一二九师副师长。1939年6月到山东，任八路军第一纵队司令员，统一指挥山东和苏北、皖北八路军各部队，坚持抗日游击战争。解放战争时期，任晋冀鲁豫军区副司令员、华北军区副司令员兼第一兵团司令员兼政治委员。新中国成立后，先后任解放军总参谋长，中央人民政府人民革命军事委员会副主席，国防委员会副主席，全国人大常委会副委员长，国务院副总理兼国防部部长，中央军委副主席。1955年被授予元帅军衔。著有回忆录《历史的回顾》。

悼罗荣桓同志[①]

1963年

相识近卅载，战友亦良师。
建军正多赖，噩耗竟早传[②]。
国际风云紧，敌寇常肆虐。
国家失栋梁，全军悲难绝。
何以慰英灵，奋力承大业。

【注释】

①选自魏巍主编《将帅诗词选》，辽宁人民出版社，1987年版。徐向前和罗荣桓同在沂蒙山区战斗过。徐帅很少写诗，从这首诗中可以看出他们深厚的革命情谊，增加了沂蒙人民对两位老帅的崇敬之情。

②噩耗：凶信，多指人死的消息。清赵翼《哭蒋立崖之讣》诗："噩耗传来梦亦惊，寝门为位泪泉倾。"

◎罗荣桓

罗荣桓（1902～1963），湖南衡山人。伟大的无产阶级革命家、军事家，中国人民解放军创建人之一，党、国家和军队卓越领导人。1927 年加入中国共产主义青年团，随即转入中国共产党。历任中国工农红军第一军团政治部主任，军委后方政治部主任等职。抗日战争时期，任八路军一一五师政治委员。1939 年 3 月初与陈光率一一五师师部和主力一部进入山东。1941 年任山东军政委员会书记。1943 年任山东军区司令员兼政治委员，一一五师政治委员、代师长，中共中央山东分局书记，统一领导山东抗日根据地的党政军工作。抗日战争胜利后，率山东主力部队 6 万余人进军东北。任东北野战军政治委员，第四野战军第一政治委员。新中国成立后，先后任最高人民检察署检察长、人民解放军总政治部主任、中央人民政府人民革命军事委员会副主席、全国人大常委会副委员长。1955 年被授予元帅军衔。

告子女①

1963 年

我尽力争取不死，继续为革命奋斗；
如果死已经来临，我也绝不畏惧。
我给你们留下的，只是党的事业，
别的什么都没有。
我的遗嘱是一句话：永远跟着共产党走！

【注释】

①选自刘汉黄等《罗荣桓元帅》，解放军出版社，1987 年版。1963 年下半年，罗荣桓病情日益严重，他很想作一首诗留给子女，但当时已力不从心。为此，他口授该诗内容给保健医生黄树则，经黄树则整理，由罗荣桓的夫人林月琴审阅订正而成。

◎陈　毅

陈毅（1901～1972），字仲弘，四川乐至人。无产阶级革命家、军事家、外交家，中国人民解放军的创建者和领导者之一，党和国家的卓越领导人。1922 年加入中国社会主义青年团，次年转入中国共产党。1927 年参加南昌起义。历任中国工农红军第四军军委书记、政治部主任，江西军区总指挥兼政委等职。1934 年中央红军主力长征后，领导南方各游击区坚持了三年游击战争。抗日战争时期，任新四军第一支队司令员、新四军代军长。解放战争时期，任新四军军长兼山东军区司令员、华东军区司令员、华东野战军司令员兼政委。1948 年任中原野战军第一副司令员、第三野战军司令员兼政委。新中国成立后，任上海市市长、国务院副总理兼外交部长、中央军委副主席等职。1955 年被授予元帅军衔。陈毅的诗词不仅书写了他个人在革命生涯中的经历、思想、感情，同时也形象地反映了我国革命伟大进程中的某些历史侧面，可以说是史诗与诗传的统一。

悼罗炳辉将军[①]

1946 年 4 月 24 日

四月八日事，历历在心目。
何期君殂谢[②]，我已无泪哭。
戎马三十载，将军滇之雄[③]。
反袁到北伐[④]，起义赣江红[⑤]。
抗日君迈进，饮马江南北。
苏鲁驰劲旅，日伪告溃灭[⑥]。
六载苦纠缠，疾病多磨折。
革命不自惜，一朝痛永诀。
三军皆雨泣[⑦]，临穴瞻遗容。
立誓有五字：奋斗与君同。
将军之风义[⑧]，于我称师友。
患难共朝夕，进德君不朽。
独裁下通牒，遮天伸血手。
人民有勇气，掌握真理久。
所悲君短命，失我老战友。
坚誓不负君，自卫退群丑。

难忘君令德[9]，难忘君身手。
难忘君刻苦，士卒同升斗。
已拭我眼泪，已埋君尸首。
已知君含笑，群众正抖擞。
生死寻常事，先驱万众从。
自有擎天手，伏虎复降龙。
恶魔正憨笑，吾党失众贤。
大众何所惧，鏖战已百年。
危巢喜燕雀[10]，高飞奋鸿鹄[11]。
民主高北斗，胜利可预卜[12]！

【注释】

①选自陈毅《陈毅诗词选集》，人民文学出版社，1977年版。罗炳辉（1897～1946）：云南彝良人，1929年加入中国共产党，领导了江西吉安起义。红军时期曾任第九军团总指挥。抗日战争时期任新四军第二副军长兼第二师师长。解放战争时期曾任山东军区副司令员。1946年6月在山东兰陵病逝。

②殂谢：逝世，去世。《梁书·文学传下·陆云公》："奄然殂谢，良以恻然。"

③"将军"句：称赞罗炳辉是云南的英雄。滇：云南省简称。

④"反袁"句：罗炳辉参加了反对袁世凯称帝的护国军之战，后又参加了北伐战争。

⑤"起义"句：1929年7月，罗炳辉在江西吉安秘密加入中国共产党，同年10月率部起义，编入工农红军，罗炳辉任团长。

⑥"抗日"四句：抗日战争时期罗炳辉先后担任新四军五支队司令员、二师师长等职，转战于江淮苏鲁地区，对开辟江淮苏鲁抗日根据地做出重大贡献。

⑦雨泣：泪下如雨。语本《诗经·邶风·燕燕》："瞻望勿及，泣涕如雨。"三国魏曹植《王仲宣诔》："延首叹息，雨泣交颈。"

⑧风义：情谊。李商隐《哭刘蕡》诗："平生风义兼师友，不敢同君哭寝门。"

⑨令德：即美德。《左传·襄公二十四年》："子为晋国，四邻诸侯不闻令德，而闻重币，侨也惑之。"

⑩"危巢"句：比喻国民党的处境犹如燕处危巢，必将覆灭，空自欢喜。《左传·襄公二十九年》："夫子之在此也，犹燕之巢于幕上。"或说"喜"同"嬉"，游戏之意。

⑪"高飞"句：比喻中国共产党及其领导下的人民大众犹如鸿鹄奋飞，前途无量。鸿鹄：即天鹅。因飞得很高，所以常用来比喻志向远大的人。《史记·陈涉世家》："燕雀安知鸿鹄之志哉？"

⑫预卜：事先断定。孙中山《解临时总统职后演说词》："今日共和告成，措施自由，产业勃兴，盖可预卜。"

送旧友南归[①]

1946 年夏

八年不见，历尽风波。
鲁南重会，煮酒高歌。
转瞬又别，感怀实多。
君去南天，游击穿梭。
分粮杀贼，日夜挥戈。
以少胜众，不畏坎坷。
坚持阵地，之死靡它[②]。
我昔粤赣，与子同科[③]。
埋伏游击，实堪切磋。
聆君高论，气象巍峨。
一日数战，实破网罗。
来似飞鹰，走如逝波。
妙善隐蔽，与敌肩摩。
我不出手，敌不自觉。
出手一击，风扫叶落。
绝技至此，敌手安措？
较我往昔，君殊不恶[④]。
我昔粗制，君今细作。
祝君康健，应知远略。
开辟新线，莫负委托。
吁嗟乎，
日寇战败美帝笑，国贼媚外复横暴。
爱国自卫赖吾人，成败利钝当可料。
君能游击翻山海，我将渡江擒虎豹。
岭梅生春会有时[⑤]，犁庭扫穴庆再造[⑥]！

【注释】

①选自陈毅《陈毅诗词选集》，人民文学出版社，1977 年版。本诗是解放战争开始以后，陈毅写给将去南方开展游击战争的曾镜冰的送别辞。全诗洋溢着乐观、自豪的战斗气息，表现了诗人对解放战争的胜利满怀信心。其中对于游击战术的描写，简洁而生动。曾镜冰（1912～1967）：海南琼山人。1933 年任共青团闽赣省委宣传部部长。1935 年，任闽北独立师代政委。抗日战争时期，任中共闽浙赣特委书记、中共福建省委书记。新中国成立后，任福建省委副书记、福建省政协主席，

“文革”期间遭迫害致死。

②之死靡它：至死也没有他心。之，至。靡它，没有异心。语出《诗经·鄘风·柏舟》：“之死矢靡他。”

③子：对对方的尊称。同科：同行。此处指打游击而言。

④君殊不恶：犹言“你实在干得不坏”。

⑤“岭梅”句：谓全国解放之日，我们相会有期。岭梅生春：以南岭的梅花开放，春回大地，比喻祖国解放。

⑥犁庭扫穴：比喻推翻旧政权。《汉书·匈奴传下》：“固已犁其庭，扫其穴，郡县而置之。”

还乡队歌[①]

1946 年

还乡队，尽有罪。
见人就杀，见酒就醉。
见钱就拿，见女人就睡。
以前做汉奸，日寇当宝贝，
而今委员长，收编成新贵。
命令齐反共，进攻气势锐。
到处办保甲[②]，到处收捐税，
到处抢粮食，到处翻箱柜。
一听有枪响，溜烟往后退。
蒋军骂怕死，他答“休怨怼[③]。
我到解放区，与你不相类。
并非来拼命，岂肯头碰碎！
我知解放军，打仗比你会。
日军挡不住，请你尝滋味。
而今天下事，成败定向背[④]。
昨天有国军，缴械齐下跪。
幸我跑得快，没有搅在内。
凡事求稳妥，你看对不对？”

【注释】

①选自陈毅《陈毅诗词选集》，人民文学出版社，1977 年版。还乡队：通称还乡团，由解放区逃亡在外的地主恶霸分子组成。他们跟随国民党军队向解放区进攻，疯狂地向解放区人民实行阶级报复。陈毅这首民歌体政治讽刺诗，控诉了还乡团的滔天罪行，而又把重点放在揭露还乡团外强中干、色厉内荏的本质上。

②保甲：是国民党为控制人民群众而实行的一种反动制度，规定十户为一甲，十甲为一保；保甲内各户要互相监督，并实行连坐。

③怨怼：怨恨；不满。汉刘向《新序·善谋》：“百姓罢劳怨怼于下，群臣倍畔于上。”

④“成败”句：谓天下大事的成败是人心向背决定的。

鲁南大捷[①]

1947年1月

快速部队走如飞[②]，印缅归来自鼓吹[③]。
鲁南泥泞行不得，坦克都成废铁堆。
快速部队今已矣，二十六师汝何为[④]？
徐州薛岳掩面哭[⑤]，南京蒋贼应泪垂。

【注释】

①选自陈毅《陈毅诗词选集》，人民文学出版社，1977年版。鲁南大捷：指鲁南战役。1947年1月，中国人民解放军山东野战军和华中野战军，在山东省南部地区对国民党军进行的进攻战役。亦称“峄枣战役”。战役历时18天，歼灭国民党两个整编师一个快速纵队，共5300余人，缴获坦克24辆，榴弹炮48门，汽车480辆，各种小炮400余门，重机关枪若干。攻克峄县和枣庄。本首和后面的两首都是记述此次战役的。

②快速部队：指国民党的机械化部队第一快速纵队。

③印缅：第二次世界大战时期，国民党曾派出一部分部队参加了在印度、缅甸一线的战争，号称“印缅远征军”。

④二十六师：国民党军整编第二十六师，师长马励武。该师是蒋介石嫡系部队中的主力之一，是国民党军在华中地区战斗力最强的部队，配备有坦克、榴弹炮、山炮、反坦克火箭炮、机枪、步枪、无线电设备、地雷、卡车、吉普车、设有无线电装置的指挥车、弹药、汽油、筑路设备、轻便金属船只，连官兵的鞋带都是美国制造的。

⑤薛岳（1896～1998）：广东乐昌人，国民党的高级将领。土地革命战争时期曾与红军多次作战。抗日战争时期，参加淞沪会战，指挥了武汉会战、徐州会战、长沙会战等著名会战。鲁南战役时任国民党徐州绥靖公署主任。他所指挥的国民党军队在宿北战役、鲁南战役和莱芜战役中连遭惨败。后被撤职。1952年晋升陆军一级上将。后病逝于台湾。

雪夜行军[①]

1947年2月

泰山积雪，沂水坚冰。

冲破黑夜，奋迅行军。

杀敌气壮，万众同心。

擒贼擒王[2]，共祝新春。

【注释】

①选自陈毅《陈毅诗词选集》，人民文学出版社，1977 年版。鲁南战役以后，我军继续北撤至沂蒙山区；敌人则继续向我山东解放区进攻。我解放区军民打一仗，进一步，对于粉碎敌人进攻的信心更足。此诗是很好的写照。

②擒贼擒王：指作战要先抓主要敌手；亦比喻做事要抓住要害。语出唐杜甫《前出塞》诗之六："射人先射马，擒贼先擒王。"

示郝鹏举[1]

1947 年 2 月

教尔做人不做人，教尔不苟竟狗苟[2]。

而今俯首尔就擒，仍自教尔分人狗。

【注释】

①选自陈毅《陈毅诗词选集》，人民文学出版社，1977 年版。郝鹏举（1903 ~ 1947）：河南阌乡人，国民党四十二集团军中将总司令，是一个作恶多端的反动军官。1946 年 1 月，在我强大的政治军事压力下，他率部起义。1947 年 2 月莱芜战役前夕，当国民党军队南北两路向山东解放区进犯时，他又叛变投敌。我军于 2 月 6 日发起讨郝战斗，7 日即全歼其所部两个师，活捉了郝鹏举。郝鹏举被俘后，陈毅召见他，与他数语后吟了此诗，郝鹏举只好羞愧地低下了头。从陈毅诗的最后一句看，当时并没有枪毙他的意思。但他本性难改，4 月份因逃遁被击毙。

②狗苟：像狗一样苟且偷生。唐韩愈《送穷文》："蝇营狗苟，驱去复还。"苟：此诗意为无原则、无气节。

莱芜大捷[1]

1947 年 2 月

淄博莱芜战血红，我军又猎泰山东[2]。

百千万众擒群虎，七十二崮志伟功[3]。

鲁中霁雪明飞帜[4]，渤海洪波唱大风[5]。

堪笑顽酋成面缚[6]，叩头请罪詈元凶[7]。

【注释】

①选自陈毅《陈毅诗词选集》，人民文学出版社，1977年版。莱芜战役自1947年2月20日开始至23日下午结束，共歼敌四十六军、七十三军所辖7个师5.6万余人，俘敌第二“绥靖”区副司令官李仙洲。

②猎：此处是擒敌之意。

③七十二崮：沂蒙山以“崮”闻名，被誉为世界第五地貌构造奇迹，沂蒙七十二崮闻名世界。七十二只是笼统的说法，有名有号的崮不下百座，最著名的有孟良崮、吕母崮、纪王崮、南北岱崮、龙须崮、抱犊崮等。崮的名字千奇百怪，颇能反映崮的个性——多以崮的形态像何种动物或物件而命名，也折射出沂蒙山朴实无华的乡土民情风格。志：记载，记录。

④“鲁中”句：意谓鲁中地区胜利的红旗映着雪光飘扬，分外壮丽。

⑤“渤海”句：意谓渤海洪波高唱胜利之歌。大风：指汉高祖刘邦《大风歌》，歌曰：“大风起兮云飞扬，威加海内兮归故乡，安得猛士兮守四方。”

⑥顽酋：顽固的敌军首领。面缚：双手反绑于背而面向前。古代用以表示投降。《左传·襄公十八年》：“乃弛弓而自后缚之。其右具丙亦舍兵而缚郭最，皆衿甲面缚，坐于中军之鼓下。”杨伯峻注：“面缚，即自后缚之。”

⑦詈：骂。元凶：指蒋介石。

决胜之歌①

1947年2月

什么最可贵？
独立自由最可贵。
什么最痛苦？
民族奴役最痛苦。
什么最光荣？
革命战争最光荣。
什么最幸福？
人民解放最幸福。
同志们，战斗吧！
自卫战争决胜的时刻来到了，
把华东战场变成蒋军的坟墓！
让敌人的进攻，
像蒙山的雪②，沂河的水③，
迎风消解，化为尘土。
让我们以空前的运动战④，
迎接胜利的新春，

向着即将诞生的新中国，
红旗报捷，狂歌献舞！

【注释】

①选自陈毅《陈毅诗词选集》，人民文学出版社，1977 年版。本篇是陈毅为鼓舞我军士气写的歌词，曾由沈亚威谱成歌曲在部队中传唱。

②蒙山：古称东蒙、东山。西北东南走向，绵延百余里，总面积 1125 平方千米。主峰龟蒙顶海拔 1156 米，为山东省第二高峰，被誉为“岱宗之亚”，素称“亚岱”。

③沂河：沂河是淮河流域泗沂沭水系中的较大河流。位于山东省南部与江苏省北部，为古淮河支流泗水的支流。全长 500 余千米，流域面积 1.16 万平方千米。

④运动战：一种军事作战方式，依托较大的作战空间来换取时间移动兵力包围敌方，以优势兵力速战速决。运动战的精髓为“避敌主力，诱敌深入，集中优势兵力，各个击破”。

如梦令·临沂蒙阴道中[①]

1947 年春

临沂蒙阴新泰，路转峰回石怪。一片好风光，七十二崮堪爱[②]。堪爱，堪爱，蒋军进攻必败。

【注释】

①选自陈毅《陈毅诗词选集》，人民文学出版社，1977 年版。这篇小令作于转战途中，生动地反映了我军主动、灵活地转战于山东战场的英雄气概。

②七十二崮：沂蒙山区山顶平坦的方形山峰，地貌学上称为方山，当地习称为崮。这些态势奇特宛如古城堡式的数百座崮，遍布沂蒙大地。人们通常所说的沂蒙七十二崮并非确指。

孟良崮战役[①]

1947 年 5 月

孟良崮上鬼神号，七十四师无地逃。
信号飞飞星乱眼，照明处处火如潮。
刀丛扑去争山顶，血雨飘来湿战袍。
喜见贼师精锐尽，我军个个是英豪。

我军个个是英豪，反动王牌哪得逃！
暴戾蒋朝嗟命蹇[②]，凄凉美帝怨心劳[③]。
华东战局看神变[④]，陕北军机运妙韬[⑤]。

更喜雨来催麦熟，成功日近乐陶陶。

【注释】

①选自陈毅《陈毅诗词选集》，人民文学出版社，1977年版。孟良崮战役：孟良崮是山东省中南部沂蒙山区蒙阴、沂南两县之间的一座石质小山。相传宋朝杨家军将领孟良曾屯兵于此，故名。1947年5月，华东野战军在陈毅、粟裕的指挥下，经过浴血奋战于孟良崮一举歼灭了国民党的精锐部队整编七十四师及援军一部，共3.2万余人，击毙该师师长张灵甫，沉重打击了敌人对山东解放区的重点进攻。

②“暴戾”句：意为暴虐凶残的蒋家王朝在哀叹他们的前途暗淡。暴戾：残暴酷虐；粗暴乖戾。《诗经·小雅·頍弁序》：“（幽王）暴戾无亲，不能宴乐同姓，亲睦九族。”命蹇：命运不济。

③心劳：即心劳日拙。意为枉费心机，日益陷于困境之中。

④“华东”句：在解放战争的第一年，华东战场上敌我力量的对比发生了迅速的变化。神变：形容变化的神速。

⑤“陕北”句：意为毛泽东在陕北指挥全国战局，毛泽东的正确战略战术保证了我军的胜利。韬：兵法，此处指战略战术。

四十六岁生日书怀[①]

1947年8月

吾生欣豪壮，艰难四七年。
战争翻海岳，翰墨接因缘[②]。
入道劳千虑[③]，建功愧众贤。
不知老将至[④]，努力再向前。

【注释】

①选自陈毅《陈毅诗词选集》，人民文学出版社，1977年版。四十六岁生日：陈毅的生日为1901年8月26日。

②翰墨：义同“笔墨”，原指文辞。三国魏曹丕《典论·论文》：“古之作者，寄身于翰墨，见意于篇籍。”后世亦泛指文章、书画。

③入道：出家为僧尼或道士；此指走上革命道路。千虑：作者自谦之语，为“愚者千虑，必有一得”的省略说法。

④不知老将至：不知不觉中老年即将来临。《论语·述而》：“其为人也，发愤忘食，乐以忘忧，不知老之将至云尔。”

吟反攻形势[①]

1947 年 12 月 14 日

百万旌旗大展开，蒋匪到处成飞灰。
空心战术今已矣[②]，重点进攻安在哉？
江汉飞传刘邓捷[③]，中原重见李郑回[④]。
陈谢挥戈下宛洛[⑤]，聂杨立马薄燕台[⑥]。
关陕彭贺长攻略[⑦]，东北林罗巧安排[⑧]。
谭许胶河收一线[⑨]，苏鲁前线逼两淮[⑩]。
反攻形势见远略，动员群众赖雄才。
举国艳说新民主[⑪]，土改狂潮遍地来。
南天民变羽书急，准备审判蒋独裁[⑫]！

【注释】

①选自陈毅《陈毅诗词选集》，人民文学出版社，1977 年版。这首七言诗写于解放战争的历史转折关头，全面地描写了我军战略进攻的总形势，歌颂了在毛泽东指挥下各大战区胜利进军的情形，谱写了解放战争的光辉历史。

②空心战术：指国民党军对解放区的全面进攻，造成战线太广与兵力不足之间的尖锐矛盾，这是军事上我胜蒋败的直接原因。

③“江汉”句：刘伯承、邓小平率领的晋冀鲁豫野战军主力，于 1947 年 6 月底强渡黄河挺进鲁西南，揭开了我军战略进攻的序幕。8 月中旬，千里跃进大别山，至 12 月底先后开辟了鄂豫、皖西、桐柏、江汉等解放区。

④“中原”句：1946 年 6 月底，李先念、郑位三领导的中原野战军在国民党军 30 万人围攻下主动战略转移，胜利突破了敌人的包围。战略进攻开始后，这部分队伍又打回中原。

⑤“陈谢”句：由陈赓及谢富治领导的晋冀鲁豫野战军太岳兵团于 1947 年 8 月由晋南强渡黄河，挺进豫西，开辟了豫陕鄂、陕南等解放区。宛洛：二古邑的并称。即今之南阳和洛阳。此处以南阳和洛阳代指豫西。

⑥“聂杨”句：聂荣臻、杨得志领导的晋察冀野战军 5 个纵队，于 1947 年 9 月初至 11 月中，先后进行了大清河以北、清风店和石家庄等战役，使晋察冀和晋冀鲁豫两解放区连成一片，华北局势为之一新。薄燕台：指包围北平敌军。薄：迫近。燕台：战国时燕昭王所筑的黄金台，代指冀北一带。唐祖咏《望蓟门》诗：“燕台一望客心惊，笳鼓喧喧汉将营。”

⑦“关陕”句：彭德怀、贺龙等领导的西北野战军在粉碎了敌人对陕北的重点进攻后，于 1947 年 8 月取得沙家店大捷，转入反攻。关陕：指陕西地区。陕西古名关中，故称。陈毅《送沈张诸君赴延安》诗：“八载睽离望关陕，五年风雨仗延安。”

⑧“东北”句：林彪及罗荣桓等领导的东北野战军在1947年11月取得了秋季攻势的胜利，迫使东北敌军主力龟缩于长春、吉林、四平、沈阳、营口、锦州等狭小地区内。

⑨“谭许”句：谭震林、许世友领导的华东野战军内线兵团，于1947年9月至12月间取得了胶东战役的胜利，最后结束敌人在山东战场上的攻势。胶河：古称胶水，发源于胶南六汪镇孙家沟以南。河长100千米，流域面积608平方千米。

⑩“苏鲁”句：陈毅、粟裕领导的华东野战军外线兵团于1947年8月间打破了敌人对山东重点进攻之后，向鲁西南挺进，9月下旬进军豫皖苏。至此，我刘邓、陈粟两大野战军及陈谢兵团，都打出了外线，于黄河以南、长江以北、西起汉水、东至于海的广大地区，向敌人实行大规模的进攻。

⑪艳说：艳羡地评说。清洪亮吉《漫赋截句》之三：“才人艳说李深之，束发能题七字诗。”

⑫“南天”二句：谓国民党统治区内的群众运动风起云涌，形成了打倒蒋介石反动统治的第二条战线。民变：指国民党统治区的各种群众斗争。羽书：古代插有鸟羽的紧急军事文书。

记淮海前线见闻[①]

1948年冬

几十万，
民工走不通。
骏马高车送粮，
随军旋转逐西东。
前线争立功。
担架队，
几夜不曾睡。
稳步轻行问伤病：
同志带花最可贵[②]，
疼痛可减退？
吉普车，
美蒋运输来。
闪闪电灯红胜火，
轰轰摩托吼如雷。
夜夜送千回。
老战士，
几年久从戎。
拥政爱民作模范，
军政学习当先锋。

杀敌气如虹。
新战士[3]，
列队长又长。
谡谡军装何整肃[4]，
昂头阔步挺胸膛。
杀敌志如钢。
新同志[5]，
解放最开怀。
诉苦从头难尽说，
壮丁远处被抓来。
共打蒋独裁。

【注释】

①选自陈毅《陈毅诗词选集》，人民文学出版社，1977年版。本诗是记述淮海战役前线的见闻。

②带花：指负伤出血。叶紫《流亡》三："我的手便是在那个时候带花的。"

③新战士：指解放区翻身入伍的青年农民。

④谡谡：刚劲挺拔的样子。南朝宋刘义庆《世说新语·赏誉》："世目李元礼谡谡如劲松下风。"

⑤新同志：指被我解放的国民党士兵。他们经过短期的政治教育，提高了阶级觉悟，自愿参加解放军，一般称为解放战士。

◎粟　裕

粟裕（1907～1984），侗族，湖南会同人。党和军队的优秀领导人、无产阶级革命家、杰出的军事家。1926年加入中国共产主义青年团，次年转入中国共产党。参加了南昌起义，历任红七军团参谋长，闽浙军区司令员，新四军第一师师长兼政委，中共苏中区委员会书记，苏浙军区司令员兼政委，华中野战军司令员，华东野战军、第三野战军副司令员，代司令员、代政委。坚持浙南三年游击战争，开辟了华中抗日根据地。指挥了苏中七战七捷，指挥或参与指挥了宿北、鲁南、莱芜、孟良崮、豫东、济南、淮海、渡江、上海等战役。新中国成立后，曾任解放军总参谋长、国防部副部长、军事科学院第一政委、全国人大常委会副委员长。1955年被授予大将军衔。著有《粟裕战争回忆录》《粟裕军事文集》等。

老兵乐①

1964年

半世生涯戎马间，征骑倥偬未下鞍②。
爆炸轰鸣如击鼓，枪弹呼啸若琴弹。
疆场纵横任驰骋，歼敌何计百万千。
对镜不需叹白发，白发犹能再挥鞭。

【注释】

①选自魏巍主编《将帅诗词选》，辽宁人民出版社，1987年版。这是粟裕将军戎马生涯的真实写照。它是激励人们驰骋战场、杀敌立功、为国尽忠的战鼓。

②征骑：指战马。唐韩愈《送汴州监军俱文珍》诗："晓日驱征骑，春风咏采兰。"倥偬：事情纷繁急促。《后汉书·卓茂传》："建武之初，雄豪方扰，虓呼者连响，婴城者相望，斯固倥偬不暇给之日。"

抒　怀①

1979年

半世生涯戎马间②，一生系得几危安。
沙场百战谈笑过，际遇数翻历辛艰。
松苍敢向云争立，草劲何惧疾风寒。
生死沉浮寻常事，乐将宏愿付青山。

【注释】

①选自魏巍主编《将帅诗词选》，辽宁人民出版社，1987年版。这首诗真实地表现了作者为党和人民的事业无私无畏、英勇奋斗的革命精神和坦荡乐观的博大胸怀。

②戎马：军马，借指军事与战争。北齐颜之推《颜氏家训·风操》："汝曹生于戎马之间，视听之所不晓，故聊记录，以传示子孙。"

题《江海风云》[1]

武装斗争廿余年，转战频繁几万千。
英雄业绩烈士血，可歌可泣壮诗篇。
吾辈不能忘过去，创业艰辛忆先贤。
江海风云汇青史[2]，激励人民永向前。

【注释】

①选自魏巍主编《将帅诗词选》，辽宁人民出版社，1987年版。《江海风云》：革命斗争回忆录，陶勇等著。记录了红军游击队伍整编成新四军后，在江南抗战的战斗故事，由江苏人民出版社1981年出版。

②青史：古代在竹简上记事，因而称史书为"青史"。杜甫《赠郑十八贲》诗："古人日以远，青史字不泯。"

◎许世友

许世友（1906～1985），河南新县人。无产阶级革命家，我军卓越的军事指挥员。1926年加入中国共产主义青年团，1927年转入中国共产党。历任中国工农红军第四军军长，第四方面军骑兵师师长，山东纵队第三旅旅长，胶东军区司令员，华东野战军第九纵队司令员，山东军区副司令员、司令员、党委副书记，中共中央山东分局委员。参与领导巩固和发展胶东抗日根据地的斗争。参加莱芜战役、孟良崮战役等。新中国成立后，曾任中国人民志愿军第三兵团司令员、解放军副总参谋长、南京军区司令员、国防部副部长、广州军区司令员、中央军委常务委员、中央政治局委员、国防委员会委员。1982年被选为中共中央顾问委员会副主任。1955年被授予上将军衔。著有回忆录《我在山东十六年》《我在红军十年》等。

百万子弟唱大风①

纪念抗日战争胜利四十周年

1985年5月25日

八旬回眸忆平生，鼙鼓旌旗铺征程②。
太行立马啸长夜，五台金鸡报晓鸣③。
冀南烽火壮士梦，胶东青纱父老情。
决策千里谁称雄？三军主帅毛泽东。
四十春秋数捷报，百万子弟唱大风。
伏枥老骥戎心在④，匣中宝剑紫气凝⑤。

【注释】

①选自王家伦主编《中国无产阶级革命家诗词鉴赏》，中国广播电视出版社，1993年版。

②鼙鼓：中国古代军队中用的小鼓，汉以后亦名骑鼓；古代乐队也用。

③五台：五台山。位于山西省东北部，距省会太原市230千米。与四川峨眉山、安徽九华山、浙江普陀山合称“中国佛教四大名山”。

④伏枥老骥：出自于曹操的《步出夏门行》：“老骥伏枥，志在千里；烈士暮年，壮心不已。”意思是说，老了的良马虽然伏处在马房里，仍想奔腾千里。后人常以“老骥伏枥”来比喻有志之士，年纪虽老而仍有雄心壮志。戎心：战斗的决心。

⑤匣中宝剑：指宝剑龙泉、太阿。宋陆游《长歌行》："国仇未报壮士老，匣中宝剑夜有声。"紫气：紫色的霞气，指宝剑的光气。据《晋书·张华传》载："初，吴之未灭，斗牛之间常有紫气，道术者皆以吴方强盛，未可图也。惟华以为不然。"后来，张华闻豫章人雷焕妙观纬象，问雷焕，雷焕说："此乃宝剑之精，上彻于天……在豫章丰城。"后来雷焕为丰城令，掘狱屋基入逾四丈余，得一石函，光气非常，中有双剑，一曰龙泉，一曰太阿。其夕，斗牛间紫气不复见。

◎陈再道

陈再道（1909～1993），湖北麻城人。无产阶级革命家、军事家。1926 年参加革命，1928 年加入中国共产党。历任中国工农红军第四军十一师十二团营长，十一师十一团团长、师长，副军长、军长，参加了长征。抗日战争期间，担任八路军一二九师三八六旅副旅长、冀南军区司令员。解放战争期间，任晋冀鲁豫野战军第二纵队司令员，参与上党战役、邯郸战役、陇海路战役、巨野战役、鲁西南战役、宛西战役、宛东战役、淮海战役等。1949 年 2 月任河南军区司令员。新中国成立后，历任中南军区副司令员兼河南军区司令员、人民解放军武装力量监察部副部长、武汉军区司令员兼湖北省军区司令员等职。“文化大革命”期间被批斗。后复出担任中国人民解放军铁道兵司令员、全国政协副主席。1955 年被授予上将军衔。

悼罗帅荣桓同志[①]

1963 年 12 月

噩耗传来惊万众，江淮河汉动哀音[②]。
征战疆场数十载，高举红旗治三军[③]。
齐鲁关东除敌寇，中原南海扫顽冥[④]。
痛悼罗帅长辞世，吾侪继志慰英灵[⑤]。

【注释】

①选自江树生编著《名人诗词选》，天马图书有限公司，2004 年版。

②河汉：黄河与汉水的并称。《庄子·齐物论》：“王倪曰：‘至人神矣！大泽焚而不能热，河汉沍而不能寒。’”

③三军：军队的通称。《论语·子罕》：“三军可夺帅也，匹夫不可夺志也。”

④顽冥：愚钝无知。唐陆龟蒙《复友生论文书》：“仆虽极顽冥，亦知惴息汗下，见诋诃之甚难，招祸患之甚易也。”

⑤吾侪：我辈。《左传·宣公十一年》：“吾侪小人，所谓取诸其怀而与之也。”

◎张爱萍

张爱萍（1910~2003），四川达县人。无产阶级革命家、军事家。1926年加入中国共产主义青年团，1928年转入中国共产党。次年参加中国工农红军，参加中央苏区反“围剿”和长征中抢夺娄山关、攻克遵义城等战斗。曾任新四军第四师师长兼淮北军区司令员，华东军区海军司令员兼政委。新中国成立后，历任华东军区暨第三野战军参谋长，解放军副总参谋长，国务院副总理，国防科工委主任，中央军委副秘书长，国务委员兼国防部部长，中顾委常委。参与组织领导原子弹、导弹、卫星等研制与试验工作。1955年被授予上将军衔。著有《神剑之歌》《张爱萍军事文选》《张爱萍墨迹选》等。

悼念罗荣桓元帅[①]

1963年12月16日

噩耗惊天地，全军放悲声。
马列毕生志，主席思想深。
群众当挚友，干部当至亲。
痛失一良师，继志不后人[②]！

【注释】

①选自刘汉黄等《罗荣桓元帅》，解放军出版社，1987年版。

②后人：落后于他人。《史记·李将军列传》：“然以击胡军功取侯者数十人，而广不为后人，然无尺寸之功以得封邑者。”司马贞索隐：“谓不在人后。”

浣溪沙·痛悼粟裕同志[①]

1984年2月5日

名将沙场百战多，运筹帷幄任挥戈[②]。固我长城振山河。
为国为民平生愿，无私无畏普天歌。英灵化雨洒清波。

【注释】

①选自张爱萍《神剑之歌》，人民美术出版社，1991年版。

②运筹帷幄：在军帐内对军略作全面计划。常指在后方决定作战方案。此指主持大计，考虑决策。帷幄：军队的帐幕。

◎谷　牧

谷牧（1914～2009），山东荣成人。1931年加入中国共产主义青年团，次年转入中国共产党。曾任北平“左联”负责人，东北军一一二师中共工委书记，中共中央山东分局主任秘书、统战部部长，华东局秘书长，滨海地委书记，新海连特委书记，鲁中南区党委副书记兼鲁中南军区副政委。在1941年反“扫荡”战斗中负重伤。参与巩固发展滨海抗日根据地斗争和支援前线等活动。新中国成立后，历任中共济南市委书记、市长，中共上海市委副书记，国家基本建设委员会主任，国务院副总理兼国家进出口管理委员会、国家外国投资管理委员会主任，全国政协副主席等职。

深切怀念希伯同志[①]

1985年6月

大青山上共死生[②]，捐躯曾有异域人。
笔底风雷惊海右[③]，胸中火炬振民心。
蒙山常见高高影，沂水时听托托声。
战友英魂今安在？春光一缕更是君！

【注释】

①选自杨学军编《红色之旅》，黑龙江人民出版社，2006年版。希伯：即汉斯·希伯（1897～1941），著名的国际主义战士，生于波兰克拉科夫，后到德国上学，加入德国共产党。1925年来中国，在北伐军总政治部做编辑工作。1932年秋第二次来华，曾在上海参加中国反战反法西斯运动。1941年5月，他与夫人秋迪到苏北新四军采访，同年9月到山东抗日根据地，11月30日在日军对沂蒙山区大规模“扫荡”中，在大青山突围中英勇牺牲。

②大青山：位于山东省费县薛庄镇，是著名的大青山突围旧址。

③海右：山东古代有“海右”和“海岱”的雅称。史为乐主编的《中国历史地名大辞典》（中国社会科学出版社，2005年版）对“海右”的解释为：泛指黄海、东海的近海地区，以在大海之右（西），故名。

◎张　震

张震，1914年生，湖南平江人。1930年加入中国共产主义青年团，同年转入中国共产党并参加中国工农红军，曾任营长、团参谋长。抗日战争时期，任中共河南省委军事部参谋长，新四军游击支队参谋长，第六支队参谋长，八路军第四纵队参谋长，新四军第四师参谋长，第四师十一旅旅长兼淮北津浦路西军分区司令员。解放战争时期，任华中野战军第九纵队司令员兼政治委员，华东野战军兵团参谋长，华东野战军副参谋长，第三野战军参谋长，华东军区兼第三野战军参谋长。新中国成立后，任军委作战部部长，第二十四军代军长兼政治委员，军事学院副院长、院长，武汉军区副司令员，总后勤部部长，副总参谋长，国防大学校长兼政治委员，中央军委副主席。1955年被授予中将军衔。

纪念抗日战争胜利四十周年[①]

1985年6月

风雪漫天狂，奋起是炎黄[②]。
中原御敌寇，江淮战东洋。
八载寒霜重，一朝春露长。
今逢清平日[③]，犹见众志昂。

【注释】

①选自魏巍主编《将帅诗词选》，辽宁人民出版社，1987年版。

②炎黄：中国原始社会中两位不同部落的首领炎帝和黄帝。这里是“炎黄子孙”的缩略语。

③清平：太平。汉班固《两都赋》序：“臣窃见海内清平，朝廷无事。”

◎肖　华

肖华（1916～1985），江西兴国人。我军的优秀领导人、杰出的政治工作领导者。1928年加入中国共产主义青年团，1930年转入中国共产党。曾任红军总政治部青年部部长、红一军团师政委、八路军一一五师政治部副主任、东进抗日挺进纵队司令员兼政委、鲁西军区政委、一一五师政治部主任兼山东军区政治部主任、第四野战军特种兵司令员。参加了历次反“围剿”和长征及平型关战斗，参与领导山东抗日根据地的斗争和部队与民兵政治工作建设。新中国成立后，任空军政委，总政治部主任，中央军事委员会常委、副秘书长。“文革”中受到迫害。1975年恢复工作，历任军事科学院第二政委，兰州军区第一政委、党委第一书记，甘肃省委书记，全国政协副主席。1955年被授予上将军衔。著有《怎样进行战时政治工作》《长征组歌》《艰苦岁月》等。

沂蒙反“扫荡”①

1942年冬

日寇疯狂犯鲁中，风烟滚滚来势凶。
三光政策伸血手②，铁壁合围黄粱梦③。
清剿篦梳又剔抉④，诡计多端全落空。
军民布下天罗网，满山遍野皆英雄。
麻雀地雷游击战⑤，伏击奔袭奏奇功。
敌伪交通全切断，野牛陷在火阵中。
“堂堂皇军”纸老虎，“赫赫战果”尸纵横。
雄伟壮丽沂蒙山，响彻颂歌《东方红》。

【注释】

①选自肖华《万水千山只等闲》，甘肃人民出版社，1979年版。

②三光政策：即烧光、杀光、抢光。为日本侵华期间实行的一种惨无人道的政策。见人则杀，见物则抢，无法带走之物则烧。

③黄粱梦：典出唐沈既济《枕中记》。卢生在梦中享尽富贵荣华，等到醒来，主人蒸的黄粱还没有熟，所以称黄粱梦。多用于比喻虚幻不实的事和欲望的破灭犹如一梦。

④篦梳：栉发用具。引申指细密地搜索。剔抉：筛选，指广泛搜索。唐韩愈

《进学解》："爬罗剔抉，刮垢磨光。"

⑤麻雀地雷游击战：即麻雀战、地雷战和游击战。麻雀战：抗日游击战的一种作战形式。麻雀在觅食飞翔时，从来不成群结队，而是忽东忽西，忽聚忽散，行动灵活。仿照麻雀觅食方法而创造的战法叫"麻雀战"。地雷战：抗日战争时期山东民兵最重要的作战方法之一。抗战时期，地雷大显神威，在抗战史上涂上了浓重的一笔。游击战：以多发性主动袭击为主要手段，具有高度的流动性、灵活性、主动性、进攻性和速决性。游是走，击是打。游击战的精髓是敌进我退，敌退我进，敌疲我打，敌逃我追。

铁道游击队[①]

1943年于鲁南

神出鬼没铁道旁[②]，袭敌破路毁沟墙。
深入兽穴斩虎豹[③]，飞越日车夺械粮。
汪洋大海游击战[④]，怒火熊熊敌后方。
条条铁轨成绞索，寇灰满载运东洋[⑤]。

【注释】

①选自萧华《万水千山只等闲》，甘肃人民出版社，1979年版。铁道游击队：抗日战争时期活跃在山东枣庄微山湖一带的抗日武装。该游击队成立于1940年1月25日，由八路军苏鲁支队命令成立，成立时称"鲁南铁道队"。人员最多时达300余人，挥戈于百里铁道线上与日伪展开殊死搏斗。铁道队还成功护送刘少奇、陈毅、罗荣桓等领导人以及千余名抗日将士过境。被萧华将军誉为"怀中利剑，袖中匕首"。

②神出鬼没：比喻变化巧妙迅速，指用兵出奇制胜，让敌人摸不着头脑。

③深入兽穴：到野兽洞里去，意为进入危险的地方。

④汪洋大海：形容宽广无边的大海。比喻声势极其浩大的人民战争。毛泽东《论持久战》："动员了全国的老百姓，就造成了陷敌于灭顶之灾的汪洋大海。"

⑤寇灰：日本侵略者的骨灰。

◎迟浩田

迟浩田，1929 年生，山东招远人。1944 年参加八路军。1946 年加入中国共产党。曾任华东野战军第九纵队营部书记、第三野战军连指导员。在胶东、莱芜、孟良崮、潍县、济南、淮海、渡江、上海等战役中，多次立功受奖。1947 年在孟良崮战役中负重伤。在上海战役中，任“济南第一团”七连指导员，被评为甲等战斗模范。1950 年参加抗美援朝战争，任中国人民志愿军营教导员。回国后，历任团、师政委，北京军区副政委，《人民日报》社负责人、副总编辑，解放军副总参谋长兼总参谋部政治部主任，济南军区政委，中国人民解放军总参谋长，国务委员兼国防部长，中央军委副主席等职。1988 年被授予上将军衔。

伟哉，孟良崮[1]

四十年前，我作为华东野战军第九纵队的一名年轻的基层干部，参加了举世闻名的孟良崮战役。1985 年来济南军区工作之后，又曾先后三次战地重游，感慨颇多。适值孟良崮大捷四十周年纪念，特咏诗以寄托我对已故的敬爱元帅、将军的深切思念，对身边倒下的战友和沂蒙人民的难忘深情。

如烟似梦，如烟似梦，
我眼前又展开八百里沂蒙。
八百里沂蒙八百里情，
孟良崮啊，今日又见你面容。
四十载别离，四十载重逢，
四十载戎马江南塞北，
四十载思念魂牵梦萦。
今日来到你的身边，
心跳急急，热血腾腾，
一双目光倍感太窄，
两鬓银霜顿觉消融。
烈士灵前我默默伫立，
巉岩峭壁我寻觅足踪[2]。
青松挺拔，可是我战友的身姿？
流泉欢唱，可是我战友的歌声？
那漫山的鲜花，可是乡亲们的笑脸？

那隆隆的开山炮，可是我军在发起冲锋？
啊，我回来了，回来了，
又来到了那个永不逝去的黎明。
四十年前的那个黎明，
朝霞与阴云同样凝重。
漫漫黑夜不愿退去，
灿灿曙光勇猛进攻；
革命与反革命的力量，
同时摆开拼死决战的阵容。
那被重重包围的“困兽”，
也曾以“王牌”“常胜”自称，
也曾自诩“五大金刚”之首[3]，
维系着风雨飘摇中的蒋家茅棚。
驱三万骄兵狼奔豕突[4]，
从苏北一路开到山东，
万没想到成了瓮中之鳖，
更没想到将要重演庞涓走马陵[5]。
那倚马沂河运筹帷幄的，
是我们雄才大略的元帅，
伟大的陈总、粟裕司令，
谋韬布阵[6]，从从容容，
调兵遣将，谈笑风生，
各路纵队犹如弯弓待发，
只等那有力的手臂向前挥动。
多路纵队，自天而降，
长驱直入，将骁兵勇。
穿插围阻，釜底抽薪[7]，
当头痛击，万钧雷霆！
我军攻势，狂飙疾风，
伟大的决战，令举世震惊。
虽说亡命的援军已咫尺相望，
那里却有不能逾越的钢铁长城。
天上的空投，电波的严令，
又怎能解救四面楚歌中的几万残兵[8]？
一千三百无缰马，
犹如热锅蚂蚁无头蝇。
嘹亮的冲锋号，激越万里长空，

无畏的勇士们如潮水奔涌。
进而复退，退而复进，
沿着烈士的血迹，奔向高地六〇〇！
绝壁刀丛，虎跃猿攀，
跨过敌人的尸体，奔向孟良崮主峰！
在那五四〇高地上，我们全连战友，
奋勇拼杀，前仆后继，
共产党员拿出了最模范的行动；
他们从绝壁滚落也不肯倒下，
连长的碧血将高地岩石染红。
难忘我们的战斗英雄郭继胜，
响亮的声音在山间回鸣：
“敌人是铁，我们是钢，
没有敌人的顽强，只有我们的英勇！”
最后的血战天惊地动，孟良崮上，
十万勇士，百倍勇敢，千倍忠诚，
向那敌酋盘踞的残洞勇猛冲击，
血染的战旗飞向那巍巍山顶。
燃烧的土地上，救伤员，送弹药，
奔忙着，奔忙着沂蒙二十万民工！
“王牌军”的顽抗终于声绝力竭，
黄昏时刻孟良崮响起激动的呼声：
不可一世的张灵甫毙命了[9]，
七十四师已魂归东溟[10]！
红旗漫卷，战士欢呼，
那突降的倾盆大雨，
是天公洒甘霖助我胜利豪情。
难忘那胜利时刻，
雨水、泪水、血水在天地间交融，
欢声、笑声、歌声在山川里回应。
英雄战士押不完“王牌”俘虏，
沂蒙人民送不尽红枣、煎饼、大葱。
乡亲们抬望眼待杀敌勇士，
姐妹们洒喜泪迎归来英雄。
我们敬爱的陈总，他是元帅又是诗人，
一首《孟良崮战役》[11]，
记下这大战的千秋殊功。

四十年后我重又寻觅，
每一回寻觅总是心潮难平。
我问那勇士冲锋踏出的小路，
我问那目睹厮杀的巉岩、青松，
你们可曾记得，
我这名浩荡大军中的普通一兵？
一十八岁正值年少，
而革命催我成熟、给我英勇，
几粒子弹亲吻我腿骨，
一片热血洒进我厚爱的土层。
山崖旁，温暖的大手，
把我扶上担架，
农舍里，慈爱的目光，
伴我迎来一个个黎明；
好乡亲，
一勺一勺喂我汤水，
好乡亲哪，
一遍一遍把我伤口洗净；
独轮车载我走过山水几道，
沂蒙山给了我第二次生命。
哪儿是乡亲送我的大道？
哪儿是伤员们安卧的草棚？
哪儿是担架队奔跑的阵地？
哪儿是识字班熬药的灶头、晒衣的长绳[12]？
四十年沧桑，秃山变绿，
我总觉得处处有亲切的话语、熟悉的面容，
乡亲们与蒙山同在，
革命情与日月共明。
孟良崮啊，中国大地上的巍巍丰碑，
沂蒙人民啊，我们的党记住了你们的大功！
勇将的猛志已化作五月榴花怒放，
元帅的诗情又变为七彩云霞腾空。
沂蒙的人民啊，你们付出的最多，
而得到的，至今仍不富盈。
作为战士，我也曾为此而彻夜难眠，
作为党员，我也曾为此而心愧面红，
好在我们的党又一次发出了扶贫的号召，

改革、开放拓开了广阔的征程。
人民的战士是人民的儿子，
革命的将士应在革命中冲锋。
我们将用那作战的意志和勇气，
我们将用那公仆的勤劳和忠诚，
去消灭愚昧，
去埋葬贫穷，
去建设美丽的祖国山河，
去捍卫伟大人民的幸福、安宁！
伟哉，孟良崮，你永垂史册；
伟哉，孟良崮，你长存战士胸中！

【注释】

①选自迟浩田《迟浩田军事文选》，解放军出版社，2009年版。

②巉岩：险峻的山岩。战国楚宋玉《高唐赋》："登巉岩而下望兮，临大阺之稸水。"

③五大金刚：指国民党军队五大主力。中国抗日战争结束后，国民革命军内作战力最为坚强、装备最为精良的五支部队，分别为：新一军、新六军、第五军、整编第七十四师、整编第十八军。五大主力的称呼最早是在1946年的"军事整编会议"上被提出，各军基本上全为美式装备。这五支部队在随后的解放战争中先后被人民解放军歼灭。

④狼奔豕突：像狼那样奔跑，像猪那样冲撞。比喻敌人奔逃时的惊慌状态。

⑤庞涓走马陵：指马陵之战。战国时期，齐军在马陵歼灭魏军的著名伏击战。周显王二十八年（公元前341），齐威王以田忌为主将，田婴、田盼为副将，孙膑为军师，运用"围魏救赵"战法，率军直趋魏都大梁（今河南开封），诱使魏军回救，以解韩围。这次战役中孙膑利用庞涓的弱点，制造假象，诱其就范，使战局始终居于主动地位。此战是中国战争史上设伏歼敌的著名战例。马陵：即马陵山，在今山东郯城县。

⑥谋韬：谋划韬略。韬：用兵的谋略。

⑦釜底抽薪：釜，古代的一种锅；薪，柴。把柴火从锅底抽掉。比喻从根本上解决问题。汉董卓《上何进书》："臣闻扬汤止沸，莫若去薪。"北齐魏收《为侯景叛移梁朝文》："抽薪止沸，剪草除根。"

⑧四面楚歌：比喻陷入四面受敌，处于孤立无援的窘迫境地。典出《史记·项羽本纪》：楚汉相争时期，项羽攻占秦都以后，烧杀掳掠，人民怨声载道。汉王刘邦趁机出击想衣锦还乡的项羽，让大军把项羽围在垓下，并设下"四面楚歌"之计，项羽以为汉军已经攻占楚地，以为天要灭他，只好边饮酒边唱歌，最后在乌江悲壮自刎身亡。

⑨张灵甫（1903～1947）：陕西长安人。国民革命军高级将领，中将军衔，曾任中华民国国民革命军整编第七十四师师长。1947年5月16日，在孟良崮战役中被击毙。

⑩东溟：东海。南朝宋颜延之《车驾幸京口侍游蒜山作》诗："元天高北列，日观临东溟。"

⑪《孟良崮战役》：诗名，陈毅元帅1947年5月作。

⑫识字班：民主革命时期，在革命根据地普遍设立，以识字为主，并学习时事政治的学习组织，对扫除文盲起了很大的作用。在沂蒙山区，因参加识字班的多为年轻妇女，后"识字班"演化为对年轻妇女，尤其是未婚少女的称呼。

美哉，沂蒙山[1]

1997年5月

十年前的五月，我作为孟良崮战役的亲历者，回到了阔别多年的沂蒙山，参加孟良崮战役四十周年纪念活动，抚今追昔，感慨良多，即兴吟诵了《伟哉，孟良崮》一诗。转瞬又迎来了孟良崮战役五十周年，故写长短句一首，以志纪念。

又是十年，又是十年！
十个寒暑眨眼即过，
十个春秋感慨万千。
十年前——
我曾专程前来看你，
十年后——
我仍想立正站在你的面前；
十年前——
我曾说四十年对你魂牵梦绕，
十年后——
我依然时刻对你梦绕魂牵；
十年前——
我曾高唱"伟哉，孟良崮"，
十年后——
我要放歌"美哉，沂蒙山！"
十年间，国门大开国道阔展，
国防外交热烈而频繁。
我曾几度跨过太平洋，
也曾几次飞越阿尔卑斯山。
在维苏威火山，
我曾欣赏斯巴达克的义旗[2]；
在皮那吐布，

克拉克告诉了我善恶有报的应验[③]；
在斯大林格勒，
似听到苏联红军破围的枪声；
在珍珠港，
方形水棺控诉战争在水下呐喊[④]；
在马其诺防线[⑤]，
我曾寻觅抗击外寇的身影；
在阿鲁沙[⑥]，
第三世界正义的呼声沁人心田；
……当然还有
威尼斯水城创威尼斯记录，
金字塔凯旋门入世界大典……
然而，最最可爱的
还是我们伟大的中国，
我最思念的
还是给我第二次生命的
沂蒙山！
山连千载哟峰接万仞，
水溶沧桑哪波映蓝天。
卧龙诸葛在这里修道，
书圣羲之在这里摆砚；
孙庞斗智以正克邪[⑦]，
孙子兵法光耀宇环；
马陵道留下了智者之道，
银雀山储存了汉文化山[⑧]；
大禹治水三过家门而不入，
七十二峰——
峰峰都有峰中峰，
三十六洞天——
洞洞都有洞外天……
漫漫森林——
四周成园藏珍禽奇兽，
滔滔沂河——
两岸绿柳送一行银帆。
啊！
奇哉，酿古雕今沂蒙人，
美哉，奇峰异水沂蒙山！

五十年前那场战斗，
半个世纪常浮眼前，
阵阵杀声，
淹没了山呼风啸，
灼灼弹光，
映红了陡壁峭岩；
担架队抬出了
一个又一个希望，
独轮车满足了
一个又一个期盼！
识字班的丝线
拉出了漫天朝霞，
老大娘的灶膛
焚烧着缕缕黑暗！
孟良崮的清泉
化作我身上的热血，
沂蒙山渗透了
我全部的血管。
在向全国进军的号声里
我听到了
沂蒙人的铿锵脚步：
“全力支前，
全程支前，
破家支前！”[9]
哦，一腔赤诚，
一路风雨，
一路凯旋。
支前模范六姐妹[10]
岂止千百？
乳救伤员贤红嫂[11]
何止百千？
从这里走出
一百二十万支前大军
三万多沂蒙儿女
血染杜鹃！
你们用小米养育着革命，
更用热血把祖国浇灌；

你们用小车推动历史，
更用脊梁支撑蓝天。
啊！
壮哉，赤心铁骨沂蒙人，
美哉，改天换地沂蒙山！
改革开放的浩浩春风，
鼓满沂蒙前进的风帆。
孟良崮战役的号声重又响起，
支前小推车的飞轮跃上了山巅。
向落后和贫穷开炮，
向愚昧和迷信宣战。
革命干劲同科学技术联姻，
发展生产与开拓市场结伴。
全力改革，
全面搞活，
奋勇向前。
哦，满腔热情，
满怀壮志，
满眼灿烂。
八百里沂蒙又展新貌，
遍地英雄遍地好汉。
外资外企在这里落户，
出省出国寻石他山。
八仙过海各显神通，
振兴沂蒙齐心奋战。
大山里崛起“小深圳”，
罗庄镇诚实守信敢争先。
龙山顶上的九间棚村[12]，
九名党员九颗赤胆，
治电、治路、治水更铸人心，
把灿灿的金龙锁在了九间。
沂蒙山忠实的儿子王廷江[13]，
向乡亲们一举献出六百万，
他认定“生不带来，死不带走，
做人不能为钱活着”，
赢得了总书记的热情称赞；
呕心沥血带领大家同致富，

为国为民无愧党员的好典范。
老共产党员吕鸿宾、卢翠秀、阎维深、邢继岭[14]，
几十年如一日，
用璀璨的晚霞迎来了朝霞满天。
啊，人生有限
又人生无限。
他们把生命的光华延续、扩展！
特级残废军人朱彦夫[15]，
我曾与他促膝交谈；
炮火吞噬了他强健的四肢[16]，
党员责任赋予他钢铁般勇敢，
用意志和苦斗驱赶贫穷，
用心血和生命溶解万难，
历尽一千多个日日夜夜，
没有手，居然写出了巨著鸿篇。
沂蒙山的优秀女儿岳喜翠[17]，
飞行师长驰骋蓝天三十年，
为祖国安全风雨雷电从不畏惧，
半边天驾驭了万里长天。
沂蒙山新一代代表公举东[18]，
大学毕业投身军营勇于锻炼，
甘当一兵——
是全面发展的优秀士兵，
乐于奉献——
献身军旅报效祖国志存高远。
啊！
强哉，赤胆忠心沂蒙人，
美哉，绚丽辉煌沂蒙山！
哦，沂蒙人，
我尊敬的父老乡亲！
啊，沂蒙山，
我亲爱的第二故园！
纵观你伟大的历史，
放眼你辉煌的今天，
是什么使你日新月异？
是什么让你魅力无限？
是什么使你含笑海外？

是什么让你光辉灿烂？
是总设计师的蓝图深入人心，
是第三代领导核心的有力召唤，
是公仆意识与主人意志的结合，
是沂蒙精神大放光焰⑲：
“立场坚定，
爱党爱军，
艰苦创业，
无私奉献。”
传统美德熔聚现代文明，
革命之道经过实践冶炼，
这是沂蒙人的富有和骄傲，
这是革命者共有的财产。
好雨知时节，
长空鹏翅展。
沂蒙精神光映神州，
华夏大地百花争艳。
啊！
伟哉，孟良崮，
美哉，沂蒙山！

【注释】

①选自迟浩田《迟浩田军事文选》，解放军出版社，2009年版。

②斯巴达克：通常译为“斯巴达克斯”，巴尔干半岛东北部的色雷斯人，罗马侵入北希腊时，被俘后沦为奴隶。后来斯巴达克在角斗士学校的厨房发起暴动，逃到维苏威火山上发动起义。公元前72年，斯巴达克率军沿亚得里亚海岸穿过整个意大利，罗马元老院宣布国家进入紧急状态，命令克拉苏统率大军前往镇压。公元前71年春，罗马军队四面围剿，斯巴达克战死。

③皮那吐布：菲律宾火山名。据介绍，1992年火山爆发，滚滚岩浆覆盖了克拉克美空军基地的飞机跑道。在抗美援朝战争中，大批侵朝空军就是从这里起飞的。有人说“善有善报，恶有恶报”，这是老天在惩罚侵略者。

④方形水棺：当年珍珠港事件中，遭日本侵略者突袭沉没的“亚利桑那”号军舰美军将士的棺材。

⑤马其诺防线：法国在第一次世界大战后，为防德军入侵而在其东北边境地区构筑的防御体系。1940年5月德军诱使英法联军支援荷兰，再偷袭阿登高地，联合荷兰德军将联军围困在敦刻尔克，马其诺防线也因为德军袭击其背部而失去作用。

⑥阿鲁沙：坦桑尼亚北部行政区。面积8.2万平方千米，首府阿鲁沙。

⑦孙庞斗智：孙膑和庞涓各用智谋相斗。源于《东周列国志》：战国时期，庞涓设计让魏王残害孙膑。遭受膑刑的孙膑逃到齐国后为齐所用，在救赵之战中，田忌采纳孙膑的围魏救赵、减灶计，经桂陵之战和马陵之战，最终迫使庞涓在马陵道自杀。

⑧银雀山：山东省临沂市市区东南部，因出土汉墓竹简《孙膑兵法》而蜚声海内外。

⑨“全力支前”三句：在艰苦卓绝的抗日战争、解放战争中，沂蒙人民碾小米、做军鞋、送弹药、抬担架，千方百计支援前线，当时的口号是：“全力支前，全程支前，全家支前。”

⑩模范六姐妹：即“沂蒙六姐妹”，革命战争年代在沂蒙老区涌现出的一个女性英雄群体，她们居住在蒙阴县野店镇烟庄村，分别是张玉梅、伊廷珍、杨桂英、伊淑英、冀贞兰、公方莲。

⑪红嫂：沂蒙红嫂明德英（1911～1995），山东沂南人。战争年代，聋哑的她用自己的乳汁，救活了一名革命战士，被公认为沂蒙红嫂的生活原型，赢得了人们的敬重和爱戴。

⑫九间棚村：位于山东省平邑县天宝山风景区内，有着久远的历史和很高的知名度，该村艰苦创业、无私奉献的精神，闻名全国。

⑬王廷江：1951年生，山东临沂人，1989年加入中国共产党。临沂市罗庄区沈泉庄村党委书记，山东华盛江泉集团董事长。第八届、十届全国人大代表，党的十五大代表，第九届山东省人大代表，全国劳模，全国优秀乡镇企业家。

⑭吕鸿宾（1911～1990），山东莒县阎庄镇吕家庄人，全国著名农业劳动模范，第一至六届全国人大代表。卢翠秀：1928年生，女，山东莒县人。莒县龙山镇杨家沟村党支部书记，全国农业劳动模范和计生先进个人。阎维深：1927年生，山东莒南人。1946年入党。1982年从县水利局离休，回村担任党支部书记，被山东省委授予优秀共产党员。邢继岭：20世纪60年代曾任山东省苍山县副县长。

⑮朱彦夫：1933年生，山东沂源人。特等伤残军人。没有四肢，没有左眼，右眼的视力只有0.3，没上过学。参加过上百次战斗，三次立功，十次负伤，动过47次手术。他用超人的毅力向自己挑战，向人生挑战，被誉为当代中国的保尔·柯察金。著有33万字自传体小说《极限人生》。

⑯吞噬：吞咽；整个地吞下去。晋郭璞《长蛇赞》：“长蛇百寻，厥鬣如彘。飞群走类，靡不吞噬。”

⑰岳喜翠：1948年生，女，山东淄博人，广州军区空军副参谋长。2003年被授予中国人民解放军空军少将军衔，成为我国第一位女飞行员将军。

⑱公举东：1971年生，山东蒙阴人。1991年临沂师专（临沂大学前身）政治系毕业，分配到山东省临沂教育学院。1992年底应征入伍。曾任南京军区上海警备区某部八连班长，现任上海警备区特种警备团政委，第一届中国青年五四奖章标兵获得者。

⑲沂蒙精神：在中国共产党的领导和培育下，沂蒙人民与山东党政军一起，共

同创造了“爱党爱军、开拓奋进、艰苦创业、无私奉献”的沂蒙精神。沂蒙精神与井冈山精神、延安精神、西柏坡精神一样，都是中国共产党的宝贵精神财富。

壮哉，英雄魂[1]

2007 年 9 月 26 日

多少次，我把长长沂水思念，
多少回，我把巍巍蒙山呼唤，
我梦中的孟良崮，心中的沂蒙山，
别样的崮，别样的山，
六十周年胜利日，
老兵再把故乡还！
沂蒙山啊孟良崮，
望见你，泪水又盈我双眼；
孟良崮啊沂蒙山，
走近你，心潮难禁逐浪翻！
看不够——
八百里群山崮连崮，八百里沂汶川连川[2]；
难忘却——
六十年前烽烟急，华野健儿南北战，
挥戈莱芜传大捷，旌旗直下沂水边。
孟良崮前好战机，十万大军扑凶顽。
百里奔袭抢垛庄[3]，四面八方阻敌援。
青禾割来喂军马，门板卸下抬伤员。
姑嫂挑灯做军鞋，大娘昼夜碾米面。
老少都上支前队，车轮滚滚汗湿衫。
人民支援重于山，战士杀敌猛无前！
杀声震天天欲裂，勇士如潮山色变。
美国罐头加大炮，七十四师呼不还。
百万军中取敌酋，强虏化作鸟兽散。
“重点进攻”烟灰灭，华野扬名天地间！
六十个春秋瞬间过，五十八载国庆举世赞。
多少英雄多少战，多少壮士含笑眠。
常将怀念寄山河，敬捧花束祭英贤。
八百里沂蒙七十二崮，何处不记罗荣桓？
勇猛“插、争、挤”，巧妙“打、统、反”[4]。
驱寇歼敌无昼夜，心与百姓紧相连。

开辟山东根据地，
奋战七寒暑，丹心动地天。
炮声隆，军情酣，
油灯下，陈毅司令诗兴阑。
昨夜煎饼开水泡，剥来大葱下早餐。
跃马横戈千军中，长歌短吟伴凯旋！
百战百胜将粟裕，亲率精兵驰鲁南。
运神机，斩断快速纵队腿，
驱妙算，挖出两师“王牌”胆。
硬一纵，叶飞将军曾拍案——[5]
“要硬到底！坚决把敌人‘王牌中的王牌’全打翻！”
猛九纵，司令许世友气冲霄汉[6]——
“你们师长当团长，团长当营长，
营长当连长，带头冲、杀、砍！”
六纵虎将王必成[7]，声比雷霆震天喊——
“没有子弹有枪托，没有手榴弹有双拳，
没有刺刀有牙齿，
一定让敌人的梦呓全破产！”
特种兵纵队司令陈锐霆[8]，
最喜让他的炮弹去发言，
华东战区的主战中，他和他的特纵总在前。
最难忘，四十载后我二进沂蒙山，
一位老农的歌咏震心弦，
“胡奇才[9]，真勇敢，指挥八路打冶源[10]，
打死鬼子三十三，活捉一个翻译官。”
哦，谁为人民流血汗，
他就扎根在人民心里边！
孟良崮，七十二崮你不最高，
破强敌，万众一心丰碑坚；
沂蒙山，共和国版图你非名山，
鱼水情，生死相依书经典！
奇迹，来自领袖的伟大英明，
胜利，来自将帅的智勇果断！
光荣，属于沂蒙山二十万民工的百倍忠诚，
辉煌，属于万千勇士的殷红血鲜！
伟哉，孟良崮，七十二崮你英名独冠；
壮哉，英雄魂，你们用生命将新中国召唤！

我的好战友啊，我的好伙伴！
踏遍蒙山，哪里曾是我们坚守的堑壕[11]，冲锋的前沿？
走过沂水，哪里曾是我们宿营的村庄，操练的场院？
你们曾是哪个纵、哪个师、哪个团？
我一直在寻觅着你们的身影和笑脸；
你们曾是哪个营、哪个连，哪个班？
我一直在孜孜追索着你们的理想和信念！
三更查铺，是谁将我的双脚裹进棉被？
雪夜巡哨，是谁将大衣披上我的双肩？
是谁为我包扎伤口，自己却血染衣衫？
昼夜行军未食，却将分得的煎饼塞到我手间……
你们是无私无畏、以身报国的大丈夫，
你们是有憎有爱、有情有义的好儿男！
你们把生命奉献给了人民，
却没有品尝到胜利后的喜悦和甘甜！
我的好战友啊，我的好伙伴！
你们的鲜血已将沂蒙沃野浇灌，
你们的身躯已化作沂蒙青山巍然。
孟良崮前，九万松柏苍翠挺健，
烈士陵中，三千英魂地下长眠。
敬礼，我以战友挚浓的情感，
敬礼，我以军人崇高的庄严！
我的好战友啊，我的好伙伴！
几回回重返沂蒙，好景色气象万千！
篝火边描绘的美景已处处可见，
行军中畅谈的理想已展现眼前。
党的政策如春风化雨，
改革开放使沂蒙鹏翼大展——
沂蒙人民是英雄汉，誓叫家园变新颜。
锨镐挖出小康道，铁手开出万年泉。
米粮川，花果山，火车高速穿山间。
高科技，新尖端，商贾云集沂河边，
空中别墅在云间！
沂蒙人民创辉煌，老区一步几重天。
伟哉，孟良崮，沂河后浪推前浪，
壮哉，英雄魂，革命雄风代代传！
我的好战友啊，我的好伙伴！

六十年前，你们为和平与自由而战！
六十年后，和平与自由仍是你们的期盼。
春色氤氲[12]，尚有霜压雪卷倒春寒，
大江东去，亦非浪静波平顺风船。
居安思危，富国强军人民才安全，
创新理论，科技兴国才能自立世界民族之巅。
啊，科学发展，和谐发展，
共同发展，持续发展……
融聚沂蒙精神，增色神州画卷。
伟哉，孟良崮，你将千古不朽！
壮哉，英雄魂，你们可笑慰九泉！

【注释】

①选自迟浩田著《迟浩田军事文选》，解放军出版社，2009 年版。

②沂汶：沂河与汶河。汶河古称汶水，源出沂山东麓百丈崖瀑布之桑泉，因桑泉水俗称汶水，故名汶河。全长约 110 千米，经临朐、昌乐两县流入安丘市境。

③垛庄：乡镇名，在山东省蒙阴县，位于县城东南 30 千米处。

④原注：抗战时期罗荣桓在山东创造的六字方针，插：就是插入日伪军和国民党军队的空隙地带。争：就是广泛发动群众，争取团结一切抗日力量。挤：就是挤掉消极抗战，积极反共、反人民的顽固势力。打：就是打击日军和汉奸武装。统：就是同国民党军队特别是驻在鲁南的东北军疏通关系，加强团结，保持统一战线。反：就是反“扫荡”。

⑤叶飞（1914～1999），祖籍福建南安。1932 年加入中国共产党。曾任中共闽东特委书记、新四军旅长、苏中军区司令员、第三野战军第十兵团司令员、中共福建省委第一书记、中华人民共和国交通部部长、中国人民解放军海军司令员等职。1955 年被授予上将军衔。

⑥许世友（1905～1985），河南新县人。1927 年加入中国共产党。曾任中国工农红军营长、团长、师长、军长、山东纵队参谋长、胶东军区司令员、华东野战军第九纵队司令员、山东军区司令员等职。中华人民共和国成立后，任南京军区司令员、国防部副部长等职。1955 年被授予上将军衔。

⑦王必成（1912～1989），湖北麻城人。1930 年加入中国共产党。曾任中国工农红军副师长、新四军纵队司令员、华东野战军第六纵队司令员、第三野战军第二十四军军长、中国人民志愿军第九兵团副司令员、南京军区副司令员、武汉军区司令员、军事科学院副院长等职。1955 年被授予中将军衔。

⑧陈锐霆（1906～2010），山东即墨人。1937 年加入中国共产党。曾任新四军独立旅旅长、中国人民抗日军政大学第四分校副校长、第三野战军特种兵纵队司令员、中国人民解放军炮兵参谋长、炮兵顾问等职。1955 年被授予少将军衔。

⑨胡奇才（1914～1997），湖北红安人。1932年加入中国共产党。曾任红四方面军师政治委员、八路军一二九师副团长、山东纵队第八支队副司令员、第一支队司令员兼第二军分区司令员等职。中华人民共和国成立后，任辽东军区司令员、中国人民解放军工程兵副司令员等职。1955年被授予中将军衔。

⑩冶源：乡镇名，位于山东省临朐县。

⑪堑壕：战壕。《新唐书·裴行俭传》："堑壕既周，行俭更命徙营高冈。"

⑫氤氲：烟云弥漫的样子。唐张九龄《湖口望庐山瀑布泉》："灵山多秀色，空水共氤氲。"

◎范筑先

范筑先（1881～1938），山东馆陶人，著名民族英雄、抗日烈士、爱国将领。早年从军到北洋陆军。辛亥革命后任陆军第八旅旅长。1931年回山东，任第三路军少将参议。1932年5月，任山东省沂水县县长。1933年11月，任山东省临沂县县长。任上廉洁奉公，关心民众，深得百姓的爱戴。1936年7月，调任山东省第六区行政督察专员、保安司令兼聊城县县长。抗战爆发后，他拥护中国共产党的抗日主张，留在鲁西北地区组织群众抗日。拒绝国民党政府将抗日武装改编为省属保安旅的命令，并与八路军一二九师签订互相支援的协议。1938年11月14日，日军进攻聊城，范筑先率部抗击，壮烈殉国。

抗战四章[①]

1938年夏为青年战友题词

一

甲午国耻四三年[②]，先民鏖战渤海边[③]。
马关丧权又辱国[④]，台澎领土拱手献[⑤]。

二

五七五卅复五三[⑥]，倭寇欺我多凶残。
工农挥戈齐上阵，反抗呼号遍地传。

三

沈阳事变狼烟起[⑦]，抗日烽火正燎原。
义勇军民齐抵抗，血染黑水白山巅[⑧]。

四

七七卢沟炮声响[⑨]，团结御侮最为先。
收复失地庆胜利，杀敌报国凯歌还。

【注释】

①选自河北省馆陶县政协文史资料研究委员会编《范筑先传》，1986年版。

②“甲午”句：中日甲午战争是19世纪末日本侵略中国和朝鲜的战争。它以

1894年7月25日丰岛海战的爆发为开端，到1895年4月17日《马关条约》签字结束。距离范筑先写作此诗的时间为四十三年。

③先民：泛指前人。北魏郦道元《水经注·泜水》："初建此城，则有斯丘，传承先民，曰王氏墓。"鏖战：激烈的战斗；苦战。《新唐书·王翃传》："引兵三千，与贼鏖战。"

④"马关"句：甲午战争以中国失败告终。清朝政府迫于日本军国主义的军事压力，签订了丧权辱国的不平等条约《马关条约》，给中华民族带来空前严重的民族危机，大大加深了中国社会半殖民地化的程度。

⑤台澎：台湾和澎湖列岛。《马关条约》的主要内容是：朝鲜完全"自主"，实际上即承认日本对朝鲜的控制；割让我国辽东半岛、台湾、澎湖列岛等地；赔款白银两亿两；允许日本在中国通商口岸设立各种工厂；开放沙市、重庆、苏州、杭州为通商口岸。

⑥五七：指"五七"国耻。1915年5月7日，日本向袁世凯政府发出最后通牒，迫其接受丧权辱国的二十一条约。消息传出，群情激愤，全国各阶层掀起声势浩大的反日爱国运动。后来即以每年五月七日为"国耻纪念日"。五卅：指"五卅惨案"，又称"青沪惨案""五卅大屠杀"，为1925年5月30日青岛、上海等地工人游行抗议日本棉纱厂非法开除及殴打工人所引发的流血事件。五三：指"五三惨案"，又称"济南惨案"，为1928年5月3日日本帝国主义在山东济南大肆屠杀中国军民及外交官员的血腥事件，这是日本帝国主义对中国人民欠下的一笔血债。

⑦沈阳事变：又称"九一八事变"，指1931年9月18日中日之间爆发的一次军事冲突。此次事变后，中国东北三省全部被日本关东军占领，日本与中国之间的矛盾进一步激化，而日本国内主战的日本军部地位上升，导致日本走上全面侵华的道路，为抗日战争的全面爆发埋下了导火索。狼烟：燃狼粪升起的烟。古时边防用的报警信号，比喻战火或战争。

⑧黑水白山：黑龙江和长白山。泛指中国东北地区。《金史·世纪序》："生女直之地有混同江、长白山。混同江亦号黑龙江，所谓'白山黑水'是也。"

⑨七七卢沟：即"七七事变"。日本侵华战争中的一次重要事件，因发生于1937年7月7日而得名。该事变发生于当时北平市宛平县城和卢沟桥，又称"卢沟桥事变"。

◎王统照

王统照（1887～1957），山东诸城人。现代著名作家。1918年考入北京中国大学英国文学系，翌年参加了五四运动。曾在《新潮》上发表短篇小说《雪后》《沉思》等。1921年与沈雁冰、郑振铎、叶圣陶等发起成立“文学研究会”。出版长篇小说《一叶》、短篇小说集《春雨之夜》、诗集《童心》等。1933年创作长篇小说《山雨》。1945年到青岛任山东大学中文系教授、系主任。建国后，历任山东省文教厅副厅长，山东省文化局局长，山东省文学艺术界联合会主席。1982年山东人民出版社出版了《王统照文集》。

相别卅年重晤济南书此以呈陈毅同志[①]

1957年

海岱功成战绩陈[②]，妇孺一例识将军[③]。
谁知胜算指挥者，曾是当年文会人[④]。
卅年重见鬓苍然[⑤]，锻炼羡君似铁坚。
踏遍齐鲁淮海上，为民驱荡靖尘烟。
藤阴水榭袅茶烟[⑥]，忧国深谈俱少年。
愧我别来虚岁月，有何著述报人间。
明湖柳影望毵毵[⑦]，半日山游兴味酣。
好摅胸怀同努力[⑧]，饮君佳语胜甘醇。

【注释】

①选自《王统照文集》（第四卷），山东人民出版社，1982年版。此诗最初发表于《诗刊》1958年第2期。作者生前并未寄给陈毅，因此陈毅读后更增悼念，曾赋《剑三今何在》以报之。

②海岱：今山东省渤海至泰山之间的地带。海，渤海；岱，泰山。《尚书·禹贡》：“海岱惟青州。”《尚书·孔传》：“东北据海，西南距岱。”

③一例：一律。《公羊传·僖公元年》：“臣子一例也。”

④文会：指文学研究会。新文学运动中成立最早、影响和贡献最大的文学社团之一。1921年1月4日在北京成立，由周作人、郑振铎、沈雁冰、郭绍虞、朱希祖、瞿世瑛、蒋百里、孙伏园、耿济之、王统照、叶绍钧、许地山等十二人发起，会员先后有170多人。陈毅早年在北京曾参加文学研究会的活动。

⑤苍然：苍白的样子。

⑥“藤阴”二句：回顾当年文学研究会时期，作者与陈毅“忧国深谈”的情景。水榭：建筑在水边或水上，供人们游憩眺望的亭阁。唐崔湜《侍宴长宁公主东庄应制》诗：“水榭宜时陟，山楼向晚看。”

⑦毵毵：垂拂纷披貌。宋陆游《题阎郎中溧水东皋园亭》诗：“毵毵华发映朱绂，同舍半已排云翔。”

⑧摅：抒发。唐太宗《秋日翠微宫》诗：“摅怀俗尘外，高眺白云中。”

◎刘民生

刘民生（1888～1978），山东沂水人。早年参加孙中山先生创建的同盟会，参加了反军阀、反封建的斗争。1914年毕业于山东法律专科学校。曾任山东省议会议员，济南、济宁、临沂律师公会律师。1938年后任沂水县民众总动员委员会主任，山东临时参议会参议员、副参议长，中国解放区救济总会山东分会副主任等职。建国后，历任山东省人民政府副主席、最高人民法院华东分院院长、山东省副省长、山东省政协副主席。被誉为“革命老人”。

耕者有其田歌并序[①]

1946年11月25日

孙中山先生“耕者有其田”的主张，提出二十余年。国民党一党专政，亦十有九年。而具有历史意义，为广大农民所迫切需要的土地政策，竟未实行。且亦从未准备实行。这不能不说是孙中山先生的遗憾！日本投降，时仅一年，解放区即由减租减息进而为土地改革，普遍掀起献田热潮，实现了“耕者有其田”。真是有史以来空前的一次土地改革工程。余以暮年，际逢幸运，滥竽革命阵营[②]，藉得参加这一运动，深以为荣。爰就所感[③]，不计工拙，勉诌俚歌，以抒胸怀。

土地制度古难详，井田之说亦渺茫[④]。
孟子之言何所取[⑤]，五亩之宅树以桑。
百亩之田勿夺时，八口之家免饥荒。
有人则有土，原是好主张。
世风日硗薄[⑥]，豪强兼并起。
富者连阡陌[⑦]，贫无立锥地。
庖有肥肉厩肥马，野有饿莩民色饥[⑧]。
人类生活不平久，自然磨荡成阶级。
荏苒几千载[⑨]，壮士空太息[⑩]。
历史巨轮飞转动，掀起中国大革命。
国共两党须合作，中山先生识坚定。
三大政策定，工农是前锋。
耕者有其田，地义与天经。
亘古好政策[⑪]，何以久不行？
买办洋奴金融资本家，军阀官僚地主一脉通。

利害休戚本相共，惺惺原是惜惺惺[12]。
幸有人民老家乡，土地回家得解放。
村村社社敲锣鼓，男女老少齐欢唱。
你住这一舍，我住那座房。
张哥南园枣，李嫂北园桑。
庄西刮金坂[13]，咱都有一方。
村东井浇地，我与你伙墒[14]。
这些好日子，想也没敢想。
今日是何日？竟然掉在咱头上。
感谢共产党，多亏好主张。
回想早年事，眼泪还尽淌。
拖男领女到处跑，天天半饱又半饥。
头顶脚踩人家地，处处当贼防备你。
每天到晚没处宿，厕身蜷伏厦门底[15]。
饥肠辘辘寐不成，北风冽冽婴儿泣[16]。
穷根苦水诉不清，东海之水恨难洗。
今冬地湿天虽冷，我已有房能休息。
支援前线路虽远，我已有粮不怕饥。
丰衣足食好保证，有了土地没问题。
广大解放区，是咱翻身地。
谁敢来捣乱，咱就和他干。
谁敢来进攻，把他拼个净。
保卫自己的房屋，保卫自己的乐土。
喜洋洋闹轰轰，锣鼓咚咚响西东。
齐唱有地歌，比赛朱富胜[17]。
地主大转变，埋头苦劳动。
人人争模范，个个创英雄。
割断地佃关系，铲除剥削阶层。
改变社会形态，转换所有类型。
从此同享政治平等，从此大家一样繁荣。
发扬人类友爱互助，保障社会真正安宁。
人民振臂高呼：踏上了新民主主义道路！

【注释】

①选自祝宏等编著《解放号角（1945.9～1949.9）》，齐鲁书社，1993年版。1946年春，刘民生慷慨捐献自己的私有土地20官亩（大于现在的市亩）给刘家山宋村小学，以振兴地方教育。献田之后，情不自已，咏此长诗。

②滥竽：典出《韩非子·内储说上》，比喻没有真才实学的人。此处为自谦。南朝梁简文帝《答湘东王和受试诗书》："使夫怀鼠知惭，滥竽自耻。"

③爰：于是。《诗经·魏风·硕鼠》："乐土乐土，爰得我所。"

④井田：指井田制。井田制是西周时盛行的土地国有制度。那时，道路和渠道纵横交错，把土地分隔成方块，形状像"井"字，因此称作"井田"。井田属周王所有，分配给奴隶主或庶民使用。奴隶主或庶民不得买卖和转让井田，还要交一定的贡赋。

⑤"孟子之言"四句：化用《孟子·梁惠王上》中的句子。原文为："五亩之宅，树之以桑，五十者可以衣帛矣；鸡豚狗彘之畜，无失其时，七十者可以食肉矣；百亩之田，勿夺其时，数口之家，可以无饥矣；谨庠序之教，申之以孝悌之义，颁白者不负戴于道路矣。七十者衣帛食肉，黎民不饥不寒；然而不王者，未之有也。"

⑥硗薄：比喻人情或风俗浮薄。

⑦阡陌：田界。《史记·秦本纪》："（商鞅）为田开阡陌。"司马贞索隐引《风俗通》："南北曰阡，东西曰陌。河东以东西为阡，南北为陌。"

⑧饿莩：饿死的人。《孟子·梁惠王下》："狗彘食人食而不知检，涂有饿莩而不知发。"

⑨荏苒：时间渐渐过去。常形容时光易逝。汉丁廙妻《寡妇赋》："时荏苒而不留，将迁灵以大行。"

⑩太息：大声长叹，深深地叹息。《楚辞·离骚》："长太息以掩涕兮，哀民生之多艰。"

⑪亘古：自古以来；从来。明谢肇淛《五杂俎·人部一》："王氏以妇人能之，尤亘古所无也。"

⑫"惺惺惜惺惺"：聪明人爱惜聪明人。意谓性格、才能或境遇相同的人相互爱惜、同情。元关汉卿《普天乐·崔张十六事》曲："遇着风流知音性，惺惺的偏惜惺惺。"

⑬刮金坂：方言。高产的基本农田。

⑭伙墒：谓合伙耕种。墒：土壤的湿度。

⑮厕身：置身。明夏完淳《刘文学感遇》诗："厕身西掖垣，勗哉慎无过。"蜷伏：曲身卧倒。明李时珍《本草纲目·兽二·风狸》："昼则蜷伏不动如蝟，夜则因风腾跃甚捷。"厦门：大屋子的门。

⑯冽冽：寒冷貌。三国魏曹丕《清河见挽船士新婚与妻别作》诗："冽冽寒蝉吟，蝉吟抱枯枝。"

⑰朱富胜（1906～1992）：山东沂南人。1940年加入中国共产党。1945年被评为鲁中劳动英雄。解放战争期间，带领3000余人的担架团，出色地完成了支前任务，该团被授予"华东第一模范担架团"称号。历任沂南县副县长、沂南县县长、县革委副主任、政协主席等职。

◎常恩多

常恩多（1895～1942），满族，辽宁海城人。他力主抗日，在“西安事变”中发挥了重要作用。率部开赴鲁南驻扎布防后，多次消灭出扰的日伪军，并秘密加入中国共产党。1941 年 2 月，一一一师顽固派旅长孙焕彩乘常恩多患病之机，密谋策划，将万毅扣押，并逮捕了中共地下党员数人。1942 年 8 月 2 日夜，生命垂危的他挺起精神，在苏鲁战区总部政务处长郭维城（中共党员）和爱国军官协助下，冲破国民党反动势力的阻挠，率部队举行起义，扣押了师部的顽固分子，8 月 8 日率部队开赴莒南县王家坊前，把一一一师 2700 多人带到了抗日根据地。第二天就不幸逝世。

共整旧山河[①]

1941 年 6 月

明月良宵里，静卧草房间。
沉思既往事，阵阵痛心酸。
谁识征夫意[②]，共整旧河山。

【注释】

①选自彤心编《中华英烈诗萃》，东北朝鲜民族教育出版社，1991 年版。

②征夫：出征的兵将。宋范仲淹《渔家傲》：“羌管悠悠霜满地，人不寐，将军白发征夫泪。”

青　松[①]

1941 年 6 月 20 日

墙外青松墙内花[②]，花笑青松不如它。
待到冬日严霜至，只见青松不见花。

【注释】

①选自山东省民政厅编《山东革命烈士诗词选》，天津人民出版社，1994 年版。原诗无题，选注者所加。

②青松：喻指有骨气的人。花：指没有气节的人。这种人和花一样软弱，经不起风霜，经不起威逼利诱。

岂能撼泰山[①]

1941年6月20日

载我有大地，覆我有青天。
饱餐新空气，总在日月间。
病魔纵似虎[②]，岂能撼泰山。

【注释】

①选自山东省民政厅编《山东革命烈士诗词选》，天津人民出版社，1994年版。原诗无题，选注者所加。

②原注：此时常恩多患有重病。

◎韩文一

韩文一（1895～1969），河北威县人。1937 年 7 月组织河北盐山县群众抗战。次年 2 月参加中共枣庄干部训练班。1938 年 3 月加入中国共产党。5 月任苏鲁人民抗日义勇总队参谋长。1939 年后任中共济南工委委员、费县县长、滨海盐务署主任、山东军区办事处副主任等。1945 年后赴东北，曾任赛马矿务局局长、东北煤管局处长、中共辽东分局办事处主任等职。1955 年调回山东，任煤炭部济南基本建设局副局长、徐州基本建设局副局长、山东省煤管局局长等职。

吊何一萍①

1938 年 7 月

意气风发青壮年②，冲锋陷阵勇无前。
白色恐怖考验日③，步履从容意弥坚④。

【注释】

①选自枣庄市政协文史资料委员会编《枣庄文史资料》，1989 年第 4 辑。何一萍（1913～1938）：河南孟县人。鲁南中心县委书记。七七事变前，加入中国共产党，到延安抗大学习。1937 年秋到枣庄矿区工作，10 月，任苏鲁豫皖特委宣传委员和鲁南中心县委书记。1938 年 3 月正式组建峄县人民抗日武装，任苏鲁人民抗日义勇总队政治委员。6 月下旬，在与滕县国民党地主武装战斗中不幸牺牲。

②意气风发：形容精神振奋，斗志昂扬。

③白色恐怖：指反动统治者大规模逮捕、屠杀革命人民，破坏革命组织，残酷镇压人民革命运动、民族解放运动的恐怖行为。

④弥坚：更加坚定。弥：更加。

赞鲁南抗日义勇队①

1938 年 8 月

抗战气势凌长空，军民生死愿共同。
毁家纾难了无顾②，同仇敌忾堪称雄③。

【注释】

①选自中共枣庄市委党史办公室编《风烟之歌——枣庄革命诗歌选》，中国矿业大学出版社，1993 年版。

②毁家纾难：语出《左传·庄公三十年》：“斗谷于菟为令尹，自毁其家，以纾楚国之难。”杜预注：“毁，灭；纾，缓也。”后以“毁家纾难”称不惜捐弃家产、解救国难的行为。《宋史·度宗纪》：“容臣归省偏亲，誓当趋事赴功，毁家纾难，以赎门户之愆。”

③同仇敌忾：语本《诗经·秦风·无衣》：“与子同仇。”《左传·文公四年》：“诸侯敌王所忾。”孔颖达疏：“当王所怒，谓往征伐之。”后以“同仇敌忾”指全体一致地痛恨、打击敌人。

◎郭子化

郭子化（1896~1975），江苏邳县人。1926年赴广州参加北伐军，同年加入中国共产党。1927年大革命失败后，由武汉北上，以行医、教书为掩护在苏鲁皖边区一带从事地下斗争。曾任中共安徽泗县特委委员、枣庄矿区特委书记、苏鲁豫皖边区特委书记、山东分局统战部部长、华东局秘书长。1947年任山东省支前委员会主任。新中国成立后，曾任山东省人民政府副主席、代理主席，上海市民委主任，国家卫生部副部长。在医学上造诣很深，精于瘟病及妇科。在卫生部分管中医工作，成为新中国中医工作的奠基人。

吊何一萍同志[①]

热血满腔愤义师，锄奸未尽竟长辞。
独留豪气摧敌胆，先把宏躯奠国基[②]。
呜咽南塘流漫漫，隐忧北岭草萋萋[③]。
祈君安息泉台下[④]，逐寇杀敌有健儿。

【注释】

①选自国家中医药管理局编《忆郭子化》，中共党史出版社，1991年版。

②国基：国家的根本、根基。《左传·昭公十三年》："仲尼谓子产于是行也，足以为国基矣。"

③萋萋：草茂盛的样子。唐代崔颢《黄鹤楼》："芳草萋萋鹦鹉洲。"

④泉台：墓穴。亦指阴间。唐骆宾王《乐大夫挽辞》之五："忽见泉台路，犹疑水镜悬。"

赞少溪[①]

1939年2月

英勇善战数少溪[②]，斩彼凶顽褰敌旗。
牛刀小试传捷报[③]，鲁南战功数第一。

【注释】

①选自国家中医药管理局编《忆郭子化》，中共党史出版社，1991年版。少溪：指张少溪。张少溪（1903~1939），山东滕县人。1937年参加革命工作，1938年加

入中国共产党，任苏鲁人民抗日义勇总队（时称直辖4团）副参谋长、参谋长。1939年9月在战斗中不幸牺牲。

②“英勇”句：1939年初，苏鲁人民抗日义勇队第一总队副参谋长张少溪指挥有方，在鲁南车辋（现属山东省兰陵县）围困战中取得胜利。

③牛刀：宰牛的刀。小试：稍微用一下，初显身手。比喻有大本领的人，先在小事情上显示一下身手。也比喻有能力的人刚开始工作就表现出才能。宋苏轼《送欧阳主簿赴官韦城》诗：“读遍牙签三万轴，欲来小邑试牛刀。”

月夜宿营书怀①

1939年秋

雨霁空山月已偏②，风清露冷院中眠。
闻鸡起舞神方健③，看剑思仇志弥坚。
玉镜团圆终古在，金瓯残缺几时全④。
何当横跨东海去，斩却鲸鲵恨始捐⑤。

【注释】

①选自国家中医药管理局编《忆郭子化》，中共党史出版社，1991年版。

②霁：雨雪停止。

③闻鸡起舞：《晋书·祖逖传》载，“（祖逖）与司空刘琨俱为司州主簿，情好绸缪，共被同寝。中夜闻荒鸡鸣，蹴琨觉，曰：‘此非恶声也。’因起舞。”后以“闻鸡起舞”为志士仁人及时奋发之典。

④金瓯无缺：比喻疆土之完整坚固。金瓯，指国土。《南史·朱异传》：“（梁武帝）尝夙兴至武德合口，独言：‘我国家犹若金瓯，无一伤缺。’”

⑤鲸鲵：比喻凶恶的敌人。《左传·宣公十二年》：“古者明王伐不敬，取其鲸鲵而封之，以为大戮。”杜预注：“鲸鲵，大鱼名，以喻不义之人吞食小国。”捐：舍弃，抛弃。

悼念遇难烈士①

芸芸初幸浴春烟②，谁布隐霾误众贤③。
内战妖氛仍作祟，和平使者不生还。
丝丝垂柳啼黄鸟④，片片樱花泣杜鹃。
千万健儿凝虎视，誓承遗志补乾天⑤。

【注释】

①选自国家中医药管理局编《忆郭子化》，中共党史出版社，1991年版。此诗

是作者于1946年4月8日黑茶山事件之后，为悼念遇难烈士而作。1946年4月8日，王若飞等人乘坐美国运输机，由重庆飞往延安，向党中央紧急汇报情况。当飞到延安上空时，雨雾重重，与地面失去了联系，被迫返航，途中迷失方向，飞抵山西境内的兴县撞到了黑茶山，王若飞、博古（秦邦宪）、叶挺等13人与4名美国机组人员全部遇难，酿成了震惊中外的空难事件。

②芸芸：众多貌。此指芸芸众生。清龚自珍《乞籴保阳》诗："苍生何芸芸，帝命苏其穷。"

③霾：乱风时空中降下的沙土。

④黄鸟：鸟名。三国魏曹植《三良诗》："黄鸟为悲鸣，哀哉伤肝肺。"赵幼文校注："《诗经·黄鸟篇》序：'《黄鸟》，哀三良也。'"

⑤乾天：即天。八卦"乾为天"是指乾卦的取象。

◎宋寿田

宋寿田（1899~1938），山东莒县人。1922 年考入临沂山东省立第五中学，后退学务农。1924 年到博山同兴公司当煤车押运工人。1925 年加入中国共产党。先后在博山、青岛、济南等地从事党的地下工作。1931 年冬被国民党当局逮捕，后经党组织营救出狱。抗日战争爆发后，党组织派他回莒县组织抗日武装。1937 年冬到济南购买武器时，被敌人逮捕。受酷刑折磨，不幸于 1938 年春逝世。

咏矿工①

1924 年

井底新开小有天②，熙来攘往一绳牵③。
采煤不顾风波险，穿径犹将肢体蜷。
乍见惊为泉下鬼④，重逢似作隔世观。
佛言地狱皆虚幻，到此翻疑是信然⑤。

【注释】

①选自山东省民政厅编《山东革命烈士诗词选》，天津人民出版社，1994 年版。这首诗是宋寿田在博山同兴公司当煤车押运工时，目睹煤矿工人的悲惨生活而作。

②小有天：本意泛喻名胜地方。宋赵师侠《阳华岩》诗：“萦回栈道泉湍响，疑是仙家小有天。”此处用以讽指井底巷道。

③熙来攘往：形容人来人往，非常热闹。

④泉下：黄泉之下。指人死后埋葬之处。迷信指阴间。《周书·晋荡公护传》：“死若有知，冀奉见于泉下尔。”

⑤“佛言”二句：佛说地狱都是虚幻不存在的，到了这井下巷道才怀疑佛家的说法，相信人间地狱确实是存在的。

◎孙倚亭

孙倚亭（1900～1967），山东峄县人。1940年2月，孙倚亭毅然离开地主家庭参加抗战行列，任峄县抗日民主政府第四区蛟山乡乡长，并组织蛟山大队。后蛟山大队改属峄县支队第二区队，他任区队长。1944年春，当选峄县参议会参议长。解放战争开始后，改做卫生工作。1948年加入中国共产党。新中国成立后任山东省益都县麻风病医院院长。著有《抗日史咏》《业余杂咏》诗稿。

悼赵镈同志[①]

壮年救国难，黄浦著先声。
江汉风云急，湖湘民运兴。
身曾三陷狱，瘁尽廿年功。
声教方南播，旌旄又北征[②]。
工作蒙君展，威名顽敌惊。
顽军毒似蝎，银厂夜称兵[③]。
行空日杲杲[④]，临难铁铮铮[⑤]。
壮烈惊俗类，光辉满大东[⑥]。

【注释】

①选自中共枣庄市委党史办公室编《风烟之歌——枣庄革命诗歌选》，中国矿业大学出版社，1993年版。赵镈（1906～1941），陕西府谷人，1926年加入中国共产党，1940年春调任鲁南区党委书记兼鲁南军区政委。1941年10月27日，顽军千余人突然袭击鲁南区党委机关驻地银厂村。赵镈突围后返回销毁机密文件时被捕，同年11月13日被敌人活埋于九女山下。

②旌旄：军中用以指挥的旗子。汉刘向《说苑·权谋》："有狂兕从南方来，正触王左骖，王举旌旄而使善射者射之。"此指率领官兵。

③"银厂"句：1941年10月27日，原东北军五十一军驻鲁南的三三七旅六八三团张本枝部勾结日伪军和顽匪荣子恒、王洪九等部，除全面袭击驻边联地区（今兰陵县）的党政机关外，六八三团重点袭击中共鲁南区党委驻地银厂村（在今山东省兰陵县车辋镇）。鲁南区党委书记赵镈不幸被俘，并于11月13日被秘密杀害。

④杲杲：明亮貌。《诗经·卫风·伯兮》："其雨其雨，杲杲出日。"

⑤铮铮：比喻坚贞、刚强。《后汉书·刘盆子传》："卿所谓铁中铮铮，佣中佼佼者也。"

⑥大东：极东；东方较远之国。《诗经·鲁颂·閟宫》："奄有龟蒙，遂荒大东。"郑玄笺："大东，极东。"

◎陶　钝

陶钝（1901～1996），山东诸城人。1921年考入山东省立第一中学，在济南结识了山东马克思主义小组的王尽美和邓恩铭。1923年考入北京大学，受到革命先驱李大钊、路友于的影响，走上了革命道路。1931年加入中国共产党。七七事变后，在诸城组织抗日游击队。1939年到鲁南第四中学任教，与李澄之、梁竹航等组织鲁南抗敌协会。1946年调入山东文协工作。新中国成立后，历任山东省曲艺改进协会主席、中国曲艺家协会主席、中国文联副主席等职。著有长篇小说《为了革命的后代》，散文集《在福建前线》，以及《陶钝曲艺文选》《沂蒙探亲记》《陶钝仿古诗存》等。

王尽美同志诞辰九十周年纪念[1]

壮哉尽美，中华青年。
五四运动，奋起宣传。
建立中央，步履艰难。
首届党大，代表成员。
忆昔初晤，抵掌而谈[2]。
讲说马列，介绍苏联。
情同骨肉，气壮河山。
不幸病逝，党失中坚。
缅怀遗志，苦斗敌顽。
不畏强暴，不屈牢监。
星星之火，可以燎原。
救国期长，错综相承。
八旬不老，而立有成[3]。
世界今日，形势不同。
天空飞舞，东方巨龙。
和平发展，前景峥嵘[4]。
人民欢笑，祖国光荣。
堪告尽美，烈士英名。

【注释】

①选自张秀岳主编《沂蒙之光诗词选》，山东人民出版社，1998 年版。

②抵掌而谈：形容无拘无束地畅谈。抵掌：击掌，拍手。《战国策·秦策一》："见说赵王于华屋之下，抵掌而谈。"

③而立：人到三十岁可以自立的年龄。后为三十岁的代称。王尽美去世时才二十七岁。《论语·为政》："吾十有五而志于学，三十而立，四十而不惑。"

④峥嵘：卓越，不平凡。唐张说《唐故夏州都督太原王公神道碑》："卓荦文艺，峥嵘武节。"

岸堤干校五十周年[①]

沂水淡淡，蒙山苍苍。
干校之风[②]，山高水长。

【注释】

①选自张秀岳主编《沂蒙之光诗词选》，山东人民出版社，1998 年版。作者自注：我没有入干校，但 1941 年由蒙阴去岸堤，天将明，日寇兵来，被俘。我化装为中医，十分相似，敌人以刀背压在我脖子上，我态度自然，敌人认为我不是抗日军，遂获释。

②干校：抗日战争时期的山东抗日军政干部学校，因位于沂南县岸堤镇驻地，故人们习惯称之为"岸堤干校"。

答卢兼三同志[①]

华函捧读忆君髯[②]，阔别而今已卅年。
执教滨中时切磋[③]，春游石涧久盘桓[④]。
为寻红袄观残垒[⑤]，闲话赤眉步小山[⑥]。
莫道老夫须发白，揭批帮派笔如椽。

【注释】

①选自老战士诗文集编委会编《老战士诗文集》，新华出版社，1983 年版。作者附记：1943 年我和兼三同志同在滨海中学教书，不久我调动工作搞文艺，三十年来未通音讯。1975 年我被"四人帮"再度迫害，兼三同志得知，非常担忧。1976 年"四人帮"被粉碎，兼三同志寄访慰问，故写此访答之。

②华函：华美的书信，对对方书信的敬称。

③滨中：即滨海中学。1941 年 5 月中共滨海地委和抗大一分校共同创建的抗大式学校。1945 年 8 月更名为滨海建国学院；1949 年秋更名为滨海乡村师范；1950

年2月更名为临沂师范学校；1958年8月，更名为临沂大学。为现临沂大学前身。

④石涧：村庄名，即石门涧村，在山东省莒南县洙边镇。作者原注：当时滨海中学在莒南县石门涧村周围。

⑤红袄：指“红袄军”起义。红袄军为金末山东、河北农民起义军。在蒙古侵金的同时，山东、河北地区的人民，纷纷举行了反抗金朝黑暗统治的武装起义，少者数万人，多者至数十万。起义者穿红袄作标记，故名“红袄军”。“红袄军”女首领杨妙真，为红袄军首领杨安儿之妹，号“四娘子”。杨安儿死后，杨妙真与李全在磨旗山（今山东莒南县东北的马鬐山）会合，结为夫妇，合成一军。杨妙真善骑射，所创梨花枪，号称天下无敌手，为后世军事家所推崇。

⑥赤眉：指西汉末年的赤眉起义军。作者原注：莒南县城十字路东三里有一小山名赤眉山，相传为西汉末赤眉军点将的地方。

◎李澄之

李澄之（1901～1966），山东临沂人。1923年毕业于北京师范大学英文系。1924年加入中国国民党，拥护孙中山实行“联俄、联共、扶助农工”的三大政策。曾在北京师范大学、中国大学任教。后任国民党山东省党部常委、山东第四联合中学校长，宣传抗日，培养抗战人才。1939年后任鲁南国民抗敌协会主任、山东省战时工作推行委员会副主任委员、山东省抗战建国学院副院长、山东大学校长、中国解放区救济委员会山东分会秘书长。1944年加入中国共产党，为秘密党员。新中国成立后，任山东省政协副主席、山东省副省长等职务。

沂水临沂行①

1964年，冒雪开夜车，经沂水去临沂，咏诗以怀。

一

车灯迎飞雪，夜幕遮长空。
共话丰收事，忽焉到沂城②。

二

车离沂水境，风雪伴同行。
喜获汤头浴③，浑身觉轻松。

三

未闻鸡报晓，已是早操声。
发愤图强日，功成在券中。

【注释】

①选自张秀岳主编《沂蒙之光诗词选》，山东人民出版社，1998年版。

②忽焉：快速貌。出自《左传·庄公十一年》：“禹汤罪己，其兴也悖焉；桀纣罪人，其亡也忽焉。”

③汤头浴：临沂汤头温泉旅游区位于河东区汤头街道驻地，为全国最早的四大天然甲级温泉之一。

◎陈　明

陈明（1902～1941），福建龙岩人。1925 年加入中国共产党。1926 年参加北伐军东路军，随军进入福建后，出任国民党福建省党部宣传部长，兼任《国民日报》主编。1927 年后，曾任中共龙岩中心县委书记、闽南特委书记、福建临时省委书记。1928 年底赴莫斯科东方大学学习。1931 年冬回国，历任红一方面军总政治部宣传部科长、红军大学高干科教官、教导师训练部部长、一一五师宣传部长。1939 年春来山东，任运河支队政治委员、中共山东分局党校副校长。1940 年 7 月被选为山东省战时工作推行委员会副主任兼秘书长。1941 年 11 月在费县大青山突围中壮烈牺牲。

争回我们的自由（节选）①

不斗而生、不若斗而死，
奋身伐贼，
虽死犹荣。
虽然失去了我们生活的资料，
却得到我们生命的源泉。
努力呀！
奋斗呀！
守此生命的源泉，
坚持到底，
发扬光大，
反对一切民贼②，一切强权，
争回我们的自由之路。

【注释】

①选自山东省民政厅编《山东革命烈士诗词选》，天津人民出版社，1994 年版。该诗发表于 20 世纪 20 年代中期的《岩声》期刊。

②民贼：残害人民的人。《孟子·告子下》：“今之所谓良臣，古之所谓民贼也。”

◎李一氓

李一氓（1903～1990），四川彭县人。1925年加入中国共产党。参加了南昌起义和长征。曾任新四军秘书长，中共淮海地委、苏北区委书记，中共中央华东局宣传部部长，中共旅大区委副书记。新中国成立后，历任驻缅甸大使、国务院外事办公室副主任、中共中央对外联络部副部长、中共中央纪委副书记、中国国际交流协会会长、国务院古籍出版规划小组组长。译有《马克思文选》，著有《一氓题跋》《存在集》等。

喜读《孙膑兵法》竹简①

1974年

兰台箸录已茫然②，断简重现银雀山③。
幸有奇书能借读，老兵兴致跃当年。

【注释】

①选自谢承仁著《中华传统思想文化渊源》，人民出版社，2004年版。

②兰台：汉代宫内藏书之处，以御史中丞掌之，后世因称御史台为“兰台”。东汉时班固曾为“兰台令史”，受诏撰史，故后世亦称史官为兰台。箸录：记载；记录。章炳麟《国故论衡·论式》：“朔书二十篇，则于杂家箸录。”

③断简：指残缺不全的书籍或零散不整的诗文字画。此处指1972年在银雀山两座汉墓中发掘出土的大量竹简（有完整简、残简及残片）。简，竹简，古代用来书写的竹片。银雀山：临沂市区东南的山冈，古代相传此处遍生一种灌木，春夏之交，此木鲜花盛开，花朵形似云雀，山冈为白色，故得名银雀山。自1970年以来，先后发掘墓葬百余座，出土大批珍贵文物，现已在银雀山西南麓建成我国第一座汉墓竹简博物馆。

◎靳星五

靳星五（1903～1997），山东沂水人。1938年参加革命，中共党员。曾任沂水县动委会秘书、宣传部长，抗协沂水县会部主任，抗协省会部秘书，省战工会秘书，省府办公厅秘书处长，省府参事，省政协常委、文史资料研究委员会副主任，省史学会副会长，中国地方史志协会理事等职。1991年出席全国老干部先进个人先进集体表彰会议，获全国老干部先进个人和“青少年良师益友”等光荣称号。著有《盛世吟》《烽火挚友》《沂蒙巾帼英模传记》等。

山东抗日民主政权创建纪念碑揭幕（二首）[①]

一

半世纪前旧游地，今天重见反陌生。
升平取代战争苦[②]，经济繁荣祛贫穷[③]。

二

欣看丰碑插苍穹[④]，饮水思源念有功。
事迹辉煌传万世，继长增高赖后生[⑤]。

【注释】

①选自张秀岳主编《沂蒙之光诗词选》，山东人民出版社，1998年版。

②升平：太平。晋袁宏《后汉纪·灵帝纪上》：“灾变可消，升平可致也。”

③祛：除去，驱逐。

④苍穹：苍天。《梁书·邵陵王纶传》：“唯应剖心尝胆，泣血枕戈，感誓苍穹，凭灵宗祀，书谋夕计，共思匡复。”

⑤后生：后辈，下一代。《论语·子罕》：“后生可畏，焉知来者之不如今也。”

咏革命老人范铭枢[①]

谁云世上无完人？范老纯真华夏魂。
磊落光明师天下[②]，春风化雨育群伦[③]。
忧国爱众怀宇宙，牺牲子孙保乾坤[④]。
卌载革命达理想，业绩昭示后来人。

【注释】

①选自靳星五著《烽火挚友》，山东人民出版社，1995年版。范铭枢（1866~1947），山东泰安人，爱国教育家。曾任鲁南民众总动员会主任、山东省议会参议长等职。被誉为“抗日老英雄”。

②磊落光明：襟怀坦白，光明正大。《明史·王恕马文升刘大夏传赞》：“绸缪庶务，数进谠言，迹其居心行已，磊落光明，刚言鲠亮，有古大臣节概。”

③春风化雨：适宜于植物生长的风和雨。比喻良好教育的普遍深入，也用来称颂师长的教诲。《孟子·尽心上》：“有如时春风雨化之者。”群伦：同类或同等的人们。扬雄《法言·孝至》：“圣人聪明渊懿，继天测灵，冠乎群伦。”

④“牺牲”句：范铭枢的四个儿子、八个孙子，除范行一人外，其他全在抗日前线牺牲。

刘老民生诞辰百年颂[1]

1988年9月29日

刘老品德，泱泱大哉[2]！刚直不阿，公正为怀。
毕生清廉，终生耿介；白璧无瑕，不沾尘埃。
愤世嫉俗，颓风思艾[3]；启聋振聩[4]，扶正纠歪。
殚心竭虑[5]，针砭病态；抑强助弱，良安暴裁。
满目疮痍[6]，遍地瘟灾；开业行医，诊病治癞。
嗟彼旧制，本质败坏；积重难返[7]，徒感悲哀。
学法执法，律师挂牌；直道而行，不屑招徕。
衣食不给，卖产赔财；此路不通，踟蹰徘徊[8]。
当省议员，为民除害；田督暴虐[9]，驱赶下台。
以暴易暴，虎代狼豺；内部倾轧，难于解排。
漫漫修远，茫茫难踩；狂澜难挽，目瞪口呆。
绝处逢生，灯塔放彩[10]；阳光灿烂，驱彼阴霾[11]。
真理仗仰，马列膜拜；新旧对比，去从明白。
忠贞不二，坚定无猜；艰难险阻，百折不回。
炮火滚滚，硝烟霭霭[12]；临危不惧，使命是爱。
奔东跑西，徂南趋北；统战是务，各方和谐。
战争胜利，新中国开；中华民族，站了起来。
东方狮醒，环宇春雷；政治昌明，民安国泰。
经济繁荣，生活前劢；文化发达，文明是劢。
横扫腐恶，清除愚昧；百废待举，施展宏才。
人民代表，民意是代；民隐上达，民忧以汰。
掌高分院，执法不怠；铁面无私，唯法是裁。

任副省长，夙夜非懈[13]；政法以树，立于不败。
兼职政协，团结党派；四海一家，共存不衰。
治学谨严，探索细耐；锲而不舍[14]，精义摩揣。
听取报告，认真记载；退而钻研，根柢必迨[15]。
会议发言，广征博采；自撰讲稿，言简意赅[16]。
六十写诗，高适为侪[17]；讴歌盛世，一吐为快。
奖掖后进，为国育才；精神鼓励，财物也赉[18]。
生活艰苦，朴素实在；反对浮华，奢侈是戒。
一日三餐，淡饭粗菜；四季穿着，粗布衣鞋。
安步当车，虽老未改；晚食当肉，从不更改。
不如意事，百忍千耐；处理问题，从不推诿。
对己严格，对人宽待；开诚布公，缺陷不埋。
教育子女，严于考核；身边青年，同样培栽。
都是党员，箕裘克逮[19]；都有建树，无一例外。
兰桂齐芳[20]，萱草盈阶[21]；影响所至，友邻俱楷。
党委选举，领导信赖；德泽四海，爱遗八垓[22]。
忝在爱末[23]，一向感戴；诞辰百年，心潮澎湃。
谨告英灵，理想已届；高风亮节，万世模楷。

【注释】

①选自靳星五著《烽火挚友》，山东人民出版社，1995年版。刘老民生：刘民生（1888~1978），山东沂水人。1938年春，任共产党领导的沂水县民众总动员委员会主任。1940年任山东省临时参议会议员、副议长，驻会主持工作。新中国成立后，先后任省政府副主席、副省长，最高人民法院华东分院院长。

②泱泱：形容深远广大的样子。语出《韩非子·外储说右上》："美哉，泱泱乎，堂堂乎！"

③颓风：颓败的风气。语出晋桓温《荐谯元彦表》："足以镇静颓风，轨训嚣俗。"思艾：思索治理。艾，治理，改正。

④启聋振聩：指力量强大，比喻唤醒糊涂麻木的人。清邓显鹤《邹君墓志铭》："居德善俗，启聩振聋，儒者之效，匪徒言说。"

⑤殚心竭虑：殚，竭尽；虑，思虑。形容用尽心思。唐白居易《策林一·策头》："殚思极虑，以尽微臣献言之道乎！"

⑥疮痍：创伤，也比喻遭受灾祸后凋敝的景象。唐杜甫《北征》诗："乾坤含疮痍，忧虞何时毕？"

⑦积重难返：经过长时间形成的思想作风或习惯，很难改变。

⑧踟蹰：徘徊，心中犹疑，要走不走的样子。《诗经·邶风·静女》："爱而不见，搔首踟蹰。"

⑨田督：指田中玉（1869～1935），河北秦皇岛人。清末民初军事将领，北洋政府、皖系军阀人物。1919年，任山东省督军兼省长，独揽山东省大权，搜刮民财，中饱私囊，包办省议会议长选举。刘竭力反对，联络旧沂州府属的大部分议员，从事倒田运动。1922年，田被免去省长兼职。

⑩“灯塔”句：指受到中国共产党的影响。1938年春，共产党领导的统一战线组织——沂水县民众总动员委员会成立，刘任主任。动委会主编《动员时报》，宣传抗日。随后，沂水县行政委员会成立，刘被选为主任，倡导实行减租。

⑪阴霾：比喻心灵上的阴影和不快的气氛。清曹寅《中秋西堂待月寄怀子猷及诸同人》诗：“浊世阴霾难久障，幻人梯栈强高攀。”

⑫霭霭：云雾密集的样子。宋苏轼《题南溪竹上》诗：“湖上萧萧疏雨过，山头霭霭暮云横。”

⑬夙夜非懈：形容日夜谨慎工作，勤奋不懈。夙夜，早晚，朝夕。非，不。懈，懈怠。典出《诗经·大雅·烝民》：“夙夜匪解，以事一人。”

⑭锲而不舍：雕刻一件东西，一直刻下去不放手，比喻有恒心毅力。锲，雕刻；舍，停止。典出《荀子·劝学》：“锲而舍之，朽木不折；锲而不舍，金石可镂。”

⑮“根柢”句：谓追根求底，直到搞清楚明白。根柢：比喻事物的根基，基础。《后汉书·王充王符传论》：“百家之言政者尚矣，大略归乎宁固根柢，革易时敝也。”迨：等到，达到。

⑯言简意赅：形容说话写文章简明扼要。赅：完备。清华伟生《开国奇冤》：“言简意赅，洵不愧为老斫轮手。”

⑰高适为侪：学习高适，以高适为朋辈。高适（700～765）是唐代著名的边塞诗人，与岑参并称“高岑”，其诗作笔力雄健，气势奔放，洋溢着盛唐时期所特有的奋发进取、蓬勃向上的时代精神。侪：同辈。

⑱赉：赐予，给予。

⑲箕裘：比喻祖先的事业。《礼记·学记》：“良冶之子，必学为裘；良弓之子，必学为箕。”克逮：指能和顺而宽容。

⑳兰桂齐芳：比喻子孙显贵发达。兰桂，指代子孙一辈。

㉑萱草：又名“宜男草”。《风土记》云：“妊妇佩其草则生男。”故称此名。唐孟郊《游子诗》：“萱草生堂阶，游子行天涯。慈母倚堂门，不见萱草花。”

㉒八垓：八方的界限，指天下。唐任公叔《通天台赋》之二：“八垓可接于咫步，万象无逃于寸眸。”

㉓忝在爱末：意为位居您喜爱的人的末位。忝：辱，有愧于，常用作谦辞。

缅怀杨希文同志①

书香继世受熏陶，教育传家永不抛。
探索深层求发展，研究细致欲提高。

乡村大众普及急，城市文盲认真教。
终长大学身手显[②]，风范亮节千秋标[③]。

【注释】

①选自靳星五著《烽火挚友》，山东人民出版社，1995年版。杨希文（1910～1991）：山东金乡人。1945年8月任山东省政府教育厅代厅长，1946年1月协助李澄之在临沂创办山东大学，并任山大教育系主任，后任山东省政府教育厅厅长。新中国成立后，历任山东省人民委员会秘书长、山东大学副校长等职。

②"终长"句：谓杨希文担任山东大学副校长。

③风范亮节：形容道德和行为都很高尚。亮节：高尚的节操。唐白居易《与仕明诏》："褒德念功，故进封以示宠；忠诚亮节，宜因实而锡名。"

缅怀孙鸣岗同志[①]

1995年春节

学者姿态长者风，包荒大度至从容[②]。
置身洋场没洋味，正气长存贯长虹[③]。
誓歼胡虏攻黑暗[④]，寻求真理趋光明。
严施法制祥和致，玉宇澄清肇太平[⑤]。

【注释】

①选自靳星五著《烽火挚友》，山东人民出版社，1995年版。孙鸣岗（1892～1961）：山东高青人。曾赴法留学，获博士学位。1938年参加革命工作。1946年经陈毅介绍加入中国共产党。曾任山东省参议会参议员，长期在鲁南地区工作。新中国成立后，任国务院法制局局长。

②包荒：包含荒秽。谓度量宽大。典出《易·泰》："包荒，用冯河，不遐遗。"

③贯长虹：正义的精神直上高空，穿过彩虹。形容精神极其崇高，气概极其豪壮。贯：贯穿。

④胡虏：秦汉时称匈奴为胡虏，亦用作与中原敌对的北方部族的通称。《汉书·晁错传》："臣闻汉兴以来，胡虏数入边地。"也泛指侵略者。

⑤玉宇：指太空。毛泽东《和郭沫若同志》诗："金猴奋起千钧棒，玉宇澄清万里埃。"肇：开始，初始。

缅怀耿光波老战友[①]

1992年3月8日

敢说赢来"机枪"称[②]，能行博得"文宧公"[③]。

痛绝腐恶投革命，夺取光明屡建功。
诤语一言遭罗织[4]，含冤廿载幸澄清。
回归公道群情乐，纯洁丹心照汗青[5]。

【注释】

①选自靳星五著《烽火挚友》，山东人民出版社，1995 年版。耿光波（1902～1978）：山东沂源人。1937 年参加中华民族先锋队，从事抗日活动。1945 年 8 月任山东省政府实业厅副厅长，兼任省农学院院长。同年经薛暮桥介绍秘密加入中国共产党。新中国成立后，任农业部计划所副所长、办公厅副主任等职。自 1959 年到“文革”受到错误处分，于 1978 年 7 月 8 日含冤病逝于北京。同年 9 月 2 日得以恢复党籍和名誉，平反昭雪。

②“敢说”句：谓耿光波敢于直言，赢得“机关枪”的称呼。

③“能行”句：谓耿光波工作雷厉风行，博得“文窜公”的“谥号”。

④诤语：同“诤言”，直率地规劝人改正过错的话。清吴伟业《下相怀古》诗：“亚父无诤言，奇计非所望。”

⑤汗青：古时在竹简上记事，先以火烤青竹，使水分如汗渗出，便于书写，并免虫蛀，故称。借指史册。宋文天祥《过零丁洋》诗：“人生自古谁无死，留取丹心照汗青。”

缅怀张老伯秋[1]

1990 年 8 月 1 日为张老伯秋诞辰百周年纪念而作

苦读寒窗廿二秋，经纶满腔竟难酬[2]。
半生潦倒悲歧路，一见阳光喜出头。
焕发精神翻宇宙，凌云壮志冲斗牛[3]。
民安国泰芝兰茂[4]，不尽余泽世代流[5]。

【注释】

①选自靳星五著《烽火挚友》，山东人民出版社，1995 年版。张伯秋（1890～1965）：又名张涛，山东沂水人。毕业于北京大学法科政治系，曾长期在鲁南参加抗日活动。新中国成立后，历任山东省高级人民法院院长、省政协副主席等职。

②经纶：指治理国家的抱负和才能。宋秦观《滕达道挽词》：“经纶未了埋黄土，精爽还应属斗牛。”

③斗牛：二十八宿中的斗宿和牛宿。北周庾信《哀江南赋》：“路已分于湘汉，星犹看于斗牛。”此句指壮志豪迈，气势很盛。

④芝兰：喻优秀子弟。唐杨炯《唐恒州刺史建昌公王公神道碑》：“芝兰有秀，羔雁成行。”

⑤余泽：指遗留给后人的德泽。宋曾巩《皇妣昌福县太君吴氏焚告文》："维先君先夫人积德累善，巩获蒙余泽，备位于朝。"

缅怀彭畏三老战友①

1992年5月24日

战火纷飞初识君，刚直幽默印象深。
图存救亡投军伍，育李培桃化众心。
高足安邦兴华夏②，及门建国喜传薪③。
一身正气垂千古，两袖清风式后昆④。

【注释】

①选自靳星五著《烽火挚友》，山东人民出版社，1995年版。彭畏三（1901～1969）：山东滕州人。爱国教育人士。北京师范大学毕业。抗日战争爆发后，投身抗日救亡运动，被罗荣桓聘为八路军一一五师特约高级参事、鲁南区参议会参议长。新中国成立后，历任山东省教育厅高教处处长、山东师范学院院长等职。

②高足：赞扬别人的弟子本领高强，用作敬辞。南朝宋刘义庆《世说新语·文学》："郑玄在马融门下，三年不得相见，高足弟子传授而已。"

③及门：语出《论语·先进》："子曰：'从我于陈蔡者，皆不及门也。'"本谓现时不在门下，后以"及门"指授业弟子。《元史·许谦传》："及门之士，著录者千余人。"传薪：比喻师生递相授受。康有为《苏村卧病写怀》："世界开新逢进化，贤师受道愧传薪。"

④后昆：后嗣；子孙。《尚书·仲虺之诰》："以义制事，以礼制心，垂裕后昆。"

缅怀田佩之老战友①

1992年5月4日

学教教育数十年，化雨春风满宇寰。
弟子三千何足道②，贤哲七二只等闲③。
栋梁遍地兴赤县④，桃李成材振黄炎⑤。
八四高龄天上去，英雄业绩有薪传⑥。

【注释】

①选自靳星五著《烽火挚友》，山东人民出版社，1995年版。田佩之（1903～1987），山东莱芜人。抗战前从事乡村教育。抗战期间，对山东的政权建设和教育事业做出了重要贡献。抗战胜利后，参加创办临沂山东大学，任副校长。1946年加

入中国共产党。新中国成立后，历任华东大学教育学院院长、山东师范学院院长、北京师范学院副院长等职。

②弟子三千：《史记·孔子世家》："孔子以诗书礼乐教，弟子盖三千焉。"后因以"弟子三千"指孔门弟子众多。

③贤哲七二：据传，孔子有"弟子三千"，其中"七十二贤人"是"高徒"。

④赤县：指华夏、中国。《史记·孟子荀卿列传》："中国名曰赤县神州。"

⑤黄炎：炎黄。此指炎帝和黄帝的子孙，借指中华民族。

⑥薪传：语出《庄子·养生主》："指穷于为薪，火传也，不知其尽也。"后用"薪尽火传"比喻师生传授，学问一代一代地流传。亦省作"薪传"。清唐孙华《送门人时期五贡入太学》诗："练川文笔旧称雄，太仆薪传应未烬。"

缅怀张立吾同志[①]

1994年7月10日

一介与人四知标[②]，孤芳自赏喜清高[③]。
参加革命遂夙愿[④]，向往光明见情操。
沥血呕心培梁栋，安邦治国多李桃。
炎黄光旺芝兰茂[⑤]，马列门前乐逍遥。

【注释】

①选自靳星五著《烽火挚友》，山东人民出版社，1995年版。张立吾（1909～1981），山东滨州人。1939年经李澄之介绍参加鲁南抗敌工作。1943年任山东文协编辑部部长，主编《山东文化》。日本投降后，任临沂山东大学校务委员兼山大附中校长。1947年，被派往东北从事教育工作，历任沈阳工学院副院长、东北工学院副院长等职。

②四知：谓天知、神知、我知、你知。比喻廉洁自持，不受非义馈赠。《后汉书·杨震传》："当之郡，道经昌邑，故所举荆州茂才王密为昌邑令，谒见，至夜怀金十斤以遗震。震曰：'故人知君，君不知故人，何也?'密曰：'暮夜无知者。'震曰：'天知，神知，我知，子知。何谓无知！'密愧而出。"

③孤芳自赏：比喻自命清高，自我欣赏。这里做褒义。

④夙愿：平素的心愿。唐杜甫《昔游》诗："良觌违夙愿，含凄向寥廓。"

⑤芝兰：喻优秀子弟。唐杨炯《唐恒州刺史建昌公王公神道碑》："芝兰有秀，羔雁成行。"

缅怀辛葭舟同志[①]

1994年12月1日

形势逼人自觉甦[②]，由封转化而资无[③]。

沉舟破釜直前奔[4]，流血牺牲不含糊。
父子同心兴华夏，妹姊协力灭凶胡[5]。
统一战线神威大，普照阳光起宏图。

【注释】

①选自靳星五著《烽火挚友》，山东人民出版社，1995年版。辛葭舟（1898～1966），山东章丘人。抗日战争爆发后，率全家参加八路军山东纵队，在鲁南地区从事抗日活动。新中国成立后曾任山东省交通厅厅长、民革山东省委员会副主任、全国政协委员。他的所有子女、媳婿，都是中国共产党党员。三女儿辛锐才华横溢，是著名的革命烈士。

②甦：同“苏”。觉醒，苏醒。

③“由封”句：谓辛葭舟由封建主义人物转化为资产阶级人物，进而转化为无产阶级人物。

④沉舟破釜：沉掉渡船，打破饭锅。表示决一死战。釜，锅。《史记·项羽本纪》：“项羽乃悉引兵渡河，皆沉船，破釜甑，烧庐舍，持三日粮，以示士卒必死，无一还心。”

⑤凶胡：凶恶的敌人。

缅怀杨云阶同志[1]

1992年9月22日

风流潇洒迈群伦[2]，美满家庭至温馨。
法宝神威亟感召[3]，洪炉锻冶脱俗尘。
投身革命埋头干，沥血呕心为人民。
梼杌摧残含冤去[4]，公平昭雪慰忠魂。

【注释】

①选自靳星五著《烽火挚友》，山东人民出版社，1995年版。杨云阶（1906～1973），山东沂水人。1942年参加革命，曾任鲁中区参议会副参议长。1944年由鲁中区党委副书记高克亭介绍加入中国共产党。在解放战争中，为筹集物资运往前线，保证战争胜利做出了较大贡献。新中国成立后，曾任山东省林业厅厅长兼党组书记。

②群伦：同类或同等的人们。汉扬雄《法言·孝至》：“圣人聪明渊懿，继天测灵，冠乎群伦。”

③亟：急切。

④梼杌：古代传说中的一种猛兽。《神异经·西荒经》：“西方荒中有兽焉，其状如虎而犬毛，长二尺，人面虎足，猪口牙，尾长一丈八尺，搅乱荒中，名梼杌，一名傲狠，一名难训。”此指顽固不化、态度凶恶的人。

缅怀刘惠民同志[1]

1995年1月27日

习医治病著述忙，桃李栽培育栋梁。
救死扶伤追佗邈[2]，活人济世探岐黄[3]。
东西奔波寻真谛，南北驰骋愈膏肓[4]。
即使横灾亟惨重[5]，国医竭智大弘扬。

【注释】

①选自靳星五著《烽火挚友》，山东人民出版社，1995年版。刘惠民（1900～1977），著名中医学家，山东沂水人。1938年参加革命，以行医为业，从事抗日活动。1959年加入中国共产党。历任山东中医院、中医学院院长，山东省卫生厅副厅长等职。医学著作甚丰。

②佗邈：华佗与孙思邈的合称。两人均为中国古代伟大的医学家。

③岐黄：岐伯与黄帝的合称。代指中医之术。明宋应星《天工开物·曲蘖序》：“供用岐黄者神其名，而坚固食羞者丹其色。”

④膏肓：中医学中人体部位的名称，膏指心下部分，肓指心脏和横膈膜之间。旧说膏与肓是药力达不到的地方。此指疑难病症。

⑤亟：屡次。

缅怀高赞非同志[1]

1995年2月7日

求学施教贯终生，高足及门梁栋盈[2]。
救国拯民寻真理，迎新祛旧奔光明。
才华挥发方开始，横祸飞来左得逞。
世有公平翻冤案，功劳肯定慰英灵。

【注释】

①选自靳星五著《烽火挚友》，山东人民出版社，1995年版。高赞非（1906～1969），山东郯城人。教育界知名人士。长期从事乡村教育。抗日战争爆发后，积极投身抗日活动，被选为滨海区参议会会长、滨海区文化协会会长。新中国成立后，曾任山东省师范专科学校校长、曲阜师范学院副院长等职。“文化大革命”中受迫害。

②高足：犹言高才。后常用为称呼别人的学生的敬辞。及门：语出《论语·先进》：“从我于陈蔡者，皆不及门也。”本谓现时不在门下，后以“及门”指授业弟子。

缅怀刘老佛缘同志[①]

1995 年 1 月 15 日

官僚地主阔家庭，海味山珍纨绔公[②]。
反叛阶级攻黑暗，抛弃属性奔光明。
慈航普度终解脱[③]，立地成佛圆满功[④]。
万古流芳垂永远，千秋业绩照汗青。

【注释】

①选自靳星五著《烽火挚友》，山东人民出版社，1995 年版。刘佛缘（1886～1959），山东沂水人。生于官僚地主家庭。早年留学日本早稻田大学，攻读法律。其间结识孙中山，加入同盟会。抗日战争时期，曾组织抗日游击队，后来编入八路军。新中国成立后，任山东省政协委员、山东省文史馆员。

②纨绔：富贵人家子弟穿的细绢做成的裤子，泛指有钱人家子弟的华美衣着，借指富贵人家的子弟。《汉书·叙传》："出与王、许子弟为群，在于绮襦纨绔之间，非其好也。"

③慈航普度：佛教认为，菩萨以尘世为苦海，故以慈悲救度众生，出离生死海，犹如以舟航渡人，故称慈航或慈舟。又指慈航道人，元始天尊座下十二金仙之一，慈航先习道而后入佛。

④立地成佛：佛教认为，人皆有佛性，作恶之人弃恶从善，即可成佛。后来发展成为劝人行善之语。

缅怀杨荆石烈士[①]

1995 年元旦

品德纯真艺超群，难酬壮志奋精神。
阳光灿烂映肝胆，朝气蓬勃施经纶[②]。
万里长征方起步，一夕灾难摧哲人[③]。
民族旺盛梅兰茂，事业兴隆慰英魂。

【注释】

①选自靳星五著《烽火挚友》，山东人民出版社，1995 年版。杨荆石（1906～1943），山东沂源人。抗日烈士、画家。参加了徂徕山起义。1940 年任蒙阴县抗日民主政府第一任县长。1943 年 11 月在沂南县以身殉职。

②经纶：指治理国家的抱负和才能。宋秦观《滕达道挽词》："经纶未了埋黄土，精爽还应属斗牛。"

③哲人：智慧卓越的人。《诗经·大雅·抑》："其维哲人，告之话言。"

缅怀万春圃同志[①]

1995年元宵节

阳光甘露喜润滋，化雨春风本质移。
外寇倭邦侵略日，英雄志士脱颖时。
毁家纾难极慷慨[②]，斩将搴旗未足奇[③]。
建设陵园身手显，忠魂安息乐旖旎[④]。

【注释】

①选自靳星五著《烽火挚友》，山东人民出版社，1995年版。万春圃（1881～1972），山东兰陵人。早年担任联庄会会长，常以自己的特殊身份掩护中共鲁南特委机关工作人员。后率部参加"鲁南人民抗日自卫队"。1945年加入中国共产党。曾任鲁南军区副司令员。新中国成立后，任济南市政协副主席。

②毁家纾难：不惜捐献所有家产，帮助国家减轻困难、解救国难的行为。《左传·鲁庄公三十年》："斗谷于菟为令尹，自毁其家，以纾楚国之难。"纾：缓和，解除。

③斩将搴旗：斩杀敌将，拔取敌旗。《吴子·料敌》："力轻扛鼎，足轻戎马，搴旗斩将，必有能者。"

④旖旎：多盛美好貌。《楚辞·九辩》："窃悲夫蕙华之曾敷兮，纷旖旎乎都房。"王逸注："旖旎，盛貌。"

缅怀高象九同志[①]

1994年9月14日

佳妇贤妻女中强[②]，持家助夫育群芳。
无忧后顾半工读[③]，有志学成务教忙。
憧憬光明投革命[④]，前途灿烂业辉煌。
思潮极左难摇动，信念坚强向太阳。

【注释】

①选自靳星五著《烽火挚友》，山东人民出版社，1995年版。高象九（1902～1980），山东潍坊人。1930年毕业于北平中国大学教育哲学系，后从事乡村教育工作。抗日战争时期在重庆任艺术专科学校教师。1946年加入中国民主同盟。新中国成立后，曾任潍坊市政协副主席、山东省民政厅副厅长、省政协常委、中国民主同盟山东省委员会副主任等职。

②“佳妇”句：靳星五《烽火挚友》载：“（高象九）得力于贤内助刘静中女士的全力支持。刘女士长于女红，尤擅刺绣。……故其制品，常是供不应求。而且有些商店成批订货，故收入颇丰，除维持家庭生活外，倾其所有供给高的膏火之资。高之学有成就，刘之功不可没。”

③半工读：一面劳动一面学习的个人学习方案。

④憧憬：向往。

缅怀郭维城同志[①]

1995 年 4 月 21 日

爽直豪放本天生，坦率真诚修养成。
功在鲁齐多口碑[②]，勋留辽沈誉满盈。
交通事业遍全国，铁道兵团创上乘。
尽瘁鞠躬回天去，梅兰并茂佥英雄[③]。

【注释】

①选自靳星五著《烽火挚友》，山东人民出版社，1995 年版。郭维城（1912～1995），辽宁义县人。满族。1942 年参与组织东北军一一一师部分官兵起义，任副师长兼政治部主任，山东行政委员会委员。1945 年加入中国共产党。曾任东北野战军铁道运输司令员。新中国成立后，任中国人民志愿军铁道兵司令员，铁道兵副司令员，铁道部副部长、部长。1955 年被授予少将军衔。

②口碑：刻碑为纪功颂德，故后以“口碑”喻指众人口头的颂扬。语出《五灯会元·永州太平安禅师》：“劝君不用镌顽石，路上行人口似碑。”

③佥：众人，大家。《楚辞·天问》：“佥曰何忧。”汉王逸注：“众也。”

◎魏立久

魏立久（1903～1941），回族，山东费县人。1931年冬去上海，淞沪抗战爆发，毅然参加抗日义勇军，在闸北配合十九路军作战。1936年9月加入中国共产党。七七事变后，积极发动群众，组建了一支50余人的抗日游击队。1940年2月调任费县七区区中队队长。1941年初任费南县县大队副大队长。他为了抗日救国，先后捐献200元大洋，购买枪支弹药支援抗日武装。同年3月4日壮烈牺牲。

无　题[①]

1937年

驱除鞑虏[②]，粉身碎骨。
恢复中华，誓死保国。

【注释】

①选自中共枣庄市委党史办公室编《烽火丹心》，1995年版。这是七七事变后，魏立久书写的条幅，挂在居室墙上。

②鞑虏：旧时对北方少数民族的蔑称。此处指日本侵略者。

◎郭化若

郭化若（1904～1995），福建福州人。1925 年加入中国共产党。黄埔军校第四期毕业。1928 年赴苏联莫斯科炮兵学校学习，次年回国。曾任中央军委编译处处长、抗大三分校校长、鲁南军区副司令员、华东野战军九兵团政委。参加长征和鲁南、济南、淮海、渡江、上海等战役。新中国成立后，历任淞沪警备司令部司令员兼政委、南京军区副司令员、军事科学院副院长。1955 年被授予中将军衔。长期研究中国古代军事理论、军事辩证法和毛泽东军事思想。著有《军事辩证法》《孙子译注》等。

鲁南战前杂感（二首）[①]

1946 年 12 月 17 日

奉召赴临沂

轻车此去逐烟尘[②]，万垒千山听杀声。
血溅肉飞寻常事，但筹良策获名城。

当夜赴前线

朔风飒飒夜漫漫[③]，揽辔东来意未安[④]。
谁策多筹谋全胜，不教顽骑度苍山[⑤]。

【注释】

①选自中共枣庄市委党史办公室编《风烟之歌——枣庄革命诗歌选》，中国矿业大学出版社，1993 年版。作者自注：苍山在临沂西南二十多公里。敌整编五十九师和快速第一纵队拟向临沂进攻，省委已电令鲁中向南增兵，余奉命阻止敌军于苍山之西，为期十天。当夜只找到滨海独立旅两个团坚守，苦战一天，仍占卞庄，鲁南第十师尚不知在何处。十天的司令，任重才轻，有感作此。

②轻车：又称驰车、攻车，古代兵车中最为轻便者。《周礼·春官·车仆》："掌戎路之萃……轻车之萃。"郑玄注："轻车，所用驰敌致师之车也。"孙诒让正义："轻车在五戎中最为便利，宜于驰骤，故用为驰敌致师之车，又兼用之田狩也。"

③朔风：北风；寒风。飒飒：象声词。刮风的声音。《楚辞·九歌·山鬼》："风飒飒兮木萧萧，思公子兮徒离忧。"

④揽辔：挽住马缰。三国魏曹植《赠白马王彪》诗："欲还绝无蹊，揽辔止踟蹰。"此诗指骑马。

⑤苍山：位于今山东省兰陵县境内，有大小苍山两座，是红色革命之山。

鲁南山中春暮有感兼呈朱总司令①

1947 年于鲁南

千山敌垒似花残，万里云烟锁汉关②。
沧海桑田催日月③，春风吹梦到江南。

【注释】

①选自庄严主编《中华当代绝句选粹》（第一卷），国际炎黄文化出版社，2003 年版。

②汉关：古代关卡，在今河南省新安县，此泛指关隘。

③沧海桑田：其原意是指海洋会变为陆地，陆地会变为海洋。比喻世事变化很大。唐储光羲《献八舅东归》诗："独往不可群，沧海成桑田。"

阮郎归·鲁南战后①

1947 年于峄县前线②

群山万垒战酣时，风高怒马嘶。将军对客夜敲棋③，纷纷捷报飞。
坚城破，战车羁④。健儿带笑归。高台又纵钓鱼丝，春风鲈正肥。

【注释】

①选自魏巍主编《将帅诗词选》，辽宁人民出版社，1987 年版。阮郎归：词牌名。又名"醉桃源""醉桃园""碧桃春"。唐教坊曲有《阮郎迷》，疑为其初名。词名用刘晨、阮肇故事。

②峄县：旧县名，秦置峄县，鲁南三大县之一。新中国成立后一直沿用到 1960 年，现为枣庄市峄城区。

③敲棋：下围棋。以每一举棋必斟酌推敲之，故云。清秋瑾《思亲兼大兄》诗："敲棋徒自谱，得句索谁和？"

④羁：马笼头，引申为束缚。

◎孙善师

孙善师（1904～1933），山东临沂人。1922 年考入临沂山东省立第五中学就读，1926 年秋考入省立济南高中。同年冬加入中国共产党。1929 年春到郯城县立第一小学任教，不久，调郯城第三小学任教。同年冬中共鲁南支部成立，他为组织委员。九一八事变后，积极宣传抗日救国。后到临沂省立第三乡村师范学校开展工作，建立了党支部。1932 年 6 月中共郯城县委（9 月改为临郯县委）成立，他负责组织工作和通讯联络。此后，参加组织武装暴动。1933 年 7 月 1 日被捕，押解济南监狱，同年 9 月 18 日在济南泺口英勇就义。

送　别[①]

清醒的太阳哪儿去了，
大地上只留下一片不分明的光芒。
往日的笑容哪里去了，
颜面上只现着一堆愁苦郁闷。
雨纷纷地下了，
泪也慢慢地滴了，
这大概是表示离别的情况吧！
与世长辞而不悲的我，
也觉得有些难过。
担负着教育人才的责任，
也只有忍心自问。
时代的巨轮正在不停地转动，
自由的波浪正在急涌奔腾。
偏偏青年们的心和木偶一样，
不能向着光明前进[②]。
啊！战云弥漫了全国，
鲜血流满了旷野，
为革命而牺牲的人们，
正不知有多少些！多少些！
打破了什么感情，
放松了什么关切，

铲除了一切障碍，
砍断了一切束缚。
我们只要认清革命的大道，
天地间何尝有什么生死离别！

【注释】

①选自山东省民政厅编《山东革命烈士诗词选》，天津人民出版社，1994年版。原注：1930年冬，郯城县立第三小学高一班班长马××，因父亲病故申请退学。师生们都很惋惜，为他组织了送行会，在这次会上，孙善师朗诵了这首诗。

②“偏偏”二句：对不思进取的青年，表现出一种“哀其不幸，怒其不争”的思想感情。

◎李竹如

李竹如（1905～1942），山东利津人。1927年加入中国共产党。曾任南京中央大学中共地下支部书记。1937年抗战全面爆发后，创办晋冀豫区党委党报《中国人报》，任社长，后任华北《新华日报》副总编辑。1939年随八路军第一纵队进入山东敌后，先后任第一纵队民运部长，中共山东分局民运部长、宣传部长、政府工作部长，并兼山东《大众日报》社长，新华社山东分社社长。1942年冬，日军对山东根据地进行第二次大规模“扫荡”，在突围战斗中壮烈牺牲。徐向前题词称赞“李竹如同志是我党宣传新闻战线上一位杰出的组织者和活动家”。

打油诗①

1942年初

东白山，西白山②，
东西涧村宝山前③；
南征北战十余里，
东西交通一线牵。

【注释】

①选自中共枣庄市委党史办公室编《风烟之歌——枣庄革命诗歌选》，中国矿业大学出版社，1993年版。1942年初，得知敌人企图“扫荡”合击鲁南区党委领导机关的驻地埠阳、西白山、涧头等地后，李竹如等领导人员连夜向东白山一带转移，夜经宝山前时，李竹如对鲁南抗日根据地的艰难情况深有感触，顺口作了这首打油诗，概括了由于日伪顽的“扫荡”“蚕食”，边联县抗日根据地逐渐缩小，形成了“一枪打透的根据地”的严重局面。

②东白山、西白山：均为村庄名，在今山东省兰陵县。

③东西涧村：即东涧村和西涧村，在今山东省兰陵县下村乡。宝山：山名，在今兰陵县车辋镇。

◎刘之言

刘之言（1905～1932），原名刘兆逊，山东郯城人。鲁南地区中国共产党组织的创建人之一。1923 年夏考入济南山东省立第一师范学校初师部。1926 年加入中国共产党。1928 年在郯城求是小学任教。1929 年冬，在郯城码头成立了中共鲁南第一支部，任支部书记。1932 年任中共临郯县委书记。1933 年 7 月举行苍山暴动。暴动失败，不幸被俘，被敌人杀害于兰陵县卞庄镇。

梅[①]

朔风吹，
雪花飘，
独有岭头梅婷挺霜雪飙[②]，
孤芳清缥[③]。
看！一般桃李飘摇，
笑她争艳丽无志操。
少年立身不宜小，
当与梅争高。

【注释】

①选自山东省民政厅编《山东革命烈士诗词选》，天津人民出版社，1994 年版。

②“独有”句：以梅喻指革命意志坚强的人。谓只有岭头的梅花以优美雅致的身姿挺立于霜雪和暴风之中。飙：暴风。

③清缥：清新缥缈。

满江红[①]

全体同学，万不要沉睡梦中，睁眼看，满目荆棘，举国沸腾。列强侵略犹未已[②]，内乱绵延遍各省。看战场同胞烈士血，满地红。

反革命，何时清，叹睡觉的奴隶，永不惊醒[③]。何时唤醒我同胞，努力敲动自由钟[④]。快起来走上革命路，作先锋！

【注释】

①选自山东省民政厅编《山东革命烈士诗词选》，天津人民出版社，1994年版。

②未已：不止；未毕。《诗经·秦风·蒹葭》："蒹葭采采，白露未已。"

③"叹睡觉"句：对蒙昧落后、不思进取的民众，表现出一种"哀其不幸，怒其不争"的思想感情。

④自由钟：世界最著名的大钟之一。1752年矗立在美国费城独立大厅外面，钟面上刻着《圣经》上的名言："向世界所有的人们宣告自由"，成为了象征自由与独立的历史见证。

"五三惨案"纪念歌[①]

战云弥漫，
国事凌乱，
惨淡过"五三"。
倭奴逞凶[②]，
军阀逃窜，
历下血花染遍[③]，
明湖水呜咽。
今朝忆当年，
烈士死无怨，无怨！
河山摧残，
永久乐园将来会实现！
到今日团结精神涣散，
看，多少人已跑出革命战线，
看，多少人已和仇敌亲善！
民众痛苦含冤，
阴惨，阴惨！
吊烈士莫空咨嗟[④]，
吊烈士不用花圈，
只要，只要奋斗精诚，
和烈士一般。

【注释】

①选自朱孟明、庄传璋主编《沂蒙星火》，山东大学出版社，1990年版。五三惨案：又称"济南惨案"。1928年，国民革命军于五月一日克复济南，日军遂于五月三日派兵侵入中国政府所设的山东交涉署，将交涉员蔡公时割去耳鼻，然后枪杀，将交涉署职员全部杀害，并肆意焚掠屠杀。此案官民被焚杀死亡者，达1.7万余人，

受伤者2000余人，被俘者5000余人。

②倭奴：即日寇。

③历下：济南市区东南部历下区，五三惨案即发生在这里。

④咨嗟：叹息。汉焦赣《易林·离之升》："车伤牛罢，日暮咨嗟。"

◎李培南

李培南（1905～1993），江苏邳县人。1927年加入中国共产党。1933年参加中国工农红军。曾任红军第四方面军红军大学政治教导员、抗大一分校政委兼政治部主任、中共中央山东分局党校副校长、中共鲁中区党委第二书记、鲁中军区副政委兼政治部主任、中共淄博特委书记兼警备区政委。新中国成立后，历任中共温州地委书记，中共中央华东局党校副校长，上海交通大学党委书记，上海社会科学院党委书记兼院长，上海市社联副主席。著有《李培南诗词稿》。

东进山东经总司令部亲聆朱总指示[①]

1939年11月上旬，中国人民抗日军政大学一分校奉命由太南驻地神郊[②]，东迁山东抗日根据地鲁南地区。由周纯全、李培南、韦国清诸同志率师生1300余人[③]。出发前，在西井镇聆朱德总司令亲切指示。谨以纪要赋之。

山东军事要地，自古兵家必争。
东北濒临黄渤[④]，我国海疆要冲[⑤]。
城市公路相连，三面铁路相通。
山区利我发展，地形易守难攻。
地大物博人众，战争潜力无穷。
巩固解放地区，组织千万工农。
高举革命大旗，坚持抗日战争。
何惧暴风骤雨？正可避雨防风[⑥]。
大好时机来临，有利北伐南征。
北上北平天津，南下徐蚌华中[⑦]。
不论形势顺逆，均须稳据山东。
敌顽必争主动，定将反复围攻。
斗争极为艰苦，胜利务须在胸。
密切联系群众，奋勇建立奇功。
努力培育人才，造就万千英雄。
分校肩负重任，前程远大光荣。
朱总亲切教导，一一铭记心中。
上下一致拥护，决心切实遵从。
东进连破封锁，元旦胜抵鲁中。

任务异常艰巨，斗争从未放松。
弹指三十八载，韶光何太匆匆[⑧]！
今日追忆往事，再现纯挚音容。
逝世未满周忌[⑨]，怀念思绪重重。
丰功伟绩长存，永生一代英雄。

【注释】

①选自明湖诗词学会编《明湖诗刊》，1995 年第 7 期。

②太南：旧指邯长公路以南黎城、平顺、潞城、长治、壶关五县区。神郊：村庄名，位于山西省壶关县树掌镇。

③周纯全（1905～1985），湖北红安人。曾任抗大一分校校长、滨海行署副主任兼秘书长，1955 授予上将军衔。韦国清（1913～1989），广西东兰人，壮族。曾任抗大一分校训练部部长、副校长兼教育长，八路军山东纵队陇海南进支队政治委员。1955 年被授予上将军衔。

④濒临：指位置相邻，接界。黄渤：分别指黄海和渤海。

⑤要冲：交通要道汇集的地方。也泛指重要的路口。《后汉书·傅燮传》："今凉州天下要冲，国家藩卫。"

⑥避雨防风：作者原注为："朱总司令用暴风骤雨比喻国民党蒋介石的对日投降、妥协和倒退。山东抗日根据地是我军避雨防风、坚持抗战的好地方。"

⑦徐蚌：徐州与蚌埠的并称。

⑧韶光：美好的时光，常指春光。南朝梁简文帝《与慧琰法师书》："五翳消空，韶光表节。"

⑨周忌：周年忌日。

蒙山后宿营[①]

耳闻蒙山廿年前，怎料今夕宿山边。
只说山高超万丈，遽见岭峻非等闲[②]。
山势陡峭人勇毅，地形险阻敌攻难。
沂蒙山区根据地，定将尽扫日伪顽。

【注释】

①选自张秀岳主编《沂蒙之光诗词选》，山东人民出版社，1998 年版。

②遽见：就见。遽，就，竟。

蒙山突围四首[1]

一

今夜突敌围，须作大迂回。
虽经敌区转，乘虚无险危。

二

山前据点密，暴露难拒敌。
岂可贪路短，致遗无穷戚[2]。

三

全军急启程，开始百里行。
人马都疾走，拂晓抵龙廷[3]。

四

指挥智勇全，情明心自宽。
行止尽由我[4]，从容度险关。

【注释】

①选自张秀岳主编《沂蒙之光诗词选》，山东人民出版社，1998年版。

②戚：忧愁，悲哀。

③龙廷：乡镇名，在山东省新泰市。

④行止：行步止息，犹言动和定。《孟子·梁惠王下》："行，或使之；止，或尼之。行止，非人所能也。"

沂蒙反"扫荡"[1]

日寇铁壁来势凶[2]，妄图驱我入牢笼。
转移山区易周旋，脱离滨海返鲁中[3]。
敌到前沿我后退，敌进中心我外层。
机动灵活反扫荡，诡计合围总落空。

【注释】

①选自张秀岳主编《沂蒙之光诗词选》，山东人民出版社，1998年版。

②铁壁：指日寇对我冀中抗日根据地实行"铁壁合围"，疯狂大扫荡，妄图一

举歼灭我抗日有生力量。

③滨海：即滨海区。抗日战争初期称鲁东南地区，其范围北起胶济铁路，南至陇海铁路，东临黄海，西界沂河。

忆江南·忆抗大一分校四首[①]

一

忆分校，活动敌后方。理论实践紧联系，战地处处是课堂，越学越坚强。
为革命，不怕苦备尝。工作劳动学和教，行军作战斗志昂，豪情满胸膛。

二

忆分校，教学多认真。马列高举指航向，共产主义育新人，是非敌我分。
我取胜，学军学得深。战略战术求机动，刺杀投弹劲满身，能武又能文。

三

忆分校，走遍鲁东南[②]。山山水水脚下踩，千村万户去复还，到处战歌传。
好队伍，团结纪律严。平时不怕艰和苦，战时更把勇气添，重担挑在肩。

四

忆分校，人民子弟兵。拥政爱民是模范，群众纪律称严明，家家有好评。
亲无间，老少笑相迎。三大纪律做得好[③]，八项注意严遵行[④]，军民鱼水情。

【注释】

①选自张秀岳主编《沂蒙之光诗词选》，山东人民出版社，1998年版。

②鲁东南：大体包括今临沂市的莒南、临沭、河东、郯城；日照市的莒县、五莲；潍坊市的诸城、高密；青岛市的胶南、胶州；江苏的赣榆、新浦、海州、东海等县（市、区）。从1941年春起，山东党、政、军首脑机关就长期驻在滨海地区，滨海因此成为山东革命斗争的中心根据地。

③三大纪律：即一切行动听指挥，不拿群众一针一线，一切缴获要归公。

④八项注意：即说话和气，买卖公平，借东西要还，损坏东西要赔，不打人骂人，不损坏庄稼，不调戏妇女，不虐待俘虏。

南乡子·东高庄[①]

回首望太行，天上飞来东高庄。家家户户迎远客，相帮，军民团结情谊长。
江山万里长，海阔天空任翱翔[②]。敌后抗战形势好，锋芒，定歼丑类驱虎狼[③]。

【注释】

①选自张秀岳主编《沂蒙之光诗词选》，山东人民出版社，1998 年版。东高庄：沂南县孙祖镇的一个村庄，抗大一分校第二次东迁结束后的第一个驻地。

②翱翔：回旋飞翔。《庄子·逍遥游》："翱翔蓬蒿之间，此亦飞之至也。"

③"定歼"句：一定消灭日寇和汉奸。丑类、虎狼，对日寇和汉奸的蔑称。

摸鱼儿·忆曲流河[1]

曲流河，山村几处，昔日这边曾驻。三十五年已过去，一切记忆无误。朝又暮，还恍见，河边饭后缓漫步。清溪西去，喜妙年女兵，英姿飒爽[2]，谈笑来复去。

凭谁问，山村今朝何如？定是莺歌燕舞[3]。村外田畴机声响[4]，青山红云绿树。只眼底，新天地，日新月异不需数。往事回顾，今日新一代，工余课后，有此闲情否？

【注释】

①选自张秀岳主编《沂蒙之光诗词选》，山东人民出版社，1998 年版。曲流河：村庄名，在山东省莒南县十字路镇，曾是抗大一分校驻地。1939 年冬，抗大一分校近 4000 名干部和党员由晋东南挺进到山东沂蒙山区。1940 年 1 月到达沂南县岸堤镇。1941 年春由沂南县转移到莒南县，校部（司令部）设在曲流河村，对外番号是十支队。

②英姿飒爽：形容英俊威武、精神焕发的样子。杜甫《丹青引赠曹将军霸》："褒公鄂公毛发动，英姿飒爽来酣战。"

③莺歌燕舞：形容春天鸟儿喧闹活跃的景象。现常比喻革命和建设蓬勃兴旺的景象。

④田畴：泛指田地。《礼记·月令》："可以粪田畴，可以美土疆。"

玉楼春·沂山行[1]

日寇扫荡不足惧，善于周旋无顾虑。适时转移安全区，力避与敌相遭遇。

乌云漫卷天欲雨，夜黯路远难不住[2]。一宵能作百里行，更喜居民巧带路。

【注释】

①选自张秀岳主编《沂蒙之光诗词选》，山东人民出版社，1998 年版。此作记述 1945 年山东分局党校由滨海转移至鲁中地区的情形。沂山：位于鲁中，是沂蒙山区的北部，现行政区划为潍坊市临朐县和临沂市的沂水县，沂山的南面为沂水县，东北西三方面为临朐县。沂山是一座历史悠久的文化名山，古称"海岳"，有"东泰山"之称，居中国五大镇山之首。素享"泰山为五岳之尊，沂山为五镇之首"的

盛名。主峰玉皇顶海拔1032米，被誉为“鲁中仙山”。

②黯：昏黑；深黑色。

孟良崮大捷当夜在沂蒙公路上[①]

沂蒙道上印象深，车马行人闹纷纷。
汽车马车手推车[②]，军民共驱俘虏群。
车鸣马鸣杀人声，车灯马灯照飞尘。
东去西来各奔波，此情此景谁见闻？

【注释】

①选自张秀岳主编《沂蒙之光诗词选》，山东人民出版社，1998年版。作者自注：在鲁中军区工作期间，分工负责后方支前工作，常与支前大军日夜奔走，深怀山东人民不惧艰辛的鱼水情。

②手推车：是以人力推、拉的搬运车辆，它是一切车辆的始祖。沂蒙山区的手推车以独轮为主，车轮以木制为主。现多为橡胶车轮。

水调歌头·山东战场支前忙[①]

年来战事紧，足迹遍鲁中[②]。不管东西南北，春夏和秋冬。千军万马到处，男女老少相助，歼敌一心同。军民团结紧，力量大无穷。

战莱芜，战孟良[③]，战沂蒙。担架给养料，随时得补充。敌陷汪洋大海，灭顶之灾难排[④]，好梦一场空。祖国好儿女，为民立伟功。

【注释】

①选自张秀岳主编《沂蒙之光诗词选》，山东人民出版社，1998年版。

②鲁中：鲁中地区一般是指山东的济南、淄博、东营、泰安、莱芜等地市。

③孟良：指孟良崮。1947年5月，华东野战军在孟良崮一举歼灭了国民党的精锐部队整编第七十四师。

④灭顶之灾：涉于水中而没其顶的灾祸。比喻遭到致命的打击。

◎臧克家

臧克家（1905～2004），山东诸城人。现代著名诗人。1923 年考入山东省立第一师范学习，受到革命思潮和“五四”文化影响。1930 年考入青岛国立山东大学中文系，受教于闻一多先生。1933 年出版第一本诗集《烙印》，成为“1933 年文坛新人”。抗日战争开始后，赴前方从事战地文化工作，任第五战区文化工作委员会委员、文化工作团团长。1949 年 3 月从香港经天津到北平。新中国成立后，曾任华北大学研究员，中国作家协会理事、书记处书记，《诗刊》主编。出版新诗、旧体诗、散文、小说、评论等著作 50 多部。

寄陶钝同志①

闻陶钝兄新从愿坚处移去菊花一丛②，小院秋色，更如一分，吟成四句，聊博一粲③。

碧野桥东陶令身④，长红小白作芳邻⑤。
秋来不用登高去，自有黄花俯就人。

【注释】

①选自贺新辉主编《中华诗词鉴赏辞典》，中国妇女出版社，1991 年版。陶钝（1901～1996），山东诸城人。1939 年到鲁南第四中学任教，与李澄之、梁竹航等组织鲁南抗敌协会。新中国成立后，历任山东省曲艺改进协会主席、中国曲艺家协会主席、中国文联副主席等职。著有《沂蒙探亲记》《陶钝仿古诗存》等。

②愿坚：王愿坚（1929～1991），山东诸城人。当代著名作家。1945 年参加八路军。曾任报社编辑、记者。1978 年任八一电影制片厂编剧、文学部主任，解放军艺术学院文学美术系主任。代表作《党费》《七根火柴》等。

③一粲：犹一笑。清杨复吉《海鸥小谱跋》：“遥稔知不足斋主人，应不禁掀髯一粲也。”

④陶令：陶渊明（365～427），东晋著名诗人。一名潜，字元亮，浔阳柴桑（今江西九江）人。曾任彭泽令。因不满官场黑暗，退职归田。性爱菊花。原注：此处指陶钝住郊外“东大桥”“芳草地”。

⑤长红：指较大的红花。唐李贺《南园》诗之一：“花枝草蔓眼中开，小白长红越女腮。”

◎卢兼三

卢兼三（1905~1985），名效周，字兼三，以字行。山东莒县人。1937年奔赴沂蒙山区，投入抗日活动。1940年参加八路军。历任滨海专区参议会秘书主任，滨海中学队长、教员，山东大学附中队长兼教员。1946年加入中国共产党。后任山东滨海公学总务主任，滨海教导主任兼中共滨海工委委员。新中国成立后，历任临沂师范学校副校长，曲阜师范学校副校长兼党支部书记。著有《滨海中学和滨海公学的十年》《卢兼三诗词选》等。

游击十年在滨海[①]

题游击教学之画像

难忍日寇践华疆，矢志戎服奔战场[②]。
后方设学追部队，滨海到处是课堂。
转移频繁校益大，扫荡尽多人愈强。
四次改编形势好，两期战争胜利长。
千人踏遍苏鲁界，十年茹苦日夜忙[③]。
力争红专持奋勉，革命终身迎朝阳。

【注释】

①选自莒县党史研究室编《卢兼三诗词选》，中央党史出版社，2004年版。滨海：指滨海区。滨海区（抗日战争初期称鲁东南地区）的范围北起胶济铁路，南至陇海铁路，东临黄海，西界沂河。大体包括今临沂市的莒南、临沭、河东、郯城；日照市的莒县、五莲；潍坊市的诸城、高密；青岛市的胶南、胶州；江苏的赣榆、新浦、海州、东海等县（市、区）。从1941年春起，山东党、政、军首脑机关就长期驻在滨海地区，滨海因此成为山东革命斗争的中心根据地。

②矢志：立下誓愿，以示决心。《三国演义》第一一二回："忠臣矢志不偷生，诸葛公休帐下兵。"戎服：军服。此指穿军服。《汉书·匈奴传下》："是以文帝中年，赫然发愤，遂躬戎服，亲御鞍马。"

③茹苦：吃苦。

奉命回滨海区恢复滨海中学之1949年[①]

题46岁之三帧小影

游学河北后，重访穆陵关[②]。
坚持复滨中，适应改师范[③]。
力疾会临沂[④]，迁回莅济南。
迁校入城市，定址奠基完。

【注释】

①选自莒县党史研究室编《卢兼三诗词选》，中央党史出版社，2004年版。滨海中学：1941年5月中共滨海地委和抗大一分校共同创建的抗大式学校。1945年8月更名为滨海建国学院；1949年秋更名为滨海乡村师范；1950年2月更名为临沂师范学校；1958年8月，更名为临沂大学。为现临沂大学的前身。

②穆陵关：位于山东省临朐县大关镇与山东省沂水县马站镇交界处，是沂山东麓古齐长城的隘口，曾是战国时期齐鲁两国相争的战略要点。

③"适应"句：指1950年2月滨海乡村师范奉令从莒南迁至临沂城南关靛市巷，改称临沂师范学校。

④力疾：动作有力而迅速。《国语·越语下》："今其来也，刚强而力疾，王姑待之。"

◎安　哲

安哲（1906~1934），山东日照人。1926年加入中国共产党。1928年组建中共日照县委，任书记。后改为中共日照中心县委，仍任书记，负责日照、莒县、沂水、诸城的工作。1932年10月发动了“日照暴动”。暴动失败后去东北，任中共奉天特委宣传部长。后因叛徒出卖被日寇逮捕，屡受酷刑而坚贞不屈，1934年牺牲于奉天监狱，时年28岁。

别友人①

踏上长途，而今分散，
肠空断！
道路茫茫何时转，
只有遥相盼。
但是我们是弱者的先锋，
一条火线，
聚也罢，离也罢，
意志精神总长贯。
何憾！
朋友，我去了，
预期着在奋斗中重见！

【注释】

①选自朱孟明、庄传璋主编《沂蒙星火》，山东大学出版社，1990年版。本诗作于1927年8月。友人郑天九、牟春霆从武汉回到本县进行革命活动，李平章被派往莫斯科东方大学学军事，安哲被派回济南任省委巡视员。安哲满怀信心地踏上了新的征途，临行时作《别友人》诗，抒发了自己的豪情。

狱中诗①

我们的心的火焰在熊熊地烧，
我们的急流的血在激动地跳，
起来，工作，工作，
灰暗的雾正弥漫在云霄。

用赤裸的手与足，
把塞途的荆棘踏折了；
用鲜红的沸腾的血，
造成一座虹的桥。
天国不在幻想者善美的梦境里[②]，
天国是靠人间的前驱者的工作与勇骁[③]。

【注释】

①选自山东省民政厅编《光照千秋——山东革命烈士事迹选》(第一册)，山东人民出版社，1981年版。

②天国：即天上的王国。这里指美好的将来，即共产主义理想。

③勇骁：犹骁勇，勇猛。《三国志·魏志·袁绍传》：“（颜良）性促狭，虽骁勇不可独任。”这里形容革命者的精神。

◎陈锐霆

陈锐霆（1906～2010），山东即墨人。1937年加入中国共产党。1939年任国民政府军第一四二师团长。“皖南事变”后率部参加新四军，曾任新四军军部参谋处处长，抗大四分校副校长、校委书记，淮北军区副参谋长，新四军兼山东军区参谋处处长兼炮兵司令员，华东野战军特种兵纵队司令员兼代政委。新中国成立后，历任华东军区炮兵司令员，解放军炮兵参谋长、副司令员，第五机械工业部副部长、炮兵顾问。1955年被授予少将军衔。

拼搏精神代代流[①]

1992年春

抗日拒蒋十数秋，军民慷慨赴同仇[②]。
沂蒙儿女多英气，拼搏精神代代流。

【注释】

①选自张秀岳主编《沂蒙之光诗词选》，山东人民出版社，1998年版。

②赴同仇：谓共同赴敌；对敌人表示共同的愤慨。《诗经·秦风·无衣》：“修我戈矛，与子同仇。”

不使敌人片甲归[①]

1993年夏

沂水清，蒙山翠，军民团结真可贵。
黑云压境无惧色，不使敌人片甲归[②]。

【注释】

①选自张秀岳主编《沂蒙之光诗词选》，山东人民出版社，1998年版。

②片甲：一副铠甲。指一兵一将。明无名氏《精忠记·猾虏》：“腰间宝剑血模糊，杀取南朝片甲无。”

◎刘子超

刘子超（1906～1941），广东兴宁人。1926年8月加入中国共产党。1927年10月中共兴宁新圩支部成立，任宣传委员。1929年后曾任中共沪西区委宣传部长、闸北区区委书记。抗日战争爆发后，历任华北军政干部训练所主任，华北军政干部学校校长，山西抗日新军太行南区游击司令部司令员，晋冀豫军区第五军分区副司令员，八路军第一纵队宣传部长。1939年10月来山东后，任山东纵队宣传部长。1941年12月11日，在费县大青山突围战斗中壮烈牺牲。

山东纵队进行曲[①]

日寇侵入了山东，
投降派便挂上了免战牌。
投降派逃跑了，
我们便从地下站起来。
徂徕山举义旗[②]，
誓死守土我们不离开！
土生土长在农村、在民间，
虽然是赤手空拳，
但是，
有三千八百万人民和我们
血肉相连。
虽然是一无所有，
但是，
有中国共产党领导着我们
迈步向前！
虽然是年轻的党军，
但是也进行过无数的血战：
我们用土炮打下过飞机、
击沉过兵舰，
在雷神庙[③]、魏家堡[④]、杨家横[⑤]、
刘家井[⑥]、五井[⑦]、孙祖[⑧]、大柏山[⑨]、
青驼寺[⑩]……
曾用我们的热血，

写下了辉煌的战史。
看吧，看吧！
敌人正在我们面前发抖，
只要我们战斗，
战斗啊，不断的战斗！
胜利就在我们的前头！

【注释】

①选自山东省民政厅编《山东革命烈士诗词选》，天津人民出版社，1994年版。山东纵队：即八路军山东纵队。山东纵队是中国共产党领导山东人民武装反抗日本帝国主义侵略斗争的产物，成为驰骋山东抗日战场的一支主力军，为山东乃至全国抗日战争的胜利立下了不朽的功勋。

②徂徕山：又称龙徕山、驮来山，是泰山的姊妹山，位于泰安市岱岳区徂徕镇。举义旗：1938年1月1日，中共山东省委发动和领导了徂徕山抗日武装起义。黎玉代表省委宣布"八路军山东抗日游击第四支队"成立，打响了山东抗日第一枪。

③雷神庙：古庙名，坐落在山东省牟平县（现烟台市牟平区）城南。雷神庙战斗发生在1938年2月13日，是胶东抗战的第一仗，揭开了胶东人民奋起抗战的序幕。

④魏家堡：村庄名，在山东省高青县田镇镇。1940年9月21日，山东纵队三支队在此歼灭日军1个小队、伪军1个中队。

⑤杨家横：村庄名，在山东省莱芜市辛庄镇。在莱芜有名的"杨家横战斗"发生在1940年5月13日。当时日伪军500余人自博山夏庄向莱芜进犯。八路军四支队战士们勇猛杀敌，激战两个多小时，先后毙伤敌人300余人。

⑥刘家井：村庄名，在山东省邹平县魏桥镇。抗日战争初期，八路军山东纵队第三支队依靠步枪和土枪、土炮在刘家井同日军展开一场生死搏斗，刘家井战斗中歼敌400余名，是清河平原上一次著名的反"扫荡"战斗。

⑦五井：乡镇名，位于山东省临朐县城西南约15千米处。1939年8月，八路军山东纵队一支队在支队副司令员钱均带领下，与日军激战1小时，展开了肉搏战，共毙伤日伪军160人，缴获大量军用物资。

⑧孙祖：乡镇名，位于山东省沂南县。1940年3月16日，日军300多人和伪军运输队200余人，扫荡沂蒙根据地。山东纵队在二支队司令员孙继先指挥下，与敌激战一天，歼敌一部。至18日晨，战斗胜利结束，共击毙敌人120名。这是沂蒙军民抗战以来取得的第一次重大胜利。

⑨大柏山：山名，位于山东省沂南县。八路军山东纵队开始在沂南县大柏山一带设伏，围歼日军。战斗异常激烈，敌我双方以大柏山为中心，反复争夺，展开了拉锯战。最终，1400余名日军被歼灭。

⑩青驼寺：古庙名，位于山东省沂南县。1940年9月4日，驻临沂的日伪军400余人，携钢炮、轻重机枪、掷弹筒向青驼寺方向进犯，八路军山纵特务二团予以伏击，共毙伤敌人150余人，缴获大宗军用品。

◎沈其震

沈其震（1906～1993），湖南长沙人。医学生理学家，中国科学院院士。先后就读于同济大学医学院、中山大学医学院。1927 年留学日本，获东京帝国大学医学院医学博士学位。1931 年回国，在天津开诊所，创办《医学知识杂志》。1937 年参加新四军，负责筹建新四军军医处。1941 年加入中国共产党并赴延安。历任新四军军医处处长、卫生部部长。中华人民共和国成立后，任大连医学院院长、中央研究院院长、中国医学科学院副院长、农工民主党中央副主席等职。著有《发热论》《我国历代本草概论》等。

怀罗生特[1]

1991 年 12 月

巍巍罗生特，赤诚爱中国，
皖南事变后，共我入苏北。
本是将门子，出生维也纳，
学医为救人，愿竭毕生力。
何期滚滚来，乌云黑如墨。
呼啸拥上台，暴徒希特勒。
曾囚集中营，布痕瓦尔德[2]，
因治难友伤，打断五根肋。
驱逐来远东[3]，悬壶在沪渎[4]，
目睹殖民地，心痛苦中镞[5]。
倭寇据中原，得陇又望蜀[6]，
蕞尔富贵人[7]，高飞逐鸿鹄。
主帅眉峨眉，布阵获一叶[8]，
相逢际此时，学习共希伯[9]。
“煮豆燃豆萁，豆在釜中泣，
本是同根生，相煎何太急！[10]”
读罢相视立，拍案屏呼吸，
决意奔盐城，顿时交莫逆[11]。
落日下吴淞[12]，朝霞渥苏北[13]，
月似故乡明，自兹废抑郁。

慷慨识英雄，高歌怅寥廓[14]，
揩拭血淋漓，大化益洒脱[15]。
入党更火红，一门拣重活，
游刃信有余，自觉不自觉。
足迹遍沙场，苏鲁并东北，
倥偬近十年[16]，日出复日没。
粗衣似老乡，粝食等士卒[17]，
救活千万家，百身曷可赎[18]。
好个外国人，昵称罗大鼻，
热爱我中华，人民共和国。
惜四十年前，过早去祖国，
病倒回不来，我心长恻恻[19]。

【注释】

①选自中共临沂地委党史资料征集委员会、中共莒南县委员会编《罗生特在中国》，山东人民出版社，1992年版。罗生特（1903~1951）：奥地利人。1928年获医学博士学位。1939年来到上海，结识了时任新四军卫生部长的沈其震，其名字就是沈给起的。后到新四军工作。1942年由陈毅和钱俊瑞介绍加入中国共产党。1943年9月被陈毅派往山东为罗荣桓治病，此后被任命为山东军区卫生部顾问。1945年10月随罗荣桓赴东北，被任命为东北民主联军总部医学顾问。1949年回国，回国前党和国家领导人分别接见了他，对他的国际主义精神给予高度评价。

②布痕瓦尔德：德国境内三大集中营之一，位于德国东部城市魏玛附近。希特勒纳粹势力在攫取政权后开始在德国各地大举兴建集中营，布痕瓦尔德集中营是建立最早和最臭名昭著的集中营之一。

③远东：欧洲人指亚洲东部地区，常指中国、日本、朝鲜和西伯利亚东部。

④悬壶：出自《后汉书·方术传下·费长房》："费长房者，汝南人也。曾为市掾。市中有老翁卖药，悬一壶于肆头，及市罢，辄跳入壶中。市人莫之见，唯长房于楼上睹之，异焉，因往再拜……遂能医疗众病。"后因以"悬壶"谓行医卖药。明汤显祖《牡丹亭·延师》："君子要知医，悬壶旧家世。"沪渎：古水名。指吴淞江下游近海处一段（今黄浦江下游）。因当地人民用"沪"在江海之滨捕鱼为业而得名。南朝宋刘义庆《世说新语·德行》："袁府君即日便征，遗已聚敛得数斗焦饭，未展归家，遂带以从军，战于沪渎，败。"

⑤镞：箭头。

⑥得陇又望蜀：语出《东观汉记·隗嚣传》："西城若下，便可将兵，南击蜀虏。人苦不知足，既平陇，复望蜀，每一发兵，头鬓为白。"后遂以"得陇望蜀"喻贪心不足。唐李白《古风》之二三："物苦不知足，得陇又望蜀。"

⑦蕞尔：形容小。原作"撮尔"，误。《左传·昭公七年》："郑虽无腆，抑谚曰

‘蕞尔国’，而三世执其政柄。”

⑧“主帅”句：谓主帅蒋介石躲在峨眉山督阵，包围新四军俘获叶挺。厝：安置。

⑨“学习”句：谓一起在希伯家学习。希伯：即汉斯·希伯，德国共产党员，1941年11月30日清晨在沂蒙山区的大青山战役中不幸牺牲。

⑩“煮豆”四句：用三国魏曹植《七步诗》原句。

⑪莫逆：语出《庄子·大宗师》：“(子祀、子舆、子犁、子来）四人相视而笑，莫逆于心，遂相与为友。”后遂以谓彼此志同道合，交谊深厚。南朝梁沈约《七贤论》：“山王二公悦风而至，相与莫逆。”

⑫吴淞：在上海市北部，黄浦江注入长江口（即吴淞口）的西侧，历史上属于淞北地区。

⑬“朝霞”句：谓清晨就沾润到苏北的气息。渥：沾湿，沾润。

⑭怅寥廓：原作“怅寥阔”，误。语出毛泽东《沁园春·长沙》词：“怅寥廓，问苍茫大地，谁主沉浮？”怅：感叹。寥廓：空旷深远。《楚辞·远游》：“下峥嵘而无地兮，上寥廓而无天。”洪兴祖补注引颜师古曰：“寥廓，广远也。”

⑮大化：谓人生的重要变化。《列子·天瑞》：“人自生至终，大化有四：婴孩也，少壮也，老耄也，死亡也。”

⑯倥偬：事情纷繁迫促。南朝齐孔稚《北山移文》：“敲扑喧嚣犯其虑，牒诉倥偬装其怀。”

⑰粝食：粗恶的饭食。《汉书·外戚传下·孝成许皇后》：“妾夸布服粝食。”颜师古注引孟康曰：“粝，粗米也。”

⑱“百身”句：谓罗生特的去世哪里是一百人的生命能够赎回的。语本《诗经·秦风·黄鸟》：“如可赎兮，人百其身。”

⑲恻恻：悲痛；凄凉。晋欧阳建《临终诗》：“下顾所怜女，恻恻中心酸。”

◎万　毅

万毅（1907～1997），辽宁金州人。满族。1930 年毕业于东北陆军讲武堂。1936 年参加革命，1938 年加入中国共产党，成为在东北军的特别党员。曾任东北军一一一师旅长、副师长、师长。1939 年初进驻鲁南，1941 年被国民党政府监禁。次年越狱，到中共山东分局工作。1944 年该师编为八路军滨海支队，万毅任滨海军区副司令员兼支队长。1945 年挺进东北。新中国成立后，曾任国防科委副主任、解放军总后勤部顾问。1955 年被授予中将军衔。

渔家傲（三首）[①]

1993 年 3 月

一、沂蒙溏

抗战三年生变异，将军背国暗通敌[②]。爱国官兵拔剑起。锄掉你，抱头鼠窜反鸣屈。

欢庆锄奸胜利里，突施反共血腥计。灾落沂蒙根据地。谁之罪？人头滚滚哭无泪。

二、沂蒙慰

倒退经年又变异，扯旗独立标新义。党掬赤诚提建议[③]。大势去，犹图避地东山起[④]。

迷途知返并肩立，奋起抗日战顽敌。保护人民同阵地。南墙峪[⑤]，英雄浴血垂青史。

三、沂蒙喜

二载并肩三变异，人民军队树新帜[⑥]。滨海子弟多奇志。齐踊跃，披红戴花来加入。

日寇投降讯传急，金风飒爽秋光里。八路军中添主力。朱总令，挺进东北莫犹豫。

【注释】

①选自张秀岳主编《沂蒙之光诗词选》，山东人民出版社，1998 年版。

②“将军”句：东北军五十七军军长缪澄流 1940 年勾结日寇订立共同防共协

定，该军一一一师于同年9月22日奋起锄奸。次年发生“皖南事变”，该师又走向反共，发生“二一七”逆流。

③“党掬”句：一一一师反共碰了壁，1942年8月3日又发动了事变，打出东北挺进军旗号，因部队纷纷叛离，被迫开进我根据地，我军以友军相待，劝其恢复旧番号与我军并肩抗日。

④东山起：即东山再起。《晋书·谢安传》载：安少有重名，“初辟司徒府，除佐著作郎，并以疾辞”。隐居会稽东山，年逾四十复出为桓温司马，累迁中书令、司徒等要职，晋室赖以转危为安。后以“东山再起”指退隐复仕或失势后重新得势。

⑤南墙峪：村庄名，在今山东省沂水县院东头乡。1942年10月26日，日军以第三十二、第五十九师团、独立混成第五、第六旅团各一部，共1.5万人，对沂蒙山区进行拉网合围。正在滨海甲子山区的八路军山东军区机关，误以为日军将扫荡滨海区，乃率抗日军政大学第一分校和独立团，转移到沂蒙山区的南墙峪。27日，日军以1.2万人分十二路对南墙峪进行合围，山东军区机关适时跳出合围圈。

⑥“人民”句：新的一一一师在我党帮助下改造成人民武装，1944年10月宣布加入八路军序列，为山东军区滨海支队，1945年8月为东北挺进纵队第一支队。

纪念伍志钢同志[①]

伍志钢是原东北军五十一军中共工委书记，后为首任一一二师工委书记，是我的亲密战友。牺牲已55年，咏此悼念。

蒙山悼国殇[②]，吾党丧元良[③]。
天地浩然气，人文烈士章。
一腔热血洒，千古侠骨香。
中共好儿子，楷模伍志钢。

【注释】

①选自张秀岳主编《沂蒙之光诗词选》，山东人民出版社，1998年版。伍志钢(1909～1939)：四川仁寿人。1936年加入中国共产党。“西安事变”发生后，到东北军骑兵军第三师负责中共组织工作，继而调任一一〇师中共工委书记、五十一军中共工委书记兼东北军中共工委宣传部长。抗日战争爆发后，到山东高密蔡晋康部任中共工委书记、东北军五十七军一一二师中共工委书记。1939年9月在鲁南反“扫荡”时牺牲。

②国殇：指为国牺牲的人。南朝宋鲍照《代出自蓟北门行》：“投躯报明主，身死为国殇。”

③元良：大善；至德。《尚书·太甲下》：“一人元良，万邦以贞。”亦指大善至德之人。董必武《挽陈毅同志》诗：“久被病魔折，元良竟丧生。”

◎詹才芳

詹才芳（1907～1992），湖北红安人。1926年初跟随董必武做革命工作，同年加入共产主义青年团。1927年由团转党，任湖北黄陂县游击大队大队长，红一军第一师排长、连长、营长，第三十团政治委员，红九军、三十一军政治委员，川西第五纵队司令员兼政委。抗日战争时期，任抗日军政大学第二分校大队长，晋察冀军区第三军分区副司令员兼参谋长，冀热辽军区副司令员。解放战争时期，任冀东军区司令员，东北野战军第九纵队司令员，第四野战军四十六军军长。新中国成立后，任湖南军区副司令员兼军长，中南军区公安部队司令员，广州军区副司令员。1955年被授予中将军衔。

悼罗荣桓元帅[①]

1963年12月

忽闻罗帅离人间，怎阻将卒泪涟涟[②]，
帅留心语长年在[③]，兵抹泪珠赴向前。

【注释】

①选自魏巍主编《将帅诗词选》，辽宁人民出版社，1987年版。

②涟涟：泪流不止貌。《诗经·卫风·氓》："不见复关，泣涕涟涟。"

③心语：发自内心深处的话。

◎韩练成

韩练成（1908～1984），宁夏固原人。中原大战时，任桂系马鸿逵部六十四师独立团团长，曾火线救过蒋介石，深得蒋的赏识。后任国民党政府军旅长、师长，第十六集团军副总司令兼参谋长，国民党政府军事委员会委员长侍从室高级参谋等。1942年6月，开始在周恩来的直接领导下开展秘密工作。朱德称赞他“为党、为革命立了大功、立了奇功”，毛泽东更说：“蒋委员长身边有你们这些人，我这个小小的指挥部，不仅指挥解放军，也调动得了国民党的百万大军哪！”以致蒋纬国在1996年还说他“是隐藏在老总统身边时间最长、最危险的共谍”。1948年参加中国人民解放军。1950年加入中国共产党。曾任兰州军区第一副司令员，甘肃省副省长等。1955年被授予中将军衔。

莱芜战役后赠陈毅同志①

1947年2月26日

下民之子好心肠②，解把战场做道场③。
前代史无会战例，后人谁写此篇章。
高谋一着潜渊府④，决胜连年见远方。
我欲贺君君贺我，辉煌战果赖中央⑤。

【注释】

①选自魏巍主编《将帅诗词选》，辽宁人民出版社，1987年版。1947年莱芜战役期间，韩练成率领的国民党四十六军与十二军、七十三军合编为北线兵团，归绥靖区副司令官李仙洲指挥，韩练成向解放军提供军事情报，并运用职权延误军机，使部队陷入包围，并临时故意将四十六军交给三位师长中资历最浅的一一八师师长莫敌，让其代理军长，造成另一位师长不服，产生混乱，使解放军一举消灭四十六军以及七十三军一部六万余人，生俘李仙洲。时任国民党省主席第二绥靖区司令王耀武得知消息后大为震惊，惊叹骂道：“五万人，不知不觉三天就被消灭光了。老子就是放五万头猪在那里，叫共军抓三天也抓不完！”莱芜战役结束后，韩练成写了此诗赠给华东野战军司令员陈毅。

②下民：百姓；人民。《史记·循吏列传》：“使食禄者不得与下民争利，受大者不得取小。”下民之子，即人民之子，指陈毅。

③“解把”句：谓陈毅元帅把战场当成布道场一样轻松裕如。道场：指和尚或

道士做法事的场所。亦指所做的法事。唐李绰《尚书故实》:“抱真命于鞠场,积薪贮油,因为七日道场。”

④渊府:指财物或文书等集聚的地方。南朝梁范缜《答曹舍人》:“郊丘明堂,乃是儒家之渊府也。”此指陈毅的智谋达到了精深的境界。

⑤“辉煌”句:表达了作者虽然深处敌营而对党中央的高度信赖。

◎魏传统

魏传统（1908～1997），四川达县人。1928年加入中国共产党。1933年参加中国工农红军。曾任红军第三十三军政治部秘书长，教育科、敌工科科长，八路军政治部宣传科科长，中央军委总政治部秘书长。参加了川陕苏区反“围剿”和长征。新中国成立后，历任解放军总政治部秘书长兼宣传部副部长、政治学院政治部副主任、解放军艺术学院院长、中国书法家协会理事，第五届全国政协委员，第六届全国政协常委。1955年被授予少将军衔。著有诗选《追思集》等。

步毛主席七律原韵吊罗帅①

1978年秋

初入京华未学飞②，轻车不用心事违③。
罗帅一至总政日，照顾全军释疑题。
纸虎高扬吓百鸟④，大鹏展翼审是非。
含哀主任早离世，祭奠英灵去报谁？

【注释】

①选自魏传统著《追思集》，四川人民出版社，1979年版。毛主席七律原韵：指毛泽东1963年12月写的《吊罗荣桓同志》。

②京华：京城之美称。因京城是文物、人才汇集之地，故称。晋郭璞《游仙诗》之一：“京华游侠窟，山林隐遯栖。”

③轻车：行装简单。

④纸虎：纸扎的老虎。比喻外表强大凶狠而实际空虚无力的人或集团。

◎张舜卿

张舜卿（1908～1941），女，山东寿光人。1927年加入共青团，1929年加入中国共产党。以教学为掩护，做地下工作。1938年参加八路军鲁东抗日游击队第八支队宣传队，后调往鲁中军区，曾任山东纵队一旅后方医院教导员。1941年冬在反"扫荡"中被俘，牺牲于山东省沂水县城东黄花埠。

绝命诗[①]

1941年冬

连宵恶梦待死身，辗转黄草倍思亲[②]。
恩仇未报身先死，昙花一现怪做人[③]。
愿洒碧血化作雨，育我中华后代春。
自古人生谁无死[④]，自有黄花伴我魂。

【注释】

①选自山东省民政厅编《山东革命烈士诗词选》，天津人民出版社，1994年版。

②黄草：草名。荩草的别称。多用于编织生活用品。唐白居易《昼寝》诗："坐整日单衣，起穿黄草屦。"

③昙花一现：昙花，优昙钵花。开花短时即谢。后用以比喻事物之乍现即逝。

④"自古"句：化用文天祥《过零丁洋》句："人生自古谁无死，留取丹心照汗青。"

◎牟宜之

牟宜之（1908～1975），山东日照人。1925 年在济南正谊中学读书时，结识了王尽美和安哲等人。1926 年加入中国共产主义青年团。曾参加 1932 年“日照暴动”。1938 年加入中国共产党。历任乐陵县县长、沂蒙临费办事处主任、沂蒙专署专员、八路军一一五师参议主任、济南办事处主任、山东军区独立一旅政委、山东军区敌工部副部长等职。新中国成立后，历任济南建设局局长、林业部经营司司长等职。1957 年被打成“右派”，1979 年经中共中央组织部平反昭雪。

我欲从戎事国殇[1]

作于九一八事变后

雁影横秋豆荚黄，辽东消息断人肠。
庭犹舞鹤卫允灭[2]，牢不补羊宋必亡[3]。
将伯狂呼徒谬策[4]，隐忧无计掩萧墙[5]。
神州哪许陆沉了[6]，我欲从戎事国殇。

【注释】

①选自牟宜之著《牟宜之诗》，人民出版社，2009 年版。

②“庭犹”句：用“好鹤失国”的典故。公元前669 年，卫懿公继位。他养鹤成癖，甚至把将军们的战车让鹤坐，把士兵们的战马让鹤骑，把练兵场当训鹤场，把军需粮当鹤饲料。群臣义愤填膺，举国怨声贯耳。北狄挥戈南下，直取邢国，威逼卫国。卫懿公若无其事，仍在宫中观鹤舞、听鹤鸣。狄人打入卫国境内，他才传令召集群臣商议对策，没等人员到齐，狄人已攻到城下，卫懿公惊慌失措，仓促迎敌，与北狄大战于荥泽，卫军惨败，懿公被活捉。

③“牢不补羊”句：指如果知错不改、一错再错，就会像宋国一样灭亡。这里抨击了蒋介石的不抵抗政策。刘向《战国策·楚策》：“见兔而顾犬，未为晚也；亡羊而补牢，未为迟也。”

④“将伯”句：向别人求助或狂呼乱叫是徒然之举，是荒谬的计策，这里指蒋介石盲目相信国际联盟的裁决。将伯：指别人对自己的帮助或向人求助。《诗经·小雅·正月》：“将伯助予。”毛传：“将，请也；伯，长也。”孔颖达疏：“请长者助我。”

⑤萧墙：面对宫门的小墙，又称“塞门”。比喻内部。《论语·季氏》：“吾恐季

孙之忧，不在颛臾，而在萧墙之内也。”

⑥陆沉：比喻国土沦陷于敌手。南朝宋刘义庆《世说新语·轻诋》：“使神州陆沉，百年丘墟，王夷甫诸人，不得不任其责！”

反“扫荡”纪诗二首[①]

1942年于沂蒙山区

一

战罢黄昏暂宿营，饥肠辘辘起雷声。
秋深戎服寒似铁[②]，日久馊粮硬如冰。
荒芜田园灾后业，萧条门户劫余生。
村翁殷切陈情报，稚子欢腾看胖兵[③]。

二

炮火连天战犹酣，今日未死又生还。
军书擘划朝夕苦[④]，并食方知稼穑难[⑤]。
倒地辄眠同豕鹿[⑥]，此身无病弥坚顽。
微闻妇孺低声语，指点斯人似是官[⑦]。

【注释】

①选自牟宜之著《牟宜之诗》，人民出版社，2009年版。

②戎服：军服。《汉书·匈奴传下》：“是以文帝中年，赫然发愤，遂躬戎服，亲御鞍马。”

③胖兵：作者身体很胖，故自谑。

④擘划：同“擘画”，筹划；布置。宋范仲淹《奏乞救济陕西饥民》：“若不作擘画，即百姓大段流移，殍亡者众。”擘：大拇指。

⑤稼穑：播种和收获。泛指农业劳动。《尚书·无逸》：“先知稼穑之艰难，乃逸。”

⑥豕鹿：猪和鹿。作者自嘲为山野无知之物。

⑦“指点”句：用嘲谑的口气写自己体胖好睡，妻子觉得丈夫像个官儿。

◎冯毅之

冯毅之（1908～2002），山东青州人。1930年加入中国共产党。曾任北平市“左联”组织部部长，八路军山东纵队第四支队营长，益都县县长兼县大队长，益临淄博四县办事处主任，山东省鲁中区文协主任，中共山东分局宣传部文艺处处长。在1942年日军发动的马鞍山战役中，他的父亲、妹妹、妻子和三个女儿壮烈殉国，成为一门忠烈。新中国成立后，历任山东省文化局副局长兼党组书记，山东省文联副主席兼党组书记，山东艺术学院院长，中国作家协会会员。作品有《苦难与快乐》《萤火诗集》《淄流》《风雨沧桑一百年》等。

长秋村①

1941年

你这个平凡的小山村，
敌人无数次烧杀摧毁，
房屋化灰烬到处是血迹，
记录下民族灾难的时日。
白日无炊烟夜晚无灯光，
街院生蒿莱一片荒凉②，
敌伪顽要你屈服，
都变成梦呓妄想③！
你是坚强的抗战堡垒，
像铜墙铁壁磐石，
民族浩气冲霄汉，
从未胆怯放下武器。
你身上布满了烈士坟场，
气贯长虹光芒万丈，
你的荣誉同日月，
烈士铮骨千古香。

【注释】

①选自冯毅之著《冯毅之六十年作品选》，山东文艺出版社，1990年版。长秋村：村庄名，在山东省青州市庙子镇。这个只有三百户人家的小村庄，在八年抗日

战争中，在共产党的领导下，村民们不屈不挠、坚持斗争，为革命做出了巨大贡献。

②蒿莱：即青蒿，蒿属的一种植物。鲁迅《无题》诗："万家墨面没蒿莱，敢有歌吟动地哀。"

③梦呓：睡梦中说话。亦用以比喻胡言乱语。宋李石《扇子》诗之六："今古一场梦呓，乾坤六博呼卢。"

山顶石房[1]

登临秋山到石房，觅认旧迹拂蛛网。
烽火岁月宿营地，敝室温凉胜天堂[2]。
山间松啸苍龙吟，战士欢歌笑语频。
清风飞舞卷白云，斗志倍增人精神。
山前粉墙映红楼[3]，住有敌伪刽子手。
餐餐珍馐与醇酒[4]，吞啖人民血和肉。
石房将为后人赞，红楼遗臭千万年。
四十年中预言验，我以豪情赋新篇。

【注释】

①选自冯毅之著《冯毅之六十年作品选》，山东文艺出版社，1990年版。

②敝室：简陋的住处，即本诗的石房。

③红楼：红色的楼。泛指华美的楼房。唐段成式《酉阳杂俎续集·寺塔记上》："长乐坊安国寺红楼，睿宗在藩时舞榭。"此指统治阶级奢华的住处。

④珍馐：珍奇名贵的食物。唐李白《行路难》："金樽清酒斗十千，玉盘珍馐值万钱。"

◎陈士榘

陈士榘（1909~1995），湖北荆门人。1927 年参加中国共产主义青年团，同年参加湘赣边界秋收起义，并转入中国共产党。曾任红三十军参谋长、代军长，八路军一一五师参谋长，滨海军区司令员，新四军兼山东军区参谋长，华东野战军参谋长兼西线兵团司令员。参加了沂蒙山区反“铁壁合围”和山东攻势作战。参与指挥鲁南、孟良崮、洛阳、开封、淮海、渡江等战役。新中国成立后，历任华东军政大学副校长，军事学院教育长，工程兵司令员兼特种工程指挥部司令员、政委，中央军委顾问。1955 年被授予上将军衔。

颂沂蒙[①]

一

八年浴血战，丰功著千古。
鲁南多英烈，中华不可辱。

二

孙膑竹简惊四海[②]，羲之墨光映长虹。
皆因沂蒙山水秀，文功武略壮征程。

【注释】

①选自张秀岳主编《沂蒙之光诗词选》，山东人民出版社，1998 年版。

②孙膑竹简：即 1972 年发掘出土于山东临沂银雀山两座汉墓中的《孙膑兵法》竹简。经银雀山汉墓竹简整理小组考证，由文物出版社于 1975 年出版了简本《孙膑兵法》，分上下两编，各 15 篇。

莫忘沂蒙[①]

1992 年 6 月北京

解放中华，沂蒙有功[②]。
中华振兴，莫忘沂蒙。

【注释】

①选自张秀岳主编《沂蒙之光诗词选》，山东人民出版社，1998年版。陈士榘将军对沂蒙山区怀有深厚感情，极希望临沂建立“沂蒙革命碑林”，在书圣故乡有一处革命景点，故生前写下这幅碑文，寄希望于后人。

②沂蒙有功：井冈山、延安与沂蒙山是中国革命战争时期最重要的三大老革命根据地，后来，沂蒙曾被无数革命后人誉为“两战圣地、红色沂蒙”。陈毅元帅曾深情地慨叹：“我就是躺在棺材里也忘不了沂蒙山人。他们用小米供养了革命，用小车把革命推过了长江！”

◎钟期光

钟期光（1909～1991），湖南平江人。1926年加入中国共产党。1927年参加工农革命军。解放战争时期任华中野战军政治部主任，在粟裕司令员、谭震林政委领导下主持政治工作。1947年1月，华中野战军与山东野战军合并，组成华东野战军。钟期光任政治部副主任。在宿北、鲁南、莱芜、孟良崮、豫东、济南、淮海、渡江等一系列重大战役中，负责前线政治工作的领导。新中国成立后，历任中国人民解放军军事学院政治部主任、副政治委员兼政治部主任、政治委员，军事科学院副政治委员兼战史研究部部长。1955年被授予上将军衔。

祖国统一华夏生辉[①]

——纪念抗战胜利四十周年

1985年5月

卢沟烽火犹眼前，神州大地怒冲天。
民族团结抗外侮，国共合作青史传。
数载恩仇今当泯[②]，一统中华谱新篇。
祖国实现四化日，华夏生辉寰球先[③]。

【注释】

①选自朱德等著《将帅诗词300首》，解放军出版社，2000年版。

②泯：消灭，丧失。鲁迅《题三义塔》诗："度尽劫波兄弟在，相逢一笑泯恩仇。"

③寰球：地球，全球。毛泽东《满江红·和郭沫若同志》词："小小寰球，有几个苍蝇碰壁。"

◎滕海清

滕海清（1909～1997），安徽金寨人。1930年参加中国工农红军，次年加入中国共产党。曾任红四方面军连长、营长、团政委，八路军一二九师教导大队大队长，新四军第四师旅长，华东野战军第十三纵队副司令员、第二纵队司令员，第三野战军二十一军军长。参加了长征和胶东、淮海、渡江、上海等战役。新中国成立后，历任第三兵团军长兼政委、军事学院高级系主任、石家庄高级步兵学校校长、北京军区副司令员兼内蒙古军区司令员、济南军区副司令员。1955年被授予中将军衔。

念沂蒙①

1993年春于泉城

沂蒙飞鸿索墨迹②，凭窗遥忆激战地。
硝烟弥漫红旗猎，南征北战歼顽敌。
胜利之功来何易，鲁南人民功当一。
蹉跎岁月年逾稀③，魂牵梦绕故地系。

【注释】

①选自张秀岳主编《沂蒙之光诗词选》，山东人民出版社，1998年版。

②飞鸿：书信。唐代韩愈《祭窦司业文》："自视雏鷇，望君飞鸿，四十余年，事如梦中。"

③蹉跎：失意；虚度光阴。南朝齐谢朓《和王长史卧病》诗："日与岁眇邈，归恨积蹉跎。"逾稀：超过七十岁。稀：古稀，指七十岁。唐杜甫《曲江》诗之二："酒债寻常行处有，人生七十古来稀。"

◎郭云舫

郭云舫（1909～1933），山西永济人。1927年随岳父母和妻子回今山东兰陵埠子村居住。1931年春加入中国共产党。同年底去卞庄小学任教，秘密开展党的工作。1932年9月任中共临郯县委委员、军事部长。同年冬去尚岩小学任教，在周围村庄发展一批党员，建立了尚岩党支部。1933年7月6日，他同刘之言等人在兰陵大圩子村领导"苍山暴动"，成立了中国工农红军鲁南游击总队，他任司令员。7月9日，暴动队伍被国民党军队包围，他在战斗中被俘，7月12日英勇就义。

桃李迎春曲[①]

诸同学，好兄弟，共同生活，百有余日。沧海桑田，人情世事。因我理想，弃东而西。祝各位同学：快些努力。不学无术，少阅历，自愧不胜为人师[②]。从此握别，后会有期。

【注释】

①选自山东省临沂地区民政局编《沂蒙英烈》（第三集），山东人民出版社，1988年版。1929年，郭云舫在兰陵县文峰小学任教时，对国民党员、训育主任王纪云的所作所为十分反感，要求校长赵鉴南处理，赵畏其权势没作处理。为此，郭云舫愤然辞职，临行时师生们挥泪相送，他写了这首诗回赠。

②"不学无术"三句：作者的自谦之词，自己愤然辞职的客气说法。《汉书·霍光传》："然光不学亡术，闇于大理。"

◎苏 静

苏静（1910～1997），福建龙海人。1932年参加中国工农红军。1936年加入中国共产党。曾任红一军团司令部侦察科科长，八路军一一五师司令部二科科长，东进支队司令部秘书长兼军法处处长、师保卫部部长兼敌工部部长，山东军区参谋处副处长，东北民主联军作战处处长，第四野战军作战处处长兼队列处处长。新中国成立后，历任中南军区副参谋长、总参谋部军务部部长、国家计委副主任。1955年被授予中将军衔。

忆沂蒙（四首）[①]

一

平型大捷马未停[②]，雄师挥戈又东征。
纵横鲁南战倭顽，军民结下鱼水情。

二

烽火沂蒙战倭贼，游击战争显神威。
八年征战艰难事，千秋功业建丰碑。

三

忆昔沂蒙根据地，党政军民同舟济。
坚持敌后反扫荡，穷凶日寇嗟何及[③]。

四

八年抗战献大力，三载反蒋尤积极。
艰苦奋斗为革命，沂蒙精神永传世。

【注释】

①选自张秀岳主编《沂蒙之光诗词选》，山东人民出版社，1998年版。

②平型大捷：即平型关大捷。指在抗战中八路军一一五师于1937年9月25日在平型关附近伏击日本第五师团二十一旅团辎重队，歼其1000余人的战斗。

③嗟何及：指感叹后悔不及。《周书·崔谦传》：“一失事机，后悔何及。”嗟：感叹。

◎韩念龙

韩念龙（1910～2000），贵州仁怀人。1934年毕业于中国公学大学部政治经济系。曾在上海从事学生运动和工人运动。1936年加入中国共产党。曾任新四军第一师团政治部主任，苏浙军区支队政委，华中野战军纵队政治部主任，北平军调处执行部驻淮阴小组中共代表，华东野战军师政委，第三野战军三十三军政委。新中国成立后，历任上海警备司令部副政委，驻巴基斯坦、瑞典大使，外交部部长助理兼办公厅主任，外交部副部长，中国人民外交学会会长。

沂蒙颂（四首）①

自卫战争时旧作

沂水蒙山好风光，七十二崮胜铜墙。
千村万落齐奋起，人民战争似海洋。

解放战争在山东，蒋军溃败在沂蒙。
支前队伍声势壮，齐鲁健儿奏肤功②。

七十四师真狗熊③，美枪美炮逞威风。
武器精良有何用，一朝覆灭在沂蒙。

沂蒙山区孟良崮，威名赫赫冠齐鲁。
一仗全歼王牌军，当场击毙张灵甫。

【注释】

①选自仁怀政协学习文卫委编《仁怀历代诗钞》，中国文史出版社，2008年版。

②奏肤功：事情已经办成，功劳十分显赫。《诗经·小雅·六月》："薄伐猃狁，以奏肤功。"奏，臣下向君王陈述事情；肤，伟大；功，功绩。

③七十四师：即"国民革命军整编第七十四师"，是所谓"国军五大主力"之一。

◎周志刚

周志刚（1910～1996），江西永新人。1930年参加中国工农红军，同年加入中国共产党。曾任红一军团第三军连长、团副政委，陕甘宁边区独立师政治部主任，八路军留守兵团团政委，新四军第五师旅政委，鲁南军区第一军分区司令员，鲁南军区政治部主任，鲁中南军区副政委兼政治部主任。新中国成立后，历任鲁中南军区政委，第四步兵学校政委，湖北省军区副政委、政委，武汉军区政治部副主任、军区顾问。1955年被授予少将军衔。

遥祝老区建奇功[1]

1993年于武汉

沂蒙山高入云耸，先烈碧血染旗红[2]。
改革开放群贤聚，遥祝老区建奇功。

【注释】

①选自张秀岳主编《沂蒙之光诗词选》，山东人民出版社，1998年版。

②碧血：语本《庄子·外物》："苌弘死于蜀，藏其血，三年而化为碧。"后因以"碧血"称忠臣烈士所流之血。元郑元祐《汝阳张御史死节歌》："孤忠既足明丹心，三年犹须化碧血。"

◎胡定千

胡定千（1910～2011），湖北孝感人。1928 年加入中国共产主义青年团。1930 年参加中国工农红军，同年转入中国共产党。任红四方面军第九军团政治处副主任。抗日战争时期，任新四军独立第四团团长，第二师六旅兼路西军分区参谋长。解放战争时期，任华东野战军第七纵队参谋长，鲁中南六地委（滨海）军分区司令员。新中国成立后，任华东军区政治干部学校副校长，政治师范学校副校长，江西生产建设兵团副司令员，江西省军区副司令员。1955 年被授予少将军衔。

为八年抗战三年自卫战争而作[①]

1987 年

卢沟桥畔起狼烟，抗日烽火正燎原。
八年抗战敌伪降，枪声又起峨眉山[②]。
美帝援蒋打内战，三年自卫把敌歼。
大江南北凯歌旋，天安门上红旗展。

【注释】

①选自徐洪章、张宝康主编《铁军诗韵》，中共党史出版社，2009 年版。

②峨眉山：峨眉山位于中国四川峨眉山市境内，面积 154 平方千米，最高峰万佛顶海拔 3099 米。地势陡峭，风景秀丽，有“秀甲天下”之美誉。峨眉山麓有两处当年蒋介石的官邸，一处是报国寺里的凝翠楼，一处在与报国寺相距不远的红珠山上。

◎崔　介

崔介（1910～1997），河南范县人。1932 年参加革命。1933 年加入中国共产党。曾任八路军山东纵队第四支队团参谋长，中共鲁东南特委统战部部长，滨海地委委员，滨海专员公署副专员兼滨北行署主任、滨北专署专员，山东省政府秘书处长。新中国成立后，任青岛市人民政府副市长、山东省劳动厅厅长、山东省知识青年上山下乡办公室主任、山东省人大常委。著有《榆园笔考略》《拾遗集》《补阙集》等。

怀念符竹庭同志①

1983 年 8 月 22 日

四十年后忆符公，丽日中天照英风。
南国烽烟娴身手②，雪山草地砺忠贞。
进军冀鲁寒敌胆③，智取郯赣破坚城④。
每念无家悲壮事⑤，至今老辈泪犹零。

【注释】

①选自张秀岳主编《沂蒙之光诗词选》，山东人民出版社，1998 年版。符竹庭（1912～1943），江西广昌人。1928 年参加工农红军，曾任红一军团第二师政治部主任，八路军一一五师教导二旅政委，滨海军区政委，1943 年 11 月 26 日，在战斗中牺牲。

②“南国”句：谓符竹庭 18 岁任红军团指挥员，屡立战功。

③“进军”句：指 1938 年赴竹庭任八路军东进抗日挺进纵队政治部主任，开辟冀鲁边抗日根据地。

④“智取”句：1943 年 1 月 20 日，八路军一一五师教导二旅奉命攻打防守坚固的郯城日伪据点。政委符竹庭同旅长曾国华率指战员和地方武装，智取郯城成功。1943 年 3 月，符竹庭任滨海军区政委兼中共滨海区党委书记，与军区司令员陈士榘共同制定了“主攻部队外攻，地下工作内应，共同解决赣榆城”的攻城方案。20 日下午，解放赣榆城。

⑤“每念无家”句：符竹庭的恋人是“战士剧社”的演员张杞，尚未结婚，符竹庭却英勇牺牲在战场上。

临沂杂咏十一首[①]

1984年10月6日到临沂参加滨海区党史座谈会并有参观活动，即兴。

党史座谈会

一

白发儿女都来家，握手言欢含泪花。
为忆当年忧乐事，时拍脑袋笑哈哈。

二

已是东西南北人，重游故地忆犹新。
传奇件件联接起，大悟恍然两将军[②]。

三

琅琊建党庆发祥，开创伟业赖诸王[③]。
日照苍山相继起[④]，当年老兵今康强[⑤]。

四

踊跃滔滔话战争，英雄无一计死生。
我辈幸存犹矫健，襄成党史纪丰功[⑥]。

五

盛会功成笑语多，老人竞唱战时歌。
主人听罢声声赞，悔未录音好广播。

沂滨出日

茫茫雾气漫河干，日出喷薄多壮观。
恍如置身日观峰[⑦]，好景不尽在泰山。

日　照

四十年后幸重来，梦想宏图已展开。
海陆工程过眼后[⑧]，老兵个个乐开怀。

谒王尽美纪念馆

献罢花圈感慨多，山东已非旧山河。
当年晨钟声声响[9]，唤起工农奏凯歌。

莒县丰产林

葱茏茂密一望遥，万千气象似云涛。
蜿蜒行进小径里，仰望林梢眼昏眩。

谒大青山烈士公墓[10]

忠骨无数葬山原，不知英名倍汗颜[11]。
幸有老翁能指认[12]，借锨添土表寸丹。

座谈会后与刘白涛同志访问临沭[13]

1984 年 10 月 18 日

别来四十年，处处换新天。
苍山穿绿衣[14]，沭河罩青衫[15]。
宝石沉睡起[16]，水晶献奇观[17]。
针织载盛誉，柳编驾远帆。
优势多发挥，自然天地宽。
众多专业户，突破万元关。
更喜烈士陵，突兀似中山。
细听九天上，鼓掌笑声喧。

【注释】

①选自张秀岳主编《沂蒙之光诗词选》，山东人民出版社，1998 年版。

②两将军：指刘居英和王乃征。刘居英：1917 年生，吉林长春人。曾任志愿军铁路管理局局长、海军政治部主任、铁道兵副司令员。1955 年被授予少将军衔。王乃征（1919 ~ 2009）：王尽美之子，山东诸城人。曾任吉林省军区参谋长、吉林省军区副司令员。

③诸王：原注为“指王尽美、王翔千等”。王翔千（1888 ~ 1956）：山东诸城人。1920 年积极协助王尽美等创立“励新学会”，并创办《励新》半月刊。不久，他同王尽美、邓恩铭等发起成立“马克思学说研究会”，并于次年 7 月 5 日协助王尽美创办《山东劳动周刊》社，任主编。1921 年春，他们 3 人又秘密组织共产主义小组，成为山东最早的共产党员之一。

④“日照”句：指日照暴动和苍山暴动。1932 年 10 月 13 日，中共日照中心县委在现东港区两城、秦楼、涛雒及岚山后村一带发动了“日照暴动”。共坚持了 13 天，经历大小战斗 30 多次。1933 年 7 月 6 日至 10 日，中国共产党人刘之言、郭云

舫等，在大苍山组织“苍山暴动”。失败后主要领导人全部牺牲。这两次暴动虽然都失败了，但它在鲁南撒下了革命的火种，在全国产生了一定的影响。

⑤当年老兵：指当年领导“日照暴动”的陈雷。陈雷（1907～1991）：原名牟春霆，山东日照人。1927年经邓恩铭介绍加入中国共产党。1932年10月，中共日照中心县委发动了震惊全国的“日照暴动”。他任中国工农红军鲁南游击纵队政治部主任，并与司令员郑天九具体指挥南路支队。暴动失败后遭通缉。新中国成立后曾担任山东省副省长。

⑥襄成：完成，相助而成。

⑦日观峰：山东游览名胜。位于泰山玉皇顶东南，古称介丘岩，因观日出而闻名。

⑧“海陆”句：指参观了石臼港及傅町河铁路大桥工程。

⑨晨钟：指当年王尽美创办的《晨钟》报。

⑩大青山：位于山东省费县薛庄镇，是有名的大青山战斗旧址。

⑪汗颜：脸上出汗。形容羞愧。元高文秀《渑池会》第二折：“我若输了呵，面搽红粉，岂不汗颜。”

⑫“幸有”句：山东省战时工作推行委员会副主任兼秘书长陈明及一一五师敌工部副部长王立人等墓未有标记，幸亏有老人（当时民兵）尚能指认。

⑬刘白涛（1914～1985），安徽凤台人。1938年加入中国共产党。抗日战争期间，曾任中共临沭县抗日民主政府县长、中共临沭县委书记、鲁南专署第四行署主任、滨海行政公署第二专署专员。解放战争时期，任滨海专署副专员兼滨海军分区武装部部长、中共滨南工委书记等职务。新中国成立后，历任上海铁路局副局长、铁道部基建局局长、上海铁路局党委书记、铁道部副部长。

⑭苍山：即苍马山，位于山东省临沭县城东北3公里处，属马陵山系，总面积30平方千米，是从古至今在鲁南苏北乃至全国具有较高知名度的道教圣地。

⑮沭河：源出山东省沂蒙山区的沂水县沂山南麓。同沂水平行南流，过郯城县入江苏省。

⑯宝石：指临沭县常林钻石，重158.768克拉，长17.3毫米，颜色呈淡黄色，质地纯洁。晶体形态为八面体和菱形十二面体的聚形，比重3.52。临沭县华侨乡常林村农民魏振芳于1977年12月21日在田间松散的沙土中翻地时发现。是我国到目前为止发现的第二块超过100克拉的宝石级天然大钻石，也是我国现存的最大钻石。

⑰水晶：临沭县与江苏省号称“水晶之乡”的东海县毗邻，水晶制品非常普及。

悼黎玉同志（六首）①

1986年12月

黎玉同志1986年5月30日逝世，现为纪念册作。

一

痛定思痛悼黎公，休将高位论英雄。

从无巧语惊高座，唯有婆心向众工[②]。
粪土名权惭宵小[③]，勇挑重担为苍生。
至今齐鲁成佳话，旧事涌来泪欲零。

二

障天阴霾暗山东[④]，前后英烈赴继中。
此起彼伏多义举[⑤]，南冠西市对群英[⑥]。
满腔热血联平沪[⑦]，一片光明映岱东。
力量积蓄纠妄动，如盘风雨仍从容。

三

敌寇汹汹欲渡河，将军虎气兔儿脱[⑧]。
河山变色齐忧危，壮士操戈敢蹉跎！
抗战大业筹计早，义军奋起唱高歌[⑨]。
统一指挥声威震[⑩]，胜利山东有依托。

四

山原万里铸长城，倾注心血灌沂蒙。
老幼男妇齐奋起，俊才耆旧也乘风[⑪]。
克服险阻思安泰，矢志移山拟愚公[⑫]。
赢得政权民做主，主力强大业兴隆。

五

省府何来万岁牌[⑬]？无中生有更奇哉！
许多评语随风转，无限株连脚踢开。
推倒三山欢喜甚，岂为往事耿胸怀。
三十九载得平反，真理终随日月来。

六

战火余生一老兵，追随十载忆音容。
沂蒙战斗曾流血，奴隶翻身建大功。
熟读精思承教导，反攻会议有批评。
典范逝去心情重，几度诗思泪写成。

【注释】

①选自中共山东省委党史资料征集研究委员会编《深切怀念黎玉同志》，山东人民出版社，1989年版。黎玉（1906～1986）：山西崞县人。1936年，担任中共山

东省委书记，此后历任中共山东分局代理书记、中共华东局副书记。1942年，担任山东军区政委，次年改山东省战时行政委员会主任委员。1945年，担任山东省政府主席。1946年，担任新四军兼山东军区副政委、山东野战军政委。1947年，改华东军区副政委。新中国成立后曾担任第一机械工业部副部长、农业机械部副部长。

②婆心：语出《景德传灯录·临济义玄禅师》："黄蘗问云：'汝回太速生。'师云：'只为老婆心切。'"后以"婆心"指仁慈之心。

③宵小：小人；坏人。盗贼昼伏夜出，叫做宵小。泛指坏人。明孙兆祥《禾已黄歌》："蝗兮蝗兮禾已黄，恩斯勤斯匪尔粮，何不往啮彼宵小之肝肠。"

④阴霾：天气阴晦、昏暗。唐柳宗元《梦归赋》："白日邈其中出兮，阴霾披离以泮释。"此指当时政治黑暗。

⑤多义举：指"四一二"政变以后，党先后发动的坡里、高唐、博兴、益都、日照、沂水、苍山、龙须崮、昆嵛山等地武装暴动。

⑥南冠：俘虏的代称。典出《左传·成公九年》：晋侯观于军府，见钟仪，问之曰："南冠而絷者谁也?"有司对曰："郑人所献楚囚也。"杜预注："南冠，楚冠也。"西市：即刑场。明清时北京处决死囚的刑场。在今菜市口。清谷应泰《明史纪事本末·严嵩用事》："都人闻之大快，各相约持酒至西市看行刑。"

⑦"满腔"句：指1933年7月省委遭破坏后，山东各地党组织继续活动。1935年冬，赵健民等组成了山东省工委继续组织活动，并先后到北平、上海寻找上级党组织，终于在1935年12月与河北省委代表黎玉取得联系，得到北方局的直接领导。1936年4月北方局派黎玉来山东，5月重组中共山东省委。

⑧兔儿脱：谓如兔之突围逃走。明苏伯衡《玄潭古剑歌》："神光兔脱飞雪霜，宝气龙腾贯霄汉。"此指韩复榘不战而逃。

⑨"义军"句：指山东省委领导了山东各地的抗日武装起义。

⑩"统一"句：1938年12月建立了以张经武为指挥、黎玉为政委的山东纵队，使主力一一五师入鲁有了依托，并最终取得了抗战胜利。

⑪耆旧：年高望重者。《汉书·萧育传》："上以育耆旧名臣，乃以三公使车，载育入殿中受策。"

⑫"矢志"句：谓决心像愚公移山一样，不怕困难，坚持不懈。矢志：立下誓愿，以示决心。《三国演义》第一一二回："忠臣矢志不偷生，诸葛公休帐下兵。"拟：比拟。

⑬万岁牌：旧时著名寺庙供奉写着"圣旨"两个金字的牌位，昭示任何官兵不准占据寺庙和干涉礼拜活动。青海省地方志编纂委员会《青海省志》卷七十七："大灵塔前悬有乾隆手书'梵教法幢'匾额一方，正中刻有方印'乾隆御笔之宝'；供有皇帝万岁牌。"

山东省战工会成立五十周年[①]

1990 年 8 月

人民政府五十年，遍地烽烟在眼前。
壮士挥戈能逐日，英雄举臂在移山。
八年赢得新民主[②]，万代铭刻昔日艰。
仰望青驼银杏树[③]，礼堂垂教写新篇[④]。

【注释】

①选自张秀岳主编《沂蒙之光诗词选》，山东人民出版社，1998 年版。山东省战工会：即山东省战时工作推行委员会。1940 年 7 月底，山东省第一届人民代表联合大会在青驼寺召开。大会选举成立山东省抗日民主政权——山东省战时工作推行委员会。这是当时全国唯一统辖全省的省级民主政权。1945 年日寇投降后，战时工作推行委员会正式改为山东省人民政府。

②“八年”句：山东省战时工作推行委员会，1940 年 8 月成立，到 1948 年济南解放，全省都在人民民主政权领导之下，整整八年。

③银杏树：沂南青驼寺前大银杏树下，为全省工、农、青、妇、文联合大会成立领导机关、选举参议会、建立战工会开会之所在。

④垂教：犹垂训；教导。唐牛僧孺《辨私论》：“宣父之作《春秋》，删《诗》《书》，是公其身于垂教也。”

◎刘瑞龙

刘瑞龙（1910~1988），江苏南通人。1927年9月加入中国共产党。历任南通城区区委书记、南通县委书记、川陕省委宣传部长、红四方面军政治部宣传部长、豫皖苏区党委副书记、苏皖边区政府第一副主席。解放战争时期历任第三野战军后勤司令员兼政治委员、华东野战军第二副参谋长兼后勤司令、第三野战军后勤司令兼政委等职。新中国成立后，历任中共上海市委秘书长，华东局农委书记，华东土改委员会副主任，国家农业部常务副部长、党组副书记等职务。

歌颂孟良崮战役胜利①

窜犯马山气何雄②，睥睨坦埠似掌中③，
那知奇师间道出，勇士围歼奏肤功④。
空心战术空心死，重点进攻重点终⑤。
一等蒋军原如此⑥，行见美蒋哭技穷。

【注释】

①选自刘瑞龙著《刘瑞龙文集》，人民出版社，2010年版。

②马山：马山位于沂山南部、沂水县城东北2.5千米处，是沂河和沭河的分水岭。

③睥睨：眼睛斜着向旁边看，形容傲慢、高傲的样子。《淮南子·修务训》："过者莫不左右睥睨而掩鼻。"坦埠：山东省临沂市蒙阴县辖镇。位于县城东北部。距县城38千米。地处蒙阴、沂水、沂南三县交界。东邻沂水县，北接野店镇，西连旧寨乡，南与沂南县接壤。

④奏肤功：事情已经办成，功劳十分显赫。《诗经·小雅·六月》："薄伐猃狁，以奏肤功。"奏：臣下向君王陈述事情。肤：伟大。

⑤"空心战术"二句：作者原注：这首诗写在我的笔记本上，陈毅同志在开会时看到了，立刻提笔给我作了修改，"空心战术空心死，重点进攻重点终"这一联，就是他改写的，这正好抒发了陈毅同志全局在握、克敌制胜的革命豪情。

⑥一等蒋军：国民革命军整编第七十四师，是"国军五大主力"之一，由原七十四军整编而成，实际兵力为三万多人，曾有"铁军"的称号。

悼军长[①]

陈毅好同志，定论慰九泉[②]。
宇宙惊噩耗，亿兆痛先贤。
驰骋湘赣闽，红旗耀岭巅。
挥军驱日寇，功业盖江南。
北战南征捷，穷寇无地钻。
从容站坛上，友朋遍两间[③]。
捍卫毛主席，大义斥奸顽。
疾风辨刚劲，中流砥柱坚。
谆言出肺腑，同志见胆肝。
纯德谦恭重，诗文斗牛攀[④]。
忠诚党事业，遗范永垂颁。
全党称优秀，后死奋无前。

【注释】

①选自刘瑞龙著《刘瑞龙文集》，人民出版社，2010 年版。军长：指新四军军长陈毅元帅。

②九泉：犹黄泉。指人死后的葬处。汉阮瑀《七哀》诗："冥冥九泉室，漫漫长夜台。"

③两间：谓天地之间。指人间。唐韩愈《原人》："形于上者谓之天，形于下者谓之地，命于其两间者谓之人。"

④斗牛：二十八宿中的斗宿和牛宿。北周庾信《哀江南赋》："路已分于湘汉，星犹看于斗牛。"

◎杨　均

杨均（1910～1993），女，天津市人。1938年加入中国共产党。战争年代，任晋冀鲁豫省委妇委书记、中共肥城县委代理书记、滨海军区人民武装部副部长、鲁南军区人武部长等职，带领妇女和民兵英勇参战，被山东根据地的干部和群众誉为“花木兰”。“文革”中受迫害。后任中国农业科学院顾问、农业经济研究所副所长、中国农业经济学会副理事长。

中秋节有感[①]

青年赴国难，抗日离家乡，
转战沂蒙地，战友多伤亡。
冷月照白骨，热血暖寒光，
皓皓竟不觉[②]，日夜战事忙。
老亲无暇顾，久别音渺茫，
舍生寻常事，夫妻各战场。
婴儿赠农妇[③]，母子两相忘，
青春埋战火，建国更紧张。
不知何为家，更无儿女肠，
未尽平生力，辗转鬓已霜[④]。
“文革”遭迫害，无因坐牢房，
何罪连儿女，何仇陷忠良。
何时见真理，法纪皆沦亡，
真愤化小诗，赏月透铁窗。

【注释】

①选自张秀岳主编《沂蒙之光诗词选》，山东人民出版社，1998年版。

②皓皓：洁白貌，高洁貌。《楚辞·渔父》：“宁赴湘流葬于江鱼之腹中，安能以皓皓之白，而蒙世俗之尘埃乎？”

③“婴儿”句：谓自己把婴儿寄养在百姓家里。

④辗转：转移；经过许多地方。古乐府《饮马长城窟行》：“他乡各异县，辗转不可见。”

沂蒙颂[①]

1969 年

沂蒙颂，沂蒙颂，沂蒙老人情意牵。
青年转战沂蒙山，军民团结肩并肩。
血流国土堪骄傲，前仆后继勇争先。
沂蒙儿女真英勇，抗日堡垒铁一般。
日寇拉网来扫荡，地雷轰轰鬼上天。
抗日游击历八载，又打鬼子又种田。
抢种抢收月光下，炮声隆隆枪声连。
野菜豆饼来果腹[②]，艰苦生活只等闲。
军装破旧补又补，披星戴月野地眠[③]。
沂水长流青春逝，蒙山高耸白骨寒。
我身未葬沂蒙土，而今揪斗受摧残。
往事种种成罪行，有口难伸风波冤[④]。
继续革命斗妖孽，何妨再上沂蒙山。
马列在胸枪在手，天假我寿二十年[⑤]。

【注释】

①选自中共蒙阴县委党史资料征集委员会编《蒙阴党史资料》，1992 年第 6 辑。

②豆饼：大豆榨油后剩下的渣子压成饼形，叫豆饼。可以用来做肥料或饲料。梁斌《红旗谱》十二：“这牛偏爱吃高粱叶子、麦秸、豆饼、棉花籽饼。”

③披星戴月：披星光，顶月亮。形容早出晚归或昼夜赶路，辛劳奔波。唐吕岩《七言绝句》：“击剑夜深归甚处，披星戴月折麒麟。”

④风波冤：指岳飞冤死风波亭。明无名氏《精忠记·表忠》：“着将军父子三人，向风波亭一时勒死，从实供招，并无一字差异。”

⑤“天假”句：作者写此诗时已届六十岁，表达了自己老当益壮、坚决抗争的决心。假：借。

◎杨得志

杨得志（1911～1994），湖南株洲人。1928 年参加中国工农红军，同年参加中国共产党。长征中率第一师第一团担负前卫和先遣任务。曾组织突击队强渡大渡河。抗日战争时期，任八路军一一五师六八五团团长、三四四旅旅长、冀鲁豫军区司令员、晋察冀野战军司令员等职。解放战争时期，任华北军区第二兵团司令员。他指挥的石家庄战役，创夺取坚固设防城市的先例。新中国成立后，历任中国人民志愿军第十九兵团司令员、志愿军副司令员、志愿军司令员，济南军区司令员，中共山东省委第一书记，武汉军区、昆明军区司令员，国防部副部长，解放军总参谋长。1955 年被授予上将军衔。著有回忆录《横戈马上》《为了和平》。

念奴娇·危难方见情挚[①]

——忆 1940 年筹粮筹款事

巨野北返，举目处，良田千亩皆秕粒[②]。三秋大旱久未雨，日伪凶蛮暴戾[③]。激战定陶，奔袭羊山[④]，巩固根据地。但无笑颜，只因粮荒更急。

会约诸公商议，一洗愁容，定下英雄策。人民富裕我们富，危难方见情挚。齐心并肩，生产自救，赫赫回天力[⑤]。光阴如梭，每忆怆然泪溢。

【注释】

①选自魏巍主编《将帅诗词选》，辽宁人民出版社，1987 年版。

②巨野：县名，位于山东省菏泽市东部，邻接济宁市，是菏泽地区的东大门。秕粒：不饱满的子实，谓收成不好。

③暴戾：性情残暴凶狠；粗暴乖张。《吕氏春秋·慎大》：“桀为无道，暴戾顽贪，天下颤恐而患之。”

④羊山：山名，位于鲁西南的山东省金乡县羊山集镇境内。

⑤赫赫：显著盛大的样子。回天力：比喻力量大，能移转极难挽回的时势。

◎何以祥

何以祥（1911～1994），四川西充人。1930年参加中国工农红军。1932年加入中国共产主义青年团，次年转入中国共产党。曾任红三军连长、营长、侦察科科长，八路军一一五师团长、旅参谋长，鲁南军区副司令员，滨海军分区司令员，山东军区第八师师长，华东野战军第三纵队司令员，第三野战军八兵团参谋长。新中国成立后，历任南京警备司令部司令员、山东军区参谋长、浙江省军区副司令员、南京军区副司令员兼上海警备区司令员、上海市第八届人大常委会副主任。1955年被授予少将军衔。

记莱芜大捷[①]

1947年2月23日临沂前线阵中日记

巍巍沂蒙山，俯视沂沭间。
蒋军集重兵，南北点狼烟[②]。
陈粟谋略高[③]，各个把敌歼。
临沂阻击战，莱芜捷报传。
歼敌七个师，并把敌酋牵[④]。
军民齐奋起，保卫大家园。

【注释】

①选自张麟著《头等兵团：中国人民解放军第二十二军征战纪实》，解放军文艺出版社，2008年版。

②狼烟：比喻战火或战争。《古尊宿语录·东林和尚云门庵主颂古》："四海狼烟静，中原信息通。罢拈三尺剑，休弄一张弓。"

③陈粟：陈毅和粟裕的并称。

④敌酋：敌军首领，指李仙洲。李仙洲（1894～1988）：山东河西人。国民党第二绥靖区中将副司令长官。莱芜战役时被俘，1960年11月被特赦释放。此后，历任山东省政协秘书处专员，民革山东省委员会常务委员等职。

忆孟良崮战役[①]

1993年于沪重阳楼

敌攻孟良崮，兵重将骄横。

诱敌深入计，两翼阻援敌。
集中数倍兵，穿插反击战。
击毙张灵甫，七十四师灭。
蒋贼面泪垂[2]，美帝怨心急。
决策胆略高，我军是英豪。

【注释】

①选自张秀岳主编《沂蒙之光诗词选》，山东人民出版社，1998年版。

②“蒋贼”句：孟良崮战役胜利结束，国民党整编第七十四师及整编第八十三师一个团共3万余人全部被歼。蒋介石痛失虎将，哀叹七十四师被歼是他“最可痛心、最可惋惜的一件事”。

◎朱则民

朱则民（1911～2011），湖北黄陂人。1932年加入中国共产党。曾任河北省委、北方局军委委员，中华民族解放先锋队总队组织部部长，中共冀豫省委宣传部部长，中共鲁西区党委宣传部部长，中共中央山东分局秘书长，八路军第一纵队政治部民运部部长，蒙山支队政委，山东省战工会委员，山东军区武装部部长，山东省人民武装自卫委员会主任，山东省各界抗日救国会副会长，华东军区武装部部长。新中国成立后，历任华东局农委会主任，华东合作事业管理局局长，中国农业科学院副院长、党组副书记。

赠黎玉同志（二首）[①]

1986年2月

一

振臂徂徕呼抗日[②]，军民齐鲁汇洪流！
凭添战略新格局，为有延安好运筹。
泰岱双肩挑重担，沂蒙三帅济同舟[③]。
河山处处青春焕，长寿如君更上楼。

二

长期地下斗狡敌，两大战争树伟绩[④]。
党内曲直全大局，个人得失不计及。

【注释】

①选自张秀岳主编《沂蒙之光诗词选》，山东人民出版社，1998年版。黎玉（1906～1986）：山西崞县人。1942年，担任山东军区政委，次年改山东省战时行政委员会主任委员。1945年，担任山东省政府主席。新中国成立后曾担任第一机械工业部副部长、农业机械部副部长。

②“振臂”句：指黎玉等人1938年领导的徂徕山抗日武装起义。

③三帅：指在沂蒙山战斗工作过的三位元帅徐向前、罗荣桓、陈毅。

④两大战争：指抗日战争和解放战争。

怀念徐向前元帅[1]

带病东征渤海滨[2]，声威远慑寇顽军。
沂蒙立足民为本，齐鲁横戈兵在精[3]。
战隙勤修经史哲[4]，胸中激荡水鱼情[5]。
非凡忠勇无烦语，志在回天不噪名[6]。

【注释】

①选自中共临沂市委、中共山东省委党史研究室编《三帅在沂蒙》，中共党史出版社，1996年版。

②“带病”句：原注：1939年徐向前奉命来山东时，正患肺病。

③“齐鲁”句：原注：徐向前对当时山东八路军的主力、地方武装和游击队，狠抓二、三期整军，严格要求四化：主力正规化、党的领导绝对化、战斗顽强化、纪律严肃化等。

④“战隙”句：原注：徐向前利用战役、战斗间隙，带病精读《政治经济学教程》《辩证唯物主义》和《历史唯物主义》等。

⑤水鱼情：军民之间深厚的感情。原注：九子峰战斗结束后，徐向前从前线归来时，路遇一婴儿因母病缺奶啼哭，当即以自己养病用的牛奶相赠。

⑥回天：喻力量之大，能左右或扭转难以挽回的局势。《续资治通鉴·元世祖至元二十四年》：“臣力不能回天，但乞不用僧格，别选贤者，犹或不至虐民误国。”噪名：炫耀名声。

赞鲁南煎饼[1]

1990年8月

参加“山东省战时工作推行委员会”成立五十周年纪念会作

五十年前飞战火，今朝煎饼有余香。
蒙山沂水高歌唱，历史翻新第几章！

【注释】

①选自张秀岳主编《沂蒙之光诗词选》，山东人民出版社，1998年版。煎饼：汉族面食。以山东沂蒙山区为盛，起源甚早。将五谷杂粮磨成面糊，倒入鏊子，用煎饼匙子或筢子摊平烙制而成。煎饼种类较多。从原料上看，有小米面煎饼、豆面煎饼、玉米面煎饼、高粱面煎饼、地瓜面煎饼等。煎饼不易变质，易保存。

◎高克亭

高克亭（1911～1998），陕西府谷人。1929年加入中国共产党。曾任中共鲁东南特委书记，鲁中五地委书记，鲁中区党委第一副书记、鲁中军区第一副政委，鲁中南区党委副书记、书记，鲁中南军区副政委、政委。参加了鲁中抗日根据地的创建，沂蒙山区反“扫荡”、双减斗争，解放沂水城战役和组织支援莱芜、淮海等战役的工作。新中国成立后，历任中共中央山东分局副书记，山东省、青海省副省长，中共青海省委副书记，山东省委书记，山东省第四届政协主席。主持编纂《政权建设的创举》《八路军山东纵队史》等大量史料书籍。

诗二首[①]

1978年7月

一

恶魔横行天地昏，小丑得志义士愤。
十年冤沉得平反，阳光雨露灭四凶[②]。

二

喜读马列振精神，犹忆往事想前程。
世间道路多崎岖，斩荆破浪自有人[③]。

【注释】

①选自张秀岳主编《沂蒙之光诗词选》，山东人民出版社，1998年版。
②四凶：即王洪文、张春桥、江青、姚文元组成的“四人帮”。
③斩荆破浪：即披荆斩棘、乘风破浪。

沂蒙山颂[①]

1995年3月

沂蒙山区风光好，七十二崮出奇峰。
高耸山巅如城状，岱崮我军显威风[②]。

【注释】

①选自张秀岳主编《沂蒙之光诗词选》，山东人民出版社，1998 年版。

②岱崮：是齐鲁名镇，坐落于沂蒙山区腹地，位于山东蒙阴县东北部，处临沂、莱芜、淄博三市交界地带，有“天下第一崮乡”的美誉。

◎王健青

王健青（1911～1991），山东新泰人。1931年加入中国共产党。1938年参加八路军。历任八路军山东纵队连政治指导员、营政治教导员、团政治委员，滨海军区第三军分区副政治委员、第二军分区司令员，第三野战军第二十六军师长等职。新中国成立后，任中国人民解放军副军长、军副政治委员，南京军区工程兵政治委员、军区政治部顾问等职。1955年被授予少将军衔。

西渡汶河歌①

1947年夏

雨后汶河滚滚流②，千人万马无扁舟③。
男女战友谁笑谁，个个都是光腚猴。

【注释】

①选自魏巍主编《将帅诗词选》，辽宁人民出版社，1987年版。汶河：古称汶水，源出沂山东麓百丈崖瀑布之桑泉，因桑泉水俗称汶水，故名汶河。全长约110千米，经临朐、昌乐两县流入安丘市境。

②原注：大雨过后，部队向西转移急渡汶河，没有船，为防水深流急将人冲走，故脱衣互助强渡。

③扁舟：小船。《史记·货殖列传》："范蠡既雪会稽之耻，乃喟然而叹曰：'计然之策七，越用其五而得意。既已施于国，吾欲用之家。'乃乘扁舟浮于江湖。"

浪淘沙·回忆①

三四忆当年②，多少艰难。出生入死壮河山。莫看当时人数少，星火燎原。
排雾见青天，换了人间。人民幸福史无前。无数英雄流血汗，永世相传。

【注释】

①选自江树生编《名人诗词选》，天马图书有限公司，2004年版。

②三四：犹言再三再四。《北齐书·崔逻传》："握手殷勤，至于三四。"

◎华诚一

华诚一（1911~2000），河北赞皇人。1931年加入中国共产主义青年团。1935年加入中国共产党。1937年毕业于北平师范大学历史系。曾任北平市委工委书记。后在东北军从事党的秘密工作。1941年后任山东抗敌自卫军政治部主任、中共海州市委书记、鲁南军区政治部联络部部长。新中国成立后，历任中共徐州市委书记，南京师范学院党委书记、院长，南京航空学院党委书记，江苏省科委主任，江苏省政协副主席。

忆符竹庭政委[1]

1994年3月20日

齐鲁大地战旗红，百万雄师出沂蒙。
沂蒙之光好传统，无语含泪忆竹庭。

【注释】

①选自张秀岳主编《沂蒙之光诗词选》，山东人民出版社，1998年版。符竹庭（1912~1943）：江西广昌人。1928年参加工农红军，曾任红一军团第二师政治部主任，八路军一一五师教导二旅政委，滨海军区政委。1943年11月26日，在战斗中牺牲。

◎王必成

王必成（1912～1989），湖北麻城人。1930年参加中国工农红军，同年加入中国共产主义青年团。1931年转入中国共产党。曾任红军副师长，新四军旅长、副师长，华东野战军第六纵队司令员，第三野战军二十四军军长。参加了长征及黄桥、苏中、莱芜、孟良崮、淮海、渡江等战役。新中国成立后，任第七兵团兼浙江军区副司令员、志愿军兵团副司令员、南京军区副司令员、昆明军区司令员、武汉军区司令员、军事科学院副院长。1955年被授予中将军衔。

忆孟良崮大捷①

1988年1月

蒋军重点攻齐鲁，敌我交战孟良崮。
陈粟大军遇骄敌②，杀得天翻大地覆。
鲁南山区出奇兵，背后杀进敌师部。
美械王牌遭全歼，击毙敌酋张灵甫。

【注释】

①选自魏巍主编《将帅诗词选》，辽宁人民出版社，1987年版。

②陈粟大军：指陈毅、粟裕指挥的华东野战军。

长相思·怀念粟裕大将①

1988年1月

打日军，战蒋军，大江南北硝烟滚，随军鏖战紧②。
同志亲，战友亲，名将虽去功德存，深情镌吾心。

【注释】

①选自魏巍主编《将帅诗词选》，辽宁人民出版社，1987年版。粟裕（1907～1984）：侗族。中国现代杰出的革命家、军事家、战略家。淮海战役、上海解放战役等一系列重大战役的指挥者，中国人民解放军大将。

②鏖战：与敌人激烈地战斗。《新唐书·王翃传》：“引兵三千，与贼鏖战。”

◎欧阳文

欧阳文（1912~2003），湖南平江人。1930年参加中国工农红军。1931年加入中国共产主义青年团，同年转入中国共产党。曾任红三军团团宣传队队长、红一军团师组织科科长、八路军一一五师教导第四旅政治部主任、东北民主联军第三纵队政委、第四野战军四十一军政委。新中国成立后，历任中南军区公安部队政委兼广东省军区政委，《解放军报》总编辑，军事电讯工程学院政委、院长，第四机械工业部副部长。1955年被授予中将军衔。

到鲁南去[①]

1941年9月蛟龙湾

七月离湖西[②]，东行赴鲁南。
晚渡微山湖[③]，晓宿刘家坎[④]。
明月当空挂，晨星闪光寒。
再过津浦路[⑤]，又遇英雄汉[⑥]。
夜奔抱犊崮[⑦]，日涉沂水滩。
艰苦一周行，安抵蛟龙湾[⑧]。

【注释】

①选自欧阳文著《青松诗集》，长征出版社，1991年版。

②湖西：指微山湖以西地区，在今山东省西南部。

③微山湖：位于山东省南部的微山县，是中国第五大淡水湖，也是中国北方最大的淡水湖，是中国荷都、北方水乡、铁道游击队故乡。

④刘家坎：原注：地名，在今山东省西南部。

⑤津浦路：指津（天津）至浦（浦口）的铁路（即今京沪铁路中的一段）。

⑥英雄汉：指活动在津浦铁路上的铁道游击队。

⑦抱犊崮：山名，在今山东省枣庄市东北山区。

⑧蛟龙湾：地名，在今山东省临沭县，当时为一一五师政治部的驻地。

悼罗荣桓元帅六首[1]

1963 年 12 月西安

一

晴天霹雳噩耗传，英帅早逝别人间。
千里凭吊痛挥泪，悲失良师夜不眠。

二

数十余年度艰辛，南征北战为人民。
辉煌业绩殊勋在[2]，千古流芳永铭心。

三

梁山沂蒙东朱苍[3]，挫敌扫荡威名扬。
韬略在胸操胜算，运筹帷幄胜东洋。

四

政策方针坚执行，主席思想领悟深。
耐心教育铭肺腑，和蔼谦虚易近人。

五

十字路镇同室寝[4]，一席谈话尽倾心。
谆谆教诲铭肺腑，切切容音记犹新。

六

九泉英灵若有知，喜看祖国建树奇。
后人承志勿懈怠，共产主义胜利时。

【注释】

①选自欧阳文著《青松诗集》，长征出版社，1991 年版。罗荣桓（1902 ~ 1963），湖南衡山人。中华人民共和国开国元勋，中国十大元帅之一。1963 年 12 月 16 日病逝于北京。

②殊勋：特殊的功勋。《三国志 · 魏志 · 荀彧传》：“董昭等谓太祖宜进爵国公，九锡备物，以彰殊勋。”

③梁山：县名，今属山东省济宁市。东朱苍：村庄名，今属山东省临沭县朱苍镇。此处借用地名指梁山、沂蒙、滨海地区的反“扫荡”战斗。

④十字路镇：地名，即今山东省莒南县城。

◎袁成隆

袁成隆（1912～2002），北京通州人。1938年入延安陕北公学学习，同年加入中国共产党。曾任陕北公学一分校队长、抗大一分校文工团团长、山东省文联组织部部长、中共滨海区党委农会副会长、渤海区沧南地委副书记。新中国成立后历任清河、德州地委书记兼军分区政委，中共中央华东局农村工作部副部长，中共中央书记处第二办公室地区工作部组长，第二机械工业部副部长，国防工办副主任，农业机械部副部长。

八十赤子念沂蒙[①]

1993年4月

情系沂蒙地，硝烟忆尤常。
难忘翻身日，煎饼地瓜香。
热土丰功伟，青史永光芒。
春风更新绿，小调唱金黄[②]。

【注释】

①选自政协费县委员会编《费县政协文史资料》（第4辑），大中华文化出版社，2006年版。

②小调：指著名的《沂蒙山小调》，诞生于抗战时期的1940年。抗大一分校文工团团员李林、阮若珊借助当地的花鼓调创作了初期的《沂蒙山小调》，后在流传中经过多次加工修改，成为蜚声海内外的沂蒙民歌。

◎陈　沂

陈沂（1912～2002），贵州遵义人。1929年参加革命。1931年加入中国共产党。曾任“北方左翼文化界总同盟”党团书记，《新华日报》（太南版）社长，中共中央山东分局、山东军区宣传部部长，《大众日报》社社长，新华社山东分社社长，东北军区后勤部政治部主任、副政委，东北野战军后勤部政委。新中国成立后，历任第四野战军、中南军区后勤部政委，总政治部文化部部长，《解放军画报》社社长，中共上海市委副书记，上海市人大常委会副主任。1955年被授予少将军衔。著有《五十年一瞬间》《文艺杂谈》《白山黑水》等。

忆沂蒙山《大众日报》诞生地[1]

1985年5月9日

沂蒙滨海两相连，大报健儿马当先[2]。
以笔代枪墨代弹，声声震撼敌伪顽。
瓜干煎饼家常饭，老乡炕头睡梦甜。
挥动手中生花笔[3]，迎来胜利满门欢。

【注释】

①选自张秀岳主编《沂蒙之光诗词选》，山东人民出版社，1998年版。1939年1月1日，中共中央山东分局机关报——《大众日报》在沂水县云头峪村创刊。相继作为中共中央华东局机关报、中共山东省委机关报，忠实记录了山东人民艰苦卓绝的抗日战争、波澜壮阔的解放战争、气象万千的新中国建设和改革发展的伟大诗史。伴随着历史前进的步伐，它也从初创时的举步维艰，逐渐发展壮大，成为很有影响的地方机关报。

②大报：山东根据地军民称《大众日报》为“大报”。

③生花笔：典出五代王仁裕《开元天宝遗事·梦笔头生花》：“李太白少时，梦所用之笔头上生花，后天才赡逸，名闻天下。”因以“生花笔”喻杰出的写作才能。

◎郭维城

郭维城（1912～1995），辽宁义县人。满族。1932年加入中国共产主义青年团。曾任东北军张学良的机要秘书、苏鲁战区政务处长。1942年参与组织东北军一一一师部分官兵起义，任副师长兼政治部主任，山东行政委员会委员。1945年加入中国共产党。曾任东北野战军铁道运输司令部司令员、中南军区铁道运输司令部司令员。1949年指挥抢修粤汉铁路，立大功。新中国成立后，任中国人民志愿军铁道兵司令员，铁道兵副司令员，西南铁路建设副总指挥，铁道部副部长、部长。1955年被授予少将军衔。

沂蒙组诗五首[①]

一

抗战烽火映碧空，沂蒙山区斗顽凶。
悬崮顶上弹如雨[②]，血染征衣思想红。

二

连年沂蒙苦征战，历尽千辛与万难。
胜利纵然已在望，尚需突破五更寒。

三

敌寇凶残似虎狼，梳篦合围行“三光”[③]。
沂蒙儿女多壮志，慷慨悲歌上战场。

四

人杰地灵琅琊郡[④]，物华天宝沂蒙山[⑤]。
战胜敌顽功盖世，情漫河山写新篇。

五

革命惊涛催战鼓，建设大潮何息肩。
沂蒙传统须切记，独轮小车创新天。

【注释】

①选自张秀岳主编《沂蒙之光诗词选》，山东人民出版社，1998 年版。作者自记：前两首 1942 年冬写于沂蒙，后三首 1992 年冬写于北京。

②悬崮：即悬崮山。在山东省沂源县西南部。

③“梳篦”句：指侵华日军实施“烧光、杀光、抢光”的“三光”政策，以“铁壁合围”“纵横梳篦”的清剿战术，由北向南，在中国国土上进行了惨绝人寰的“大扫荡”。

④“人杰”句：指有杰出的人降生或到过，其地也就成了名胜之区。杰：杰出。灵：好。琅琊郡：秦朝统一全国后，地方实行郡县制，全国分为三十六郡。琅琊郡为三十六郡之一，辖山东半岛东南部。此处主要指沂蒙地区。

⑤物华天宝：谓物的精华乃天的宝物。唐王勃《滕王阁序》：“物华天宝，龙光射牛斗之墟；人杰地灵，徐孺下陈蕃之榻。”

◎唐健如

唐健如（1912～1996），湖南邵阳人。1933年参加中国工农红军，次年加入中国共产党。曾任红三军团司令部文书，八路军一一五师保卫部副科长，鲁南军区政治部组织科科长、第一军分区兼警备第八旅政治部副主任，山东军区组织部部长。新中国成立后，历任华东军区干部管理部处长、江苏省军区干部部部长、江苏省军区副政委、济南军区后勤部政委、山东省军区政委兼山东生产建设兵团政委、济南军区政治部顾问。1955年被授予少将军衔。

赞沂蒙人民①

沂蒙山区人民，勤劳善良忠贞。
军民同艰共苦，抗战支前英雄。

【注释】

①选自张秀岳主编《沂蒙之光诗词选》，山东人民出版社，1998年版。

◎谢云晖

谢云晖（1912～2002），四川冕宁人。曾任北平学联组织部长。1936年参加中华民族解放先锋队。1937年加入中国共产党。曾任新四军青年科科长、军部战地服务团副团长、抗大九分校政治部主任、新四军第一师团政委、华东野战军第四纵队政治部副主任、第三野战军二十三军政治部主任。参加了苏中、鲁南、莱芜、豫东、淮海、渡江等战役。新中国成立后，历任中国人民志愿军兵团干部部副部长、政治部主任，解放军军政治委员，南京军区装甲兵政委，成都军区副政委。1955年被授予少将军衔。

为《沂蒙之光》题①

1994年3月

沂蒙军民情义深，携手埋葬蒋家军。
三次战役惊天地②，重点进攻梦销魂③。

【注释】

①选自张秀岳主编《沂蒙之光诗词选》，山东人民出版社，1998年版。

②三次战役：指解放战争时期在鲁南地区的鲁南战役、莱芜战役和孟良崮战役。

③重点进攻：国民党军于1946年开始的对解放区的全面进攻被粉碎后，敌人集中60个旅、45万人对山东解放区进行重点进攻。华东我军于4月上旬至5月初，进行了莱芜战役，迎击敌人第一次进攻，歼敌2万余人。5月中旬，我集中兵力发动孟良崮战役，全歼国民党军五大主力之一的整编七十四师3.2万余人，粉碎了敌人对山东的重点进攻。

◎王　德

王德（1912～1996），天津蓟县人。1932 年加入中国共产主义青年团。1937 年加入中国共产党。曾任抗大总校队长兼教员、一分校教育处处长，山东军区作战科科长，华东野战军司令部参谋处副处长，第三野战军司令部参谋处处长。参加了鲁南、孟良崮、淮海、渡江等战役。新中国成立后，历任华东军区司令部作战处处长、南京军区副参谋长、山东省计划委员会副主任、军事科学院战理部副部长、总参谋部作战部副部长、四川省军区副司令员、兰州军区参谋长。1964 年晋升为少将军衔。著有《陈毅在山东》《华东战场参谋笔记》等著作。

沂蒙——我的第二故乡（四首）[①]

一

背泰面海蒙中峙，左倚黄河沂贯胸。
三边铁路夹石兖[②]，煤铁金油地矿丰。
更有烟青威安港[③]，四通五洲商贸兴。

二

历代英豪常倚恃，盗匪横行扰民繁。
外有豺狼贪无厌，三光政策最凶残。
沂蒙子女多强悍，英勇战胜敌伪顽。

三

上有毛周刘掌舵[④]，中靠黎徐瑞罗陈[⑤]。
更有沂蒙儿女劲，艰苦卓绝斗瘟神。
一手拿枪一手镐，文武双全定乾坤。

四

当今创业新时代，改革开放巨龙腾。
沂蒙后代超前辈，战天斗地举世惊。
锦绣山河争妩媚，光辉理想照前程。

【注释】

①选自张秀岳主编《沂蒙之光诗词选》，山东人民出版社，1998年版。

②石兖：指兖石铁路的始点兖州与终点石臼港。

③烟青威安港：分别指烟台、青岛、威海、日照港。安港：日照港，因旧时设有安东卫，故称。

④毛周刘：即毛泽东、周恩来、刘少奇。

⑤黎徐瑞罗陈：即黎玉、徐向前、朱瑞、罗荣桓、陈毅。

◎曾吉亭

曾吉亭（1912～1945），山东莒县人。九岁入村塾读书，同时练习武术。1938年2月参加莒县民众抗敌自卫团，不久，加入中国共产党。曾在八路军山东人民抗日游击队四支队六大队特务中队、山东纵队二旅五团五连任排长、连政治指导员。1942年春带领全连在马鬐山开荒生产。1943年3月调任莒中独立营副政委。1945年3月任滨海军区独立三团副政委兼政治处主任。同年7月23日，在新旺战斗中壮烈牺牲。

马鬐山①

马鬐山上开荒田②，干部战士都参战。
生产自救衣食足，抗日军民尽开颜。

【注释】

①选自山东省民政厅编《山东革命烈士诗词选》，天津人民出版社，1994年版。原诗无题，题目为选注者所加。马鬐山位于山东省东南部，莒南县城北10千米，涝坡镇驻地北5千米。海拔662.2米，如烈马扬鬃，故名马鬐山，又称磨旗山、巨公山。

②“马鬐山”句：1941年春，是抗日战争最困难的时期，部队供给异常困难，中共滨海五地委号召部队广大指战员开展大生产运动。山纵二旅五团任五连政治指导员的曾吉亭积极响应党的号召，带领部队在马鬐山安营扎寨，开荒种地。

◎廖联原

廖联原（1912～2005），广西贵县人。原名石岗，壮族。1936年11月加入中国共产党。1937年底去延安抗日军政大学学习，毕业后留在延安工作，曾任陕甘宁边区政府保安处特派员，中共赵镈县（今山东省兰陵县）县委副书记。1946年4月党中央派回广西组织群众开展武装斗争，任中共桂中地工委书记，领导贵县、桂平、武宣等9个县游击队。后任中国人民解放军桂中支队司令员兼政委。新中国成立后，历任中共梧州地委副书记，广西军区副参谋长，广西壮族自治区兵役局局长，广西壮族自治区区委统战部部长，广西壮族自治区政协副主席。

怀念赵镈烈士①

1945年11月

苍山泗水一丝牵②，众志成城寇胆寒③。
创建鲁南根据地，赵镈英烈贯尼山④。

【注释】

①选自廖联原著《半纪生涯诗选》，广西民族出版社，1988年版。赵镈（1906～1941）：陕西府谷人。1940年春任鲁南区党委书记兼鲁南军区政委。1941年10月27日，顽军千余人突然袭击鲁南区党委机关驻地银厂村。赵镈突围后返回销毁机密文件时被捕，同年11月13日被敌人活埋于九女山下。

②一丝牵：指八路军鲁南抗日根据地在最困难时期，“南北一线牵，东西一枪穿”。即使如此，鲁南抗日根据地人们仍然顽强地坚持斗争。

③众志成城：万众一心，像坚固的城堡一样不可摧毁。

④尼山：原名尼丘山，孔子父母“祷于尼丘得孔子”，所以孔子名丘字仲尼，后人避孔子讳称为尼山。位于山东省曲阜市城东南30千米。海拔340余米，山顶五峰连峙，唯中峰为尼丘。

◎王麓水

王麓水（1913～1945），江西萍乡人。1926年加入共产主义青年团。1928年冬在苏维埃基层政权机关任秘书。1929年进井冈山红军学校四分校学习，结业后到中国工农红军军事委员会警卫连工作。1932年加入中国共产党。后任连政治指导员、团直机关党总支书记、特派员、团政治委员、团长、八路军晋西独立支队政治部主任。1940年5月率部来山东，历任八路军一一五师教导二旅政治部主任、山东纵队一旅政治委员、中共鲁南区党委书记兼鲁南军区政委、山东军区第八师师长兼政委。1945年12月13日，在滕县战斗中壮烈牺牲。

挽李大钊[①]

1927年5月

社会历史原空白，你一笔，我一笔，写到悠长无纪极[②]；
壮士热血皆鲜红，这几点，那几点，造成全球大光明。

【注释】

①选自山东省民政厅编《山东革命烈士诗词选》，天津人民出版社，1994年版。李大钊（1889～1927）：河北乐亭人，中国共产主义的先驱，中国共产党的主要创始人之一。1927年4月28日，被北洋军阀政府杀害。这是王麓水吊李大钊的一副挽联。

②纪极：终极；限度。《左传·文公十八年》："聚敛积实，不知纪极。"

◎谭启龙

谭启龙（1913～2003），江西永新人。1928 年加入中国共产主义青年团。1933 年转入中国共产党。曾任青年团湘鄂赣省委书记，湘鄂赣省军区政治部主任，皖南特委书记，新四军浙东纵队政委，华东野战军第一纵队副政委、政委，第三野战军第七兵团政委。参加了宿北、鲁南、莱芜、孟良崮、淮海、渡江等战役。新中国成立后，历任中共浙江省委第一书记、浙江省人民政府主席，山东省委第一书记、山东省省长，济南军区第一政委，福建省委书记，浙江、青海、四川省委第一书记，成都军区第二政委。著有《谭启龙回忆录》。

一九八六年战地重游作①

鲁南莱芜孟良崮②，痛歼蒋家王牌军。
山东人民支前好，沂蒙精神建功勋。
沂蒙山区好地方，沂蒙人民更可亲。
战地游罢方欣慰，山山水水处处新。

【注释】

①选自张秀岳主编《沂蒙之光诗词选》，山东人民出版社，1998 年版。

②孟良崮：山名，位于山东省蒙阴、沂南两县之间。平均海拔 400 米左右，最高峰大顶子 575 米。孟良崮地处沂蒙山区南北交通要道上，地势险要，自古为兵家必争之地。

◎丁秋生

丁秋生（1913～1995），湖南湘乡人。1930年参加中国工农红军。1932年加入中国共产党。曾任第一方面军连指导员、团政委。1938年入延安抗大学习。后任抗大总校政工干部训练队队长兼政委、中央军委工程学校政委、八路军山东纵队旅政治部主任、山东野战军八师政委、华东野战军三纵政委、第三野战军七兵团二十二军政委。参加了鲁南、孟良崮、淮海、渡江等战役。新中国成立后，历任第七兵团兼浙江军区政治部主任，浙江军区副政委，南京军区干部部部长，北海舰队政委、南京高级陆军学校政委。1955年被授予中将军衔。著有长篇小说《源泉》。

记淮海大战[①]

1948年11月

一

泉城鏖战方息[②]，淮海战火又浓；
调集兵力百万，围歼打援佯动。
淮敌辗转十日，不明何方主攻；
瓮中黄军被围[③]，方知主力在东。

二

星夜陈总部署，协友共歼敌兵；
命令胜券在握[④]，一切缴获归邻。
将士志在攻坚，势如霹雳敌惊；
生擒匪酋黄维，老总指挥英明。

三

只围不歼何故？政策攻心敌抖；
文武之道张弛，全歼杜匪何愁[⑤]！
决胜全局在胸，西柏坡里运筹[⑥]；
号令全军一致，蒋军哪是对手！

【注释】

①选自魏巍主编《将帅诗词选》，辽宁人民出版社，1987年版。淮海大战：即

淮海战役。指1948年11月6日至1949年1月10日，中国人民解放军华东、中原野战军在以徐州为中心，东起海州，西至商丘，北起临城（今枣庄市薛城），南达淮河的广大地区，对国民党军进行的第二个战略性进攻战役。淮海战役是三大战役中解放军牺牲最重，歼敌数量最多，政治影响最大，战争样式最复杂的战役。

②泉城鏖战：指济南战役。华东野战军于1948年9月16日至24日按照中央军委和毛泽东同志的指示，第一次攻克具有坚固设防的大城市的攻坚战。这次战役由许世友指挥，歼敌11万多人，沉重打击了国民党军的重点防御计划，使我华北、华东解放区连成一片，为解放战争的战略决战揭开了序幕。

③黄军：指国民党军黄维兵团。黄维（1904～1989）：江西贵溪人。国民党军中将，参加淞沪会战、武汉保卫战、缅甸反攻等，在抗日战争中立下功勋。解放战争中，任十二兵团司令长官，俗称“黄维兵团”，在淮海战中兵败被俘。1975年，作为最后一批战犯被赦，后任政协委员致力于军史研究。

④胜券在握：比喻很有把握，相信自己一定可以成功。胜券：取胜的凭据，因指获胜的把握。

⑤杜匪：指杜聿明的军队。杜聿明（1904～1981）：陕西米脂人。国民革命军陆军中将，黄埔系骨干将领。历任第二百师师长、第五军军长，率部参加桂南会战，取得昆仑关大捷。1949年1月9日在淮海战役中全军覆没被俘。1959年获得特赦释放。1981年病逝于北京。

⑥西柏坡：村庄名，位于河北省石家庄市平山县，距华北重镇石家庄90千米。1948年5月，中共中央在这里召开了具有伟大历史意义的七届二中全会，这个山村成为中国共产党领导全国人民和解放军与国民党进行战略大决战，创建新中国的指挥中心。

◎刘导生

刘导生（1913～2014），江苏丰县人。1935年加入中国共产党。1937年毕业于北京大学。曾任中华民族解放先锋队秘书长、《大众日报》社社长、《新山东报》社社长、滨海建国学院院长、中共滨海地委宣传部部长、山东分局青委书记。新中国成立后，历任中共中央华东局青委书记，青年团中央书记处书记，中国科学院哲学社会科学部副主任，中国社会科学院副秘书长，中共北京市委宣传部部长、市委书记，北京市第六届政协主席，国家文字改革委员会主任。

颂沂蒙[①]

1993年春

沂蒙山川美，战时多英雄。
人民做后盾，胜利帷幄中[②]。
创业诚艰辛，有党指航行。
团结齐奋斗，致富奔新程。

【注释】

①选自张秀岳主编《沂蒙之光诗词选》，山东人民出版社，1998年版。

②帷幄：指决策之处或将帅的幕府、军帐。《史记·太史公自序》："运筹帷幄之中，制胜于无形。"

忆《大众日报》创刊（四首）[①]

一

半壁河山陷敌手，千里徒步奔敌后。
投笔从戎报国志，笔作投枪亦悠悠[②]。

二

沂蒙群山掀巨浪，热血青年当前哨。
报作喉舌振臂呼[③]，永不消失一号角。

三

战火纷飞敌凶残，昼伏夜徙争出刊。
“三光”烧杀奈我何，群众掩护战敌顽。

四

大众日报六十载，有党领导建伟业。
齐鲁建设庆胜利，勿忘告慰众先烈。

【注释】

①选自张秀岳主编《沂蒙之光诗词选》，山东人民出版社，1998 年版。作者附注：1938 年春，日寇已侵占我大半个中国，国民党反动派消极抗日，悍然解散抗日群众团体。我即决然向领导要求，到敌人后方打游击去。经同意，我当即由武汉到洛阳，随军渡黄河，经两三个月的辗转行军到达山东沂蒙山区抗日根据地，受中共山东省委之命，同年 8 月和匡亚明同志筹办《大众日报》。

②投枪：一种可以投掷出去杀伤敌人或野兽的标枪。鲁迅《且介亭杂文末编·三月的租界》：“我们有投枪，就用投枪，正不必等候刚在制造或将要制造的坦克车和烧夷弹。”

③喉舌：喻代言者。

◎张　凯

张凯（1913～1996），湖南浏阳人。1929年参加中国工农红军。同年加入中国共产主义青年团。次年转入中国共产党。曾任红三军团团政委、师政治部主任，新四军江北指挥部政治部组织科科长，第二师政治部组织部部长，新四军政治部组织部副部长、部长，山东野战军、华东军区政治部副主任，苏北军区、苏北兵团政治部主任，第三野战军政治部副主任、特种兵纵队政委。新中国成立后，历任华东军区政治部副主任，卫生部副部长，民政部副部长。

鲁中大捷①

1947年3月于山东沂水县

苏北鲁中捷频传，雄师北上更空前。
七十时内擒韩李②，笑杀陈王计不全③。

【注释】

①选自张秀岳主编《沂蒙之光诗词选》，山东人民出版社，1998年版。鲁中大捷：指莱芜战役。1947年2月20日～23日，华东野战军以临沂一座空城，换取歼灭国民党军1个绥靖区指挥部、2个军部、7个师共5.6万余人的重大胜利。

②韩李：指韩浚与李仙洲。韩浚（1893～1989），湖北新洲人。1924年5月加入中国共产党；大革命失败后，参加秋收起义（任副总指挥），后被捕脱党。1945年冬起任国民党第四方面军第七十三军军长，第二“绥靖”区第七十三军中将军长。1947年在莱芜战役中被俘，1961年被特赦释放。李仙洲（1894～1988），国民党将领。抗战期间，任国民党二十八集团军总司令，并兼任九十二军军长和鲁西挺进总指挥。1945年后，任第二“绥靖”区中将副司令长官。1947年莱芜战役时被俘，1960年被特赦释放。

③陈王：指陈诚和王耀武。陈诚（1898～1965），浙江青田人。国民党副总裁，一级上将。1946年，任参谋总长兼海军总司令。1947年，任“东北行辕”主任，指挥国民党军先后向山东、东北解放区进攻，均被击溃。1949年以后，历任“台湾省政府主席”，台湾当局“行政院院长”，台湾当局“副总统”等职。陈诚是蒋中正的亲信，有“小委员长”之称。王耀武（1904～1968），山东泰安人。抗日战争名将，国民党高级将领。1946年以后，任第二“绥靖”区司令官，兼任山东省主席、保安司令、军管区司令，指挥国民党七十三军、五十四军、新八军等向沂蒙根据地

大举进攻。1948 年 9 月，陈粟大军和许世友部队攻克济南后，王耀武被俘。1959 年被特赦释放。

孟良崮大捷[①]

1947 年 6 月于山东沂蒙山区

反共残民枉逞强，孟良崮上一扫光。
昔日骄横今何在？寄语蒋军有榜样[②]。

【注释】

①选自张秀岳主编《沂蒙之光诗词选》，山东人民出版社，1998 年版。孟良崮大捷：即孟良崮战役，为 1947 年 5 月解放战争期间在沂蒙山区的一次重大战役。中国共产党领导的华东野战军取得了战役的胜利，国民党整编第七十四师被完全消灭。

②榜样：指国民党五大主力之一的整编第七十四师被歼灭的榜样。

◎张洪涛

张洪涛（1913～1995），山东齐河人。1929年加入中国共产党。曾长期从事党的地下工作。1936年任新城兵工厂党支部书记。1943年5月，任济南工委书记兼泰山地委副书记。1945年8月，中共山东分局决定在历城南部山区建立济南市委，撤销济南工委。后曾任沂蒙地委书记兼军分区政委，第一机械工业部设计院党委书记、设计局局长等职。

忆沂蒙四首[①]

1993年9月

一

沉沉黑暗数千年，水深火热民熬煎。
烁烁北斗指方向[②]，革命星火齐鲁燃。
蓄积力量潜伏好，隐蔽精干待时间。
团结奋进求解放，必将克敌势燎原。

二

革命圣地战旗红[③]，华北大地风雷鸣。
武装人民齐抗战，沂蒙儿女列前锋。
倭寇残暴灭人性，“三光”政策灭生灵。
唯我健儿摧敌胆，处处活跃游击营。

三

抗战胜利举国庆，万众欢欣盼安宁。
蒋美勾结打内战，再驱黎民进火坑。
我党坚决斩魔爪，沂蒙子弟缚苍龙[④]。
参军支前三山倒[⑤]，赢得中华优秀名。

四

改革开放齐鲁变，沂蒙人民多贡献。
包产到户兴农村，牛羊成群粮丰产。
科技政策执行好，各行各业迅发展。

市场经济更活跃，紧紧依靠党路线。

【注释】

①选自张秀岳主编《沂蒙之光诗词选》，山东人民出版社，1998年版。

②烁烁：光芒闪动貌。旧题汉李陵《录别诗》："烁烁三星列，拳拳月初生。"北斗：北斗星。《春秋·文公十四年》："秋七月，有星孛入于北斗。"这里指共产党及其学说。

③革命圣地：指延安。

④苍龙：指太岁星。古代术数家以太岁所在为凶方，故亦指凶恶的人。《后汉书·张纯传》："今摄提之岁，仓龙甲寅。"唐李贤注引《前书音义》："苍龙，太岁也。"毛泽东《清平乐·六盘山》词："今日长缨在手，何时缚住苍龙？"

⑤三山：即帝国主义、封建主义、官僚资本主义三座大山。

◎朱达章

朱达章（1913～1946），广西桂林人。1932 年中学毕业后，曾任广西大学图书馆和广西省立图书馆馆员，桂林书社副刊编辑，国民革命军第五路军一七一师政治部组织科长。1939 年春加入中国共产党。历任滁县抗日民主政府秘书兼党团书记，新四军江北指挥部秘书，中共华中局政策研究室主任，华中建设大学教授兼文教系副主任。1946 年 4 月华中建设大学并入山东大学，他任中共山东大学党委书记兼教务长。同年 7 月 22 日，在临沂被国民党特务暗杀。

夏　夜[①]

朦胧月沉落于窗外，
我厌听蛙之哓舌[②]，
谁有心寻味夜里这一片静呢[③]？
邻家灯窗掩映下屋角，
仿佛一扇无情的牢门，
我被囚于牢底了。
我生于牢底，
我爱我之所爱，
我也有所悲哀，
而牢门永无开日，
牢门永无开日，
有数不清的囚徒，
没有所感吗？
都沉沉睡了。
于是囚徒只有我一个，
耐夜的孤寂还向我侵袭，
有满腔说不完的心事，
我反而不说了，不说便罢，
凭蛀虫去哓舌吧，
反正天已一片黑。

【注释】

①选自山东省民政厅编《山东革命烈士诗词选》，天津人民出版社，1994年版。

②哓舌：犹饶舌。唠叨；多嘴。清宣鼎《夜雨秋灯录初集·青天白日》：“泥中人再为哓舌，未甘陨谢；爨下材急不择音，敢布愚忱。”

③寻味：探求体会。南朝宋刘义庆《世说新语·文学》：“立异义于众贤之外，皆是诸名贤寻味之所不得。”

无声的中国

——纪念五卅[①]

1937年5月30日

你爱说“无声的中国”[②]，
中国是无声的么？
我听见了，
十二年前在东南[③]，
有一片众口同声的吼叫：
“我们要活！”
一个人用他的鲜血[④]，
向时间的账簿上画一朵红花，
后来他悄然去了，
他是严肃而壮烈的。
如今度过十二年的岁月，
这朵红花更艳丽了，
你想是隐隐的雷声么？
不啊，那是一片吼声响彻天外！
如今年年五月有个季节，
来纪念那位高明的画手，
那千万口牙一齐咬紧——
要挣脱巨锁走上理想的路程！
会有一天你会不说“无声的中国”，
那时你震得昏去了，
那一声怒吼一声雷！

【注释】

①选自山东省民政厅编《山东革命烈士诗词选》，天津人民出版社，1994年版。五卅：1925年5月30日，上海学生联合会分派多队在租界内游行讲演。当天下午，一部分学生在南京路被捕，其余学生及群众共千余人，徒手随至捕房门口，要求释

放被捕者。英捕头爱伏生竟下令开枪向群众射击，当场打死13人，重伤数十人，逮捕150余人，造成震惊中外的“五卅惨案”。

②无声的中国：鲁迅有杂文《无声的中国》，收录于《三闲集》。鲁迅深刻地认识到“无声”是对当时旧中国最好的注解，认为发出真的勇敢的“中国声音”才是生活在中国大地上所有人的唯一自救。本诗中“爱说‘无声的中国’”的人，是指甘于“无声”和“噤声”的人。

③“十二年”句：指1925年发生在上海的“五卅惨案”和省港大罢工。这几个城市都位于我国东南部。十二年：指“五卅惨案”和省港大罢工距离作者写此诗时为十二年。

④一个人：指工人阶级的先锋战士、共产党员顾正红。顾正红（1905～1925）：江苏滨海人。1925年5月15日，日本纱厂资本家关闭工厂，拒发工资。在中共地下组织的领导下，顾带领工友与厂方斗争。面对敌人，顾挺身站到工人队伍的最前头，不幸中弹牺牲。1925年5月30日，震惊中外的“五卅”反帝爱国运动像火山一样燃遍整个上海，席卷全中国。共产党员顾正红的壮烈牺牲，正是五卅运动的导火线。

◎孙汉卿

孙汉卿（1913～2012），山东牟平人。1932年加入中国共产主义青年团。1936年加入中国共产党。曾任中共北平市委农委会委员，泗水县县委书记，日照县委组织部部长，滨海地委组织部部长、滨海区党委组织部部长、地委副书记，渤海区党委常委、组织部部长。参与新泰、泰安、莱芜、泗水等地组织发动抗日游击队等活动。新中国成立后，历任中共青岛市委组织部部长、副书记及青岛市委第二书记，山东大学党委副书记、副校长、党委书记。

怀念符竹庭同志①

1995年12月30日

党失栋梁我失友，沙场英烈孺子牛②。
沂蒙新颜忠魂舞，神州雄踞壮志酬③。

【注释】

①选自张秀岳主编《沂蒙之光诗词选》，山东人民出版社，1998年版。符竹庭（1912～1943），江西广昌人。1928年参加工农红军，曾任红一军团第二师政治部主任，八路军一一五师教导二旅政委，滨海军区政委。1943年11月26日，在战斗中牺牲。

②孺子牛：出自《左传·哀公六年》，原意是表示父母对子女的过分疼爱。后来鲁迅的“横眉冷对千夫指，俯首甘为孺子牛”名句使“孺子牛”的精神得到升华，人们用“孺子牛”来比喻心甘情愿为人民大众服务、无私奉献的人。

③雄踞：有力地占有。

◎赵　杰

赵杰（1913～1996），河南商城人。1928年参加中国工农红军。同年加入中国共产主义青年团。1933年转入中国共产党。曾任红四方面军团政委、师政治部主任，八路军山东纵队第四支队支队长，鲁中军分区司令员，辽宁军区副司令员。参加了长征，参与组织徂徕山起义、开辟沂蒙山区抗日根据地，参加了辽沈等战役。新中国成立后，历任东北军区装甲兵副司令员，中国人民志愿军坦克兵司令员、沈阳军区装甲兵司令员、第一坦克学校校长，装甲兵副司令员。1955年被授予少将军衔。

铁甲情深[①]

乳虎胆壮闯辽松，三大战役显神通[②]。
尤记英雄坦克手，朝鲜战场立奇功。
风雷暂息练为战，铁骑虎威戍边城[③]。
解剑离鞍虽告老[④]，至今犹念铁甲情。

【注释】

①选李治亭著《烽火人生：一名战地记者和战争年代的人》，黄河出版社，2002年版。

②三大战役：指1948年9月至1949年1月，中国人民解放军同国民党军进行的战略决战，包括辽沈、淮海、平津三个战略性战役。

③边城：指靠近国界的城市。《管子·度地》："当冬三月，天地闭藏，暑雨止，大寒起，万物实然，利以填塞空郄，缮边城，涂郭术。"

④离鞍：离开战马，指军人离开军营。

◎来光祖

来光祖（1913～1994），陕西周至人。1936年参加中国工农红军。1937年加入中国共产党。曾任八路军一一五师作战参谋、作战股股长，山东纵队旅参谋主任、山东军区作战科科长、鲁南军区参谋处处长、第三野战军二十二军参谋长。参加了平型关战斗、陆房突围、梁山战斗和淮海、渡江等战役。新中国成立后，历任华东军区海军副参谋长、东海舰队参谋长、海军副参谋长、南海舰队副司令员。1961年晋升为少将军衔。

怀念沂蒙（三首）①

人们谈起沂蒙山，各种往事说不完。
军民共同战日寇，大娘将饭送向前。
鬼子汉奸来扫荡，乡亲掩护保安全。
艰苦抗战逾八载，日本投降军民欢。

蒋帮日伪暗勾结，集中兵力内战燃。
沂蒙群众齐奋起，支援军队意志坚。
鲁南莱芜孟良崮②，解放济南和泰安。
山东全境解放后，继续支前到江南。

宁沪解放同欢庆③，军民联欢喜洋洋。
欢送老乡回鲁时，每人只要一支枪。
山东人民真可敬，尤其沂蒙老大娘。
虽然离鲁数十载，人民恩情永心藏。

【注释】

①选自张秀岳主编《沂蒙之光诗词选》，山东人民出版社，1998年版。

②“鲁南”句：指解放战争时期在鲁南地区的鲁南战役、莱芜战役和孟良崮战役。

③宁沪：南京和上海。宁：南京的别称，因南京古称江宁得名。

◎孟　英

1913年生，天津人。1936年加入中国共产党。次年毕业于北京辅仁大学西语系。曾任八路军山东纵队团政治处主任、鲁中军区分区政委。抗战前，曾主编和出版了《黄沙诗刊》《诗歌杂志》。抗战以后，在战斗生活中继续创作诗文、剧本。新中国成立后，历任驻缅甸大使馆参赞，外交部亚洲司副司长，驻桑给巴尔、中非、蒙古大使。

春雷颂[①]

纪念山东省徂徕山抗日武装起义五十周年

徂徕义举，春雷声雄。
群英荟萃[②]，抗敌先锋。
挥戈泰山[③]，奋战沂蒙。
苦斗八载，浩气纵横。
驱除日寇，齐鲁新生。
先驱楷模，后世师承。

【注释】

①选自山东省委党史资料征集委员会编《征集与研究》，1988年第1期。作者附记：1938年元旦，中共山东省委直接领导徂徕山抗日武装起义，发动了中共党员、民族解放先锋队队员、贫苦农民、知识分子和平、津、济南流亡学生、爱国军人等，同仇敌忾，高举义旗，创建了“八路军山东抗日游击第四支队”。从此，抗日武装斗争在泰山、沂蒙地区轰轰烈烈地开展起来，同省委领导的其他地区的抗日武装团结一致，在山东进行了八年艰苦斗争，直至取得最后胜利。

②荟萃：聚集；会集。

③挥戈：挥动武器。晋慧远《明报应论》：“此则文殊案剑，迹逆而道顺，虽复终日挥戈，措刃无地矣。”引申为指挥军队。

◎卢省三

卢省三（1913～1997），名效曾，字省三，以字行。山东莒县人。通医道、习金石书画，尤擅文艺。抗战时期组建抗日小学，宣扬抗日救国。1943 年，带领学生们持土枪等武器，配合本村民兵和区中队，粉碎了日伪军对村子的“扫荡”。创作的歌曲《怀念王连长》广为传唱。组建宣传队奔走于前线，受到华东野战军第八纵队张仁初司令员的嘉奖和地方政府的奖励。新中国成立后，投身教育事业，历任莒县中心完小校长、莒县教育工会副主席、莒县文联名誉主席。

怀念王连长①

英雄的王连长，
我们纪念您。
领导铁四连，
转战莒中县②。
鬼子汉奸闻风心寒，
拥政爱民和悦笑颜。
顷刻扫平夏庄敌据点③，
争取沭河左右的解放。
长眠吧！我们的王连长。
我们踏着您的血迹向前！

【注释】

①选自政协日照市文史联谊委员会编《日照文史》（纪念抗日战争胜利五十周年专辑），1995 年版。1943 年，在攻克夏庄日伪据点战斗中，八路军“铁四连”王连长壮烈牺牲，卢省三写的这首歌广为传唱，激励了军民的抗日热情。

②莒中县：县名，今山东省莒县。抗日战争时期，莒县先后划分为莒中、莒南、莒北、莒临边、莒沂边等县，1945 年将莒中县恢复为莒县，属滨海专区，1950 年属沂水专区，1953 年属临沂专区，1993 年划归日照市。

③夏庄：乡镇名。位于山东省莒县西南部，地处莒南、沂南、莒县，临沂、日照三县两市交界处，有莒县南大门之称。

◎叶　飞

叶飞（1914～1999），福建南安人。1928年加入中国共产主义青年团，1932年转入中国共产党。曾任共青团福建省委代理书记，中共闽东特委书记，闽东军政委员会主席兼中国工农红军闽东独立师政委。抗日战争时期，任新四军苏北指挥部第一纵队司令员兼政委、新四军第一师副师长、苏中军区司令员、第一师师长、苏浙军区副司令员等职，参与开辟苏北抗日根据地。解放战争时期，任山东野战军第一纵队司令员，华东野战军第一纵队司令员兼政治委员，第十兵团司令员。新中国成立后，历任福建军区司令员，福州军区司令员兼第一政委，中共中央华东局书记处书记，交通部部长，海军第一政委、司令员。1955年被授予上将军衔。著有《征战纪事》《叶飞回忆录》等。

哭钟期光同志①

1991年5月23日

政治工作多建树，拥干爱兵，优抚工作，立功运动，善总结，富创建，重实行，毕生心血献我军，功高不矜②，名利不争，高尚风范应长存。

风雨同舟近六旬，始终赤诚，顺境多戒，逆境多助，讲党性，重友情，守纪律，临终犹念老战友，诤友相知③，肝胆相照，兄长先逝我悲痛。

【注释】

①选自徐洪章、张宝康主编《铁军诗韵》，中共党史出版社，2009年版。这是一副楹联，发表于《人民日报》1991年6月13日。钟期光（1909～1991），湖南平江人。1926年加入中国共产党。解放战争时期任华中野战军政治部主任，在粟裕司令员、谭震林政委领导下主持政治工作。1947年1月，华中野战军与山东野战军合并，组成华东野战军。钟期光任政治部副主任。在宿北、鲁南、莱芜、孟良崮、沙土集、豫东、济南、淮海、渡江等一系列重大战役中负责前线政治工作的领导。1955年被授予上将军衔。

②矜：矜夸，骄傲自夸。

③诤友：能直言规劝的朋友。《白虎通·谏诤》引《孝经》："大夫有诤臣三人，虽无道，不失其家。士有诤友，则身不离于令名。"

◎胡奇才

胡奇才（1914~1997），湖北省红安人。1930年参加中国工农红军，历任红四军第十一师三十三团、三十五团政治委员，第十一、十二师政治委员。抗日战争时期，任八路军一二九师三八五旅七七〇团副团长，延安赴山东干部大队大队长，山东纵队第八支队副司令员，第四支队政治委员，第一支队司令员兼第二军分区司令员，山东纵队第一旅副旅长，鲁中军区司令部参谋处处长，山东军区第三师副师长。解放战争时期，任东北民主联军辽东军区第三纵队司令员，第四纵队司令员。中华人民共和国成立后，任辽东军区司令员，沈阳军区空军副司令员，辽西军区司令员，解放军工程兵副司令员。1955年被授予中将军衔。

土门怀古[①]

1985年10月12日

狼烟滚滚压地来[②]，血战序幕徐徐开。
运筹荒山喜帷幄，倚天抽剑多将才。
巧避敌锋走土门，奇袭侧背战石莱[③]。
欣看沂蒙无限好，愿将余年献泰岱[④]。

【注释】

①选自张秀岳主编《沂蒙之光诗词选》，山东人民出版社，1998年版。土门：乡镇名，位于山东省沂源县西北，地处鲁山之阳，沂河源头，有沂源县“北大门”之称，北与博山区为界，西与莱芜接壤。

②狼烟：燃狼粪升起的烟。古时边防用作军事上的报警信号。唐杜牧《边上闻笳》诗之一：“何处吹笳薄暮天？塞垣高鸟没狼烟。”此指敌情严重、紧急。

③石莱：乡镇名。位于山东省新泰市西南部，地处新泰、济宁交界处。

④泰岱：即泰山。泰山又名岱宗，故称。

读迟浩田同志赠诗有感[①]

老翁喜，忆当年，红军不怕远征难。勤回首，常自勉，革命岂能有清闲？时有疾，虽暮年，革命传统往下传。长江后浪推前浪，青出于蓝胜于蓝[②]。

【注释】

①选自朱德等《将帅诗词三百首》，解放军出版社，2000 年版。迟浩田：1929 年生，山东招远人。1944 年参加八路军。1946 年加入中国共产党。历任北京军区副政委，《人民日报》社负责人、副总编辑，解放军副总参谋长兼总参谋部政治部主任，济南军区政委，中国人民解放军总参谋长，国务委员兼国防部长，中央军委副主席等职。1988 年被授予上将军衔。原注：1987 年 4 月 10 日，迟浩田同志在山东临朐听一位七十多岁老翁唱抗日歌谣，诗兴即起，当即赠胡奇才诗一首。原诗这样写道：胡奇才同志真勇敢，指挥八路攻冶源，打死鬼子三十三，活捉一个翻译官。

②青出于蓝：青从蓝草中提炼出来，但颜色比蓝草更深。语出《荀子·劝学》：“青，取之于蓝而青于蓝；冰，水为之而寒于水。”杨倞注：“以喻学则才过其本性也。”后因以“青出于蓝”比喻学生胜过老师，或后人胜过前人。胡奇才年长迟浩田十五岁。此句赞美迟浩田将军为后人胜过前人。

◎李福泽

李福泽（1914～1997），山东昌邑人。1937 年入陕北公学学习，同年加入中国共产党。曾任中共昌邑县委军事部部长，鲁东游击队参谋长，八路军山东纵队团长、旅参谋长，山东军区第三师参谋长，东北民主联军旅长、纵队参谋长，第四野战军四十一军参谋长。参加了沂蒙山区反“铁壁合围”和新开岭、平津、衡宝、广西等战役。新中国成立后，历任副军长、广州军区副参谋长、国防科委基地司令员。1955 年被授予少将军衔。

赞沂蒙人民①

1993 年 5 月

纵横八百里，满目尽尧天②。
杀敌卫疆土，歼顽息塞烟③。
军民紧握手，朝夕谱新篇。
填海移山志，沂蒙代代传。

【注释】

①选自张秀岳主编《沂蒙之光诗词选》，山东人民出版社，1998 年版。

②尧天：语出《论语·泰伯》：“巍巍乎，唯天为大，唯尧则之。”谓尧能法天而行教化。后因以“尧天”称颂帝王盛德和太平盛世。唐杜审言《蓬莱三殿侍宴奉敕咏终南山应制》：“小臣持献寿，长此戴尧天。”

③塞烟：边塞的烽烟，指战争。

◎罗文华

罗文华（1914～1989），江西吉水人。1929 年参加中国工农红军。1931 年加入中国共产主义青年团，次年转入中国共产党。曾任红一军团保卫局科员、团特派员，八路军山东纵队第四支队团政委，东北野战军师政治部主任，第四野战军四十二军副师长。参加了长征、沂蒙山区反“扫荡”战斗和临江、辽沈、平津等战役。新中国成立后，历任空军航空学校参谋长、海军航空兵师长、海军舰队航空兵司令员、南海舰队副司令员。1964 年晋升为少将军衔。

志　怀①

从戎五十九，海空伴我走。
为国尽忠诚，一生疆场守。
今虽年古稀②，但叹功少有。
待当来年世，仍作军魂胄③。

【注释】

①选自张秀岳主编《沂蒙之光诗词选》，山东人民出版社，1998 年版。

②古稀：称人年七十岁。唐杜甫《曲江》诗：“酒债寻常行处有，人生七十古来稀。”

③胄：帝王或贵族的子孙。此处泛指子孙。

长剑走天涯①

大地春似海，男儿国是家。
沂蒙龙灯夜②，长剑走天涯。

【注释】

①选自张秀岳主编《沂蒙之光诗词选》，山东人民出版社，1998 年版。题目意为拿起武器，到遥远的地区去从事武装斗争。

②龙灯：仿龙形所制的灯。民间节日的文娱用具。

◎谭开云

谭开云（1914~2003），江西永新人。1929年参加中国工农红军，同年加入中国共产主义青年团。1933年转入中国共产党。曾任红三军连长、陕北独立师团政委、抗大一分校支队政委、鲁中军区第三军分区政治部主任、东北民主联军师政委、东北军区组织部部长。新中国成立后，历任沈阳军区干部部部长、军区政治部副主任，辽宁省军区政委，新疆军区副政委，兰州军区副政委。1955年被授予少将军衔。

嘱家室儿孙①

1986年元旦

二八少小上井冈②，六十余载裹戎装③；
当今解甲归故里④，厚望儿孙继荣光。

【注释】

①选自魏巍主编《将帅诗词选》（续集），辽宁人民出版社，1988年版。

②二八：指十六岁。谓正当青春年少。南朝陈徐陵《杂曲》："二八年时不忧度，房边得宠谁相妬。"此为用"二八"一词，作者1929年参加中国工农红军时才十五岁。

③戎装：军装；着军装。《魏书·杨大眼传》："至于攻陈游猎之际，大眼令妻潘戎装，或齐镳战场，或并驱林壑。"

④解甲：指武将卸去官职。唐玄奘《大唐西域记·吠舍厘国》："于是解甲归宗，释兵返族。"

◎胡大荣

胡大荣（1914～2004），湖北黄梅人。1930年加入中国共产主义青年团，同年参加中国工农红军。1934年转入中国共产党。曾任红四方面军交通队队长，庆阳步兵学校队长，八路军一一五师三四三旅营长、军政干部学校校长，鲁南军区后方司令部司令员，鲁南军区分区司令员，华东野战军鲁中南纵队师长，第三野战军三十五军副军长。新中国成立后，历任浙江军区、上海警备区副司令员，南京军区工程兵主任，南京军区副司令员。1955年被授予少将军衔。

怀念沂蒙①

1993年8月

我在沂蒙整七春，军爱民来民拥军。
军民同心把敌杀，情同鱼水似海深。
有党领导指航向，夺取胜利树信心。
送子送郎上前线，支前更忙小车轮。
打败日本侵略者，彻底消灭蒋家军。
军民同欢庆胜利，沂蒙人民实堪钦②。

【注释】

①选自张秀岳主编《沂蒙之光诗词选》，山东人民出版社，1998年版。

②实堪钦：确实值得钦佩。明李廷机《明纪》诗："毁床却竹箪，俭德实堪钦。"

◎石一宸

石一宸（1914～2004），山东临淄人。1937年参加八路军，1939年加入中国共产党。曾任八路军山东纵队连长、副营长、团参谋主任，滨海军区作战科科长，华东野战军第三纵队八师参谋处长、二十三团团长，九师参谋长、副师长。参加了鲁南、泰安、孟良崮、洛阳、开封、济南、淮海、渡江等战役。新中国成立后，任华东军区司令部作战处处长，福州军区参谋长、副司令员，军事科学院顾问。1964年晋升为少将军衔。著有《战略战法与指挥》《铁与血》《谋略制胜》和诗集《铁血曲》等。

十字路突围记三首[①]

1942年2月

一

军中战事难得闲，胜利归来忙过年。
军民联袂同欢乐[②]，准备高跷跑旱船[③]。

二

彻夜长谈茶一杯，不料鬼子重兵围。
精兵抗击显神勇，掩护军民突重围。

三

几上几下几来回，敌人死伤近两百。
仓皇裹尸莒州退[④]，携手军民胜利归。

【注释】

①选自石一宸著《铁血曲》，黄河出版社，1994年版。十字路：乡镇名，现为山东省莒南县县城驻地。1942年春节（2月15日）拂晓，日军600余人、伪军400余人，突然包围了我军驻地。经过顽强抗击，十字路的党政军民突出重围，安全转移。

②联袂：衣袖相连。喻携手偕行。唐杜甫《暮秋遣兴呈苏涣侍御》诗："市北肩舆每联袂，郭南抱瓮亦隐几。"

③高跷：民间舞蹈。表演者踩着有踏脚装置的木棍，边走边表演。《列子·说

符》记述了一个叫做兰子的人，他为宋元君表演跷技时，小腿上绑着比身体长一倍的两根木棍（跷），快速地跑跳并向空中循环抛弃七把短剑，五把常在空中，元君看后非常吃惊。跑旱船：民间舞蹈。扮演女子的人站在用竹片和布扎成的无底船中间，船舷系在身上。另一人扮演艄公，手持木桨，作划船状。两人合舞，或边舞边唱。清富察敦崇《燕京岁时记·跑旱船》："跑旱船者，乃村童扮成女子，手驾布船，口唱俚歌，意在学游湖而采莲者。"

④莒州：州名。此指山东省莒县、莒南县。

翻边战术[1]

1956 年补写

敌强我弱势未平，对头硬拼不可行。
未来扫荡先清野[2]，深入虎穴出奇兵。
敌酋枉多奸诈计，危城不意偏师征[3]。
翻边战术操胜算，将军丰功山左惊[4]。

【注释】

①选自石一宸著《铁血曲》，黄河出版社，1994 年版。翻边战术：抗日战争时期，罗荣桓在领导山东军民反"扫荡"的斗争中提出，在日军对我根据地进行"扫荡"时，我派主力一部配合武工队进至敌占区，进行军事活动以牵制敌人，配合根据地进行反"扫荡"，称为"翻边战术"。

②清野：作战时，暂时转移周围的人口、牲畜、财物、粮食，清除附近的房屋、树木等，使敌人无所获取。《后汉书·鲜卑传》："元初二年秋，辽东鲜卑围无虑县，州郡合兵固保清野，鲜卑无所得。"李贤注："清野谓收敛积聚，不令寇得之也。"

③偏师：指主力军以外的部分军队。《左传·宣公十二年》："韩献子谓桓子曰：'彘子以偏师陷，子罪大矣。'"此指我军进至敌占区，进行军事活动以牵制敌人的武装力量。

④山左：特指山东省。因在太行山之左（东），故称。清黄宗羲《通议大夫靳公传》："先世为山左之历城人。"

三发炮弹[1]

1943 年 11 月

为虎作伥肆虐狂[2]，蚕食频频似虎狼[3]。
边民亡国呻吟里[4]，何日神兵解悬梁[5]？
司令下令取赣城[6]，陈符受命敌前行[7]。
加强三发钢炮弹，劲旅雄心立大功。
弹弹击中指挥楼，敌兵个个鼠抱头。

青口日军援兵阻[8]，敌酋持幡归来投[9]。
一旅人马五里长，根据地里运输忙。
老妪引颈看光景[10]，指指点点骂东洋。

【注释】

①选自石一宸著《铁血曲》，黄河出版社，1994年版。

②为虎作伥：伥，伥鬼。古时传说被老虎吃掉的人，死后变成伥鬼，专门引诱人来给老虎吃。替老虎做伥鬼。比喻充当恶人的帮凶。《太平广记》卷四百三十："伥鬼，被虎所食之人也，为虎前呵道耳。"

③蚕食：蚕食桑叶。喻逐渐侵占。《韩非子·存韩》："荆人不动，魏不足患也，则诸侯可蚕食而尽，赵氏可得与敌矣。"

④边民：边境地区的老百姓。《史记·匈奴列传》："北州已定，愿寝兵休士卒养马，除前事，复故约，以安边民。"此指沦陷区的人民。

⑤悬梁：自缢，上吊。金董解元《西厢记诸宫调》卷五："却见先生，这里恰待悬梁。些儿来迟，已成不救，定应一命见阎王。"此指人民处于危难之中。

⑥"司令"句：山东军区罗荣桓司令员指挥滨海部队攻取赣榆城。经过激战，全歼守敌，解放了赣榆县城。

⑦陈符：指滨海军区陈士榘司令员和符竹庭政委。

⑧青口：乡镇名，位于江苏省连云港市赣榆县，是赣榆县的县城。

⑨持幡：举白旗投降。

⑩老妪：老年妇女。《史记·高祖本纪》："后人来至蛇所，有一老妪夜哭。"引颈：伸长颈项。唐杜甫《舟前小鹅儿》诗："引颈嗔船过，无行乱眼多。"

又是三发炮弹[1]

1944年12月

莒城古属莒国隅[2]，而今自缚图强胡[3]。
又是三发钢炮弹，伪军起义寇兵屠。
风和日丽莒光好，齐鲁大地振臂呼。
末年纵有挣扎意，毕竟局部反攻殊。

【注释】

①选自石一宸著《铁血曲》，黄河出版社，1994年版。1944年，莒县城驻日军140人、伪军3600人。是年冬，滨海部队对莒县城发起攻势，伪军起义，日军遭歼灭性打击，弃城逃跑。

②莒国：指莒地，商为古幕国，春秋时期为莒国。隅：角落。

③"而今"句：谓日寇企图凭借莒城负隅顽抗，结果成作茧自缚。

点绛唇·莒县城日本兵写照[①]

1944 年 12 月

气息奄奄[②]，娃娃兵儿上前线[③]。粮草中断，子弹煎饼换[④]。
狼狈不堪，鞋底绑着穿。何日里，罢兵休战，母子重见面？

【注释】

①选自石一宸著《铁血曲》，黄河出版社，1994 年版。

②气息奄奄：呼吸微弱、快要断气的样子。晋李密《陈情事表》：“（祖母刘）气息奄奄，人命危浅，朝不虑夕。”

③娃娃兵：指年龄幼小的日本兵。

④子弹煎饼换：意为日军粮草中断，持枪到老百姓家抢煎饼。

鲁南战役记[①]

1947 年 1 月

乌云滚滚狂风吹，铁牛横行重兵随[②]。
励武觊觎沂州府[③]，“头功非我其为谁”？
飞刀切开铁牛阵，雨雪交加烂泥飞。
兰陵峄枣全扫尽[④]，帷幄胜算寄决策。

【注释】

①选自石一宸著《铁血曲》，黄河出版社，1994 年版。原注：宿迁战役后，蒋军虽遭惨败，但其攻势未减。解放军回师鲁南攻歼进攻山东之敌。鲁南战役历时 19 天，全歼敌人两个整编师、一个快速纵队，共 5.3 万余人，缴获坦克 24 辆、火炮 200 余门、汽车 470 辆，取得了鲁南战役的全胜。

②“铁牛”句：铁牛指蒋军快速纵队之坦克团；重兵指马励武指挥的整编第二十六师。

③励武：马励武（1905～1963），陕西华阴人。1936 年授国民党陆军少将。1945 年任第二十七集团军二十六军军长，整编第二十六师师长。1947 年 1 月 20 日在鲁南战役中被人民解放军所俘。觊觎：非分的希望或企图。《左传·桓公二年》：“是以民服事其上，而下无觊觎。”杜预注：“下不冀望上位。”沂州府：沂州古城大致位于今山东省临沂市城区内，是山东省临沂市的古称。今天的临沂市全部，日照市的大部分，以及沂源、临朐、赣榆等地都曾属于古沂州的范围。

④兰陵：乡镇名。今属山东省兰陵县。峄枣：今山东省枣庄市和峄城区。

莱芜大捷[1]

1947年2月

赌徒输尽也要赌，荡产倾家不认输。
四路分兵遭惨败，南北对进倾巢出。
虚张声势示南线，暗渡陈仓指莱芜[2]。
鲁南丧师几何日，又是五万兵折俘。

【注释】

①选自石一宸著《铁血曲》，黄河出版社，1994年版。原注：鲁南战役后，蒋军南北对进，企图与我军在鲁中地区决战。陈毅、粟裕先示形于南线，主力星夜赶往北线，在莱芜地区展开激战，历时4天，全歼1个“绥靖区”指挥所、2个军、7个师，共5.6万余人。

②暗渡陈仓：指正面迷惑敌人，而从侧翼进行突然袭击。比喻暗中进行活动。陈仓：古县名，在今陕西省宝鸡市东，为通向汉中的交通要道。“明修栈道，暗渡陈仓”是古代战争史上的著名成功战例。

陈毅决战在沂蒙山（三首）[1]

——孟良崮战役后记

1947年5月

一

沂蒙耸峙刺青天[2]，狂兵恍惚入云端。
武夫岂料牢笼计，灵甫落马凤凰山[3]。

二

陈毅帐下尽虎将，虎啸雄风千山翻。
百万军中取首级，千仞叠峰如泥丸[4]。

三

孟良崮上战正酣，急煞蒋氏五内煎[5]。
陈毅阵前挥巨手[6]，常胜将军化飞烟。

【注释】

①选自石一宸著《铁血曲》，黄河出版社，1994年版。莱芜战役后，蒋军继续向山东腹地进攻。陈毅、粟裕遵照毛主席的指示，集中主力攻歼敌七十四师。经4

天激战，蒋军吹嘘的“常胜将军”张灵甫部被全部消灭在蒙阴县的孟良崮。

②耸峙：高耸矗立。南朝梁任昉《答陆倕感知己赋》：“匹耸峙于东岳，比凝厉于秋霜。”

③原注：张灵甫被击毙在凤凰山北的大崮山顶。

④千仞：形容极高。古以八尺为仞。《庄子·秋水》：“千里之远不足以举其大，千仞之高不足以极其深。”泥丸：小泥球。毛泽东《长征》诗：“五岭逶迤腾细浪，乌蒙磅礴走泥丸。”此句谓我军将士视千仞高山如小泥球。

⑤五内：五脏，指内心。汉蔡琰《悲愤诗》：“见此生五内，恍惚生狂痴。”

⑥“陈毅”句：指战役进行到关键时刻，陈毅下达口述命令：“不惜任何代价，不准七十四师跑掉一个人。”

沂蒙颂[①]

1950年1月

战马萧萧忆沂蒙[②]，红嫂殷殷养育情[③]。
咿呀独轮车响处，雄兵百万出山东。

【注释】

①选自石一宸著《铁血曲》，黄河出版社，1994年版。

②萧萧：象声词。常形容马嘶鸣声等。《诗经·小雅·车攻》：“萧萧马鸣，悠悠旆旌。”

③殷殷：情意深厚貌。《二刻拍案惊奇》卷七：“适间总干殷殷问及，好生垂情于他。”

忆沂蒙人民支前[①]

1998年4月

碾米做鞋抬担架，脚小远征不亚男。
运送粮草千斤重，沂蒙男儿焉等闲[②]。
军民联袂战淮海，车轮滚滚下江南。
山东大爷不停步，笑搀春妮肩并肩[③]。

【注释】

①选自张秀岳主编《沂蒙之光诗词选》，山东人民出版社，1998年版。

②等闲：寻常；平常。唐贾岛《古意》诗：“志士终夜心，良马白日足。俱为不等闲，谁是知音目。”

③春妮：电影《霓虹灯下的哨兵》中我军排长陈喜的妻子。此指支前到上海的山东女性。

◎石明远

石明远（1914～2005），山东莒县人，曲阜师范学校毕业后，于1938年参加革命，同年加入中国共产党。任莒县动委会组织部长、莒县文教科长、三专署秘书等。1948年南下。新中国成立后，历任皖北行署民政科长兼文教科副科长，华东民政部副处长、中央直属高级党校学员、助教、讲师，中国社科院语言研究所党委书记兼副所长、《中国语文》主编等。著有《山东省莒县方言》《莒县方言志》等。

沂蒙颂歌（二十二首）[1]

一

宇宙大无边，地球是一丸。
沂蒙古是海，沧海变桑田。

二

自有文明史，上下五千年。
沂沭两大水，互有峰崮连。

三

沂蒙占地灵，县县有前贤。
放眼看过去，人杰实不鲜。

四

崮有七十二，蒙阴占其半。
物产虽丰富，人民身难翻。

五

七七事变起，遍地冒狼烟。
共产党领导，全民来抗战。

六

沂蒙大舞台，革命来上演。
英雄何万祥[2]，岱崮好八连[3]。

七

大众日报社，创建三九年。
油印改铅印，兼出马列篇。

八

日寇侵略军，烧杀绝人寰。
“三光”战术外，铁壁拉网严。

九

田中奏折策[4]，满蒙再向南[5]。
夜郎不量力[6]，竟想速决战。

十

英明毛主席，提出持久战。
兵民战争本，实行游击战。

十一

天皇八一五[7]，投降无条件，
蒋帮下了山，决心打内战。

十二

临沂城南郊，歼灭快速团。
挥师北上莱，仙洲六师完[8]。

十三

王牌七四师，孟良崮全歼。
从此大转机，战略反攻现。

十四

敌酋张灵甫，奉命死守坚。
我军冲锋猛，一枪使命完。

十五

沂蒙有红嫂，拥军称模范。
一兵流血多，乳汁挽命还。

十六

沂蒙人民好，全力来支前。
力士董大姐，担推勇向前。

十七

蒙阴六姐妹[9]，事迹实空前。
遇河抬浮桥，为战抢时间。

十八

沂蒙老百姓，好事说不完。
支前又参军，一切为抗战。

十九

社会主义好，一切靠实践。
中国特色论，小平新发展。

二十

沂蒙多物产，名产坦埠烟[10]。
莱芜姜线麻[11]，外销美利坚。

二十一

农业户承包，产量连翻番。
乡镇办企业，旧貌换新颜。

二十二

我来颂沂蒙，小康已实现。
风光无限好，往后更好看。

【注释】

①选自张秀岳主编《沂蒙之光诗词选》，山东人民出版社，1998年版。

②何万祥（1915～1944），本姓朱，参军后改名为何万祥。甘肃宁县人。出身于贫苦农民家庭。1931年参加中国工农红军第二十五军，1936年加入中国共产党，29岁壮烈牺牲。何万祥在13年的革命生涯中，参加过长征，经历大小战斗400多次，屡立战功，曾5次负伤，3次荣获战斗英雄称号，名扬山东战场，为国家独立和人民解放做出了卓越贡献。

③岱崮好八连：1943年11月，鲁中军区十一团三营八连战士坚守岱崮18天，

以伤7人、牺牲2人的较小代价，取得了拖住日军2000余人、毙伤敌人300余人后安全突出重围的巨大胜利，被命名为“英雄岱崮连”。

④“田中”句：以日本首相田中义一的名义在1927年7月25日呈给昭和天皇的秘密奏章，题为《帝国对满蒙之积极根本政策》，简称《田中奏折》。它是日本参谋本部的铃木贞一与日本外务省政务次官森恪、日本驻奉天总领事吉田茂等人密谋，由铃木贞一执笔撰写而成的文件。它的主要内容：确立以满蒙为侵略扩张基地的战略；确定以美、苏为假想敌国；否认中国对满蒙之主权；提出要尽力扩大日本在满蒙的权益。

⑤满蒙：满指满洲，满人发祥的东北三省；蒙指蒙古，包括内蒙古自治区和蒙古共和国。

⑥夜郎：语本《史记·西南夷列传》：“滇王与汉使者言曰：‘汉孰与我大？’及夜郎侯亦然。以道不通，故各以为一州主，不知汉广大。”夜郎为汉代西南小国。后以“夜郎自大”喻人妄自尊大。

⑦“天皇”句：谓日本天皇裕仁于1945年8月15日广播“终战诏书”，宣布日本无条件投降。

⑧“挥师”二句：指莱芜战役时，华东野战军歼灭国民党军1个“绥靖区”指挥部、2个军部、7个师的重大胜利，生俘国民党第二“绥靖”区中将副司令长官李仙洲。

⑨蒙阴六姐妹：即“沂蒙六姐妹”，革命战争年代在沂蒙老区涌现出的一个女英雄群体，她们居住在蒙阴县野店镇烟庄村，分别是张玉梅、伊廷珍、杨桂英、伊淑英、冀贞兰、公方莲。

⑩坦埠烟：蒙阴县坦埠镇的“坦埠绺子”烟，又名柳叶尖，因烟叶酷似柳叶而得名，以香、辣、浓而名传大江南北。

⑪“莱芜”句：指莱芜的名产姜和线麻。据《莱芜县志》记载，清光绪甲午年间（1894年），莱芜生姜已作为主要农作物征税，足见当时产量已相当可观。线麻：莱芜大麻亦称线麻，已有两千多年的栽培历史，南北朝时就已成为贡品。前人曾留下“折腰何事宜人意，唯见桑麻喜自生”的诗句。

◎袁　驼

袁驼，1914 年生，河南省中牟人。1937 年参加革命。曾任抗大一分校政治教员、山东建国学校训导员、山大附中教务主任。新中国成立后，历任山东省教育厅督学、普教处处长、副厅长。离休后曾任山东省教育学会会长、山东省老年大学副校长、山东省社联副主席。主编《山东解放区教育史》。为《中国革命根据地教育史》编委、抗大一分校校史研究会山东联络组副组长。

丰碑颂（二首）[①]

为纪念牺牲烈士，1997 年秋，临沂市、费县党委政府，抗大一分校校史研究会在大青山树立 1941 年冬胜利突围纪念碑[②]。

一

难忘一九四一年，日寇扫荡沂蒙山。
兽兵五万逞凶焰，“三光”政策罪滔天。
十一月底那一天，几路合击大青山。
报社工厂和医院，我军陷入包围圈。
后方机关战力弱，我军主力转外线。
抗大校长周纯全[③]，命令五团两个连，
掩护突围浴血战，集中火力阻敌顽。
手雷投尽刺刀拼，与敌展开肉搏战。
子弹打光石头砸，杀声震得敌胆寒。
三百壮士殉国死，热血染红大青山。
军民突围得安全，烈士英名千古传。

二

沂蒙埋白骨，转瞬五十年。
三座大山倒，日月换新天。
祖国日强盛，处处春满园。
忠魂如有知，九泉笑开颜[④]。
气壮山河突围战，记忆犹新在眼前，
大青山麓树丰碑，芬芳业绩留人间。

人民没有忘记你们，祖国没有忘记你们，
光荣烈士们，安息吧！永远不会忘记你们，
让这庄严丰碑，世世代代相传。

【注释】

①选自李志主编《抗大精神永放光芒》，黄河出版社，2005年版。

②大青山胜利突围纪念碑：大青山突围发生于1941年11月，是山东沂蒙抗日根据地5.3万军民反击日军“铁壁合围”大“扫荡”中的一次著名战斗，也是抗日战争时期津浦铁路以东山东敌后战场我方损失最大的一次突围战。山东省战工会副主任兼秘书长陈明、国际友人汉斯·希伯等近千人壮烈牺牲。1997年11月30日，中共临沂市委、临沂市人民政府和中共费县县委、费县人民政府在大青山的西北，公路东侧的李行沟建立了“大青山胜利突围纪念碑”，并建碑亭一座。

③周纯全（1905～1985），湖北红安人。抗日战争时期，任中国人民抗日军政大学第一分校副校长、校长，滨海行署副主任兼秘书长。解放战争时期，任辽东省、安东省实业厅厅长，辽南行署主任，东北民主联军后勤部东线战勤司令员，东北军区后勤部部长，第四野战军后勤部部长。1955年被授予上将军衔。

④九泉：犹黄泉，指人死后的葬处。汉代阮瑀《七哀》：“冥冥九泉室，漫漫长夜台。”

缅怀战友陈田心、罗森、赵云锦[①]

一

抗大政教班，同学三十三。
太行学马列，孜孜勤钻研。
来自五湖地，团结亲无间。
毕业留学校，初次当教员。
愧不能胜任，鼓励再登攀。
总部下命令，迁校鲁中南。
跋涉几千里，到达东海边。
山东战略地，靠海又依山。
敌伪顽夹击，战斗太频繁。
牺牲多壮志，烽火育英贤。

二

学友陈田心，身兼指导员。
教学效果好，工作称模范。
行军遭遇战，冲锋走在前。

敌弹中头部，捐躯桃花山。
罗森赵云锦，执教三支校。
理论水平好，教师称骨干。
敌寇拉网战，被围合击圈。
誓不当俘虏，拉响手榴弹。
壮烈为国死，正气薄云天。
军中闻噩耗，悲痛裂心肝。
含悲祭英灵，齐心杀敌顽。
驱寇出国土，日月换新天。

三

光阴似火箭，弹指五十年。
当年风华茂②，如今两鬓斑③。
每忆同窗友，哀思情绵绵。
我尚活人间，心愧少贡献。
抗大校史会，重访沂蒙山。
瞻仰烈士陵，墓前献花圈。
中央领导好，工农齐发展。
昔日穷沂蒙，今成米粮川。
人民奔小康，生活大改善。
党开十五大，建设绘新图。
香港回祖国，民族大团圆。
忠魂如有知，亦当笑开颜。

【注释】

①选自抗大一分校校史研究会编《在敌后的抗大一分校续集》，中国物价出版社，1998年版。陈田心：抗大一分校二大队指导员，罗森和赵云锦都是抗大一分校的教员。1941年12月，日寇对沂蒙山区进行“铁壁合围”，拉网式“扫荡”。在桃花山一带的抗大一分校二大队与敌人接上了火，打得极其激烈，陈田心等壮烈牺牲。

②风华茂：即风华正茂，形容朝气蓬勃，才华横溢。毛泽东《沁园春·长沙》词：“恰同学少年，风华正茂。”

③两鬓斑：即两鬓斑白，两边鬓角头发花白。形容年老或操劳过度。斑白：头发黑白相杂。谓年老。《礼记·祭义》：“斑白者不以其任行乎道路。”郑玄注：“斑白者，发杂色也。”

◎鲁　岩

鲁岩（1914～2012），河南巩义人。1938年参加八路军。1940年加入中国共产党。曾任《山东画报》《华东画报》副总编辑。新中国成立后，历任福建省委宣传部文艺处处长、福建省出版局局长、福建省出版工作者协会主席、中国出版工作者协会理事。

忆莱芜大捷[①]

1947年春，我华东野战军执行毛主席不在一城一地得失，以消灭敌人有生力量为主的决策，一举歼敌5.6万人，赢得震惊中外的莱芜大捷。

骄恃三军装备精，迫我决战临沂城。
统帅运筹千里外[②]，回师星夜避刀锋。
一地一城得失小，峰回路转灭顽凶。
请君入瓮布疑阵[③]，三日痛歼五万兵。

【注释】

①选自莱芜市政协文史资料委员会编《莱芜文史》，1999年第10辑。莱芜大捷：1947年2月20日至23日，国共交战于莱芜地区，我军全歼敌1个“绥靖”区指挥部、2个军部、7个师共5.6万余人，活捉第二“绥靖”区副司令李仙洲。此役共解放了胶济线13个城镇，使鲁中、渤海、胶东三个解放区连成一处，此役予敌以沉重打击，迫使山东方面之敌在一个多月内未敢出动。

②运筹千里外：即“运筹帷幄之中，决胜千里之外”。帷幄：军用帐幕。千里之外：指战场。在小小的军帐之内做出正确的部署，能决定千里之外战场上的胜负。汉司马迁《史记·高祖本纪》：“夫运筹策帷幄之中，决胜于千里之外，吾不如子房。”

③请君入瓮：比喻以其人之道，还治其人之身。唐张鷟《朝野佥载·周兴》：“即索大瓮，以火围之，起谓（周）兴曰：‘有内状勘老兄，请兄入此瓮。’”

◎钟伯荣

钟伯荣，1914 年生，山东临沭人。1939 年 8 月参加革命。1952 年加入中国共产党。历任东海县文教科长，临沂县政府秘书科、文教科长，临沂地区行署文教科长，临沂第一中学校长等职。

忆秦娥·解放苍马地区[①]

朔风冽[②]，围歼顽军夜冰雪。夜冰雪，行军如飞，战火猛烈。
苍马解放民众乐，而后形势变化多。变化多，四敌疯狂，战斗无歇。

【注释】

①选自张秀岳主编《沂蒙之光诗词选》，山东人民出版社，1998 年版。苍马地区：现在山东省临沭县一带。

②朔风：北风，寒风。魏国曹植《朔方》诗："仰彼朔风，用怀魏都。"

清平乐·苍马地区沭西反顽斗争[①]

风云突变，顽军重进犯[②]。军民同心齐戮力，与敌英勇奋战。
坚持斗争百天，我军主力驰援。报道顽军夜遁，还赖友军锄奸[③]。

【注释】

①选自张秀岳主编《沂蒙之光诗词选》，山东人民出版社，1998 年版。

②原注：1940 年夏，顽军又进犯解放仅半年的苍马地区。

③"还赖"句：指国民党五十七军中的革命派高级军官，在东西盘村发动了"锄奸运动"，顽军于夜间窜逃。

◎吴瑞林

吴瑞林（1915~1995），四川巴中人。1928年加入中国共产主义青年团。1932年转入中国共产党。曾任红军少年先锋团营长、团政委，中共鲁东南特委书记，八路军山东纵队第二支队政委，泰山地委军事部部长，鲁中军区第一、第二军分区司令员，山东军区警备第二旅旅长兼政委，第四野战军四十二军军长。参加了长征、沂蒙山区历次反“扫荡”、临沂攻坚战和辽沈、平津等战役。新中国成立后，历任中国人民志愿军军长、海军南海舰队司令员、广州军区副司令员、海军副司令员。1955年被授予中将军衔。

清平乐·沂蒙好①

1993年5月18日

山东欲晓，抗日八路早。军民团结如鱼水，沂蒙风景真好②。
改革开放大潮，人民勤奋志高。老夫时刻向往，沂蒙将更骄皎③。

【注释】

①选自山东省沂南县地方史志编纂委员会编《沂南县志》，齐鲁书社，1997年版。

②“山东”四句：化用毛泽东《清平乐》词句：“东方欲晓，莫道君行早。踏遍青山人未老，风景这边独好。”

③骄皎：此指沂蒙人民纯洁伟大。

胜利之歌①

抗日烽火沂蒙山，沂水沭水扎营盘②。
新生军队战日伪，龙腾虎跃震山峦③。
八载苦战敌丧胆，雄狮屹立在山间。
歼灭凶恶日伪顽，胜利史诗凯歌传。

【注释】

①选自张秀岳主编《沂蒙之光诗词选》，山东人民出版社，1998年版。

②沂水沭水：即沂河和沭河。

③山峦：连绵的山峰。唐王建《送严大夫赴桂州》诗：“水驿门旗出，山峦洞主参。”

◎王众音

王众音（1915～2004），四川内江人。1933年加入中国共产主义青年团，1937年2月转入中国共产党。1940年来山东，先后担任滨海地委书记、滨海区党委宣传部长、中共中央华东局海防委员会书记、海防司令部政委、滨北地委书记兼军分区政委、昌潍地委书记兼军分区政委。新中国成立后，历任中共山东省常委、宣传部长兼山东省副省长、省文联主席、山东省纪律检查委员会书记。著有《实践与认识》《张献文农业生产合作社研究》《过渡时期的理论和社会主义经济建设》等。

赞莒南渊子崖抗日血战[①]

1942年

日寇袭击渊子崖，机枪大炮声震天。
人人怀着民族恨，宁为玉碎不瓦全[②]。
青壮老幼与妇女，长矛大刀齐应战；
冲杀肉搏与撕打，前仆后继争向前。
八路军赶来增援，敌人遗尸百余具趁夜窜逃；
百四十七名勇士，为祖国血染沙场大义凛然。
烈士纪念碑高耸入云，万人瞻仰；
抗日楷模村至今传颂，永垂史篇。

【注释】

①选自张秀岳主编《沂蒙之光诗词选》，山东人民出版社，1998年版。渊子崖是莒南县著名的“抗日楷模村”。1941年12月20日全村男女老少用长矛、土枪、铡刀抗击了1000余名日伪军的进攻，血战一整天，打死121名日伪军，全村付出了147人牺牲的代价，终于迎来了八路军和县区武装的增援，击退了敌人。延安《解放日报》发表社论，对该村的自卫斗争予以高度评价，称其为“抗日自卫战的楷模村”。

②宁为玉碎不瓦全：宁做玉器被打碎，不做陶器得保全。比喻宁愿壮烈地死去，不愿苟且偷生、委曲求全。《北齐书·元景安传》：“岂得弃本宗，逐他姓，大丈夫宁可玉碎，不能瓦全。”

满江红·平鹰坟[①]

1945 年

锣鼓喧天，号角声，震耳欲聋。抬望眼，人山人海，满面怒容。锄头铁锨红缨枪，标语口号喊话筒。民愤极，怒斥大恶霸，众声同。

平鹰坟，齐动手，恶势力，一扫空。从今后，庆翻身奔大同[②]。保家卫国责任大，日寇当前休放松。组织起，配合八路军，缚蛟龙[③]。

【注释】

①选自张秀岳主编《沂蒙之光诗词选》，山东人民出版社，1998 年版。平鹰坟：莒南县大店镇庄善昌，纵放他养的老鹰叼食农民魏学墩家的母鸡。魏误认为是野鹰，将鹰打死。庄善昌逼迫魏学墩为鹰买棺材、祭品等，披麻戴孝为鹰出殡。庄善昌还在魏的家门口修了鹰坟，立了鹰碑。

②大同：指国家统一。北齐颜之推《颜氏家训·风操》："今日天下大同，须为百代典式，岂得尚作关中旧意？"

③蛟龙：古代传说的两种动物，居深水中。相传蛟能发洪水，龙能兴云雨。《礼记·中庸》："今夫水，一勺之多，及其不测，鼋鼍蛟龙鱼鳖生焉，货财殖焉。"这里比喻日寇。

怀念安征夫同志[①]

安征夫同志系原抗大一分校宣传科长，后调滨北军分区工作。1945 年，我与安征夫同志在山东滨北军分区工作，他任政治部主任，我任政委，工作至为密切。是年，日军宣布无条件投降，正值举国欢腾之际，而征夫竟一病不起。逝世时年仅三十一。悲夫！

忆昔当年战火中，风华正茂一代雄。
学习马列传帮带，宣传抗日勉立功。
三大纪律严训练，八项注意不放松。
杀敌致胜君有力，至今挥泪犹念公。

【注释】

①选自李志主编《抗大精神永放光芒》，黄河出版社，2005 年版。安征夫（1914～1945），四川苍溪人。原名安文弗，参加红四军为躲避张国焘迫害改名安问卜。抗日战争爆发后，毛主席为他改名安征夫。1938 年 12 月任抗大一分校宣传科长、代二大队（团）政委，创办《战旗报》和文工团并任主编和团长。1943 年初先后任八路军山东滨海军区团政委、宣传部长、第一（滨北）军分区政治部主任。

安征夫为培养抗日干部和建立沂蒙山、滨海两个抗日根据地献出了青春与生命，是九一八事变后青年知识分子投笔从戎、抗日救亡的时代典型代表人物。

颂沂蒙山革命老根据地[①]

1992年10月

蒙山巍巍沂水长，沂蒙精神传四方[②]。
当年抗日根据地，今朝生产大战场。
自然改造千载利，科学领先百业昌。
经济建设大发展，社会主义放光芒。

【注释】

①选自张秀岳主编《沂蒙之光诗词选》，山东人民出版社，1998年版。

②沂蒙精神：在中国共产党的领导和培育下，沂蒙人民与山东党政军一起，共同创造了“爱党爱军、开拓奋进、艰苦创业、无私奉献”的沂蒙精神。沂蒙精神与井冈山精神、延安精神、西柏坡精神一样，都是中国共产党的宝贵精神财富。

◎田　兵

田兵（1915～2003），山东兰陵人。1937年12月赴延安参加革命，1938年加入中国共产党。回山东后，曾任范筑先的秘书、八路军山东纵队随军记者、济宁市文协副主席。新中国成立后，历任《平原日报》记者，贵州省文化局副局长，贵州省作家协会副主席、省文联副主席、省博物馆馆长等职。作品有《田兵诗集》等。他编写的《苗族古歌》被评为全国一等奖。

悼念王思玷①

千古文章未尽才，战场百折都过来。
谁想孔庄留遗恨②，浩天星殒万世哀③。

【注释】

①选自田兵著《田兵诗集》，贵州人民出版社，1993年版。王思玷（1895～1926）：山东兰陵人。自1921年起，在茅盾主编的《小说月报》上一连发表了《偏枯》等7篇小说，被誉为“新文学运动中的一颗彗星”。1926年参加了响应北伐军的当地农民起义，不幸光荣牺牲。新中国成立前，鲁南革命根据地人民政府追认王思玷为烈士。

②孔庄：村庄名，在山东省兰陵县下村乡。1926年9月28日，王思玷在孔庄圩子外遭反动地主武装暗杀，年仅31岁。

②浩天星殒：比喻王思玷如浩浩长天中陨落的彗星。

◎孙朴风

孙朴风，1915年生，山东诸城人。1937年参加革命。1938年3月到沂蒙根据地岸堤抗日军政干部学校学习，同年10月毕业并被分配到中共山东分局机关党委任书记。1945年9月任中共潍东县委书记。1948年10月任中共诸城县委副书记。1950年7月调任青岛市委党校校长、书记。1952年任青岛市委宣传部副部长，后任部长。1957年被打成“右派”。1962年12月甄别平反。1965年任曲阜师范学院党委副书记。后任泰安师专副书记，山东技工师范学校副书记等职。著有《园边草》诗词集。

沂蒙骑兵[①]

北风飞雪战沂蒙，一队骑兵闪电行。
山后枪声刚落下，倭头涂地马刀红[②]。

【注释】

①选自明湖诗词学会编《明湖诗刊》，1995年第7期。

②倭头：指日寇的头颅。涂地：谓漫布于地。《晋书·虞谭传》：“是时军荒之后，百姓饥馑，死亡涂地，谭乃出仓米振救之。”马刀：骑兵作战用的略弯的长刀。

1941年鲁南反“扫荡”纪实

过公路[①]

夜行拂晓雾茫茫，发现敌情卧路旁。
人马齐喑红日出[②]，朝阳迎我上山冈。

【注释】

①选自明湖诗词学会编《明湖诗刊》，1995年第7期。

②喑：哑，不能说话。

拂晓放歌[①]

穿壕辟垒看晨星，越岭趟河彻夜行。
走出敌区光旭旭[②]，放歌灯塔照航程[③]。

【注释】

①选自明湖诗词学会编《明湖诗刊》，1995 年第 7 期。

②旭旭：日将出貌。汉贾谊《新书·修政》：“君子将入其职，则其于民也，旭旭然如日之始出也。”

③灯塔：指《跟着共产党走》这首歌，歌词的第一句“你是灯塔”。此歌又名《你是灯塔》。沙洪、久鸣作于 1940 年 6 月，为抗大一分校向“七一”建党十九周年献礼新歌。

怀念马达员姜得奎同志[1]

零丁孤苦一贫郎，抛妇弃儿上战场。
雨雪风霜山水路，途中小住手飞忙。
行军马达负双肩[2]，夜宿丛林亦不闲。
战友酣眠摇马达，腾空一线系延安。

【注释】

①选自明湖诗词学会编《明湖诗刊》，1995 年第 7 期。马达员：此指发报员。姜得奎于 1941 年鲁中反“扫荡”突围时牺牲。

②马达：英语 motor 的译音。电动机。此指发报机。

留田突围（三首）[1]

1941 年冬，在沂蒙山区军民反“扫荡”中，日寇合击留田村。一一五师罗荣桓巧设妙计，使敌扑空回窜费县。

将军巧计

压顶黑云四野嗥，留田一地系飘摇。
将军巧计从容定，直下临沂迫寇巢。

战士大笑

烟酋妙计自鸣高[2]，半夜黄粱一梦消[3]。
战士仰天明月笑，风云倭寇枉徒劳。

再调敌军

铁流南下近临城[4]，万虏愕然晓扑空。
忽听我军攻费县[5]，仓皇九路乱收兵。

【注释】

①选自明湖诗词学会编《明湖诗刊》，1995年第7期。1941年11月5日，驻鲁南的日本侵略军3万余人，在华北派遣军总司令畑俊六指挥下，向山东分局领导机关、八路军一一五师师部驻地沂南县留田村一带包抄，企图将山东驻地党政军指挥机关围歼。一一五师政委罗荣桓指挥部队，借夜雾向敌人驻扎在临沂的大本营方向突围。八路军三千多人趁着夜色，跋山涉水，巧妙地闯过了三道封锁线，不费一枪一弹，胜利地突出了重围，粉碎了敌人的大围歼，被德国友人汉斯·希伯在《战士报》上赞誉为“无声的战斗”。

②畑酋：即畑俊六（1879～1962），日军受封元帅的陆军大将，1938年任华中日军司令官，指挥攻占武汉的作战。1939年任陆军大臣，以辞职方式导致了三国同盟的签订。1941年任侵华日军总司令，策划浙赣会战和“一号作战”，是欠下中国人民血债最多的日本战犯之一。

③黄粱一梦：用来比喻荣华富贵如梦一场，短促而虚幻。或喻梦寐以求之欲望落空。宋范成大《邯郸道》诗：“困来也作黄粱梦，不梦封侯梦石湖。”

④临城：位于山东枣庄市，是现薛城旧称，是铁道游击队的发祥地之一，又是民国大劫案的发生地。

⑤费县：费县地处沂蒙山区腹地，著名的革命老区。抗日战争和解放战争中有1.2万人参军，15.6万人支前，1730名优秀儿女为国捐躯。陈毅、罗荣桓、徐向前、谷牧等老一辈革命家曾在这里战斗生活，进行过大青山突围战、柱子山歼灭战等大小战斗百余次。

反敌伪“清剿”[①]

1942年春因病住院，遇敌人“扫荡”搜山，病员被分别掩藏地下，有感。

溪边席地麦苗新，地下隐藏患病人。
虏搜山林倾弹雨，我偷孔亮阅哲文[②]。
耳闻妇语教兵法，隙看村姑率众群。
坚持持久游击战，恢恢天网捉蛟鲲[③]。

【注释】

①选自明湖诗词学会编《明湖诗刊》，1995年第7期。

②孔亮：孔洞射进的光。

③蛟鲲：代指日寇。鲲，传说中的一种大鱼；蛟，传说中一种能发洪水的龙。

战斗在沂蒙山上（九首）[①]

1939年9月初，日寇调集日伪军数万人，开始对山东沂蒙地区进行大“扫荡”。

时我在山东抗日军政干部学校学习。学校在炮火声中整编，大部分学员赴各地发动抗日工作。我留校编队，边战斗边学习，及今记忆犹新。诗以志之。

离别岸堤[②]

敌炮隆隆离岸堤，南墙峪里整编齐[③]。
大批分散群工去，精干组成打游击。

一触即发

小队山边暗布防，三班突出据松岗。
敌人大股眼前过，待令来时干一场。

夜　袭

摩拳擦掌战心激，直向戴庄夜袭敌[④]。
闻说倭贼宵遁去[⑤]，演习锻炼是真实。

“大娘”生气

新住村庄格外忙，宣传扫院水盈缸。
伊华小弟不仔细，错把姑娘叫大娘。

我们在沂蒙山上

醒来昨夜睡石床，拟把沂蒙当太行。
重露湿衣不觉冷，高歌红日照东方。

“山头练水军”

骤雨侵晨似覆盆[⑥]，哨棚灌醒一班人[⑦]。
落汤鸡样呱呱叫，笑说山头练水军。

姚家店子[⑧]

惊天破夜起枪声，小队疾行一阵风。
日寇疯狂倾弹雨，怎知粒粒落虚空。

孟良崮上

抗日烽烟整二年，孟良崮顶雨连绵。
师生饿腹村村火，喜听新来徐向前[⑨]。

坚持战斗

青山留得在，柴草不愁烧。
赤手搏豺虎，雄心岱岳高[⑩]。

【注释】

①选自明湖诗词学会编《明湖诗刊》，1995 年第 7 期。

②岸堤：抗战初期曾是山东抗日军政大学驻地，现属沂南县岸堤镇。

③南墙峪：今沂水县院东头乡南墙峪村。

④戴庄：乡镇名，位于山东省沂南县，在孟良崮山脚下。

⑤宵遁：乘夜逃跑。《左传·成公十六年》："王曰：'天败楚也夫！余不可以待。'乃宵遁。"

⑥覆盆：犹倾盆。宋祝简《夏雨》诗："电掣雷轰雨覆盆，晚来枕簟颇宜人。"

⑦哨棚：放哨的棚子。

⑧姚家店子：乡镇名，今山东省沂水县。

⑨徐向前（1901～1990），山西五台人。1939 年 6 月到山东，任八路军第一纵队司令员，统一指挥山东和苏北、皖北八路军各部队，坚持抗日游击战争。

⑩岱岳：泰山的别称。《淮南子·墬形训》："中央之美者，有岱岳，以生五谷桑麻，鱼盐出焉。"高诱注："岱岳，泰山也。"

山洞悲歌①

回忆 1941 年 11 月 30 日在蒙山被日寇合击突围后，为一村民藏于山顶洞内，得脱于难。

九死一生力突围，村民隐我洞中窥。
西山炮火惊雷爆，东崮倭兵肆兽威。
遥听英雄声壮烈，暗伤志士血溅飞。
悲歌自唱饥寒迫②，泪涌如簇射落晖③。

【注释】

①选自明湖诗词学会编《明湖诗刊》，1995 年第 7 期。

②饥寒迫：代指《国际歌》，因第一句为"起来，饥寒交迫的奴隶"。

③簇：当为"镞"，箭头。汉贾谊《过秦论》："秦无亡矢遗镞之费，而天下诸侯已困矣。"

永勿忘①

血洗神州切莫忘，三千五百万人殇②。
幽灵展现扶桑土③，更筑长城固又长。

【注释】

①选自张秀岳主编《沂蒙之光诗词选》，山东人民出版社，1998 年版。

②“三千”句：在整个抗战期间，中国军民伤亡3500万人，仅南京大屠杀一次就杀死中国人30多万，日本侵略者在中国的土地上犯下了滔天罪行。

③幽灵：指法西斯。扶桑：东方古国名。后代称日本。宋王安石《次韵平甫金山会宿寄亲友》：“飘然欲作乘桴计，一到扶桑恨未能。”

◎严　光

严光（1915～2002），湖北大悟人。1929年加入中国共产主义青年团。1931年转入中国共产党，同年参加中国工农红军。曾任红二十五军连长，红军大学区队长、队长兼教员，抗大一分校营长兼主任教员、副大队长，八路军山东纵队陇海南进支队大队长，新四军第三师团长，华东野战军第二纵队后方办事处处长，江淮军区军分区司令员。参加了长征和鲁南、淮海等战役。新中国成立后，历任皖北军区参谋长，安徽省军区副司令员，南京军区副参谋长，安徽省军区司令员，南京军区后勤部部长。1955年被授予少将军衔。

沂蒙山之歌[①]

1993年9月

沂蒙山，哺育人民母亲山，
沂蒙山，浴血奋战英雄山，
沂蒙山，举世闻名光荣山，
沂蒙山，开发建设瑰宝山[②]。

【注释】

①选自张秀岳主编《沂蒙之光诗词选》，山东人民出版社，1998年版。

②瑰宝：特别珍贵的物品。宋朱弁《曲洧旧闻》卷一："凡诸国瑰宝珍奇之物，皆藏于奉宸库。"

◎陈辛仁

陈辛仁（1915～2005），广东普宁人。1933 年参加“左联”。1937 年参加中国共产党。曾任新四军第二师政治部宣传部、新四军兼山东军区政治部宣传部部长，中共中央华东局宣传部副部长。新中国成立后，历任中共福建省委副书记，福建省人民政府副主席，中共江苏省委副书记，驻芬兰、伊朗、荷兰、菲律宾大使，北京外交学院党委书记、副院长，对外文化联络委员会副主任，文化部顾问。著有《罗炳辉将军》《沧海一粟》等著作。

赠沂蒙人民[1]

1993 年 5 月

沂蒙人民，革命前锋。
保家卫国，解放立功。
改革开放，工商兴隆。
欧亚陆桥[2]，八达四通。
发扬传统，国富民丰。

【注释】

①选自张秀岳主编《沂蒙之光诗词选》，山东人民出版社，1998 年版。

②欧亚陆桥：指新欧亚大陆桥。为欧洲与亚洲两侧海上运输线联结起来的便捷运输铁路。东起连云港，向西经陇海铁路的徐州、商丘、郑州、洛阳、西安、宝鸡、天水等站，兰新铁路的兰州、乌鲁木齐等站，经北疆铁路到达边境阿拉山口进入哈萨克斯坦，经俄罗斯、白俄罗斯、波兰、德国，止荷兰鹿特丹港，是目前亚欧大陆东西最为便捷的通道。

◎贾若瑜

贾若瑜，1915年生，四川合江人。1931年加入中国共产主义青年团。1935年参加中国工农红军，次年加入中国共产党。曾任红六军团教导团军事总教，红军大学干部指挥科科长，抗大一分校支队长、胶东支校校长，山东军区旅长，胶东军区参谋长、司令员。新中国成立后，历任山东军区参谋长，中国人民志愿军军参谋长，军事博物馆馆长，总政治部副秘书长、代秘书长，军政大学副教育长，军事学院教育长、副院长。1955年被授予少将军衔。

忆滨海第二支队（四首）①

1993年3月

一

往事悠悠百感生，难忘日莒展霓旌②。
八年抗战征袍染，挥手降魔又射鲸。

二

长城岭下运筹谋③，破敌石门兵未休④。
转战诸高歼日伪⑤，交通枢纽可埋忧⑥。

三

战区已近无人区⑦，百姓嗷嗷待哺嘘⑧。
盼得天兵来破敌，揭竿而起作前驱⑨。

四

甘与人民共苦辛，血浓于水自连心。
军民团结破顽虏，河山光复又回春。

【注释】

①选自张秀岳主编《沂蒙之光诗词选》，山东人民出版社，1998年版。

②原注：日莒指诸城、日照、莒县山区。霓旌：相传仙人以云霞为旗帜。《楚辞》："举霓旌之墆翳兮，建黄纁之总旄。"王逸注："扬赤霓以为旌。"此指红旗。

③长城岭：村庄名，在山东省五莲县松柏镇。

④石门：镇名。位于山东省临沭县南部，西南与郯城县接壤，南邻江苏省东海县，为苏鲁两省三县交界的鲁东南重要门户。

⑤诸高：诸（城）、高（密）边区。

⑥“交通”句：指滨海第二支队完成开辟连接胶东与滨海两大战略区的诸城、胶县、高密游击根据地的任务。

⑦“战区”句：指诸、莒、日、胶、高边区，由于日伪长期统治，人民食不果腹、衣不蔽体，生活十分困苦，已接近于“无人区”的境况。

⑧哺嘘：哺育与嘘寒问暖。

⑨揭竿而起：砍了树干当武器，举起竹竿当旗帜。指人民起义。汉贾谊《过秦论》：“斩木为兵，揭竿为旗。”

◎周　涌

周涌（1915～2004），江西永丰人。1929年加入中国共产主义青年团。1931年转入中国共产党。曾任红一军团电台报务员、报务主任、电台队长，八路军一一五师旅电台区队长，山东军区通信科科长兼通信营营长，辽东军区参谋处副处长兼通信科科长，军区副参谋长。参加了长征、平型关战斗、沂蒙山区反“铁壁合围”和四平、临江等战役。新中国成立后，历任辽东军区副司令兼参谋长，辽宁军区副司令员兼参谋长，通信兵部参谋长、副主任，总参谋部通信部副主任。1961年晋升为少将军衔。

壮志在我心怀[①]

1993年8月1日

忆昔戎装保沂蒙[②]，为民解放献忠诚。
传统不忘志犹在，老兵喜看新长征。
四化建设日月异，欣慰老区正飞腾。

【注释】

①选自张秀岳主编《沂蒙之光诗词选》，山东人民出版社，1998年版。

②戎装：军装。此指着军装。《魏书·杨大眼传》：“至于攻陈游猎之际，大眼令妻潘戎装，或齐镳战场，或并驱林壑。”

◎张　政

张政（1915～2005），山西阳曲人。1936年参加山西牺牲救国同盟会。1938年加入中国共产党。曾任八路军第一纵队组织科副科长，陇海南进支队组织科科长，新四军第四师团政治处主任，华东野战军第二纵队团政委，第三野战军第七兵团直属政治部主任。参加了宿北、鲁南、白塔埠、南麻、临朐、淮海等战役。新中国成立后，历任师政委，中国人民志愿军组织部副部长，解放军政治学院组织部部长，福州军区后勤部副政委。1964年晋升为少将军衔。

题《沂蒙之光》[①]

1994年3月

清清沂水润鲁中，七十二崮出英雄[②]。
军民一齐除鬼魅[③]，社会主义照前程。

【注释】

①选自张秀岳主编《沂蒙之光诗词选》，山东人民出版社，1998年版。

②七十二崮：指沂蒙七十二崮，非确指。崮是由于地壳运动和地层断裂而形成的地理现象，它的基本特征是四壁陡峭而顶部平坦。在中国革命历史上，沂蒙众多山崮有着不小的名气，著名的孟良崮战役、岱崮保卫战、抱犊崮战斗、龙须崮暴动等都在这里发生。

③鬼魅：鬼怪。喻指搞阴谋害人的人。《韩非子·外储说左上》："鬼魅，无形者，不罄于前，故易之也。"

◎王小古

王小古（1915～1983），江苏灌南人。中国当代著名画家，少年时代酷爱绘画，1937年考入苏州艺术专科学校，曾在江苏东海、新浦一带教书。在苏州艺术专科学校肄业后，得江苏省画家唐鲁臣赏识，收为入室弟子。1948年来山东，长期从事美术教育。1952年起历任临沂师范学校美术教师、临沂教育学院和山东艺术学院副教授。曾担任临沂地区工艺美术家协会副主席、临沂县政协副主席。作品多次参加山东和全国美展并获奖。曾多次为人民大会堂绘制牡丹、玫瑰巨幅国画。作品《扁豆蝈蝈》《墨色牡丹》在日本等国出版。近年有人将他的部分诗结集，称《王小古诗五百首》。

题樱花图①

1944年

纵横中原到处家，丈夫志不恋樱花②。
怜我三千年古国，沉睡何时剑弩发③？

【注释】

①选自政协山东省临沂市兰山区委员会编《兰山区政协志》，齐鲁书社，2001年版。现在我们能够看到的王小古先生在抗战期间写的诗歌只有两首。这是其中一首。

②“丈夫”句：表达了作者誓死不当亡国奴的决心。樱花：日本国花。

③剑弩：宝剑与弓弩。

山河指日凯旋歌①

作于抗日战争时期

青锋飞快不须磨②，常似探囊入鬼窝③。
四万万民齐有待，山河指日凯旋歌。

【注释】

①选自张鹏编著《牡丹绝响》，山东画报出版社，2006年版。现在我们能够看到的王小古先生在抗战期间写的诗歌只有两首。这是其中一首。

②青锋：即青锋剑。《清平山堂话本·刎颈鸳鸯会》："举青锋过处丧多情，到今朝你心还未省。"

③探囊：到袋中摸取，喻事情轻而易举。唐杜牧《郡斋独酌》诗："谓言大义小不义，取易卷席如探囊。"

◎梁必业

梁必业（1916～2002），江西庐陵人。1930年加入中国共产主义青年团，同年参加中国工农红军，1932年转入中国共产党，先后任干事、科长、技术书记、军团政治部指导员、宣传队长、总务处长等职。抗日战争时期，历任师政治部总务处处长，师直属队政治处主任，师政治部组织部长，山东军区政治部组织部长、教导团政治委员，师政治委员等职。解放战争时期，历任师政治委员、纵队副政治委员兼政治部主任、纵队政治委员、军政治委员等职。新中国成立后，历任第四野战军政治部组织部部长、政治部副主任，中国人民志愿军副政委，济南军区政委，总政治部副主任，军事科学院政委等。1955年被授予中将军衔。

军民团结抗战歌[1]

1943年

沂蒙山脉的高峰耸出了云天，
沂沭河流的碧水泛起了漪涟[2]。
这里是我们祖国美好的土地，
这里是我们世代相传的家园。
军民团结相依为命坚持抗战，
共产党为人民建立民主政权。
我们一定要粉碎敌人的进攻，
我们一定要争取灿烂的明天。

【注释】

①选自中共枣庄市委党史办公室编《风烟之歌——枣庄革命诗歌选》，中国矿业大学出版社，1993年版。梁必业时任一一五师政治部秘书长兼组织部部长。

②漪涟：细微的波浪。南朝宋谢灵运《发归濑三瀑布望两溪》诗："沫江免风涛，涉清弄漪涟。"

悼肖华同志[1]

1985年8月

君今不幸故别离，昔日相处常萦忆[2]。

戎马生涯几十载，转战驰骋万千里。
一生奋斗为人民，万水千山洒足迹。
军事指挥显才智，政治工作留丰绩。
终身为党多贡献，英名不朽伴新曲。

【注释】

①选自张秀岳主编《沂蒙之光诗词选》，山东人民出版社，1998 年版。

②萦忆：深情地回忆；魂牵梦绕地回忆。

◎李伯秋

李伯秋（1916~2005），辽宁辽阳人。1936年加入中国共产主义青年团，同年转入中国共产党。曾任山东人民抗日救国军第四支队连指导员、营教导员、团政治处主任，八路军山东纵队第四支队组织科科长，鲁中军区第二团政委、第五军分区政委、警备第二旅政委，军区第三师政治部主任，东北民主联军师政委，第四野战军四十军政治部主任。参加了辽沈、平津等战役。新中国成立后，历任志愿军军副政委，解放军军政委，沈阳军区政治部副主任、主任、副政委，中共辽宁省委书记。1955年被授予少将军衔。

满江红·吊沂蒙四大烈士陵园[①]

1986年6月

大雪初晴，驾长车，沂蒙踏遍。伤神处，孟良崮下，依汶河畔[②]。鲁山深处向沂源[③]，松霞岭背淄川探。无不是英雄长眠处，泪洗面。

赤子心，照星斗，开国业，山河变。挺枪立马斗顽敌，叱咤横剑[④]。肝脑涂地竟放胆[⑤]，赴汤蹈火冲霄汉[⑥]。今已是，华夏升平景，平生愿。

【注释】

①选自张秀岳主编《沂蒙之光诗词选》，山东人民出版社，1998年版。作者自注：1986年1月，遍访沂蒙山区蒙阴之垛庄、沂中之隋家店、沂源之南麻、淄川近郊四大烈士陵园，临穴凭吊，感触万千，因以为记。

②依汶：村庄名，在山东省沂南县依汶镇。

③鲁山：山东四大高山之一，位于山东的中心，是淄、汶、弥、沂四河的发源地，主峰观云峰海拔1108.3米，为鲁中最高峰。

④叱咤：怒喝。《史记·淮阴侯列传》："项王喑恶叱咤，千人皆废。"司马贞索隐："叱咤，发怒声。"

⑤肝脑涂地：原意是指死得凄惨，肝血脑浆涂抹满地。也形容竭尽忠诚，任何牺牲都在所不惜。后指牺牲的生命。《史记·叔孙通列传》："大战七十，小战四十，使天下之民肝脑涂地，父子暴骨中野。"

⑥赴汤蹈火：沸水敢趟，烈火敢踏，比喻不避艰险，奋勇向前。汤，热水；蹈，踩。晋嵇康《与山巨源绝交书》："长而见羁，则狂顾顿缨，赴汤蹈火。"

纪念刘少奇同志 1942 年视察山东[①]

1993 年 8 月

悬兵鏖战五冬秋[②]，山东逐鹿虎撞头[③]。
抗兵相加决国运，敌顽沆瀣觍合流[④]。
犄角争雄依广众[⑤]，偏师倚重赖实谋[⑥]。
底定大略添哲理[⑦]，且看齐鲁立新猷[⑧]。

【注释】

①选自张秀岳主编《沂蒙之光诗词选》，山东人民出版社，1998 年版。1942 年 3 月至 7 月，刘少奇受中共中央委托，由苏北到山东视察工作，从理论到实际、从路线到政策，帮助山东分局总结了抗战 4 年来的经验，解决了放手发动群众，树立对敌斗争优势的问题，确立了三角斗争中的方针和策略，对扭转山东形势起了关键作用，并对山东广大干部进行了一次深刻的马列主义教育。

②悬兵：谓孤军深入。南朝梁江淹《自序》："悬兵数千里而无同恶相济，五败也。"

③逐鹿：语本《史记·淮阴侯列传》："秦失其鹿，天下共逐之，于是高材疾足者先得焉。"裴骃集解引张晏曰："以鹿喻帝位也。"后因以"逐鹿"喻争夺统治权。《晋书·凉武昭王李玄盛传》："于是人希逐鹿之图，家有雄霸之想。"

④沆瀣：即"沆瀣一气"。唐科举考试中，考官崔沆取中了一名叫崔瀣的考生，有人嘲笑道："座主门生，沆瀣一气。"（见钱易《南部新书》）后比喻意趣投合的人勾结在一起。觍：同"腆"，厚着脸皮。

⑤犄角：分布兵力于不同处所，以便牵制或夹击敌人或互相支持。南朝梁江淹《北伐诏》："某官某甲等，并率义勇之众，牙制犄角之机。"

⑥偏师：指主力军以外的部分军队。宋陆游《代乞分兵取山东札子》："吊伐之兵，本不在众，偏师出境，百城自下。"

⑦底定：达到平定。《尚书·禹贡》："三江既入，震泽底定。"引申指平定、安定。《周书·尉迟运传》："东夏底定，颇有力焉。"

⑧新猷：新的谋略。指建功立业而言。清孔尚任《桃花扇·迎驾》："将今日劳苦功酬，迁旧秩，壮新猷。"

◎万里云

万里云（1916～2011），广西融水人。1939年参加八路军，1940年加入中国共产党。曾任八路军一一五师战地记者、宣传干事、教育科科长，主编《战士》《前锋报》和《滨海八年》等。1949年南下，历任第三野战军十兵团、福建省军区宣传部副部长，军政干校政委，福州军区宣传部副部长，福建省文化局局长、省文联主席，福建省老年书画艺术协会会长。

双双燕·东华烽烟[①]

1940年于鲁南

东华烽烟，齐鲁擎天柱[②]，沂蒙英杰。军容火荼[③]，民风悲壮豪烈。稚童横戈守寨，红装舞剑映霜雪。峀川草木如兵[④]，倭寇奸宄全怯[⑤]。

奇绝！慷慨声切。慈母送儿征，爱侣惜别。白马红花，踏破沂蒙山阙。歌角昂扬霄彻，众志成城仇虏灭[⑥]。青史昭纪伟勋，丹心辉耀日月。

【注释】

①选自张秀岳主编《沂蒙之光诗词选》，山东人民出版社，1998年版。双双燕：词牌名。始见史达祖《梅溪集》，即以咏双燕。东华：此指华东。

②擎天柱：托住天的柱子。语本《楚辞·天问》："八柱何当。"王逸注："言天有八山为柱。"洪兴祖补注引《神异经》："昆仑有铜柱，其高入天，所谓天柱也。"后以喻担负重大任务的人。

③火荼：即如火如荼，像火那样红，像荼（茅草的白花）那样白。比喻军容之盛。清宣鼎《夜雨秋灯录·一度风流千贯钱》："观剧者，如火如荼，几几乎万人空巷斗新妆也。"后形容声势浩大、气氛热烈的场面。

④峀川：犹山河。

⑤奸宄：亦作"奸轨"，指违法作乱的人或事情。《尚书·舜典》："蛮夷猾夏，寇贼奸宄。"

⑥仇虏：此指日本侵略者。

苏幕遮·滨海反"扫荡"[①]

1943年于滨海

元宵闹，瑞雪絮。神兵天降，夜袭青口去[②]。敌渊匪薮尽网罟[③]。掳寇如蚁，席卷东海处。

齐鲁乱，群魔舞。十路鏖战[④]，挥戈返日暮。惊闻将殒泪如雨。痛歼顽敌，哀愤忠魂慰。

【注释】

①选自张秀岳主编《沂蒙之光诗词选》，山东人民出版社，1998 年版。苏幕遮：词牌名，原是唐玄宗时教坊曲名，来自西域。

②青口：乡镇名，位于江苏省连云港市赣榆县，是赣榆县的县城。

③敌渊匪薮：即敌匪渊薮，谓敌人密集。渊薮：聚集。《南齐书·王晏传》："令大息德元渊薮亡命，同恶相济，剑客成群。"网罟：捕鱼及捕鸟兽的工具。《管子·势》："兽厌走而有伏网罟。"

④鏖战：激烈的战斗；苦战。清许承钦《晴川阁眺望》诗："古今余感慨，鏖战忆曹刘。"

撤出临沂城[①]

临沂市内夜森森[②]，此地空余一座城。
蒋匪焉知深远略，有朝一日尽瓮擒[③]。

【注释】

①选自张秀岳主编《沂蒙之光诗词选》，山东人民出版社，1998 年版。

②森森：幽暗貌。五代齐己《短歌寄鼓山长老》："行围坐逸同一色，森森影动旃檀香。"

③瓮擒：即瓮中捉鳖，从大坛子里捉王八。形容手到擒来，轻易而有把握。

◎高立明

高立明（1916～2002），山东莒南人。1932年加入中国共产党，曾任抗大一分校支队党支部书记、队指导员，中共寿光中心县委宣传部部长，清河区一地委宣传部部长，清河区党委宣传部科长兼清河独立团政治处主任，滨海区临郯工商局监委政委，枣庄矿务局监委。新中国成立后，历任华东纺织管理局人事处长、党委组织部长，上钢二厂党委书记，上海市手工业管理局党委副书记、副局长，上海市计委秘书长，上海市物资局党委副书记、副局长等职务。

参加滨海党史座谈会有感①

1984年10月

沭河千载恨悠悠，血水汗泪成巨流。
风云滨海冲霄汉，推倒三山志已酬②。
三十五年一弹指，幸会沂滨皆白头。
三中全会政策好③，工农翻番意气遒。

【注释】

①选自张秀岳主编《沂蒙之光诗词选》，山东人民出版社，1998年版。

②三山：指我国新民主主义革命时期的三座大山，即帝国主义、封建主义、官僚资本主义。

③三中全会：此指1978年12月召开的党的十一届三中全会。这次会议以后，我国开始改革开放。这是建国以来党的历史上具有深远意义的转折。它完成了党的思想路线、政治路线和组织路线的拨乱反正，是改革开放的开端。从此，中国历史进入社会主义现代化建设的新时期。

◎欧阳平

欧阳平（1916～2014），江西兴国人。1931 年加入中国共产主义青年团。1932 年转入中国共产党，同年参加中国工农红军。曾任公略步兵学校卫生科指导员，中央干部团政治教员，抗大一分校干部科科长，山东纵队旅政治部主任，鲁中军区第一军分区政治部主任，华东军政大学政治部主任，渤海军区政治部主任，第三野战军三十三军政治部主任。新中国成立后，历任上海警备区副政委，南京军区炮兵政委，成都军区、济南军区副政委。1955 年被授予少将军衔。

杏叶颂[①]

1942 年 12 月 2 日

淄河畔[②]，沂山西，一片带形根据地，
敌顽勾结两夹攻，疯狂抢掠刨地皮，
百姓苦寒断炊烟，军队吃饭成难题。
司务长，新发明，杏树林里创奇迹，
拣来几筐干树叶，和块枯饼泡水里[③]，
倒入大锅煮成饭，官兵一起充了饥。
能饱腹，能充饥，各连都来拣了吃，
出击歼敌腿有劲，修筑工事手有力。
今日歌颂干杏叶，助我抗日出了力，
明日为你立块碑，子孙后代记住你。

【注释】

①选自欧阳平著《清晨漫曲》，解放军文艺出版社，1990 年版。

②淄河：又称淄水或淄江。山东重要河流之一，是淄博境内最大的河流，也是临淄人民的母亲河。

③枯饼：油料作物的种子榨油后成饼形的渣滓。可用做饲料和肥料。如豆饼、油子饼、花生饼等。

◎林　浩

林浩（1916～1997），山东牟平人。1934年加入中国共产党。曾任济南市工委书记、山东省委宣传部部长、八路军山东纵队第四支队政委、中共山东省委组织部部长、山东第一区党委书记、胶东区党委书记兼胶东军区政委、华东野战军第九纵队政委。参与领导徂徕山起义。参加了胶东保卫战。新中国成立后，历任军事学院政治部、教育部部长及政治部副主任，高等军事学院政治部主任、副政委，解放军政治学院院长。1955年被授予少将军衔。

赞沂蒙[①]

1992年3月

齐鲁大地，沂蒙山区。
战争年代，可歌可泣[②]。

【注释】

①选自张秀岳主编《沂蒙之光诗词选》，山东人民出版社，1998年版。

②可歌可泣：谓值得歌颂并使人感动流泪。清赵翼《瓯北诗话·白香山诗》："盖其得名在《长恨歌》一篇。其事本易传。以易传之事，为绝妙之词，有声有情，可歌可泣。"

◎刘　汉

刘汉（1916～2008），山东文登人。1936年参加中华民族解放先锋队。1938年加入中国共产党。曾任山东人民抗日救国第三军宣传科科长、八路军山东纵队第五支队军政干部学校校长、山东军区政治部宣传科科长、辽东军区宣传部副部长、第四野战军四十二军政治部宣传部部长。新中国成立后，历任总政治部秘书处处长、宣传部副部长，中国人民革命军事博物馆馆长，总政治部宣传部顾问。1964年晋升为少将军衔。

纪念山东抗日战争并怀罗荣桓同志①

齐烟九点漫妖气②，大鸟鹰扬海岱春③。
战术翻边能制鬼④，雄图自主不由人。
何辞身瘁担床夜⑤，善与人同湖海心。
直捣黄龙飞浪去⑥，沂蒙留得战旗新。

【注释】

①选自魏巍主编《将帅诗词选》（续集），辽宁人民出版社，1988年版。罗荣桓（1902～1963）：湖南衡山人。1955年被授予元帅军衔。

②齐烟九点：唐朝诗人李贺《梦天》诗有“遥望齐州九点烟，一泓海水杯中泻”之句。“齐烟九点”即由此诗句演化而来，借用该诗句描绘济南的山景。

③大鸟：喻指罗荣桓。毛泽东《吊罗荣桓同志》诗曰：“斥鷃每闻欺大鸟，昆鸡长笑老鹰非。”

④战术翻边：1942年罗荣桓在山东任一一五师政治委员时，根据“敌进我进”的原则，提出“翻边战术”，即敌人打到我们这边来，我们就翻到敌人那边去。

⑤“何辞”句：指罗帅自1942年患严重的尿血症，常躺在担架上指挥行军作战。

⑥直捣黄龙：一直打到黄龙府，捣毁敌人的巢穴。指杀敌取胜。黄龙：即黄龙府，辖地在今吉林一带，为金人的腹地。《宋史·岳飞传》：“飞大喜，语其下曰：‘直抵黄龙府，与诸君痛饮尔！’”

◎司中峰

司中峰（1916～2003），山东邹城人。1938年参加八路军，同年加入中国共产党。曾任鲁南军区连指导员、八路军一一五师营教导员、鲁南军区团政治处主任、华东野战军第三纵队七师十九团政委、第三野战军七兵团军直属工作部部长。参加了孟良崮、淮海、渡江等战役。新中国成立后，历任空军师政治部主任、师政委、军政治部主任，北京军区空军政治部主任，空六军政委。1964年晋升为少将军衔。

缅怀沂蒙①

齐鲁大地沂蒙骄，山清水秀育英豪。
孔明羲之标千古②，风流人物看今朝。

【注释】

①选自张秀岳主编《沂蒙之光诗词选》，山东人民出版社，1998年版。

②孔明：诸葛亮，字孔明，号卧龙，琅琊阳都（今山东临沂市沂南县）人。三国时期蜀汉丞相，杰出的政治家、军事家、发明家、文学家。羲之：即王羲之，东晋书法家，字逸少，号澹斋，原籍山东琅琊（今山东临沂），后迁居会稽（绍兴），有书圣之称。

◎张玉华

张玉华，1916年生，山东文登人。1935年加入中国共产党。1937年参加天福山起义。曾任山东人民抗日救国军第三军中队指导员、大队政委，八路军山东纵队团政委，鲁中军区后勤处政委，东北民主联军师政治部主任，第四野战军四十军师政委。参加了沂蒙山区反"扫荡"战斗和四平保卫战、辽沈、平津、海南岛等战役。新中国成立后，历任中国人民志愿军师政委、军政治部副主任，炮兵副军长，沈阳军区炮兵政委，武汉军区副政委，中共湖北省委书记，南京军区副政委。1964年晋升为少将军衔。

献给敬爱的沂蒙老区人民①

1993年夏于南京

老区人民贡献大②，当年跟党打天下。
社会主义金光道，今日同心建四化。

【注释】

①选自张秀岳主编《沂蒙之光诗词选》，山东人民出版社，1998年版。

②老区：老解放区的省称。毛泽东《关于农业互助合作的两次谈话》一："老区应当多发展一些。"

◎耿道明

耿道明（1916~1994），山东潍坊人。1937年参加八路军。1939年加入中国共产党。曾任八路军鲁东游击队分队长、山东纵队第八支队指导员、新四军第二师保卫部副部长、华东野战军第二纵队保卫部部长、第三野战军第八兵团保卫部部长。新中国成立后，历任华东军区保卫部长，中国人民志愿军兵团保卫部部长，南京军区保卫部部长兼军区军事法院院长，中国人民银行政治部主任，中国人民保险公司总经理，中国人民银行副行长，中国钱币学会第一届理事长。1964年晋升为少将军衔。

忆苏北负伤[①]

1982年9月于北京

抗日战争时期转战苏北鲁南，在战斗中大腿负伤，不能行动，穿越敌占区全靠民兵担架队和战友护送。往事历历在目，令人没齿难忘[②]。

鲁南苏北炮声隆，纵马挥刀气若虹；
只缘子弹伤左腿，全凭担架任交通。
年轻战友在艰险，阶级感情逾弟兄；
多少英雄流血汗，无私无畏为工农。
敌区闯过靠战友，胜利得来有牺牲；
阶级弟兄生死共，乡亲父老鱼水情。
敌顽气焰空嚣张，军民团结胜长城；
没齿难忘当年事[②]，喜看传统有继承。

【注释】

①选自张秀岳主编《沂蒙之光诗词选》，山东人民出版社，1998年版。

②没齿难忘：一辈子也忘不了。一般用于形容对别人的恩情或关怀终生不能忘记。齿：指年龄。没齿：终身。《论语》："人也，夺伯氏骈邑三百，饭疏食，没齿无怨言。"

◎鲍奇辰

鲍奇辰（1916～2007），山东临清人。1938 年入陕北公学学习，同年加入中国共产党。曾任八路军山东纵队组织部干部科长，鲁中军区组织部部长、师政治部主任，华东野战军第八纵队政治部副主任，山东兵团组织部部长，第三野战军组织部副部长。参加了莱芜、泰蒙、孟良崮、洛阳、豫东、淮海、渡江等战役。新中国成立后，历任华东军区政治部组织部部长，福州军区政治部副主任，总政治部群工部部长，济南军区政治部副主任，成都军区、军政大学、军事学院政治部主任。1961 年晋升为少将军衔。

沉痛悼念粟裕大将五首[①]

1984 年 2 月 13 日

一

传来噩耗心悲伤，最忆当年征战场。
帷幄运筹驱虎豹[②]，功勋卓著盛名扬。

二

功高百战出奇兵，荡尽烟云神鬼惊。
袖里乾坤寒敌胆[③]，中原逐鹿动高旌[④]。

三

英雄伟绩不虚传，戴月披星扫敌顽。
喜看天兵征腐恶，将军奏得凯歌还。

四

身经数百战，屡屡立新功。
弹指烽烟静[⑤]，全凭点化工。

五

党性称楷模，战场展宏图。
胸中怀日月，情系万家呼。

【注释】

①选自张秀岳主编《沂蒙之光诗词选》，山东人民出版社，1998年版。粟裕（1907～1984）：初名粟多珍、粟志裕，侗族。中国现代杰出的革命家、军事家、战略家。1955年被授予大将军衔。

②帷幄运筹：在军帐内对军略作全面计划。常指在后方决定作战方案。也泛指主持大计，考虑决策。帷幄：军队的帐幕。

③袖里乾坤：形容狭小的袖中能收纳天地之阴阳万物。比喻离奇的策略。

④中原逐鹿：指群雄并起，争夺天下。高旌：古代用羽毛装饰的旗子。这里指高大的旗子。

⑤弹指：捻弹手指作声的动作，常用来比喻时光短暂。

◎翟翕武

翟翕武，1916 年生，山东淄博人。1938 年加入中国共产党。抗日战争时期，曾任博山四区抗日民众动员委员会主任、抗日民主政府区长，博山县县长，泰山区专员公署民政科副科长，博莱县县长。解放战争时期，任沂南县县长。新中国成立后，历任杭州市军管会处长，浙江麻纺织厂厂长，浙江省工业厅、轻工业厅厅长，浙江炼油厂工程指挥部指挥、党委书记，中共浙江省委常委，浙江省副省长兼计委主任等职。

壬申夏旧地重游有感①

沂蒙山前立，肃然起敬意。
今日小康路，烈士血铺地。
饮水当思源，前事后事师②。
何以慰英灵，誓建大同世③。

【注释】

①选自张秀岳主编《沂蒙之光诗词选》，山东人民出版社，1998 年版。壬申：此为 1992 年。

②前事后事师：牢记以前的经验教训，作为今后行事的借鉴。师：借鉴。《战国策·赵策一》："前事之不忘，后事之师。"

③大同世：我国古代一些思想家提出的一种天下为公、人人平等的社会政治理想。此指共产主义社会。

◎刘西元

刘西元（1917～2003），江西吉安人。1931年参加中国工农红军，同年加入中国共产主义青年团。1932年转入中国共产党。曾任红一军团青年干事、团政委，八路军一一五师六八六团政委，滨海军区滨北军分区政委，东北野战军纵队副政委，第四野战军军政委。新中国成立后，历任中国人民志愿军军政委，总政治部青年部副部长，共青团中央书记处书记，总政治部组织部部长，总政治部副主任，兰州军区、南京军区副政委。1955年被授予中将军衔。

念沂蒙人民[①]

1993年7月

抗日烽火连天，倭寇入侵蒙山。
我军聚歼顽敌，凯旋华东延安[②]。
沂蒙人民情愫[③]，我辈永记心田。
大力改革开放，喜看沂蒙新颜。

【注释】

①选自张秀岳主编《沂蒙之光诗词选》，山东人民出版社，1998年版。

②华东延安：指沂蒙山革命根据地。抗日战争和解放战争时期，沂蒙山区是山东建党建军开创时期的革命圣地，被称为“华东小延安”。

③情愫：真实朴素的情感。

◎谢有法

谢有法（1917～1995），江西兴国人。1932 年加入中国共产主义青年团。次年参加中国工农红军。1936 年转入中国共产党。曾任红军总政治部组织干事，八路军晋南军政干部学校政治处主任，山东纵队组织部、山东军区组织部部长，津浦前线指挥部政治部主任，华东野战军东线兵团、第三野战军第九兵团政治部主任。新中国成立后，历任中国人民志愿军兵团政治部主任，总政治部组织部副部长，沈阳军区副政委，解放军政治学院政委。1955 年被授予中将军衔。

赞光荣的临沂人民①

1989 年 10 月

为抗日，来山东，几度春秋沂蒙山。
吃煎饼②，反扫荡，军民鱼水斗敌顽。
克济南，战淮海，支援大军渡江南。

【注释】

①选自张秀岳主编《沂蒙之光诗词选》，山东人民出版社，1998 年版。

②煎饼：面食。以山东沂蒙山区为盛。将五谷杂粮磨成面糊，倒入鏊子，用煎饼匙子或篦子摊平烙制而成。

◎王诚汉

王诚汉（1917～2009），湖北红安人。1930年参加中国工农红军，同年加入中国共产主义青年团。1933年转入中国共产党。曾任红二十五军连长、八路军留守兵团营长、抗大总校队长兼军事教员、中原军区团长、华东野战军一纵队团长兼政委、晋冀鲁豫军区旅长、华北野战军师长。参加了长征、中原突围和孟良崮、临汾、太原等战役。新中国成立后，历任中国人民志愿军师长、副军长，解放军军长，西藏军区副司令员，成都军区司令员，军事科学院政委。1955年被授予少将军衔。

西江月·孟良崮战役[①]

处处星飞乱眼[②]，阵阵红雨飘摇[③]。直扑刀丛志气豪[④]，敌兵鬼哭狼叫。
敌师妄称精锐，我军不愧英豪[⑤]。全歼敌军乐陶陶，冲霄吹起军号。

【注释】

①选自魏巍主编《将帅诗词选续集》，辽宁人民出版社，1988年版。

②星飞乱眼：化用陈毅《孟良崮战役》诗句“信号飞飞星乱眼”。这里形容子弹的火星有如星星一样使人眼乱，表战况激烈。

③红雨飘摇：这里形容血水有如雨一样飘洒，表战况残酷。

④“直扑”句：化用陈毅《孟良崮战役》诗句“刀丛扑去争山顶”。

⑤“我军”句：化用陈毅《孟良崮战役》诗句“我军个个是英豪”。

◎朱耀华

朱耀华（1917~2009），江西瑞金人。1930年参加中国工农红军。1932年加入中国共产主义青年团，次年转入中国共产党。曾任红一军团营青年干事，八路军一一五师连长、营长、师司令部科长，山东军区特务团团长，华东野战军第十纵队师参谋长，第三野战军二十八军八十三师师长。新中国成立后，历任第十兵团司令部作战处处长、副军长兼参谋长，福建省军区司令员，福州军区副司令员。1955年被授予少将军衔。

喜看新人奋耕耘[1]

1993年4月

追求真理当红军，戎马生涯六一春[2]。
老骥伏枥壮志在[3]，喜看新人奋耕耘。

【注释】

①选自张秀岳主编《沂蒙之光诗词选》，山东人民出版社，1998年版。

②戎马生涯：指从事征战的生活、经历。

③老骥伏枥：比喻有志之士虽年老而仍有雄心壮志。三国魏曹操《步出夏门行》："老骥伏枥，志在千里。烈士暮年，壮心不已。"

◎刘中华

刘中华，1917 年生，山东文登人。1932 年加入中国共产党，曾任胶东军区五支队中队指导员、营教导员、团政委及八路军山东纵队团政委，旅政治部副主任，胶东军区分区政委，华东野战军第九纵队七十二师政委，第三野战军三十军政治部主任。参加了莱芜、孟良崮、南麻、临朐、胶东、潍县、兖州、济南、淮海、渡江等战役。新中国成立后，任华东军区海军第六舰队副政委、司令员兼政委，海军高级专科学校校长。1955 年被授予少将军衔。

纪念孟良崮战役胜利五十周年[①]

当年鏖战孟良崮[②]，歼敌王牌张灵甫。
重点进攻锐气煞[③]，军民欢笑遍齐鲁。

【注释】

①选自张秀岳主编《沂蒙之光诗词选》，山东人民出版社，1998 年版。

②鏖战：激烈的战斗；苦战。《新唐书·王翃传》："引兵三千，与贼鏖战。"

③锐气：旺盛的气势。《孙子·军争》："故善用兵者，避其鋭气，击其惰归，此治气者也。"煞：同"杀"。

◎乐时鸣

乐时鸣，1917年生，浙江舟山人。1936年参加上海职业界救国会。次年加入中国共产党。曾任中国红十字会交通股组长，救护委员会运输股副主任，新四军军部副官，江南指挥部副官处人事科科长，新四军第六师旅政治部宣教科科长、师宣教部副部长，华东野战军六纵民运部部长、后勤部政委，第八兵团军教导团政委。参加了苏中、鲁南、莱芜、孟良崮、淮海、渡江等战役。新中国成立后，历任中国人民志愿军师政治部主任，解放军师副政委、政委及军副政委，北京军区政治部副主任，解放军政治学院副教育长、副政委。

沂蒙怀旧（十首）[①]

记1947年转战沂蒙旧事

1992年6月

一、入鲁

我华野六纵队于1947年1月上旬越陇海路北上入鲁。

战罢苏中初入鲁，沂蒙山险会雄师。
敌军进逼猖狂甚，我自巍然运策奇。

二、逢弟

胞弟时暄（乐群）1938年去延安，我留新四军，于皖南分别。十载难通音信，临沂干部会上喜相逢，他在一纵，我在六纵，匆匆一面，旋即告别。

临沂会上逢亲弟，十载睽违两不知[②]。
未诉衷情先话别，连天烽火又分离。

三、北上

2月10日，六纵奉命经费县穿蒙山北上求歼李仙洲集团[③]。生活艰苦，山路崎岖，部队斗志旺盛，求战心切。

一张煎饼两根葱，地瘠人穷意态雄。
山石嵯峨寒夜月[④]，马蹄踢起急行风。

四、大捷

莱芜大捷，六纵歼俘敌2.4万余人。战后于淄博休整。

莱芜大捷振人心，北敌全歼用意深。
运动方针奇迹创，厉兵秣马战机寻[⑤]。

五、奇兵

5月初，新泰附近敌大军云集，六纵处境不利。纵队王必成司令[⑥]、江渭清政委毅然决定孤军南下[⑦]，进入鲁南敌后。旋得野司批准[⑧]，隐伏待机。

星夜孤军入鲁南，胸怀全局不知难。
果然险着成奇着，突出飞兵敌后间。

六、斩酋

5月12日六纵奉命急行北上，抢占垛庄[⑨]、黄崖山[⑩]，完成对敌王牌整编七十四师包围。而后参加总攻孟良崮，击毙敌酋张灵甫于其指挥所。

两日飞行二百四，垛庄一堵敌全围。
孟良崮上王牌乱，斩得凶酋胜利归。

七、雨情

连日降雨，行军困难，但士气依然高昂。

沂蒙六月雨何多，夜宿荒村越水坡。
白日滂沱过坦埠[⑪]，衣单马瘦未忘歌。

八、哭于

于龙曾随我当通讯员，沂河渡口相逢时，他是四十六团一营副营长，亲自扶我徒涉。8月21日南麻之役，四十六团强攻马头崮[⑫]，一营营长恽前程负伤，于龙英勇牺牲。当日我正在该团指挥所，亲自为于龙安魂埋葬。

沂河难渡遇于龙，徒涉扶肩情意浓。
眼见强攻伤战友，马头崮下哭英雄。

九、昼渡

南麻未克[⑬]，奉命急渡弥河[⑭]，攻击临朐[⑮]，又未克。我军遂主动撤围，北越胶济路，离开沂蒙山区。

弥河流急水连云，白昼强行渡大军。
联手牵绳浮共济，衣襟犹湿战狼群。

十、多恋

沂蒙转战已多年，铭刻胸怀似眼前。
勉作九章歌旧事，衷心遥祝换新天。

【注释】

①选自张秀岳主编《沂蒙之光诗词选》，山东人民出版社，1998年版。

②暌违：分离；分隔；离别。姚合《寄陕府内兄郭端公》诗："暌违逾十年，一会豁素诚。"

③李仙洲（1894~1988）：山东河西人。国民党将领。抗战期间在山东对日军作战。莱芜战役时被俘，1960年11月被特赦释放。此后，历任山东省政协秘书处专员，省政协委员、常务委员，民革山东省委员会委员、常务委员等职。

④嵯峨：山高峻貌。唐唐彦谦《送许户曹》诗："将军楼船发浩歌，云樯高插天嵯峨。"

⑤厉兵秣马：磨好兵器，喂好马。形容准备战斗，也比喻事前做好准备工作。厉：同"砺"，磨。兵：兵器。秣：喂牲口。

⑥王必成（1912~1989）：湖北麻城人。解放战争时期，任新四军新六师副师长，华中野战军第六纵队司令员，华东野战军第六纵队司令员，第三野战军第二十四军军长，第七兵团副司令员兼浙江军区副司令员。新中国成立后，任中国人民志愿军第九兵团副司令员，南京军区副司令员，昆明军区司令员，武汉军区司令员，军事科学院副院长。1955年被授予中将军衔。

⑦江渭清（1910~2000）：湖南平江人。解放战争时期任华中军区新六师政委、华东野战军第六纵队政委、第八兵团副政委等职；参加了著名的七战七捷、孟良崮、渡江战役；后任南京市委副书记兼警备司令部司令员、江苏省委第一书记、华东局书记、江西省委第一书记、福州军区政委。

⑧野司：解放战争时期我军野战军司令部的简称。此指华东野战军司令部。

⑨垛庄：乡镇名，在山东省蒙阴县东南30千米处，是山东省"中心镇"。

⑩黄崖山：山名，在孟良崮东北6千米处。

⑪滂沱：形容雨下得很大。坦埠：地名，今蒙阴县坦埠镇。

⑫马头崮：位于山东省蒙阴县界牌镇，海拔328.5米，面积1平方千米，因形状像马头，故名马头崮。

⑬南麻：位于山东省沂源县中部，为沂源县人民政府、南麻镇人民政府驻地。

⑭弥河：源自山东省潍坊市临朐县沂山西麓，流经临朐、青州，进寿光入渤海。

⑮临朐：县名，属山东省潍坊市，位于山东半岛中部，潍坊市西南部，沂山北麓，弥河上游。

念奴娇·沂蒙颂[①]

1992年6月

沂蒙雄峻，望层峦险崮，斜阳含血。强敌围攻何所惧？频举铁拳迎击。蔽日旌旗，连天弓剑，壮汉如山立。贞姑红嫂[②]，女中多少豪杰！

正是岁月留情，当年艰苦，换得青春力。地瘠峪深人有志，开发裕民功业。导水有归，造林有果，遍地繁花密。老区新貌，慰安千万英烈。

【注释】

①选自张秀岳主编《沂蒙之光诗词选》，山东人民出版社，1998 年版。

②贞姑：贞烈女子。

◎江　潮

江潮（1917～1996），河北定州人。1935年参加东北军。1938年在山东参加抗日活动。1940年加入中国共产党，同年参加八路军。曾任滨海区独立旅营长、团长，山东军区海陵独立团团长，东北野战军师参谋长，第四野战军三十八军司令部参谋长。新中国成立后，历任中国人民志愿军师长，解放军副军长，军事学院炮兵教授会主任、训练部副部长，西藏军区参谋长，四川省军区副司令员，南京高级陆军学校副校长。1964年晋升为少将军衔。

潇湘神·沂蒙颂[①]

1993年秋于金陵

蒙山头，沂山头。草地风吹见暖流。红嫂乳浆伤员救[②]，大娘做鞋战士酬。

人皆欢，人皆欢。绿水青山乐陶然。坦埠垛庄歼灭战[③]，孟良崮顶毙敌顽。

【注释】

①选自张秀岳主编《沂蒙之光诗词选》，山东人民出版社，1998年版。潇湘神：词牌名。又名《潇湘曲》，原为唐代潇湘间祭祀湘妃神曲，刘禹锡为填两词，见《刘梦得文集》卷八。

②红嫂乳浆：即沂蒙红嫂明德英用乳汁救活伤员的故事。抗日战争期间，八路军一名小战士在反“扫荡”突围中身负重伤，被明德英机智救下，为他包扎伤口。当搜捕的日军走后，伤员因失血过多，缺水休克，在周围没有水源的情况下，正在哺乳期的明德英毅然用乳汁救活了伤员。

③坦埠：乡镇名，在山东省蒙阴县城东北部。距县城38千米。地处蒙阴、沂水、沂南三县交界。垛庄：乡镇名，在山东省蒙阴县。

渔家傲·忆鲁南[①]

白彦梁丘和戴陆[②]，军民袭击津滕路。彩带飘扬群起舞，齐追堵，阮山方幸成俘虏[③]。

绿水回环清涧路，磨光卵石无其数。为斩楼兰难停步[④]，同艰苦，梦游抱犊高山崮。

【注释】

①选自张秀岳主编《沂蒙之光诗词选》，山东人民出版社，1998 年版。

②白彦：旧县名，在山东省南部。1947 年由邹县、滕县两县析置。属鲁南行政区第二专区。1953 年 7 月撤销，其辖区划入滕县、邹县、平邑三县。县人民政府先驻平邑县白彦镇白彦村。今为平邑县白彦镇。梁丘：镇名，在今山东省费县。戴陆：地名，位置不详。

③原注：阮山方幸是日本天皇的嫡亲，在津浦破袭战中被俘。

④斩楼兰：谓作杀敌建功，出自《汉书·傅介子传》，又见于《汉书·西域传》。唐李白《塞下曲》："愿将腰下剑，直为斩楼兰。"

◎孙晓风

孙晓风（1917～1999），山东蓬莱人。1936年参加中华民族解放先锋队。1937年参加中国工农红军，同年加入中国共产党。曾任八路军一一五师政治部秘书处处长、战士剧社队长，鲁南军区宣传部部长，鲁南警备第八旅政治部主任。参加了平型关战斗和鲁南、孟良崮等战役。新中国成立后，历任昌潍军分区政治部主任，济南军区政治部秘书长、师政委，华东军区司令部办公厅主任，石油工业部副部长，中国石油化学工业总公司副董事长。

念沂蒙（二首）[1]

一

巍巍沂蒙，钢铁长城。
军民一家，众志成城[2]。

二

孟良崮上敌胆寒，抱犊崮外翻遍天[3]。
沂蒙人民志气大，天宝梨桃遍满山[4]。

【注释】

①选自张秀岳主编《沂蒙之光诗词选》，山东人民出版社，1998年版。

②众志成城：大家同心协力，就像城墙一样的牢固。比喻大家团结一致，就能克服困难。

③抱犊崮：位于枣庄市山亭区和临沂市兰陵县之间，汉代曰“楼山”，魏时称“仙台山”，明清称“君山”。据《峄县志》记载：昔有王老抱犊耕其上，后仙去，故得名抱犊崮。

④天宝：位于平邑县城东南，原为平邑县天宝乡，后与平邑地方镇合并，统称平邑县地方镇。

◎李　欣

李欣，1917 年生，福建汀州人。1936 年加入中国共产主义青年团，同年转入中国共产党。抗日战争时期，曾任中共青岛特别支部书记，中共东北军五十七军一一二师、一一一师工委委员，八路军山东军区滨海支队政治部副主任，东北挺进纵队第一支队政委。解放战争期间，先后任东北联军旅政治部主任、师政治部主任，东北野战军师政治部主任，三十八军师政委。新中国成立后，先后任驻德国、英国大使馆参赞，军事科学院外国军事研究部副部长，解放军政治学院学术委员会副主任。

江南好·忆沂蒙（四首）[①]

沂蒙好，最忆是东蒙[②]。莽莽重山天际远，山耶云耶视朦胧，夜路太匆匆。
沂蒙好，最忆是沭河[③]。水浅无冰沙泥软，鱼儿破网似穿梭，敌寇叹如何？
沂蒙好，最忆是群峰。七十二山皆作崮，平头削壁矗苍穹[④]，贼寇入笼中。
沂蒙好，最忆是人民。齐鲁英雄豪气在，奏凯欢呼庆脱贫，建设一番新。

【注释】

①选自张秀岳主编《沂蒙之光诗词选》，山东人民出版社，1998 年版。

②东蒙：蒙山的别称，因在鲁东，故名。《论语·季氏》："夫颛臾，昔者先王以为东蒙主。"杨伯峻注："东蒙，即蒙山。"唐高适《鲁郡途中遇徐十八录事》诗："前临少昊墟，始觉东蒙长。"

③沭河：位于山东省南部及江苏省北部。源出山东省沂蒙山区的沂水县沂山南麓。同沂水平行南流，过郯城县入江苏省。

④苍穹：苍天。《梁书·邵陵王纶传》："唯应剖心尝胆，泣血枕戈，感誓苍穹，凭灵宗祀，书谋夕计，共思匡复。"

◎张怀忠

张怀忠（1917～1993），山东荣成人。1937年参加八路军，次年加入中国共产党。曾任文登县黄山区抗日救国会军事科长，胶东军区第五支队副团长，南海、东海军分区参谋长，胶东军区第六师参谋长，华东野战军第十三纵队三十八师代师长，七纵二十师师长，第三野战军二十五军参谋长。新中国成立后，历任华东军区司令部处长，山东军区副参谋长，国防部第五研究院院长，七机部、一机部副部长。1961年晋升为少将军衔。

献给沂蒙老区人民[①]

1993年9月

沂蒙人民业绩高，支援抗敌慰英豪。
优良传统传家宝，切望代代永记牢。

【注释】

①选自张秀岳主编《沂蒙之光诗词选》，山东人民出版社，1998年版。

◎杨维屏

杨维屏（1917～2010），山东莱芜人。1937年参加革命。历任中共莒中县委书记，中共中央山东分局秘书科科长，滨海二地委宣传部部长，胶州地委、惠民地委、烟台地委、青岛市委副书记，昌潍地委第二书记，山东省农科院党委书记、院长，山东省委农村工作部副部长，山东省农林办公室主任，山东省基本建设委员会代理主任。

悼陈若克烈士[1]

英雄沂城血染红[2]，若克英烈陷圄囹[3]。
大崮战斗遭倭掳，酷刑不屈亮节风。
抱子同赴刑场去，以沫相濡母子情[4]。
大义凛凛浩然气，堪称女杰载汗青[5]。

【注释】

①选自张秀岳主编《沂蒙之光诗词选》，山东人民出版社，1998年版。陈若克（1919～1941）：女，广东顺德人。1936年8月加入中国共产党。入华东军政干部训练所学习。后随陈沂去陵川办八路军晋南干校，与山东省委书记朱瑞结婚。1939年6月起，任山东分局妇女委员、山东省妇女救国联合会常委、山东分局组织部科长等职。1941年冬，日寇5万人“扫荡”沂蒙。11月17日，在大崮战斗中落入敌手。日军施酷刑，她坚贞不屈。11月26日，与出生不到十天的女儿一起被日寇杀害。

②沂城：指山东省沂水县城。

③圄囹：同“囹圄”，即监狱。《礼记·月令》：“（仲春之月）命有司，省囹圄，去桎梏。”孔颖达疏：“囹，牢也；圄，止也，所以止出入，皆罪人所舍也。”《汉书·礼乐志》：“祸乱不作，囹圄空虚。”

④以沫相濡：即“相濡以沫”。用口沫互相湿润。比喻在困难中以微小的力量互相帮助。《庄子·大宗师》：“泉涸，鱼相与处于陆，相呴以湿，相濡以沫，不如相忘于江湖。”

⑤汗青：古时在竹简上记事，先以火烤青竹，使水分如汗渗出，便于书写，并免虫蛀，故称。借指史册。宋文天祥《过零丁洋》诗：“人生自古谁无死，留取丹心照汗青。”

祭忠魂[①]

追忆蒙山战斗抗日烈士高儒纪同志[②]

久有凌云报国志，豪气英姿投军营。
英勇杀敌在前锋，同仇敌忾逞英雄[③]。
猛虎下山闯敌阵，横眉怒目刺刀红。
唯有牺牲视如归，忠魂飞舞沂蒙顶。

【注释】

①选自张秀岳主编《沂蒙之光诗词选》，山东人民出版社，1998年版。

②原注：高儒纪，莱芜里辛镇高家村人，为作者少年时同学。他于1938年18岁参加八路军，20岁在蒙山战斗中杀敌立功，壮烈牺牲。

③同仇敌忾：指全体一致痛恨敌人。同仇：共同对敌。敌：对抗，抵拒。忾：愤怒。《诗经·秦风·无衣》："修我戈矛，与子同仇。"《左传·文公四年》："诸侯敌王所忾，而献其功。"

◎洒　林

洒林，1917 年生，山东泰安人。1938 年参加八路军。曾任八路军山东纵队四支队泰安独立营指导员、干事，军分区科长、团政委，郯城、临沭、沭水县敌工部部长，滨海军区武工大队副政委，陇海东段铁路管理局第三办事处主任，郯城县国军工作部部长。新中国成立后，任中共南京市委副书记、南京市顾问委员会副主任。

梦系临郯偶感[①]

1993 年 10 月于金陵

临郯儿女英雄汉[②]，少壮从军老支前。
奋战顽敌沂沭岸，二下临沂三克郯。
志士不畏疆场死，烈血染红马陵山[③]。
屈指已逾五十载，历历往事今再现。

【注释】

①选自张秀岳主编《沂蒙之光诗词选》，山东人民出版社，1998 年版。

②临郯：旧指山东省的临沂县和郯城县。

③马陵山：在山东省郯城县境内，是一条低山丘陵。北起临沭县曹庄，南到江苏新沂，北南走向，绵延 60 余千米，以状如奔马而得名。相传历史上著名的齐魏“马陵之战”就发生在这里。（马陵之战的位置史学界有不同看法，此处为其中一说）

◎宫达非

宫达非（1917～2000），山东莱阳人。1937 年参加中华民族解放先锋队。次年加入中国共产党。曾任胶东军区干部学校宣教科科长，《大众日报》社编辑、记者，《泰山时报》社、《鲁中日报》社、《鲁中南报》社、新华社鲁中南分社社长兼总编辑。新中国成立后，历任驻缅甸大使馆一等秘书，外交部西亚北非司专员，非洲司副司长，驻摩洛哥大使馆参赞，驻伊拉克、扎伊尔大使，外交部部长助理兼办公厅主任、外交部副部长。

沂蒙抒怀[①]

1993 年春

恋恋别梦五十年[②]，犹闻马嘶霜晨天。
沂蒙功照千秋业，史册经已翻新篇。

【注释】

①选自张秀岳主编《沂蒙之光诗词选》，山东人民出版社，1998 年版。

②别梦：离别后思念之梦。唐许浑《将归姑苏南楼饯送李明府》诗："花落西亭添别梦，柳阴南浦促归程。"

◎高　峻

高峻（1917～2007），安徽金寨人。1931年参加中国工农红军，1935年加入中国共产党。历任川陕苏区共青团省委宣传部部长、中共陕西省委秘书、红四方面军机要科组长、八路军山东纵队司令部机要科科长、鲁中军区通信科科长、东北民主联军司令部通讯处科长。新中国成立后，先后担任华中电信管理局副局长兼武汉市电信局局长，中南军区通讯处处长，第二机械工业部十局副局长，第四机械工业部通信导航设备局局长，第四机械工业部副部长，中共电子工业部纪律检查组组长。

颂沂蒙老区人民（二首）[①]

抗日战争时期

沂蒙人民志坚强，军民携手愤寇狂。
“三光”嚣张气焰酷，激怒人民斗豺狼。
同甘共苦如鱼水，流血流汗相益彰。
饥寒同餐踏夜岗，红嫂护军喂乳汤。

解放战争时期

人民拥护共产党，歼灭强盗怒火旺。
英雄儿女齐参战，军民结成钢铁样。
垛庄崮山张灵甫[②]，叫天不应小命丧。
搬掉压顶三座山，全国人民得解放。

【注释】

①选自张秀岳主编《沂蒙之光诗词选》，山东人民出版社，1998年版。

②垛庄：乡镇名，在山东省蒙阴县。崮山：在蒙阴东北部。张灵甫：国民党“王牌军”整编七十四师师长，在孟良崮战役中被击毙。

◎颜　　红

颜红（1917~2009），河南信阳人。1938 年入延安抗大学习。同年加入中国共产党。曾任抗大一分校队指导员、营教导员，中共高密县委书记，苍马县委书记兼县独立团政委，中共诸诚县委书记兼县独立团政委，滨北军分区独立二团政委，华东野战军第十三纵队三十九师团政委。新中国成立后，历任第三野战军三十一军师政治部主任，二十八军师政委、军政治部主任，福建生产建设兵团副政委，福州军区政治部副主任，福州军区副政委。1955 年被授予大校军衔。

沂蒙抗日烽火①

抗日烽火燃九州，沂蒙山上火更红。
铜墙铁壁军民建②，敌忾同仇歼罴熊③。

【注释】

①选自张秀岳主编《沂蒙之光诗词选》，山东人民出版社，1998 年版。

②铜墙铁壁：比喻防御十分坚固、不可摧毁。

③敌忾同仇：抱着无比的仇恨和愤怒一致对付敌人。罴熊：罴和熊，皆为猛兽。此处喻指凶恶强大的敌人。《史记·五帝本纪》：“（轩辕）教熊罴貔貅貙虎，以与炎帝战于阪泉之野。”毛泽东《七律·冬云》：“独有英雄驱虎豹，更无豪杰怕熊罴。”

◎牛玉华

牛玉华（1917～2009），女，山东安丘人。1936年参加革命。1939年加入中共产党。曾任《沂蒙导报》《鲁中日报》《鲁中大众》《鲁中南报》记者、编辑、编辑部主任。新中国成立后，任《新华日报》地方版主编，中共南京市委宣传部办公室主任，江苏省委宣传部宣传处处长，人民文学出版社副总编辑，中央宣传部出版局负责人。著有《韩秀贞》《春天的日记》《他们在战争年代》《悠悠往事总是情》等。

沂蒙人家[1]

1947年3月写于沂南马牧池[2]

团瓢石屋自温馨[3]，桃红柳绿年年春。
老少三代围一炕，高粱煎饼不称贫。
金黄小米支前去，车轮滚滚赶星辰。
黄花大姐抬担架[4]，美名红嫂处处闻。

【注释】

①选自张秀岳主编《沂蒙之光诗词选》，山东人民出版社，1998年版。

②马牧池：位于山东省沂南县西北部，距县城21千米。南与孙祖镇接壤，北邻沂水县院东头乡，西与岸堤镇相连，东与依汶镇相接。

③团瓢：沂蒙山区百姓在田间地头用高粱秆围起来的一种圆屋，多用于夏秋之际看护庄稼。温馨：温暖馨香。唐代韩愈《芍药歌》：“温馨熟美鲜香起，似笑无言习君子。”

④黄花大姐：指未婚女子。

县委书记[1]

1943年10月写于蒙山脚下

尖顶苇笠遮平额，对襟小褂开胸前[2]。
书包斜背茶缸系，铲鞋踏碎乱石山[3]。

【注释】

①选自张秀岳主编《沂蒙之光诗词选》，山东人民出版社，1998 年版。作者自注：1943 年反“扫荡”时，路遇蒙阴县委书记王之一，此诗是对他当时形象的速写。

②对襟：中装上衣的一种式样。因两襟对开，纽扣在胸前正中，故称。《明太祖实录》：“洪武二十六年三月，禁官民步卒人等服对襟衣，惟骑马许服，以便于乘马故也。”

③铲鞋：是沂蒙山人用土布做的爬山硬鞋。

沂南后方医院见闻[①]

1943 年 5 月写于沂南马牧池

老柳成行土泥街，姑嫂端盆洗衣来。
沂水长流沙滩暖，河床两岸梨花开[②]。
绿色军衣血染红，小姑皱眉痛心中[③]。
嫂嫂扶肩颂壮志，长大嫁个好英雄。

【注释】

①选自张秀岳主编《沂蒙之光诗词选》，山东人民出版社，1998 年版。

②原注：指晒在河床两岸的白色敷料。

③小姑：少女未嫁者。古称小姑，现称小姑娘。

汶河遇险[①]

1943 年 7 月写于沂南刘庄[②]

汶河暴雨波涛涌，浮柴横下顺流东。
不顾深浅强渡水，浪滚墙高雷声鸣。
醒来昏昏睡何处？房东阿娘灌蛋清。
今生有幸谁赐予，枕边握笔颂沂蒙。

【注释】

①选自张秀岳主编《沂蒙之光诗词选》，山东人民出版社，1998 年版。原注：1943 年夏作者到汶河南岸采访战备情况，在回报社过河时，被急浪打倒河中，幸被民兵跳水救出，背到老房东家中。房东大娘用生饮蛋清的土方，使作者吐出喝进的污水，得救。

②刘庄：村庄名，在山东省沂南县青驼镇。

春染沂河柳[①]

1942 年 3 月写于沂水王庄[②]

鹅黄初染沂河柳[③]，乳燕学飞荡枝头。
成群小妮携蓝去[④]，崖上荠菜绿如油。
春荒充饥靠野菜，豆饼合煮远闻香[⑤]。
会长夸奖味道好，先送军营八路尝。

【注释】

①选自张秀岳主编《沂蒙之光诗词选》，山东人民出版社，1998 年版。

②王庄：村庄名，在山东省沂水县夏蔚镇，曾是中共中央山东分局、八路军山东纵队等首脑机关的驻地。

③鹅黄：淡黄，像小鹅绒毛的颜色。唐李涉《黄葵花》诗：“此花莫遣俗人看，新染鹅黄色未干。”

④小妮：沂蒙山区对小姑娘的通称。

⑤豆饼：大豆榨油后剩下的渣子压成饼形，叫豆饼。可以用来做肥料或饲料。梁斌《红旗谱》十二：“这牛偏爱吃高粱叶子、麦秸、豆饼、棉花籽饼。”

告别沂蒙[①]

1949 年 7 月写于临沂

沂水泱泱临城行[②]，蒙山巍巍绕云层。
此去关山何遥远[③]，花花草草皆深情。

【注释】

①选自张秀岳主编《沂蒙之光诗词选》，山东人民出版社，1998 年版。此诗为作者离开沂蒙山区南下时，在鲁中南区党委宣传部几位战友欢送会上即席所作。

②泱泱：水势浩瀚的样子。《诗经·小雅·瞻彼洛矣》：“瞻彼洛矣，维水泱泱。”毛传：“泱泱，深广貌。”

③关山：关隘山岭。《乐府诗集·横吹曲辞五·木兰诗一》：“万里赴戎机，关山度若飞。”

梦回莒南[①]

1992 年 10 月写于友谊医院

滚滚沭水扑面来，红果绿树两岸栽。
穆子煎饼草坯屋[②]，山前岭后野花开。

恍惚醒来原是梦[3]，悠悠往事怎忘怀？
但愿病榻生双翼，扶摇千里负我回[4]。

【注释】

①选自张秀岳主编《沂蒙之光诗词选》，山东人民出版社，1998 年版。

②稃子：一年生草本植物。子实可食，亦作为饲料。明李时珍《本草纲目·穀二·稃子》："开细花，簇簇结穗如粟穗而分数岐，如鹰爪之状，内有细子如黍粒而细，赤色，其稃甚薄，其味粗涩。"

③恍惚：迷离，难以捉摸。《韩非子·忠孝》："世之所为烈士者……为恬淡之学，而理恍惚之言。臣以为恬淡，无用之教也；恍惚，无法之言也。"

④扶摇：盘旋而上；腾飞。负：驮，背。

◎鲁　健

鲁健（1917～1998），山东胶南人。1938 年参加中华民族解放先锋队，1939 年加入中国共产党。曾任区委书记，地、市秘书，宣传、教育、城工科长，研究员等。并任党刊、党报副总编、总编等职。发起组建中华诗词研究会，济南明湖诗词学会，任副会长、秘书长兼《明湖诗刊》主编。

开创诸胶边进逼胶州湾（五首）[①]

1943 年 7 月，根据中共中央山东分局、山东军区决定，为开辟胶东至滨海的战略交通线，创建诸（城）、胶（县）、高（密）边区抗日游击根据地，作为连接两个战略区的交通枢纽。胶东军区参谋长贾若瑜奉命与十四团严团长，率十四团第一营，并以滨海第二支队名义，由滨海军区十三团与滨北军分区独立营配合，于 8 月 9 日，召开参战部队战斗动员会。是夜跨越诸日公路日寇封锁壕，首先奔袭滨海伪警备军李永平部，并组织打援。从此拉开了诸胶边三年游击战争的序幕。

一、奇袭

长城岭下动员令[②]，打回老家激战情。
奔袭敌营六十里，狂飙一击石门倾[③]。
打援伏击鬼蛇惊[④]，理务关敌夜弃城[⑤]。
胜利行军枪战起，前锋又掳一连兵。

二、坚持

新区五十平方里，三县敌顽拼死争。
扫荡围剿奔袭紧，插旗崖上筑工程[⑥]。
我军战术打游击，化整为零挫其凶[⑦]。
岭岳纵横沟壑险，牵牛鼻子大游行。

三、再战

敌人日夜尾追踪，激怒全营举战锋。
晚照鲁山红半壁[⑧]，西风花顶暮云封[⑨]。
战机捕捉谁先着？弹雨横飞计在胸。
“三战”灵活善运用，化零为整巧为攻。

杨家屯里佯宿营[10]，设伏外围屯里空。
骄纵刘均设网急[11]，笑看黄卢扑鸮笼[12]。
硝烟搏击声厮杀，夹谷峰峦动地惊。
近战敌军呈混乱，包围更陷包围中。
我军发起总攻击，两个小时一仗终。
毙掳敌人六百五，我伤战士仅三名。
青烟漫浸群山暗，淡月斜辉接晓明。
打到敌人后方去，翻边战术奏奇功[13]。

四、建政

半月连三捷，神兵八路军。
新区形势转，首要在安民。
土地荒芜尽，家无鸡犬豚[14]。
充饥地瓜薯，遮体褴褛裙[15]。
六载遭敌劫，深仇埋在心。
识民心向背[16]，政策布乡村。
豁免一年粮，取消捐税困[17]。
“人民政府好”，《咱是一家人》。

五、翻边

边区已是弹丸地[18]，碉堡层围鹿岩堤。
日寇蚕食新战术，胶南秘送梯恩梯[19]。
山摇地动天雷烈，鬼哭狼嚎血肉泥。
插起红旗拔膏药[20]，扫平据点民心齐。

【注释】

①选自张秀岳主编《沂蒙之光诗词选》，山东人民出版社，1998年版。

②长城岭：村名，原齐长城故址，现属五莲县。

③狂飙：指暴风，借指猛烈的潮流或力量。石门：村名，在诸城市东南障日山前、皇华镇东。

④打援：攻打敌人的援军。

⑤理务关：原诸城县属，现为胶南市理务关镇。

⑥插旗崖：村名，在石门东，初为我诸胶边区中心。

⑦化整为零：我军的一种战术，指把部队兵力分散，以执行普遍骚扰、钳制、破坏敌人的任务或不被敌人歼灭。

⑧鲁山：山名，在诸城市东边缘。

⑨花顶：山名，属胶南市铁山区。

⑩杨家屯：属胶南市六旺镇，在鲁山东北山麓。佯：假装。

⑪刘均：伪军李永平部之二团团长。

⑫黄、卢：我十四团一营的教导员、营长，年轻指挥员。鸮：指鸱鸮，鸟名。俗称猫头鹰。常用以比喻贪恶之人。《诗经·豳风·鸱鸮》："鸱鸮鸱鸮，既取我子，无毁我室。"

⑬翻边战术：是1942年一一五师政委兼山东军政委员会书记罗荣桓，根据毛泽东军事思想和历次反"扫荡"斗争经验提出的著名战术。三战：指毛泽东在《论持久战》中提出运动战、游击战、阵地战三种主要作战形式。

⑭豚：小猪，此泛指猪。

⑮褴褛：形容衣服破烂。《方言》第三："南楚凡人贫衣被丑弊，谓之须捷……或谓之褴褛。"

⑯民心向背：民心所拥护或反对的。

⑰囷：古代一种圆形谷仓。

⑱弹丸：比喻地方狭小。《战国策·赵策三》："诚知秦力之不至，此弹丸之地犹不予也。"

⑲梯恩梯：英语译音（TNT），即三硝基甲苯。最常用的军用炸药的一种。

⑳膏药：蔑称日本的太阳旗，因形似膏药，故称。

◎李耀文

李耀文，1918 年生，山东荣成人。1937 年加入中国共产党。曾任山东人民抗日救国军第三军旅政委、八路军山东纵队支队旅政治部副主任、鲁中军区第四军分区副政委、中共沂山地委代书记、山东军区第九师政委、华东野战军第八纵队政治部主任、第三野战军二十六军政委。参与开辟沂山地区抗日根据地，参加了鲁南、莱芜、孟良崮、豫东、淮海、渡江等战役。新中国成立后，历任中国人民志愿军军政委、济南军区副政委、外交部副部长、国防科委政委、海军政委。1955 年被授予少将军衔，1988 年被授予海军上将军衔。

鲁南大捷[①]

鲁南一月雪纷飞，快速进攻骄敌危。
道路泥泞行不得，坦克变为缩头龟。
神兵天降猛如虎，铁甲烟腾飞若灰。
活捉师长马励武[②]，独夫惊魄泪双垂[③]。

【注释】

①选自张秀岳主编《沂蒙之光诗词选》，山东人民出版社，1998 年版。鲁南大捷：即“鲁南战役”。1947 年 1 月，中国人民解放军山东野战军和华中野战军，在山东省南部地区对国民党军进行的进攻战役。亦称“峄枣战役”。鲁南战役历时 18 天，歼灭国民党两个整编师和一个快速纵队，共 5300 余人。

②马励武（1905 ~ 1963）：陕西华阴人。1936 年授国民党陆军少将，任第九十一军一六六师师长。抗日战争爆发后，任第十三军副军长。1943 年任第二十九军中将军长。1945 年任第二十七集团军二十六军军长，整编第二十六师师长。1947 年 1 月 20 日在鲁南战役中被人民解放军俘虏。

③独夫：指蒋介石。

◎吴　岱

吴岱（1918～1997），福建长汀人。1931年加入共产主义青年团。1933年参加中国工农红军，次年加入中国共产党。曾任红一军团连指导员、师直属队总支书记，八路军一一五师营教导员、团政委，滨海军区第六团政委，东北野战军师政委，第四野战军三十八军政治部主任。新中国成立后，历任中国人民志愿军军副政委、政委，旅大警备区政委，北京军区政治部主任、军区副政委，中共天津市委第二书记，北京军区顾问。1955年被授予少将军衔。

为《沂蒙之光》题①

日寇铁蹄践胶济②，沂蒙儿女齐奋起。
争取独立奇功建，谋求解放红旗绮③。
英雄丹心写青史④，志士热血换天地。
改革开放闯新路，齐鲁山河更壮丽。

【注释】

①选自张秀岳主编《沂蒙之光诗词选》，山东人民出版社，1998年版。沂蒙之光：丛书名，张秀岳主编，包括《沂蒙之光摄影集》《沂蒙之光墨迹选》《沂蒙之光诗词选》《沂蒙之光歌曲选》《沂蒙之光画典》《沂蒙之光——革命孟良崮》六册。该丛书从不同角度反映了我们党领导人民在沂蒙山区的光辉战斗历程，讴歌了老一代革命家不怕牺牲、矢志革命的精神。

②胶济：青岛和济南。代指山东省。

③绮：美丽。

④丹心：赤诚的心。三国魏阮籍《咏怀》之五一：“丹心失恩泽，重德丧所宜。”

◎王希坚

王希坚（1918～1995），山东诸城人。1937年加入中国共产党。曾任中共山东分局群委会干事，八路军独立旅政治部宣传科科长，山东省农会宣传部部长，《山东群众》《群众文化》主编。新中国成立后，任新华书店山东总分店编辑部副主任，山东省文联编创部部长，山东省文联副主席，《山东文学》主编。著有长篇小说《地覆天翻记》《迎春曲》《雨过天晴》，短篇小说集《陈老石入社》《前沿阵地》，诗集《翻身民歌》等。离休后任《历山诗刊》主编，潜心旧体诗词创作及诗论研究，著有《心影集》。

转　战①

弱冠出茅庐②，随身一卷书。
脚踏苏鲁皖，心系莒胶诸③。
千里风霜苦，十年祸患除。
归来见父老，振臂共欢呼。

【注释】

①选自王希坚著《心影集》，山东文艺出版社，1995年版。

②弱冠：古人二十岁行冠礼，以示成年，但体犹未壮，故称“弱”。后泛指男子二十左右的年纪。

③莒胶诸：指莒县、胶南、诸城一带。

山之歌（四首）①

一

我昔曾作山之歌，朝夕转战山之阿②。
夜行百里入敌后，敌后空虚兵力薄。
敌退困守乌龟壳，敌出合围围空合。
高山之巅我放歌，敌恨鞭长奈我何③！

【注释】

①选自王希坚著《心影集》，山东文艺出版社，1995年版。

②阿：山的转弯处（即三面环山地形的内凹处）。

③鞭长：即“鞭长莫及”。马鞭虽长，但打不到马肚子上。喻虽有力，力量亦达不到。《左传·宣公十五年》：“虽鞭之长，不及马腹。”

二

我昔曾作山之歌，朝夕转战山之阿。
农民为水我为鱼，共同战斗同耕作。
坚壁清野布网罗[①]，石雷土炮打麻雀[②]。
青纱帐起密云遮[③]，铁壁铜墙敌震慑。

【注释】

①坚壁清野：指采用使敌人攻不下据点又得不到任何东西的措施，是一种对付优势敌人入侵而困死、饿死敌人的作战方法。

②打麻雀：即进行麻雀战，麻雀在觅食飞翔时忽东忽西，忽聚忽散，目标小，飞速快，行动灵活，仿照麻雀觅食方法而创造的游击战战法叫“麻雀战”。

③青纱帐：指夏秋间长得高而密的大面积高粱、玉米等庄稼。

三

我昔曾作山之歌，朝夕转战山之阿。
天寒不忧衣被薄，地瘠犹能饱藜藿[①]。
夜行晓宿常奔波，弹雨枪林神自若。
山高放眼望全球，胸有朝阳心似火。

【注释】

①藜藿：藜和藿。泛指粗劣的饭菜。《韩非子·五蠹》：“粝粢之食，藜藿之羹。”

四

我昔曾作山之歌，朝夕转战山之阿。
进城转眼四十年，忆苦思甜心常乐。
五陵少年裘马多[①]，愿效留侯保晚节[②]。
食无鲈莼未怨嗟[③]，羞向侯门弹长铗[④]。

【注释】

①五陵少年：也称五陵年少，指京都富豪子弟。五陵：汉代五个皇帝的陵墓，当时富家豪族和外戚都居住在五陵附近，因此后世诗文常以五陵为富豪人家聚居之地。李白《少年行》：“五陵少年金市东，银鞍白马度春风。”裘马：轻裘肥马。形容生活奢华。

②留侯：张良运筹帷幄，佐刘邦平定天下，以功封留侯。诗文中常用为称颂功臣之典。如晋刘琨《重赠卢谌》诗："白登幸曲逆，鸿门赖留侯。"张良用退却保持了晚节，成为功臣中罕见的完人。

③鲈莼：鲈鱼与莼菜。南朝宋刘义庆《世说新语·识鉴》载：晋张翰在洛，见秋风起而思故乡莼鲈，因辞官归。后因以"鲈莼"为思乡之典。明陈汝元《金莲记·同梦》："今朝空有鲈莼想，指日还乘虾菜舟。"怨嗟：怨恨叹息。南朝梁何逊《南还道中送赠刘谘议别》："握手分歧路，临川何怨嗟。"

④长铗：剑的一种。剑锋长者称"长铗"，短者称"短铗"。弹长铗：比喻因怀才不遇而思归。典出《战国策·齐策四》冯谖弹铗而歌的故事。唐李白《于五松山赠南陵常赞府》诗："长铗归来乎，秋风思归客。"

忆莒南[1]

莒南抗日小延安[2]，领导机关住此间。
大店筵宾十字路[3]，洙边相邸小房前[4]。
减租减息忙生产，拥政拥军团结坚。
遥忆当年情不断，大山沭水梦魂牵。

【注释】

①选自王希坚著《心影集》，山东文艺出版社，1995 年版。

②"莒南"句：1945 年山东省政府在莒南县大店镇正式成立，包括此前很长一段时间，这里成为山东抗日根据地的政治中心，被誉为山东省的"小延安"。

③大店：乡镇名，在山东省莒南县北部，今莒南县大店镇，山东省政府旧地。筵宾：乡镇名，在大店之南，今莒南县筵宾镇。十字路：乡镇名，为莒南县城驻地。

④洙边：乡镇名，在山东省莒南县南部，今莒南县洙边镇。相邸：乡镇名，在十字路东南，今莒南县相邸镇。房前：乡镇名，今作"坊前"，莒南县坊前镇有大、小坊前村。

临沂会师[1]

南师北旅会临沂，陈毅将军主帅旗。
决胜华东存战迹，名城重镇世皆知[2]。

【注释】

①选自王希坚著《心影集》，山东文艺出版社，1995 年版。

②名城重镇：指临沂市，为历史文化名城，历来兵家必争之地。

沂蒙颂[①]

七十二崮耸云端[②]，铁壁铜墙沂蒙山。
神出鬼没反扫荡[③]，长驱直下歼凶顽。
丛林峻岭红旗展，野老村姑赤胆捐[④]。
战火十年经锻炼，人民胜利换新天。

【注释】

①选自王希坚著《心影集》，山东文艺出版社，1995 年版。

②七十二崮：沂蒙山区山顶平坦的方形山峰，地貌学上称为方山，当地习称为崮。这些态势奇特宛如古城堡式的数百座崮群，遍布沂蒙大地，形成中外罕见的地貌奇观。人们通常所说的沂蒙七十二崮并非确指。

③神出鬼没：比喻变化巧妙迅速，或一会儿出现，一会儿隐没，不容易捉摸(指用兵出奇制胜，让敌人摸不着头脑)。

④野老：村野老人。南朝梁丘迟《旦发渔浦潭》诗："村童忽相聚，野老时一望。"

临沂巡礼（八首）[①]

一、四进临沂

(1938 年)

烽烟漫卷故家西，南下流亡抗战时。
快浴温泉汤头镇[②]，春寒料峭进临沂[③]。

(1945 年)

八年抗战万山丛，胜利欢呼喜进城。
大好时光一年半，父母姊妹庆重逢。

(1964 年)

跃进空花未结实[④]，推行稻改转生机[⑤]。
册山餐饱水源米[⑥]，是始农村换马时。

(1982 年)

再到临沂八二年，长街巨厦换新颜。
友人持赠金星砚[⑦]，诗兴盎然赋此篇[⑧]。

【注释】

①选自王希坚著《心影集》，山东文艺出版社，1995 年版。

②汤头：乡镇名，在今山东省临沂市河东区，为著名的中国温泉之乡。

③料峭：形容春天的寒冷天气。唐陆龟蒙《京口》诗："东风料峭客帆远，落叶夕阳天际明。"

④跃进：即"大跃进"，是指1958年至1960年间在全国范围内开展的极"左"路线的运动，是"左"倾冒进的产物。

⑤稻改：利用良好的水源条件在北方地区改种水稻。

⑥册山：乡镇名，现为山东省临沂市罗庄区册山街道办事处。

⑦金星砚：金星砚是以金星石为材料，磨制雕刻而成的，被誉称鲁砚之光，可与端砚相媲美。

⑧盎然：充溢貌。宋苏轼《答李邦直》诗："诗词如醇酒，盎然薰四支。"

二、题赠砚厂

墨色闪金星，奇石天铸成。
书家得宝砚，下笔有神工[①]。

【注释】

①神工：神奇的造诣；非凡的才能。南朝梁沈约《到著作省谢表》："路遥难骋，才弱未胜，而神工曲造，雕绚弥叠。"

三、临沂烈士陵园

冲破艰危勇献身，千秋青史美名存。
繁花嘉树亭亭立[①]，含笑庇荫后代人[②]。

【注释】

①嘉树：佳树；美树。《左传·昭公二年》："既享，宴于季氏，有嘉树焉，宣子誉之。"亭亭：直立貌；独立貌。汉刘桢《赠从弟》诗之二："亭亭山上松，瑟瑟谷中风。"

②庇荫：原义指遮挡阳光的树木等。引申为提供财力、物力或势力以保护后代子孙。

四、王羲之洗砚池[①]

久仰羲之洗砚池，广袤十亩令人疑[②]。
若非倾洒千斤墨，哪得乌云涨满溪？

【注释】

①洗砚池：位于山东省临沂市兰山区洗砚池街，坐落在王羲之故居内。当地广泛流传有王羲之"临池学书，池水尽黑"的传说。

②广袤：本指土地面积。从东到西的长度叫"广"，从南到北的长度叫"袤"。

后用以指土地广阔。唐欧阳詹《二公亭记》："形势广袤，四隅若一，含之以澄湖万顷，挹之以危峰千岭。"

五、银雀山[①]

银雀山前银雀鸣，报称地下有王陵。
千年竹简留珍宝[②]，死者岂知立此功？

【注释】

①银雀山：在山东省临沂市市区东南部，因出土汉墓竹简《孙膑兵法》而蜚声海内外。

②竹简：指山东省临沂市银雀山汉墓同时出土的《孙子兵法》《孙膑兵法》竹简，解决了千年悬疑，证实司马迁在《史记》中有关孙武、孙膑的记载是完全正确的，证明历史上的确存在过孙武、孙膑两个人，他们各有兵书传世。

六、忆莒南

老区根据地，莒南是中心[①]。
抗战声威震，军民骨肉亲。
山川钢堡垒，河谷铁闸门。
传统扬光大，年年建设新。

【注释】

①莒南是中心：莒南曾是山东省政治、经济、文化的中心。八路军山东军区、山东省战时行政委员会、山东省人民武装委员会、山东省文协、山东抗日实验小学、山东省文化工作团、山东新华书店、山东省抗战建国学校、山东省战邮干训班、《山东画报》等先后在莒南成立，《大众日报》社、抗大一分校、山东大药房、山东省实验剧团等新闻、文化、卫生机构都曾长期驻在莒南，山东军区和滨海军区的兵工厂也长期驻在莒南。1945 年 8 月，中国共产党领导下的第一个省政府——山东省政府在莒南大店成立。莒南被誉为"山东的小延安"。

七、怀念莒南父老

水有源头树有根，八年抗战在农村。
莒南父老常怀念，艰苦相依情意深。

八、访邻

走马观花入不深[①]，意图下马细搜寻。
却嫌后拥前呼紧，独出重门访旧邻。

【注释】

①走马观花：走马，骑着马跑。走，骑。骑在奔跑的马上看花。原形容事情如意，心境愉快。后多指大略地观察一下。

◎王健英

王健英（1918～2007），上海市南汇人。1939年加入中国共产党。在抗日战争和解放战争时期，曾任中共莒南县委宣传部长、临沭县委书记等职。1949年南下，曾在中共台州地委、浙江省委宣传部、浙江大学、杭州大学、《浙江日报》社等单位工作，后任浙江省图书馆馆长、浙江省老年书画研究会名誉副主席、杭州市离休干部书画协会名誉副主席。

赞“钢铁担运队”[①]

沂蒙丛岭炮声隆，蒋军妄作重点攻[②]。
前线将士齐奋战，后方支前责任重。
莒南县委作决定，动员民工六千众。
翻身农民踊报名[③]，争上前线建大功。
党员团员都带头，干部民兵亦出征。
担架小车齐上阵，扁担轻便也要用。
乡亲欢送奔前线，随军服务跟工从。
敌我鏖战孟良崮[④]，战士浴血战袍红[⑤]。
火线抢救分秒争，包扎停当急转运。
担架渡河举臂擎，岂容浸水伤加重？
敌机扫射俺掩护，爱护伤员胜亲人。
小车滚滚运弹药，扁担挑子军粮送。
弹药颗颗要打响，防潮保燥岂可松？
箱箱炮弹送阵地，炮兵战士夸英勇。
雨季行军路泥泞，车轮深陷难滚动。
翻山越岭苦攀登，难渡河宽浪汹涌。
困难战胜靠互助，团结友爱力无穷。
革命战争是熔炉，艰苦锻炼建功勋。
政治觉悟大提高，战地入党尤为荣。
转战南北八月整，战役频频任务重。
支前期满凯旋还，部队欢送又奖功。
旗授模范担运队，钢铁称号真光荣。

【注释】

①选自中共临沂市委党史委、中共蒙阴县委编《英雄孟良崮》，1992年版。原注：1947年春，蒋介石向山东解放区发动重点进攻。为了支援战争，中共莒南县委动员6000多名翻身农民，组成随军担架运输队，由作者（当时任县委宣传部长）率领，开往前线，参战服务。历经孟良崮、南麻、诸城、临朐、昌南等战役，转战南北，历时8个月，出色完成支前任务。为此，华东野战军第二纵队特授予“钢铁担运队”称号。此诗即赞颂其先进事迹。

②妄：胡乱，荒诞不合理。

③踊：原意为“往上跳”的意思，形容情绪热烈，争先恐后。

④鏖战：激烈地战斗；苦战。《新唐书·王翃传》：“引兵三千，与贼鏖战。”

⑤战袍：战士穿的长衣。泛称军衣。唐马戴《出塞词》：“金带连环束战袍，马头冲雪度临洮。”

◎刘　春

刘春（1918～2007），河北黄骅人。1937年加入中国共产党。1938年参加徂徕山起义。曾任山东人民抗日游击队团政治处主任，八路军山东纵队旅组织科科长，一一五师团政委，鲁南军区第一军分区副政委，山东野战军第八师政治部主任，华东野战军第三纵队、第三野战军二十二军政治部主任，特种兵纵队副政委。新中国成立后，历任炮兵学院副政委，炮兵政治部主任，驻老挝大使，外交部亚洲司司长，驻土耳其、坦桑尼亚、埃及大使，外交学院院长。1955年被授予少将军衔。

外线出击[①]

1947年8月

彻夜行军到鲁西，荆柳丛中尽惊疑。
敌我交错浑难辨[②]，战局转换一时迷。
二哥指路去又返[③]，老农叙话泪眼喜。
刘邓已渡黄河去[④]，行见反攻如卷席[⑤]。

【注释】

①选自刘春著《随感诗草抄》，书海出版社，2006年版。

②浑：完全。

③二哥：对找来做向导的老乡的称呼。

④刘邓：指刘邓大军，是以刘伯承、邓小平为首的中原野战军的别称。1947年6月30日夜，刘伯承、邓小平率领晋冀鲁豫野战军主力12万大军强渡黄河，拉开了战略进攻的序幕。

⑤行：将要。卷席：翻卷席子。形容气势凶猛，像卷席子一样将全部事物卷走。元耶律楚材《为子铸作诗三十韵》：“一旦义旗举，中原如卷席。”

痛忆八师泗城战斗（八首）[①]

1990年2月

一

八师源出晋冀鲁，扎根鲁南老三五[②]。
土生土长铁道队，抗战史里颂伏虎[③]。

二

日降蒋来战局变，八师扬威津浦线。
无坚不摧名非虚[4]，纪律严明交口赞[5]。

三

一声令下开华中，六日兼程雨中行。
汪洋无际水过膝，准备仓猝攻泗城。

四

连环爆破入城关，金城汤池只等闲[6]。
夜尽晓来敌反扑，陆空炮火逞凶顽。

五

攻防易势顷刻间，坚守阵地稳如山。
反复冲杀拼白刃[7]，宁为玉碎不瓦全[8]。

六

辩证唯物理非空[9]，战争规律未可轻。
天时地利两不合，后援不继功难成。

七

进退兵家事寻常，血的教训价高昂。
陈总一信情意深，笑得最后强中强[10]。

八

不怕牺牲不怕苦，挫折转为成功母。
前事不忘后事师[11]，烈士精神垂千古！

【注释】

①选自刘春著《随感诗草抄》，书海出版社，2006年版。八师：即中国人民解放军山东野战军第八师。前身以八路军鲁南老三团、老五团和铁道游击队为基础组成，在抗日战争中战功卓著。泗城战斗：1946年7月27日，国民党桂系主力第七军一七二师占驻泗城。同年8月7日，中国人民解放军山东野战军第八师、第七师，华中野战军第九纵队，山东野战军第二纵队，以及淮北七分区基干武装，受命进攻泗城。9日夜12时战斗结束，泗城守军伤亡和被俘3012人，攻城部队亦损伤2417人。

②老三五：八路军鲁南老三团、老五团。

③伏虎：制伏猛虎。亦比喻降伏凶人。明代沈璟《义侠记·释义》："因此上屈弓腰，舒猿臂；要降龙，思伏虎。"

④无坚不摧：亦作"无坚不陷"。任何坚固的东西都被摧毁。用以形容力量强大。曹操《表称乐进于禁张辽》："每临战攻，常为率督，奋强突固，无坚不陷。"

⑤"纪律"句：陈毅致八师领导同志的信中说："八师始终是很好的头等兵团，纪律为全军之冠，南下北来，人民交口赞誉。"交：一齐。

⑥金城汤池：金属造的城，沸水流淌的护城河。形容城池险固。《汉书·蒯通传》："必将婴城固守，皆为金城汤池，不可攻也。"

⑦白刃：锋利的刀。《礼记·中庸》："白刃，可蹈也；中庸，不可能也。"

⑧宁为玉碎不瓦全：即"宁为玉碎不为瓦全"，宁做玉器被打碎，不做陶器得保全。比喻宁愿壮烈地死去，不愿苟且偷生、委曲求全。《北齐书·元景安传》："岂得弃本宗，逐他姓，大丈夫宁可玉碎，不能瓦全。"

⑨辩证唯物：即辩证唯物主义。

⑩"笑得"句：陈毅信中说："谁笑到最后，则谁笑得更好。"

⑪前事不忘后事师：即"前事不忘后事之师"，牢记前人的教训，以后做事情就可以从中取得教训了。出自《战国策·赵策》。师：借鉴，教训。

沂蒙精神颂[①]

1993 年 5 月

沂蒙嵯峨势雄伟[②]，面对魔怪大无畏[③]。
百千万众拼血汗，七十二崮铸丰碑[④]。
革命传统传辈辈，沂蒙脊梁显神威，
九间棚里奇绩创[⑤]，龙顶山上看龙飞[⑥]。

【注释】

①选自刘春著《随感诗草抄》，书海出版社，2006 年版。

②嵯峨：山高峻貌。唐唐彦谦《送许户曹》诗："将军楼船发浩歌，云樯高插天嵯峨。"

③魔怪：喻凶恶的敌人。

④崮：四周陡峭、山顶较平的山。丰碑：纪功颂德的高大石碑。《南史·王琳传》："丰碑式树，时留堕泪之人。"

⑤九间棚：村庄名，在山东省平邑县天宝镇。

⑥龙顶山：在山东省平邑县天宝镇，海拔 640 米。九间棚村即位于龙顶山的上部南面。

◎穆　林

穆林（1918～1997），吉林抚松人。1936年参加中华民族解放先锋队，次年加入中国共产党。曾任中共中央山东分局党校党建教员，山东分局一区党委、鲁南区党委党校主任，鲁南区四地委宣传部部长，中共费滕峄边县中心县县委书记兼县大队政委，鲁南区二地委组织部部长，鲁南区党委民运部部长，鲁中南区党委农委书记。新中国成立后，历任中共山东分局农委副书记、农村工作部部长、山东省委书记处书记、山东省副省长、吉林省常务副省长。

纪念赵镈殉难五十周年（四首）[①]

一

抗日烽火遍中华，鲁南战局甚艰难。
君负重任危难际，率领军民斗敌顽。

二

据点沟壕封锁墙，日寇伪顽肆虐狂。
铁壁铜墙人民筑，伏击捣巢军威扬。

三

参加革命十六载，牢狱受磨历八年。
白色恐怖何所惧[②]，视死如归意志坚[③]。

四

就义刑场作讲坛[④]，气壮山河敌胆寒[⑤]。
痛惜壮岁身殉国[⑥]，永留正气在人间。

【注释】

①选自张秀岳主编《沂蒙之光诗词选》，山东人民出版社，1998年版。

②白色恐怖：此指中国国民党的蒋介石政权执政期间曾经实行的恐怖统治。

③视死如归：把赴死看作如归家一样。形容不怕死。多指为了正义，不惜牺牲。《管子·小匡》："平原广牧，车不结辙，士不旋踵，鼓之而三军之士视死如归。"

④就义：为正义而死。

⑤气壮山河：形容气势像高山大河那样雄伟豪迈。明无名氏《鸣凤记·易生避难》："生离死别何足虑，但愿得早旋旌旆，气壮山河金戈挽落晖。"

⑥殉国：为国家利益献出生命。晋殷仲文《解尚书表》："进不能见危授命，忘身殉国；退不能辞粟首阳，拂衣高谢。"

◎朱奇民

朱奇民（1918～2006），山东峄城人。1935年参加革命活动，曾参加“一二·九”抗日民主学生运动。1939年加入中国共产党。曾任中共峄县宣传部长、区委书记，费县县委书记。参加了济南、淮海、渡江战役的支前工作。新中国成立后，历任中共临沂地委书记、济宁地委书记，山东省农林水产局局长，山东省副省长兼农业委员会副主任，山东省人民政府顾问、特邀顾问。

忆战地生活①

谈笑风生论古今②，成败兴亡各有因③。
忽报敌袭如潮水，众志成城杀敌人④。
敌酋疯狂似狼虎⑤，硝烟滚滚布战云。
军民协力把敌退，欢声笑语满山村。

【注释】

①选自中共枣庄市委党史办公室编《风烟之歌——枣庄革命诗歌选》，中国矿业大学出版社，1993年版。

②谈笑风生：形容谈话时又说又笑，兴致很高，并且很有风趣。风：风趣。宋辛弃疾《念奴娇·赠夏成玉》：“遐想后日蛾眉，两山横黛，谈笑风生颊。”

③因：缘由，缘故，事物发生前已具备的条件。

④众志成城：万众一心，像坚固的城堡一样不可摧毁。比喻大家团结一致，力量就无比强大。

⑤敌酋：侵略者的首领。

◎刘华南

刘华南（1918～2005），山东淄博人。1938年加入中国共产党。曾任山东省科协党组书记、副主席。抗日战争时期和社会主义建设时期，先后在沂蒙地区工作了23年。曾任中共临沂地委副书记等职。中华诗词学会会员，山东诗词学会、历山诗社常务理事。在全国诗刊发表诗作250余首，与王木兰合著诗集《后春吟草》。

瞻仰华东烈士陵园（三首）①

1989年7月

一

江山创业万重难，烈士陵园仔细观。
八万红心留伟业，东天一宇柱其间②。

二

希伯友人万里尘③，援华抗日献青春。
娇妻爱迪无留恋④，国际精神泣鬼神。

三

千寻壁立马鞍山，大炮飞机非等闲⑤。
二十八颗魂傲骨，芳名镌石放斑斓⑥。

【注释】

①选自刘华南、王木兰著《后春吟草》，山东文艺出版社，1997年版。

②东天一宇：应为“东天一隅”。一隅：指一个小的地区。《汉书·赵充国传》：“今久转运烦费，倾我不虞之用以澹一隅，臣愚以为不便。”

③希伯：即汉斯·希伯，德国共产党员，1941年11月30日清晨在大青山战役中不幸牺牲。

④爱迪：现通译为“秋迪”，汉斯·希伯的妻子。

⑤等闲：寻常；平常。唐贾岛《古意》诗：“俱为不等闲，谁是知音目。”

⑥镌：雕刻，凿。

沂蒙山崮[①]

沂蒙七十二名崮[②]，座座巍峨景色殊[③]。
岱崮日倭曾胆颤[④]，孟良蒋匪更呜呼[⑤]。
峰回路转情堪爱[⑥]，血雨刀丛众望孚[⑦]。
革命老区当可忆，山山水水尽明珠。

【注释】

①选自刘华南、王木兰著《后春吟草》，山东文艺出版社，1997年版。

②七十二名崮：沂蒙山区素有七十二崮之说，非确指。

③巍峨：高大壮观，雄伟矗立的样子。殊：不同。

④“岱崮”句：指抗日战争时期中国共产党领导下的八路军在山东省蒙阴县岱崮山区对日寇英勇作战。岱崮：坐落于沂蒙山区腹地，位于山东蒙阴县东北部，毗邻临沂、莱芜、淄博三市交界地带。1943年11月和1947年6月在南北岱崮山上先后发生了两次岱崮保卫战，涌现出了两个“英雄岱崮连”。

⑤“孟良”句：指著名的孟良崮战役，是解放战争期间，陈毅、粟裕指挥华东野战军在沂蒙山区进行的一次大规模运动战和阵地战相结合的重大战役，华东野战军取得了战役的胜利，国民党整编第七十四师被完全消灭。

⑥堪：能，可以，足以。

⑦众望：众人的愿望。《后汉书·皇甫规传》：“伏见中郎将张奂，才略兼优，宜正元帅，以从众望。”孚：为人所信服。

沁园春·沂蒙颂[①]

滨海沂蒙，百崮千峰，岚起云飘[②]。望清泉飞瀑，草底牛羊；沂沭东流，浪涌滔滔。稻谷飘香，鱼虾塘满，敢与江南一比高。开发后，正生生不息，分外妖娆。

山清水秀人骄[③]。缘世代黎民不歇腰[④]。看砚池银雀[⑤]，文武博采；驱倭斗蒋，无比风骚。当代愚公，当先科技，换地改天铸大雕[⑥]。新阶段，党恩威并举，岁岁朝朝。

【注释】

①选自临沂市兰山区委员会编《琅琊诗韵》，临沂市新闻出版办公室，2006年版。

②岚：山间的雾气。

③“山清”句：原作“山清水秀让人骄”，衍一“让”字，根据词谱删。

④歇腰：方言。休息。《湛江民间歌谣·天作床篷》：“天作床篷云蚊帐，土作

牙床好歇腰。”

⑤砚池银雀：指王羲之故居的洗砚池和银雀山汉墓出土的《孙膑兵法》竹简，代表沂蒙历史文化的文武两个方面。

⑥大雕：指雄鹰。毛泽东《沁园春·雪》：“一代天骄，成吉思汗，只识弯弓射大雕。”

◎吴化学

吴化学（1918～2005），山东寿光人。1930年加入中国共产党。抗日战争时期，曾在沂蒙山区工作，历任山东沂水岸堤抗日干校政治队队长、军分区大队政治教导员等职，后任清河军区清东剧团团长兼导演，《曙光》报社记者，渤海军区《前锋》报记者组长、采编主任，创办了新闻学校并任校长。1953年调北京，任新华社记者、中央记者组组长。理论专著有《摄影工作讲授提纲》《舞台艺术摄影》《摄影美学》和诗词集《风花集》等。

沂蒙春秋（汉俳六首）①

1938年秋，在我担任八路军山东纵队第八支队话剧团演员时，同部队一起挺进到沂蒙山区。其中除随军在沂蒙山区作过动员群众参加抗日救亡的宣传工作之外，并在沂水岸堤山东抗日干校政治队兼任领导（党支部宣委兼队长和救亡室主任）②，以及在战斗部队的连和大队作政治工作中带领部队参加过多次战役战斗，直到1941年奉调到鲁北战区工作。由于时间的关系，仅将亲身经历中比较有突出意义的几件事，点评式地写成汉俳六首，借以寄兴。

进军沂蒙③

1938年秋

东风催战马，飞机车炮打不垮。征尘漫日华④。

岸堤干校⑤

1938年冬

草榻曲肱眠⑥，汶水河畔学不倦。破冰同洗面。
良久无面餐，买得火烧解口馋⑦。情谊高于天。

虎山战斗⑧

1939年莒、日

怒火胸中烧，此地一战打得好。欢声山空袅⑨。

马蹄山下⑩

1939年莒北

巍巍马蹄山，健儿征战已经年⑪。军威震人寰⑫。

帷幄从容

1940年青驼寺[13]

顽军枪频仍[14]，犹若司马对空城[15]。“孔明”自从容[16]。

血洒沂蒙[17]

1939年小王庄

音容梦魂惊[18]，多少碧血洒沂蒙。怎禁战友情！

【注释】

①选自张秀岳主编《沂蒙之光诗词选》，山东人民出版社，1998年版。汉俳：仿照日本俳句的形式，以中文创作的韵文，是五四新文化运动后，中日文化交流的产物。最初的汉俳是依照日本俳句句式翻译的作品，后来才出现直接用中文创作的汉俳，1980年由赵朴初定型。现在汉俳已为中日诗人和学术界认同。

②山东抗日干校：即“山东抗日军政干校”。1938年8月，为解决抗日干部不足的问题，边区省委决定建立山东抗日军政干部学校，隶属山东省委领导（后归山东纵队领导）。省委宣传部长孙陶林兼校长，刘建中任生活指导部主任，翟明仁任大队长。6月初，学员在新泰县南鲍庄集合，编为政治、军事、民运3个中队，并于蒙阴大庄正式开学。8月13日，干校第一期提前毕业。

③原注：1938年秋，八路军山东纵队第八支队从鲁北向沂蒙山区进军，加强中心抗日根据地主力，保卫山东抗日总部。当深夜通过胶济铁路时，被侵华日军发觉，开来装甲车用大炮向我们轰击，白天又出动飞机对我们轰炸、扫射。但我军仍一往直前地向目的地前进。

④漫：淹没，遮盖。日华：太阳的光华。南朝齐谢朓《和徐都曹》：“日华川上动，风光草际浮。”

⑤作者自注：当时我在沂水岸堤山东抗日干校政治队兼任政治队长。这两首词只是描述学校的艰苦生活以及同学们的学习热情、友谊关系。

⑥草榻：简易的床铺。清姚潜《张菊人余淡心吴菌次集饮虎丘山寺得青字》诗：“水光明草榻，野色敞幽亭。”曲肱：语出《论语·述而》：“饭疏食饮水，曲肱而枕之，乐在其中矣。”谓弯着胳膊作枕头。后以“曲肱”比喻清贫而闲适的生活。晋陶潜《五月旦作和戴主簿》：“居常待其尽，曲肱岂伤冲。”

⑦火烧：一种烤饼。扁圆如烧饼，分为火烧（无馅）与肉火烧，一般以肉火烧为多。火烧多见于北方。

⑧虎山：即山东省莒南县的天佛山，坐落在莒南县城北部。虎山具有一山三景的奇特现象。一是从山南看像天佛；二是从东看是长发飘逸的观音菩萨；三是从东北看是一只威风凛凛的猛虎。一山三景，世界奇观。作者自注：一队日本侵略军到处烧杀抢掠，我莒南县大队闻讯急速赶到与之展开激战，最后将其全部歼灭在虎山上。战士们在胜利的气氛中，不断发出欢乐的笑声。

⑨袅：缭绕。

⑩马蹄山：山名，即马鬐山，在今山东省莒南县东北的涝坡镇。作者自注：当时我带领一个大队，在马蹄山下打游击。地方（寨里河）党员负责人马绳武等，每逢敌人准备向我们“扫荡”时，都及时将情报准确无误地送给我们，避免了被动挨打；当我们要打击敌人时，他们又将有利情报送来，使我们每战必胜，敌人震慑，部队在群众中威信很高。

⑪经年：经过一年或若干年。

⑫寰：广大的地域。

⑬原注：当时中共山东分局、八路军山东纵队司令部、山东战工会等抗日总部机关驻防临沂青驼寺（今沂南县青驼镇）。

⑭原注：国民党地方势力王洪九部不断在村外打枪进行干扰，但又不敢大胆进犯。我们则仍然镇静自若地进行工作，当有时惹得我们讨厌了，就派部队教训他一顿。频仍：连续不断。北周庾信《周上柱国宿国公普屯威神道碑》：“再为连率，频仍衣锦。”

⑮司马：即《三国演义》中面对诸葛亮空城计的司马懿。司马懿（179～251），字仲达，汉族，河内郡温县孝敬里人。三国时期魏国杰出的政治家、军事家，西晋王朝的奠基人。曾任曹魏的大都督，大将军，太尉，太傅。

⑯孔明：三国蜀丞相诸葛亮，字孔明。此指根据地军民。

⑰作者自注：有些血洒沂蒙战场牺牲的战友的音容笑貌常不由自主地在梦魂中把我惊醒，使我禁不住地为生前的深情厚谊所感念。其中尤其是我的挚友王信之。当时由于部队内部不纯，混进了暗藏的敌人，在我就任八支队连政治指导员的欢迎会上，从外面打来一枪，信之（当时是副连长）随即应声倒在了血泊中。……我每每想起来就感到难过。王信之，眉清目秀，祖籍山东寿光县田柳乡王家庄。八支队起义时他刚结婚不久，由于爱国热情的激发，毅然离家参军抗日。他带兵有方，作战勇敢，为人正直，平易近人，群众威信高，是位德才兼备的好干部。

⑱梦魂：古人以为人的灵魂在睡梦中会离开肉体，故称“梦魂”。唐刘希夷《巫山怀古》诗：“颓想卧瑶席，梦魂何翩翩。”

◎李 青

李青，1918年生，天津武清人。1934年参加革命，1936年加入中国共产党。曾任八路军一一五师政治部民运部部长，中共费滕边工委书记，费南中心县委书记，鲁南三地委、台枣地委书记，滕县地委书记兼军分区政委，鲁中南区党委委员。新中国成立后，历任山东省工业厅副厅长，中共山东分局财委副书记，山东省政府财委副主任，国家测绘总局党组副书记、副局长。

寄沂蒙乡亲[①]

1993年5月13日

沧桑历尽步康庄[②]，沂蒙人民斗志昂。
前仆后继惩腐恶[③]，成城众志建家乡[④]。

【注释】

①选自张秀岳主编《沂蒙之光诗词选》，山东人民出版社，1998年版。

②康庄：即康庄大道，宽阔平坦，四通八达的大路，比喻美好的前途。

③前仆后继：前面的倒下了，后面的紧跟上去，形容斗争的英勇壮烈。仆：倒下。

④成城众志：即众志成城，万众一心，像坚固的城墙一样不可摧毁。比喻团结一致，力量无比强大。《国语·周语下》：“众心成城，众口铄金。”

◎张　恺

张恺，女，1918 年生，河北山海关人。1935 年考入河北省立女子师范学院附中。1937 年加入中国共产党。曾任鲁南人民抗日义勇总队三大队四中队指导员、中共山东省第一区党委党校组织科长、鲁中南区党委妇委书记。新中国成立后，历任济宁地委书记处书记兼济宁市委第一书记、山东省妇联主任、山东省民政厅副厅长、吉林省纪委副书记、吉林省政协常委等职。

记太皇崮九烈士①

四三年初春风寒，太皇崮下起烽烟②。
日伪三千来扫荡，区委分工巧周旋。
壮士九人登崮顶，居高凭险抗敌顽。
掩护战友脱险境，咬住敌人似虎钳。
已将生死置度外③，以一当十十当千。
敌伪强攻屡击退，抛尸百具山下边。
壮士五人中弹死，四人坚守志更坚。
弹尽粮绝无退路，毁枪跳崖忠誓言。
英雄事迹留青史④，革命精神万代传。

【注释】

①选自张秀岳主编《沂蒙之光诗词选》，山东人民出版社，1998 年版。太皇崮：位于山东省平邑县白彦镇境内。壮烈牺牲的九烈士是：区长孟育民，区农会长公浩，区中队副指导员王万全，战士李学友、谢恒顺、谢洪巨、谢洪连、陈立三及山西老陈。

②烽烟：烽火台报警之烟。亦借指战争。

③置度外：即置之度外，放在考虑之外，指不把个人的生死利害等放在心上。

④青史：古时用竹简记事，所以后人称史籍为青史。

◎姜林东

姜林东，1918 年生，山东牟平人。1938 年加入中国共产党。曾任中共河南鹿邑县委书记，新四军第六支队营政委、第四师团政治处主任，山东军政大学学员，华东野战军第二纵队团政委，第三野战军二十一军师政治部主任。参加了鲁南孟良崮、淮海、渡江等战役。新中国成立后，历任师政委、军政治部副主任，中国人民志愿军军政治部主任，解放军军副政委、政委，北京军区政治部副主任，新疆军区副政委兼政治部主任，广州军区副政委。1964 年晋升为少将军衔。

转战鲁南战场（四首）

1945 年日军投降后，国民党企图独占胜利果实，调兵遣将并策划日伪军接应，妄想打通津浦路，向解放区大举进攻。我部由淮北转战鲁南战场，粉碎蒋军的进攻。回忆起来，我党对付国民党战与和的两手，十分英明。

陈毅司令员亲临动员①

将军发出动员令②，决胜运筹气若虹③。
愿与官兵生死共，火红战帜映晴空④。

【注释】

①选自中共临沂市委编《沂蒙将军颂》（解放战争卷），军事谊文出版社，2005 年版。

②“将军”句：为了夺取首战必胜，陈司令员亲临九旅向干部进行自卫作战动员。他说：“此树是我栽，此路是我开，有人从此过，把枪留下来。”愿与大家共生死，争取胜利。

③决胜：谓取得胜算；取得胜利。运筹：制定策略；筹划。气若虹：即气贯长虹，形容精神极其崇高，气概极其豪壮。

④战帜：战旗。

界河告捷①

独吞胜利黄粱梦②，日伪接应齐动兵。
利剑横穿敌蛇阵，界河一片凯歌声。

【注释】

①选自中共临沂市委编《沂蒙将军颂》（解放战争卷），军事谊文出版社，2005年版。界河：乡镇名，在山东省滕县（今滕州）。1945年11月4日，国民党新编第五路军总司令吴化文部，由在济南投降的日军一个大队为掩护，沿津浦铁路以西公路北进。我军放过为吴化文部开路的日军，在界河地区分割围歼吴化文部4000余人，第六军军长于怀安等缴械投降。界河战役是罗炳辉指挥新四军第二纵队由淮南到达山东后的第一个大胜仗。

②黄粱梦：比喻虚幻的梦想。宋范成大《邯郸道》诗："困来也作黄粱梦，不梦封侯梦石湖。"

攻歼滕县东小窑日军[①]

拒降歼敌负隅狂[②]，誓斩群魔正义张。
巨响一声防线破，飞兵擒杀迫倭降[③]。

【注释】

①选自中共临沂市委编《沂蒙将军颂》（解放战争卷），军事谊文出版社，2005年版。原注：滕县东小窑有日军一个中队和蒋军三十四师一个支队，我以爆破开辟突破口，歼灭了该敌。

②负隅：依靠险要地势。指残敌凭险顽抗。

③倭：古代对日作战时称日本为倭，这里指日本侵略军。

国民党被迫停战[①]

临韩战役又传捷[②]，北犯蒋军落陷涡[③]。
津浦打通成梦幻，缓兵停战又如何？

【注释】

①选自中共临沂市委编《沂蒙将军颂》（解放战争卷），军事谊文出版社，2005年版。原注：经过几次战役的胜利，粉碎了蒋军打通津浦路的计划，各解放区也给进犯蒋军以沉重打击。1946年1月，国民党虚伪地与我党达成停战协定。

②临韩战役：遵照中共中央军委的指示，津浦前线野战军各部队向南扩展。11月25日，向临城、韩庄之敌发起攻击，山东军区第八师首克官桥、孟家仓，歼陈大庆部暂编第二师2000余人，迫使日军300余人投降。

③陷涡：漩涡。

◎丁　云

丁云，1918年生，山东淄博人。1938年入伍，同年入党。曾任县长、处长，临沂行署防空办主任等职。参加了沂蒙山区的反“扫荡”和大青山、甲子山等战斗。临沂诗词学会会员、银雀诗社社员。

转战蒙山之歌[①]

四一十一月初三，日寇入侵进蒙山。
费城敌扰至上冶[②]，我军阻击在北山[③]。
后撤仅留一个排，麻雀战术巧周旋[④]。
队伍浩荡慢慢走，二十五里走一天。
敌人紧紧跟在后，日落刚过紫荆关[⑤]。
日寇夜间无梁过[⑥]，我军拂晓返田庄[⑦]。
白天行军蒙山麓，日暮进至泗水边。
巧过常路伪据点[⑧]，天黑抢过白马关[⑨]。
一夜行军一百五，连续行程三百三。
队伍跳出敌圈外，天明驻军岱崮边[⑩]。
敌寇用兵五万多，铁壁合围于留田[⑪]。
我军战士争应战，运筹帷幄罗荣桓[⑫]。
待到日落天刚黑，率众突围封锁圈。
侦察勇士施巧计，智赚敌哨连过三。
一夜突出敌圈外，天明转到费城边。
日寇侵略蒙山进，百姓遭难不堪言。
拯救中华匹夫职，踊跃参军保家园。
力驱倭虏不惧死，前仆后继勇向前[⑬]。
我军主力蒙山返，军民团结斗敌顽。
路经蔡庄遇阻敌[⑭]，浴血奋战大青山[⑮]。
战略战术游击战，牵敌东西两蒙山。
空舍清野地雷战，敌寇晕头四处窜。
战争年代生活苦，缺衣少食倍艰难。
虽然如是精神满，革命热情暖心间。
集中兵力攻坚战，先扫败类战伪顽。

再攻日寇大据点，一连克下三十三。
从此蒙山全解放，军民集会庆联欢。
时逢腊尽春节日，男女老少尽开颜。
人民军队得扩大，军民团结志更坚。
巍巍蒙山雄姿立，鲁南抗日是模范。
人人都说蒙山好，可知抗日斗争篇。
无数英雄洒热血，歌以咏志后世传。

【注释】

①选自张秀岳主编《沂蒙之光诗词选》，山东人民出版社，1998年版。

②费城：乡镇名，在今山东省费县。上冶：乡镇名，在费县县城以北，今费县上冶镇。

③北山：指山东省费县上冶北山。

④麻雀战术：运用麻雀吃食的习性，积少成多，降低风险的战术。

⑤紫荆关：地名，在费县上冶镇北部蒙山山脉，蒙山自西而东，在玉柱峰进入费县境内，经紫荆关、旗杆山折而向南。

⑥无粱：村庄名，山东省平邑县临涧乡有上无粱店村和下无粱店村。今为临涧镇上余粮店村和下余粮店村。

⑦田庄：乡镇名，今山东省费县大田庄乡。

⑧常路：乡镇名，今山东省蒙阴县常路镇。

⑨白马关：地名，山东省费县以北与蒙阴、平邑交界处，关顶有一白色石灰岩巨石，造型酷似奔马，故名。白马关与紫荆关、九女关合称蒙山“三关”。

⑩岱崮：坐落于沂蒙山区腹地，位于山东省蒙阴县东北部，毗邻临沂、莱芜、淄博三市交界地带。

⑪留田：村庄名，今山东省沂南县张庄镇留田村。

⑫罗荣桓（1902～1963），久经考验的忠诚的共产主义战士，坚定的马克思主义者，伟大的无产阶级革命家、政治家、军事家，中国人民解放军和中华人民共和国缔造者之一，中国人民解放军政治工作奠基人，中华人民共和国元帅，党、国家和军队的卓越领导人。

⑬前仆后继：前面的倒下了，后面的紧跟上去。形容斗争的英勇壮烈。

⑭蔡庄：村庄名，今山东省费县上冶镇蔡庄。

⑮大青山：当时属费东县薛庄区，今属费县薛庄镇，主峰在今沂南、费县、蒙阴交界处，海拔686米。

记甲子山反顽战役[①]

顽军五十七，盘踞甲子山。

屯军不抗日[②]，对我寻事端。
欲要驱倭寇，必须扫敌顽。
四二仲秋季[③]，聚师黄山前。
为了民族业，授任联络员。
虎穴明道理，蛮横不改弦[④]。
一声命令下，会战甲子山。
冲锋号声响，顽军全被歼。
址房祝胜利[⑤]，军民庆联欢。

【注释】

①选自张秀岳主编《沂蒙之光诗词选》，山东人民出版社，1998年版。甲子山战役：甲子山在山东省日照市西南部与莒南县交界处。1942年8月，国民党顽固派军队孙焕彩的第一一一师与朱信斋、李正修等部，共约4000余人，抢占甲子山及上涧、浮棚山、纸房等地，严重威胁着我滨海抗日根据地。8月至12月，八路军第一一五师对国民党顽固派军队进行反击，共毙伤顽军1400余人，俘1600余人。收复甲子山区，巩固和发展了抗日根据地。

②屯：聚集。

③仲秋：仲秋为秋季的第二个月，即农历八月。

④改弦：改变主张或策略。晋葛洪《抱朴子·君道》："或逢天之怒，则思桑林之引咎，不吝改弦于宜易之调，不耻反迷于朝过之涂。"

⑤址房：村庄名，即"纸房"，在山东省莒南县马鬐山南部。

六州歌头·血战大青山[①]

枪声起处，炮声起硝烟。夜光微，拂晓前，敌寇犯，黄草关[②]，我军整队速，抢战地，上南山[③]，挖掩体，备应战，虎视眈[④]。敌炮频传，弹坑作工事，我志更坚。敌寇五次冲，皆被我驱散。丢下尸躯，滚下山。

忽青山前，遇敌寇，白刃战，迅雷间。山风紧，征尘暗[⑤]，厮杀声，震人寰[⑥]。血染山溪赤，寇尸横，遍山涧。我突围，集结点，蒙山前。我只伤亡二百，毙敌寇三百又三。一九四一年，拂晓至日没，整整一天。

【注释】

①选自李志主编《抗大精神永放光芒》，黄河出版社，2005年版。血战大青山：即大青山突围战，是沂蒙抗日根据地军民反击日军1941年冬5.3万人"铁壁合围"大"扫荡"中的一次著名战斗，也是抗日战争时期津浦铁路以东山东敌后战场我方损失最大的一次突围战。大青山：大青山属蒙山支脉，位于费县与沂南县交界处，因松林茂密、四季常青而得名。

②黄草关：在山东省费县胡家庄东北5千米处。

③南山：指胡家庄南山。

④虎视眈：即“虎视眈眈”。形容像猛虎一样凶狠地注视着。《周易·颐》：“虎视眈眈，其欲逐逐，无咎。”

⑤征尘：战斗时扬起的尘土。《水浒传》第九二回：“二将在征尘影里，杀气丛中，斗过三十余合。”

⑥人寰：人间；人世。南朝宋鲍照《舞鹤赋》：“去帝乡之岑寂，归人寰之喧卑。”

◎甄　磊

甄磊（1919～1941），女，山东莱芜人。1932年考入莱芜县立师范讲习所，1935年师范毕业后回母校教学。1938年初参加山东人民抗日游击队第四支队，同年秋被选送到山东抗日军政干部学校学习，在校加入中国共产党。学习期满后到中共山东分局妇委会工作。1940年8月山东省妇救会成立，被选为执行委员。1941年春山东"姊妹剧团"成立，她任政治指导员，和团长辛锐领导剧团姐妹们自编、自导、自演，深受根据地军民欢迎。同年11月中旬在反"扫荡"中壮烈牺牲。

参加妇救会歌①

大娘、大嫂、大姐呀，
咱们动员起来吧！
参加了妇救会②，
给咱们伸冤、诉苦呀嗨。
几千年的锁链，
咱们受尽压迫，
厨房里莫事多，
无计的劳动不如牛马，
挨打受骂，
这么痛苦过日子，
一辈子受罪抬不起头呀嗨！
妇女们呀动员起来，
参加妇救会呀嗨，
站岗放哨，做鞋袜，
读书识字要参加，
要解放，要做堂堂的人，
救国也是救自己的呀嗨！

【注释】

①选自山东省民政厅编《山东革命烈士诗词选》，天津人民出版社，1994年版。这首歌词是甄磊和辛锐等人一起创作的。辛锐（1918～1941），女，山东济南人。

1938年参加八路军，同年加入中国共产党。曾任秘书、姊妹剧团团长。1941年11月下旬壮烈牺牲。

②妇救会："妇女救国会"的简称。在中国抗日救亡运动的高潮中，全国各地的妇女纷纷组织成立妇救会。妇女救国会在当时的主要任务是组织妇女为中国共产党领导的军队准备军鞋、军粮等军需物资，照顾伤病员，并以隐蔽的身份参加各种爱国活动。

◎柴启琨

柴启琨（1919～2005），山西河津人。1937年参加八路军。1938年加入中国共产党。曾任八路军一一五师苏鲁豫支队连指导员、团保卫股股长，滨海军区警备旅团政委，华东野战军第三纵队团政委，浙江军区警备旅政治部主任。参加了鲁南、孟良崮、豫东、淮海、渡江等战役。新中国成立后，历任浙江军区分区副政委，海军陆战师政委，东海舰队干部部部长、政治部副主任，东海舰队航空兵政委，海军政治部副主任、顾问。1964年晋升为少将军衔。

忆江南·沂蒙好（三首）[①]

一

沂蒙好，也是我家乡。雄踞齐鲁天堑壮[②]，八年抗战寇服降。奏凯复家邦[③]。

二

沂蒙好，也是我家乡。末路蒋军虽狂妄，囊内智擒中山狼[④]。匪首痛哭亡。

三

沂蒙好，也是我家乡。往事滔滔犹未尽，诗词丽句寄情长。快速奔小康。

【注释】

①选自张秀岳主编《沂蒙之光诗词选》，山东人民出版社，1998年版。

②天堑：天然的壕沟。言其险要可以隔断交通。金邓千江《望海潮·上兰州守》词："云雷天堑，金汤地险，名藩自古皋兰。"

③家邦：本指家与国，亦泛指国家。《诗经·大雅·思齐》："刑于寡妻，至于兄弟，以御于家邦。"

④中山狼：一般用作形容那种忘恩负义，恩将仇报的人。

◎高　锐

高锐，1919年生，山东莱阳人。1937年入陕北公学和延安抗大学习，次年加入中国共产党。曾任八路军胶东军政学校教育长，抗大一分校胶东支校营长、军教股长，胶东军区营长、司令部作战科科长、参谋主任、师参谋长，华东野战军第十三纵队三十七师师长。1948年率部参加济南战役，指挥所属一零九团获“济南第二团”称号。新中国成立后，历任三十一军参谋长，高级步兵学校副教育长，军事科学院研究部部长，兰州军区参谋长、副司令员兼宁夏军区司令员，军事科学院副院长。1961年晋升为少将军衔。著有《中国上古军事史》，主编《中国军事史略》等。

悼粟裕将军[①]

1984年2月

治兵征战毕生功，常胜雄师一总戎[②]。
覆地翻天越后继，拔山靖海列前锋[③]。
卿云不掩孺牛气[④]，凌冽难损大将风[⑤]。
史略期成身遽逝[⑥]，遗篇堪作军家宗[⑦]。

【注释】

①选自魏巍主编的《将帅诗词选》，辽宁人民出版社，1987年版。粟裕（1907～1984），中国现代杰出的革命家、军事家、战略家。淮海战役、上海解放战役等一系列重大战役的指挥者。1955年授予大将军衔。

②总戎：统帅。亦用作某种武职的别称，如唐人称节度使为总戎，清时称总兵为总戎。唐杜甫《将赴成都草堂》诗之五：“共说总戎云鸟阵，不妨游子芰荷衣。”仇兆鳌注引黄希曰：“唐人以节度为总戎。”

③拔山靖海：拔除山岳，安定大海，指做出宏大的业绩。靖：使秩序安定。前锋：前头部队，走在军队前面的部队。

④卿云：即庆云，一种彩云，古人视为祥瑞。《史记·天官书》：“若烟非烟，若云非云，郁郁纷纷，萧索轮囷，是谓卿云。卿云见，喜气也。”孺牛：即“孺子牛”，出自《左传·哀公六年》中记载的一个典故，原意是表示父母对子女的过分疼爱。后来鲁迅的“横眉冷对千夫指，俯首甘为孺子牛”名句使“孺子牛”的精神得到升华，人们用“孺子牛”来比喻心甘情愿为人民大众服务、无私奉献的人。

⑤凌冽：寒冷。明刘基《愁鬼言》："风雨飒洒，无以为居庐；霜雪凌冽，无以为衣裳。"

⑥史略：南宋高似孙编写，共六卷，现存至今的第一部史籍专目。此指粟裕大将的鸿篇巨制。遽逝：突然去世。

⑦宗：为众人所师法。

兰陵王·访鲁南战役战场[1]

鲁南路，杨柳青青楚楚[2]。苍山侧、平野下湖，寻访当年战场故。乡人说嘲语：炮辂，糖饴锢住[3]。殊堪笑[4]：装甲旅团，初驶山东便成雾。

沂州两军聚，两路四方抄，分割围捕。攻坚破垒无能御。连战十余日，拔城歼敌，全消灭五个整旅。胜师虎添羽。

火炬，八方举。六十万民兵，争战前赴。天罗地网层层布。望满处村野，搏狼捉鼠。燎原风火[5]，铁老虎，纸老虎[6]。

【注释】

①选自高锐著《行吟集》，军事科学出版社，1999年版。兰陵王：词牌名。毛开《樵隐笔录》："绍兴初，都下盛行周清真咏柳《兰陵王慢》，西楼南瓦皆歌之，谓之《渭城三叠》。以周词凡三换头，至末段，声尤激越，唯教坊老笛师能倚之以节歌者。"一百三十字，分三段。

②楚楚：草木蕃茂貌。《诗经·小雅·楚茨》："楚楚者茨，言抽其棘。"朱熹集传："楚楚，盛密貌。"

③"乡人"三句：谓老百姓开玩笑说，国民党军队的大炮就像被糖饴黏住一样行动不得。辂：古代车辕上用来挽车的横木。糖饴：用米、麦芽熬成的糖浆。清昭梿《啸亭杂录·徐中丞》："听讼饥，家人供角黍，且判且啖，髭颐尽赤，盖误朱为饴糖，笔筋交下，不能复辨也。"

④殊：特别。堪：可以，足以。

⑤燎原：火延烧原野。比喻势态不可阻挡。晋潘尼《火赋》："及至焚野燎原，埏光赫戏……遂乃冲风激扬，炎光奔逸。"

⑥"铁老虎"二句：国民党号称铁老虎的"机械化部队"不过是外强中干的纸老虎。

兰陵王·登孟良崮访故战场[1]

孟良崮，昂首仰天虎踞[2]。石峰上，碑碣耸然[3]，英烈光辉照千古。岩崖上横刻："击毙张灵甫处。"咦！斯战，惊天动地，解放军威震环宇。

时当柳莺舞，半兆蒋家军[4]，尸陈龟步[5]。汹汹，势欲吞齐鲁。讵料万山里[6]，炮枪声急，天兵突击猛于虎。锐师尽俘虏。

痛楚，惋心腑[7]。看蒋贼捶胸，嚎叫迁怒，征兵复整残旗鼓。奈败死棋局，已无生路。风飘云涌，霹雳雨，荡国蠹[8]。

【注释】

①选自高锐著《行吟集》，军事科学出版社，1999 年版。

②虎踞：喻指地形的雄壮险要。《太平御览》卷一五六引晋张勃《吴录》：“钟山龙蟠，石头虎踞，帝王之宅也。”

③碑碣：石碑方首者称碑，圆首者称碣。后多不分，以之为碑刻的统称。

④半兆：五十万。兆，数名，等于百万。此处指 1947 年国民党军重点进攻山东解放区的 60 个旅、45 万人。

⑤龟步：坚固的城堡。此处化用张仪筑城的故事。相传，“州城，秦惠王二十七年，张仪所筑。初仪筑城，屡颓不立，忽有大龟周行旋走，巫言依龟行处筑之，遂得坚立。”事见《元和郡县志 · 剑南道上》。

⑥讵料：岂料。

⑦惋：叹惜，憾恨。

⑧国蠹：蠹，本意为蛀蚀器物的虫子。比喻危害国家利益的坏人。唐白居易《和阳城驿》诗：“誓心除国蠹，决死犯天威。”

◎于敬山

于敬山（1919～1997），安徽宿县人。1938 年参加八路军，同年加入中国共产党。曾任八路军一一五师营教导员、滨海军区第四团政治处主任、东北民主联军团政委、第四野战军三十八军师政治部主任。新中国成立后，历任中国人民志愿军师政委，解放军军政治部主任、副政委、政委，炮兵政治部主任，第二炮兵副政委。1964 年晋升为少将军衔。

日寇投降后我军攻破临沂城[①]

1945 年 9 月于临沂

日寇降时暑尚浓，金风初起破沂城。
全歼伪匪治安队，活捉汉奸许兰笙[②]。
蒙山庆祝舒豪气，沂水欢呼作壮行。
八载艰苦铁枷重，一朝解放草履轻[③]。
军民欢庆胜利日，侧望峨眉摘桃翁[④]。

【注释】

①选自张秀岳主编《沂蒙之光诗词选》，山东人民出版社，1998 年版。1945 年 8 月，日本宣布无条件投降后，临沂地区汉奸头子王洪九纠集伪军 4000 余人固守临沂城，妄图等待国民党接收。我军于 8 月中旬包围该城，经充分准备，于 9 月 11 日一举破城，全歼守敌。

②许兰笙（1905～1945），山东临沭人。1939 年底至 1940 年春，国民党保安旅旅长梁钟亭率部围攻抗日根据地，许兰笙投靠到梁钟亭手下，被梁委任为保安三旅特务第一团团长，不断袭击抗日根据地，多次杀害抗日军民。1945 年 9 月被八路军抓获，抗日民主政府在临沂城南门外将其处决。

③草履：即草鞋。用稻草或其他长纤维草手工编制的一种简易鞋。

④峨眉摘桃翁：指蒋介石。抗日战争期间，蒋介石躲在峨眉山，抗战结束后，妄图摘取人民用血汗换来的胜利果实。

老战友相逢忆滨海抗日根据地[①]

1983 年于北京

三月风尚寒，迎春蕾正鲜。

战友王永福[②]，相逢喜开颜。
别时未而立[③]，如今头已斑。
举觞忆往事[④]，感慨逾万千。
敌后艰苦日，历历在眼前。
伤病少医药，雪飞衣尚单。
早喝豆饼粥，晚吃地瓜干。
菽薯作煎饼，春节美味餐。
我党发号召，奋战渡难关。
精兵又简政，减轻民负担。
开荒大生产，学习南泥湾。
经济有发展，供给少困难。
丰衣又足食，老幼共欢颜。
双拥加优爱[⑤]，团结磐石坚。
军民斗志旺，协力歼敌顽。
行者从天降[⑥]，钻入敌心肝。
严惩卖国贼，争取伪政权。
活捉梁麻子[⑦]，赶跑阎丽天[⑧]。
夷平封锁沟[⑨]，饮马沂水边。
屡破大扫荡，驱顽甲子山[⑩]。
固若金汤垒[⑪]，屹立黄海边。
昔年别去后，弹指四十秋。
南起陇海线，北至沭源头。
多少山和水，多少柿枣沟。
人情风土貌，犹然记心头。
遐想今日姿[⑫]，美景不胜收。
但愿有生日，旧地得重游。

【注释】

①选自张秀岳主编《沂蒙之光诗词选》，山东人民出版社，1998年版。滨海抗日根据地：南起横贯大半个中国的陇海铁路，北至山东半岛的大动脉——胶济铁路，东滨黄海，西界沂河，位于苏鲁两省交界地带。包括今安丘、高密、东海、郯城、临沂、胶县各一部，赣榆、日照、诸城、莒南、莒县全部。中间为泰（安）石（臼所）公路分为南北两半，南部称路南（或滨南），北部称路北（或滨北）。滨海抗日根据地北托沂蒙山区，南抵陇海铁路，东控近海交通，在战略位置上十分重要。

②王永福：一名王一夫，抗日战争时期曾任山东临郯、临沭等县县委书记、中共鲁南四地委任副书记，滨南地委副书记。后在浙江省委工作。

③而立：指年至三十。《论语·为政》："子曰：'吾十有五而志于学，三十

而立。'"

④举觞：举杯饮酒。《战国策·魏策二》："梁王魏婴觞诸侯于范台。酒酣，请鲁君举觞。"觞：古代酒器。

⑤双拥：即拥政爱民、拥军优属。

⑥行者：《西游记》中孙悟空的别名。

⑦梁麻子：梁钟亭（1892～1945），山东汶上人。1938年，日军入侵鲁南，梁带部逃进深山，将大片土地拱手让给侵略者。1939年，任鲁南专员、保安司令兼山东挺进军第十七纵队第七旅旅长之职。经常进犯抗日根据地，捕杀革命军人、地方干部和群众。1945年6月27日被八路军俘获，8月在临沭县被人民政府处决。

⑧阎丽天：河北南宫人，反共顽固分子。1938年任国民党郯城县县长，1941年任临朐县县长。1939年，阎丽天经常派人到马头镇及周边地区袭扰，八路军东进支队进行阻击后直攻县城，把阎丽天打跑了。

⑨夷平：使成一块平地。

⑩甲子山：山名，在山东省莒南县朱芦镇。山势险峻，怪石林立，山顶两峰，耸立如角，故名角子山。因方言"角"与"甲"近音，后演化为甲子山。驱顽：1942年8月至12月，八路军第一一五师在甲子山地区对国民党顽固派军队进行反击，毙伤顽军1400余人，俘1600余人。

⑪固若金汤：《汉书·蒯通传》："必将婴城固守，皆为金城汤池，不可攻也。"颜师古注："金以喻坚，汤喻沸热不可近。"后以"固若金汤"谓城池、阵地坚固异常。萧华《渡河东征》："阎锡山吹嘘的固若金汤的河防，被撕裂开几道大口子。"

⑫遐想：悠远地想象或思索。晋袁宏《三国名臣序赞》："孔明盘桓，俟时而动，遐想管乐，远明风流。"

◎王乃征

王乃征（1919~2009），山东诸城人。王尽美烈士的长子。1937年10月加入中国共产党。1938年12月，任中共诸城临时县委委员。1943年组建莒北县大队，任中队长、大队参谋。1945年带该中队与十三团八连合并，担任连长，后调任滨北军分区参谋。1946年6月调东北辽东军区作战处工作。1948年调丹东军区任警卫营营长。1949年调东北军区，先后任团级参谋、军务处副处长、军务部长、动员部长等职。1966年任吉林省军区参谋长。1975年任吉林省军区副司令员。

念沂蒙（二首）[①]

一

飞兵孟良崮[②]，歼敌震山河。
今日万花艳，烈士鲜血泽[③]。

二

滔滔沂河水，巍巍沂蒙山。
继承先烈志，革命万古传。

【注释】

①选自中共临沂地委党史资料征集委员会《滨海地区党史资料征集座谈会会刊》，1984年版。

②飞兵孟良崮：指孟良崮大捷，1947年5月陈毅、粟裕指挥华东野战军在沂蒙山区进行的一次大规模运动战和阵地战相结合的重大战役。

③泽：润泽。

纪念王翔千百岁诞辰[①]

中华文明国，齐鲁英雄多。
小心播良种，大胆斗阎罗。
奋力击晨钟[②]，猛醒饥寒者。
报国育英才，笑骂斥娼婆[③]。
不齿权贵士[④]，广交劳动哥。

举灯指我路，集资助我学。
厚恩寒泉去[5]，深情暖心窝。
今逢百岁日，挥泪唱颂歌。

【注释】

①选自张秀岳主编《沂蒙之光诗词选》，山东人民出版社，1998 年版。王翔千（1888～1956），山东诸城人。1920 年积极协助王尽美等创立“励新学会”，并创办《励新》半月刊。不久，他同王尽美、邓恩铭等发起成立“马克思学说研究会”，1921 年春，他们 3 人又秘密组织济南共产主义小组，成为山东最早的共产党员之一。1925 年 11 月邓恩铭被捕后，王翔千回家乡从事农民运动。新中国成立后，当选为山东省各界人民代表会议代表、山东省政协委员、省土改委员会委员。

②晨钟：山东建党初期，王翔千等编辑的《晨钟报》。

③“笑骂”句：王翔千在莒县中学任教时，反动当局假孙中山名义举行纪念周，他见黑板报上有尚未拭去的“不如为娼”字样，有感而做杂文《纪念周不如为娼》，讽刺反动派。

④不齿：不愿意提到，表示极端鄙视。晋葛洪《抱朴子·擢才》：“文种，大贤也，初不齿于荆俗，末雍游于钧如。”

⑤寒泉：指黄泉、九泉。唐王勃《为原州赵长史为亡父度人表》：“乌鸟之诚，俯寒泉而思咽。”蒋清翊注：“寒泉，今指黄泉。”

◎叶尚志

叶尚志，1919年生，安徽宿松人。1937年参加八路军。1939年随抗大一分校入鲁，在中共中央山东分局组织部工作，曾任中共冀鲁边区数县县委书记兼政委和组织部部长，渤海区党委党校副书记。新中国成立后，任中央统战部干部三处处长、司局长，上海市委统战部、组织部常务副部长，中国人才研究会副理事长，上海市人才研究会会长，《人才开发》杂志社社长，上海市书法家协会名誉理事。著有《叶尚志诗稿》、书法集《烈火雄风》和其他文集多种。

上海重逢抗大战友[①]

1964年秋

抗大东迁创史篇，熔炉冶炼忆当年[②]。
千山历历铭深谊，万水潺潺颂赞言[③]。
惜别沂蒙烽火炽，欢逢沪浦凯歌喧[④]。
东风浩荡海天阔，破浪争游问孰先。

【注释】

①选自叶尚志著《叶尚志诗集》，学林出版社，1994年版。抗大曾于1938年底分出一、二分校，从延安挺进到敌人后方。一分校约5000人马，长途行军到了晋东南、太行山，一年后迁至山东沂蒙山区。1941年日军大“扫荡”后，作者与一分校的一些老战友阔别23年，1964年在上海又陆续重逢。

②熔炉：当时人们对抗大的美誉。

③潺潺：水流貌。三国魏曹丕《丹霞蔽日行》：“谷水潺潺，木落翩翩。”

④沪浦：指上海市。

重逢周纯全校长[①]

1973年夏

别梦常亲老校翁，都门重睹旧仪容[②]。
往年往事思千种，斯景斯情动五衷[③]。
欢笑无言泪如注，沉吟有语意为壅[④]。
青山抗敌犹铭记，战斗谊深自不同。

【注释】

①选自叶尚志著《叶尚志诗集》，学林出版社，1994年版。周纯全（1905～1985），湖北红安人。抗战时期任抗大一分校校长，滨海行署副主任兼秘书长。新中国成立后，先后任中国人民志愿军后勤部政治委员，解放军总后勤部第一副部长兼副政治委员，武装力量监察部第一副部长。1955授予上将军衔。作者自注：周纯全在抗战期间任抗大一分校校长。“文革”中，他曾身患重病，在林彪“一号令”之下被赶出北京，以后才迁回。当我这次再见他时，他病情加重，自己不能行动，语不成句了。但他还能认出我，喉底唤出我的名字。当说出他领导我们突围地点——沂蒙山区的大青山，他脸上仍然展现出过去那种宽厚、朴实的笑容，但又激动难过得泪流如注。

②都门：京城的门，借指京都。元揭傒斯《送宋少府之官长洲》诗：“白发长洲尉，都门万里船。”睹：看见。

③五衷：五脏。亦指内心。明陆明雍《诗镜总论》：“熟读灵运诗，能令五衷一洗。”

④壅：堵塞。

忆孙祖战斗（二首）[①]

1992年4月

一

抗大东迁甫卸装[②]，沂蒙遍地战歌扬。
日军恃势强侵袭[③]，顽旅闻风速溃亡。
集我雄师设网阵，迫其残骸弃焚场。
败兵夜半惊宵遁[④]，大地清晨遍曙光。

二

秣马厉兵汶水阳[⑤]，突遭狂寇犯山乡。
三军令下传烽火，九子峰前摆战场[⑥]。
虎啸狼嚎终鼠窜，焚尸弃骨枉亡羊[⑦]。
白头忆说当年事，群集碑周兴益昂[⑧]。

【注释】

①选自明湖诗词学会编《明湖诗刊》，1995年第7期。孙祖战斗：孙祖是沂南县西南小镇，北依荆山，南靠九子峰。1940年3月16日，临沂、沂水、莒县等据点的日军300多人和伪军运输队200余人，扫荡沂蒙根据地。徐向前司令员命令山纵二支队、抗大一分校三个大队及山纵五支队交通营和山纵特务营九连，在二支队司令员孙继先指挥下，在孙祖九子峰与敌激战，共击毙击伤日军200余人，内有敌

指挥官小林及炮兵中尉队长一人。这是沂蒙军民抗战以来取得的第一次重大胜利。

②甫：刚刚。

③恃：依赖，仗着。

④宵遁：乘夜逃跑。《左传·成公十六年》："王曰：'天败楚也夫！余不可以待。'乃宵遁。"

⑤秣马厉兵：喂饱马匹，磨快兵器。喻指准备作战。亦作"厉兵秣马"。《左传·僖公三十三年》："郑穆公使视客馆，则束载厉兵秣马矣。"

⑥九子峰：山名。位于山东省沂南县孙祖镇。

⑦亡羊：比喻丧失某种事物。

⑧"群集"句：为纪念孙祖战斗歼灭日寇的胜利，在孙祖镇旁建立了"九子峰战斗纪念碑"。故地重游，作者与乡亲们在碑前忆旧。

吊沂蒙山战场[①]

1992年4月

1941年冬，敌酋畑俊六驻临沂城指挥5万敌军"扫荡"我沂蒙山区根据地[②]，实行"铁壁合围"战术和"三光"政策。我抗日军政大学一分校为掩护大青山突围，师生300多人壮烈牺牲。50年后故地重游，不禁怆然[③]。

沧桑半纪事难忘，铁壁重围寇焰狂。
又到蒙山吊万冢[④]，重游沂水忆"三光"。
当年武士均逃遁[⑤]，旧日幽灵却徜徉[⑥]。
多难从来凭自救，振兴何必祷洋皇[⑦]？

【注释】

①选自叶尚志著《叶尚志诗集》，学林出版社，1994年版。

②畑俊六（1879～1962），1938年任华中日军司令官，指挥攻占武汉的作战。1939年任陆军大臣，以辞职方式导致了三国同盟的签订。1941年任侵华日军总司令，策划浙赣会战和"一号作战"，是欠中国人民血债最多的日本战犯之一。

③怆然：悲伤貌。三国魏曹操《让县自明本志令》："孤每读此二人书，未尝不怆然流涕也。"

④万冢：众多的坟冢。冢：坟墓。

⑤逃遁：逃跑；隐藏躲避起来。

⑥徜徉：徘徊。《淮南子·人间训》："翱翔乎忽荒之上，徜徉乎虹蜺之间。"

⑦祷：教徒或迷信的人向天、神求助、求福。洋皇：日本天皇，此指日本。

◎孙耀忠

孙耀忠，1919年生，山东肥城人。1939年加入中国共产党。曾任八路军一一五师六八六团游击队文书、团宣传队党支部书记、连指导员，滨海军区后勤部卫生部材料科指导员，华东野战军十二医院一分院政委，华东野战军卫生部归队管理处政治处副主任。1952年底任中国人民志愿军汽车十七团政委、志愿军后勤部四分部党委委员。1961年任工程兵特种工程指挥部政治部组织部副部长，1963年任工程兵学院政治部组织部长，1969年任工程兵技术总队政委。1979年任二炮五十五基地副政委。

谒抗日烈士陵园随感（四首）[①]

1991年清明节，刘西元政委委托傅坤庸、方晓、李剑华、陈玉亭、张秉寿等同志和我赴抗日烈士陵园扫墓[②]，我赋诗四首留给陵园存念。

一

东临黄海倚岚山[③]，抗日山前坐陵园。
辛未祥年清明时[④]，金陵战友祭英贤。
青口郯城五莲山[⑤]，驱逐倭寇战伪顽。
烈士音容今犹在，忠骨铿锵留山川[⑥]。

二

天星降败蒋逃亡，神州巍巍立东方。
帝反联合燃战火，鸭绿江岸遭祸殃。
中华儿女赴沙场，美韩豺狼终落荒。
班师归国建家园[⑦]，一五七项业辉煌。

三

弱水河旁新箭场[⑧]，罗布泊畔两弹响[⑨]。
改革开放图四化，两翻三步奔小康。
千苦征战血溅泪，万能建设两汗淌。
累累硕果慰先烈，唯教大地换新装。

四

东欧离乱风雨急，九州沉渣泛涌起[10]。
马列巨著竖航标，雄文四卷辨真理。
英烈青绿先捐躯，吾等白发志不移。
待到东风冲云散，那时日月晴万里。

【注释】

①选自张秀岳主编《沂蒙之光诗词选》，山东人民出版社，1998 年版。

②刘西元（1917～2003），江西吉安人。抗日战争时期，任八路军一一五师三四三旅六八六团政治委员，滨海军区滨北军分区政治委员等职。新中国成立后，任中国人民志愿军三十八军政治委员，共青团中央书记处书记，总政治部副主任，兰州军区副政治委员，南京军区副政治委员等职。1955 年被授予中将军衔。傅坤庸：曾任中国人民解放军第二十二军六十六师一九六团政委。方晓：曾任中国人民解放军第二十二军六十六师一九六团副团长。

③岚山：位于鲁苏两省交界，现为日照市岚山区。

④辛未：指 1991 年。

⑤青口：乡镇名，在江苏省连云港市赣榆县。郯城：县名，属临沂市，位于山东省最南端，与江苏省接壤。五莲山：山名，在山东省五莲县东南，总面积 68 平方千米，主峰海拔 515.7 米。

⑥铿锵：形容金玉或乐器等声洪亮。《汉书·张禹传》："优人筦弦铿锵极乐，昏夜乃罢。"

⑦班师：出征军队胜利归来。唐皇甫冉《和袁郎中破贼后经剡中山水》："受律梅初发，班师草未齐。"

⑧弱水：又名黑河。河西走廊三大内陆河流之一。发源于甘肃省西北部，由张掖、酒泉间的南山和祁连山流出各河汇集而成。

⑨罗布泊：湖泊名，在新疆维吾尔自治区东南部，位于塔里木盆地的最低处。

⑩沉渣：沉在水中的渣滓。喻消失的落后腐朽的事物和反动思潮或势力。

◎李光军

李光军（1919～1995），江苏睢宁人。1937 年加入中国共产党。曾任邳睢县边区抗日青年救国团主任，八路军陇海南进支队营教导员，新四军第三师营长、第四师副团长，华东野战军第二纵队六师十七团团长，第三野战军二十一军六十三师参谋长。参加了宿北、鲁南、孟良崮、淮海、渡江、上海等战役。新中国成立后，历任解放军师长，中国人民志愿军师长、副军长，解放军军长，武汉军区副参谋长、参谋长，国防科委副主任，武汉军区副司令员。1964 年晋升为少将军衔。

满江红·孟良崮战役五十周年抒怀[①]

五十春秋，长思念，几番风雪。蒙山下，舞缨盘马[②]，孟良崮烈[③]。我军战士坚似铁，蒋军“王牌”魂飞别。狠搏斗，大胜震河山，敌气灭！

往昔事，记心切。诸战友，伤亡血。正军民祝庆，凯歌欢悦。小平理论光万丈[④]，国中四化火千热。放改开[⑤]、金色里程碑，皆称杰。

【注释】

①选自中共临沂市委编《沂蒙将军颂》（解放战争卷），军事谊文出版社，2005 年版。

②舞缨：挥舞捕缚敌人的长绳。盘马：指跨马盘旋驰骋。唐段成式《和周繇见嘲》序：“成式未曾盘马，徒效执鞭。”

③烈：气势盛大。

④小平理论：即邓小平理论，是以邓小平为主要创立者、以建设有中国特色社会主义为主题的理论。

⑤放改开：指解放思想、改革开放。

◎李彦生

李彦生，1919 年生，山东蒙阴人。1938 年参加革命，1942 年加入中国共产党。抗日战争时期，在沂蒙山区参加了攻打沂水、蒙阴等战斗和讨伐王洪九、吴化文等战役和战斗。后任上海吴泾化工总厂党委副书记。

反“扫荡”[①]

日寇扫荡太猖狂，人民奋起斩豺狼。
军民并肩守阵地，沂蒙山区一道墙[②]。
鬼子胆敢来进犯，叫他葬身在山冈！
领导全靠共产党，胜利灿烂显辉煌。
战斗似火燃烧急，军民如铁志顽强。
八年抗战日寇降，英雄业绩永光芒。

【注释】

①选自张秀岳主编《沂蒙之光诗词选》，山东人民出版社，1998 年版。

②沂蒙山区：人文概念，特指以山东省临沂市、日照市，江苏省连云港市为中心的广大地区，包括临沂市的三区九县，日照市的绝大部分，淄博市的沂源县，潍坊市的临朐县，济宁市的泗水县，枣庄市中区、峄城区、台儿庄区、山亭区部分，江苏省连云港市、邳州、新沂、赣榆、东海等县市的一部分地区。

◎王文起

王文起，1919年生，山东黄县（今龙口）人。1944年参加上海地下党，并被派往青岛建立地下组织，创办《小朋友十日刊》。新中国成立后，任《青岛日报》社秘书组组长。后调华东军政委员会联络局、上海市委调查部工作。1980年任临沂地区文化局副局长。山东诗词学会会员。

瞻仰孟良崮革命烈士纪念馆[①]

仰瞻遗迹忆当年，沂水蒙山烽火连。
日寇凶残枉肆虐[②]，独夫骄横化尘烟[③]。
英雄酬志破魔梦[④]，烈士远谋落仔肩[⑤]。
一曲振兴情激越，创新业绩祭先贤。

【注释】

①选自张秀岳主编《沂蒙之光诗词选》，山东人民出版社，1998年版。孟良崮革命烈士纪念馆：在孟良崮烈士陵园中部，馆内的陈列再现了“刀丛扑去争山顶，飞兵激战孟良崮”的壮烈情景。

②肆虐：恣意残杀或迫害。《尚书·泰誓中》：“淫酗肆虐，臣下化之。”

③独夫：残暴无道、众叛亲离的统治者。此指蒋介石。

④酬志：实现志愿。元王实甫《破窑记》第三折：“怕你得官酬志汉相如，倒做了好色荒淫鲁秋胡。”

⑤仔肩：谓担负，承担。宋王安石《王深父墓志铭》：“呜呼深父，维德之仔肩，以迪祖武！”

◎郑志士

郑志士（1919～1999），山东淄博人。1938年参加八路军，同年加入中国共产党。曾任八路军山东纵队连长，鲁中军区营长、团长，第四野战军师参谋长。参加了沂蒙山区反“扫荡”战斗和辽沈、平津、衡宝、海南岛等战役。新中国成立后，历任中国人民志愿军副师长、师长，解放军军参谋长、副军长，成都军区副参谋长、军政委，武汉军区参谋长。1955年被授予大校军衔。

铁马金戈忆旧年[①]

1993年秋

铁马金戈忆旧年，沂蒙父老勇支前。
车流万里披星月，情暖三军奏凯旋。
意气风发扎实干[②]，团结奋进志向坚。
振兴经济靠科技，共同富裕尽开颜。

【注释】

①选自张秀岳主编《沂蒙之光诗词选》，山东人民出版社，1998年版。铁马金戈：形容威武雄壮的士兵和战马。

②意气风发：形容精神振奋，气概豪迈。

◎黄子忠

黄子忠（1919～1992），山东沂南人。1939 年入伍，同年入党。曾任山东省农业厅副厅长、临沂地区副专员等职。曾为临沂诗词学会会长、银雀诗社顾问。

忆坚持江家崮①

山名江家崮，峭壁入云端。
山顶面积小，计亩三十三。
抗日烽火起，顽伪曾抢占。
三易云梯上②，我军驻一班。
工事牢又固，坚持十一年。
气死反动派，日寇啸徒然。
三千蒋家军，围困十余天。
乖乖受严惩，军民笑开颜。

【注释】

①选自张秀岳主编《沂蒙之光诗词选》，山东人民出版社，1998 年版。江家崮：又名姜家崮，位于沂水县夏蔚镇驻地北的曹家林村东南侧，海拔 617 米，面积 1 平方千米。

②云梯：古代攻城时攀登城墙的长梯。《墨子·公输》："公输盘为楚造云梯之械，成，将以攻宋。"

◎刘亦夫

刘亦夫（1919～1996），山东峄县人。1938年12月加入中国共产党。历任中共山东省峄南县委宣传部部长、中共鲁南运北工委书记兼文峰游击大队政委、新华通讯社鲁南分社副社长、中共鲁南区后方党委组织部长，中共历城县委书记，济南战役指挥部历城地区支前司令部政委。新中国成立后，历任中共浙江省委宣传部理论教育处处长，浙江大学政治处主任，中共浙江大学委员会副书记、书记，浙江省教育厅副厅长、厅长，中共浙江省委党校校长。

北　撤①

1947年于渤海区②

血溅鲁南战地焦，饮马黄河洗征袍③；
军民戮力战顽敌④，雨过天晴日更高。

【注释】

①选自中共枣庄市委党史办公室编《风烟之歌——枣庄革命诗歌选》，中国矿业大学出版社，1993年版。原注：1947年春，国民党军队及还乡团占领鲁南，我党政机关除留一部在当地开展游击战争外，另一部老弱干部、职工及家属北撤渤海区，并成立了鲁南后方党委。

②渤海区：前身分别为清河区和冀鲁边区。抗日战争时期的敌后抗日根据地，为山东的五大战略区之一。区划东临渤海、西枕津浦铁路，北至天津、南跨胶济铁路。

③饮马：谓使战争临于某地；通过战争扩大疆土至某地。语本《左传·宣公十二年》："楚子北，师次于郔。沈尹将中军，子重将左，子反将右，将饮马于河而归。"

④戮力：协力；并力。

◎郑芝晨

郑芝晨，1919 年生，山东莱西人。1939 年参加八路军，同年加入中国共产党。曾任《大众日报》记者、编辑。坚持在沂蒙山区反“扫荡”斗争中办报，并主编《报社生活》，于 1945 年获报社模范工作者称号，出席当年山东军区召开的战斗英雄、劳动模范大会。新中国成立后，任南京军区后勤部运输部部长。为江南诗词学会副会长、扬子书画学会副会长、南京军区老战士书画学会常务理事。著有《即事吟草》《爱晚轩吟草》诗集等。

一九四一年冬沂蒙反“扫荡”①

万里烽烟杂杀声，铁蹄践我锦乾坤。
甘将碧血清污史②，还我河山大地春。
沂蒙转战海东滨，忍见河山浸敌尘③。
誓扫寇仇收国土④，中华儿女众志贞。

【注释】

①选自郑芝晨著《即事吟草·爱晚轩吟草》，山东文艺出版社，1990 年版。1941 年冬，敌人以五万重兵，对沂蒙山区进行了两个月之久的“铁壁合围”。八路军一一五师配合地方党政机关，发动群众，积极与反复“清剿”大肆烧杀破坏的敌人作斗争。在我广大军民连续打击下，加之我其他地区的部队不断出击，迫使敌人不得不分路撤退。一次规模空前的大“扫荡”终于被粉碎。

②碧血：《庄子·外物》：“苌弘死于蜀，藏其血，三年而化为碧。”后因以“碧血”称忠臣烈士所流之血。元郑元祐《汝阳张御史死节歌》：“孤忠既足明丹心，三年犹须化碧血。”污史：此指屈辱的历史。

③忍见：不忍看见。

④寇仇：仇人；仇敌。《孟子·离娄下》：“君之视臣如土芥，则臣之视君如寇仇。”

庆祝《大众日报》创刊五十周年（十首）①

一

共庆盛事际良辰②，老友重逢分外亲。
一部报史从头忆，百花齐放眼前春③。

二

神回沂蒙父母乡，赋得归来吟兴长④。
圆圆皓月迎儿女，滔滔大河诉衷肠。

三

五十年前第一天，沂蒙巍巍歌舞翩。
一朵彩云降云峪⑤，抗日军民尽开颜。

四

一从树帜日月新⑥，笔枪子弹扫妖氛。
钢铁长城军民固，青帐丛峦撼帝阍⑦。

五

旗帜高扬号角吹，条条战线显神威。
胸怀三千八百万，笔随印机日夜飞。

六

亦文亦武百战身，入死出生为人民。
粮短衣单犹自乐，创业艰难风雨频。

七

人民是我亲爹娘，全力支援见肝肠。
报民团结融一体，情深鱼水斗志强。

八

发扬革命老传统，紧步时代育新风。
一兵永远立前哨，齐鲁大地挺青松。

九

老去征夫心自舒⑧，吟到酣时更无虞⑨。
勉为高楼添寸瓦，百年可期庆蓬壶⑩。

十

弹指人间五十春，喜迎新岁更精神。
共庆报诞同此乐，千古文章风义存。

【注释】

①选自郑芝晨著《即事吟草·爱晚轩吟草》，山东文艺出版社，1990年版。《大众日报》是中共山东省委机关报，为我国报业史上连续出版时间最长的党报。1939年1月1日诞生于沂蒙山区抗日根据地。创刊号在山东省沂水县王庄以北的云头峪村印刷并出版。

②际：当，适逢其时。

③百花齐放：谓千百种花同时开放，争奇斗妍。后借喻事物繁茂纷呈。

④归来：指晋陶潜的《归去来兮辞》。五代梁震《荆台道院》诗："桑田一变赋《归来》，爵禄焉能浼我哉！"此指作者回归沂蒙山区。

⑤云峪：《大众日报》的诞生地山东省沂水县王庄以北的云头峪村。

⑥一从：自从。唐王昌龄《寄穆侍御出幽州》诗："一从恩遣度潇湘，塞北江南万里长。"

⑦帝阍：天门，天帝的宫门。汉扬雄《甘泉赋》："选巫咸兮叫帝阍，开天庭兮延群神。"

⑧征夫：出征的士兵。明刘基《过闽关》诗之五："征夫但恐咨询阙，莫向天涯怨路赊。"

⑨无虞：没有忧患，太平无事。《尚书·毕命》："四方无虞，予一人以宁。"

⑩蓬壶：即蓬莱。古代传说中的海中仙山。晋王嘉《拾遗记·高辛》："三壶则海中三山也。一曰方壶，则方丈也；二曰蓬壶，则蓬莱也；三曰瀛壶，则瀛洲也。形如壶器。"

探　亲[①]

1983年10月8日，看望山东沂南县马牧池东辛庄96岁高龄的革命老人、老房东于大娘——王换于同志[②]。

弹指匆匆卅八年，重逢故地展欢颜。
亲如骨肉离别久，千言万语絮堂前[③]。
相见只嫌时太短，亲不够啊说不完。
衷心祝愿长康泰，重来期颐庆寿筵[④]。

【注释】

①选自郑芝晨著《即事吟草·爱晚轩吟草》，山东文艺出版社，1990年版。

②王换于（1888～1989），山东沂南人。1938年12月加入中国共产党，不久被选为村妇救会长和艾山乡副乡长。在战争年代她养育了86个革命后代，冒着生命危险救治了很多伤员，被誉为"沂蒙母亲"。

③絮：连续重复。

④期颐：一百岁。语本《礼记·曲礼上》："百年曰期、颐。"孙希旦集解："百年者饮食、居处、动作，无所不待于养。方氏悫曰：'人生以百年为期，故百年以期名之。'"

◎刘宗卓

刘宗卓，(1920～2013)，湖南湘潭人。1938年加入中国共产党，同年入延安抗大学习。曾任八路军山东纵队《前卫报》编辑、鲁中军区《前卫报》主编、第三野战军第三十五军政治部宣传部副部长。新中国成立后，历任南京军区《人民前线》报社副社长、总编辑，南京军区宣传部副部长，《红旗》杂志副总编辑，《解放军报》社社长，中华全国新闻工作者协会副主席。

满江红·沂蒙寄语[①]

沂水蒙山，难忘记、历历往事。烽火里，风流人物，永垂青史。孙祖阵前热血洒[②]，孟良崮上丰碑志。更喜闻、红嫂母亲情，堪歌泣。

长征路，犹未止。沂蒙人，凌云志。乘长风开拓，大好形势。五谷丰登六畜旺，百业振兴四方治。看前程、多灿烂辉煌，如朝日。

【注释】

①选自张秀岳主编《沂蒙之光诗词选》，山东人民出版社，1998年版。寄语：传话，转告。南朝宋鲍照《代少年时至衰老行》："寄语后生子，作乐当及春。"

②孙祖：乡镇名，在山东省沂南县。1940年3月16日，徐向前指挥山东纵队第二支队一部和一个交通营，在孙祖以待伏手段，消灭"扫荡"我沂蒙山区根据地日军。

◎沙　洪

沙洪（1920～2004），安徽萧县人。1937年2月参加革命。曾在延安抗日军政大学学习，任抗大一分校宣传干事、校刊主编，后任《大众日报》社八路军随营学校区队长、编委会委员、通联科长、编辑、记者，新华社华东总分社编辑主任，新华社济南分社、徐州分社社长，《新徐日报》《青岛日报》总编辑、社长。新中国成立后，历任中共中央宣传部卫生体育处处长，中共中央组织部宣教局局长、副秘书长，宋庆龄基金会副主席、党组副书记，《民主与法制》杂志总编辑、社长。1940年6月，与作曲家久鸣合作，在山东沂水创作了《永远跟着中国共产党走》等歌曲。

永远跟着共产党走①

你是灯塔②，
照耀着黎明前的海洋，
你是舵手，
掌握着航行的方向。
年青的中国共产党，
你就是核心，
你就是方向。
我们永远跟着你走，
人类一定解放，
我们永远跟着你走，
人类一定解放！

【注释】

①选自穆敏编《山东抗日根据地的文化》，中共党史出版社，2005年版。

②灯塔：设置在航线附近的岛屿或海岸上的大型航标。因有强烈发光设备，且多呈塔形，故称。这里比喻带领中国人民谋求民族解放的中国共产党。

沂蒙颂歌[①]

1993 年 8 月于北京

在我们心中呼唤着一个动情的声音，
沂水蒙山我们英雄的母亲。
你的奉献比泰山高，
你的恩泽比黄海深[②]。
愿你的精神再度辉煌，
我们永远是你忠诚的子孙。

【注释】

①选自明湖诗词学会编《明湖诗刊》，1995 年第 7 期。

②恩泽：旧指帝王或朝廷给予臣民的恩惠。言其如雨露之泽及万物，故云。《史记·律书》："今陛下仁惠抚百姓，恩泽加海内。"

◎宋　英

宋英，1920年生，山东莒县人。1938年参加革命工作。曾任《滨海时报》编辑、《大众日报》新闻记者、《滨海农村报》副总编、《渤海日报》第一副总编辑。新中国成立后，历任山东省土地改革委员会宣传处长，山东人民出版社总编辑、社长，山东省出版局局长，山东省文化局局长等。中国书法家协会会员。出版有《宋英书法选》等。

怀念卞子策同志[①]

卞子策同志，山东省莒南县卞家汀河村人。1938年参加革命工作。1942年任莒中行署主任。在开辟敌后根据地、建立抗日武装和民主政权等方面，成绩卓著，深受群众拥戴。因环境艰苦、任务繁重，积劳成疾，不幸于1943年3月以身殉职。

隐隐马髻山[②]，浩浩沭水滨。
与君诀别后，倏忽四十春[③]。
每念君之容，潸然泪沾巾[④]。
烽火岁月初，汲汲国难临[⑤]。
毅然脱长衫，戎装着君身。
奔走图救亡，呼号为人民。
蒋记旧官衙，独裁骇人闻。
视君心腹患，芒刺如在唇。
恶意闹分裂，处处诬陷君。
君志比铁甲，以理胜顽豚[⑥]。
凛凛斥滥言，侃侃大义伸。
众见君磊落，精诚动人神。
皆曰我党好，统战不屈存。
独立与自主，实力重千钧。
献身保祖国，无愧炎黄孙。
国破家何在，子民欲断肠。
我党应民意，敌后建武装。
志士揭竿起，星火罗山冈。
君素品格高，耿耿孚众望[⑦]。
身为民首领，运筹有良方。

铁蹄山河碎，岂容敌逞强？
君率众猛士，柳峪摆战场。
短兵多骁勇，长缨蔽骄阳。
浴血破敌胆，丹心卫家乡。
喜讯如惊雷，隆隆传四方。
顽军诡且诈，高山观风光。
内战有本领，外战是外行。
民众皆嗤鼻，痛骂蒋秕糠[8]。
忠奸分泾渭，黑白益昭彰[9]。
人心多向我，铁壁日增强。
拨雾现东天，艳艳红太阳。
铲除旧官府，民主放光芒。
政权创建初，重任君担当。
身为父母官，巨细历肝肠。
解民于倒悬[10]，万事第一桩。
恶霸黑老五，凶残似豺狼。
欺凌百姓苦，蛇蝎毒心肠。
强夺民妻室，盘剥地皮光。
抗日无自由，爱国备遭殃。
危难起四野，几度现黄粱。
君为黎庶重[11]，何惧虎豹狂！
救民出水火，众手伏豪强。
大地回春日，薰风暖心房[12]。
男女携手紧，耕织昼夜忙。
山川呈新貌，时局亮堂堂。
滨海地域广，莒中斗争频。
三角周旋苦，环宇愈艰辛。
戎马倥偬日[13]，病魔忽缠身。
我探君之际，君卧水磨村[14]。
病虽入膏肓[15]，胸怀全邑人。
念念春荒甚，荒情不忍闻。
寥寥补助费，悉数救灾贫。
甘苦寸心知，俯首为生民。
劝君多保重，笑意挂枯唇。
战友皆痛惜，妙手难回春。
乍暖还寒时，噩耗惊雷闻。
为君滂沱泪，君已作古人。

哀君谢世早，三十六冬春。
万千众父老，掬素慰英魂[16]。
今日怀念君，风范永世存。

【注释】

①选自宋英著《海岳情结》，山东人民出版社，2002年版。卞子策（1905～1943），山东莒县人。1938年加入中国共产党。1940年任莒县七区副区长兼区中队长。1941年5月任莒中行署主任。1942年8月，调任莒临边工委主任。他带病赴任，忘我工作，病情恶化，于1943年病逝于薛家水磨村。

②马鬐山：位于山东省东南部，莒南县城北10千米，涝坡镇驻地北5千米，海拔662.2米，如烈马扬鬃，故名马鬐山，又有磨旗山、巨公山之称。

③倏忽：顷刻。指极短的时间。《战国策·楚策四》："（黄雀）昼游乎茂树，夕调乎酸咸，倏忽之间，坠于公子之手。"

④潸然：流泪的样子。《汉书·中山靖王刘胜传》："纷惊逢罗，潸然出涕。"

⑤汲汲：形容十分危险。康有为《大同书》甲部第二章："吾久居其地而亦汲汲危之矣，奈何！"

⑥顽豚：顽固的敌人。豚：泛指猪。

⑦耿耿：诚信貌。汉刘向《九叹·惜贤》："进雄鸠之耿耿兮，谗介介而蔽之。"孚：为人所信服。

⑧秕糠：比喻没有价值的或无用的东西。

⑨昭彰：昭著；显著。《汉书·王莽传上》："昭章先帝之文功，明著祖宗之令德。"

⑩倒悬：以人之倒挂比喻处境极其困苦或危急。唐杜甫《闻斛斯六官未归》诗："本卖文为活，翻令室倒悬。"

⑪黎庶：民众。《史记·孟子荀卿列传》："驺衍睹有国者益淫侈，不能尚德，若《大雅》整之于身，施及黎庶矣。"

⑫薰风：和暖的风。指初夏时的东南风。《吕氏春秋·有始》："东南曰薰风。"

⑬倥偬：事情纷繁迫促。《后汉书·卓茂传》："建武之初，雄豪方扰，虓呼者连响，婴城者相望，斯固倥偬不暇给之日。"

⑭水磨村：即薛家水磨村，在山东省临沂市莒南县筵宾镇。

⑮膏肓：古代医学以心尖脂肪为膏，心脏与膈膜之间为肓。后遂用以称病之难治者。晋孙楚《为石仲容与孙皓书》："夫治膏肓者，必进苦口之药；决狐疑者，必告逆耳之言。"

⑯掬：用两手捧。

纪念李竹如烈士[①]

李竹如烈士，山东利津县人。抗日战争初期，曾任中共山东分局宣传部部长，兼任

《大众日报》社管委会主任、社长。1942 年改任山东省战时工作委员会秘书长，同年11 月日寇扫荡沂蒙山区，在我军与敌人激烈战斗中壮烈牺牲。

刀光剑影夜深沉，日寇铁蹄“扫荡”频。
对崮突围君率众②，壮烈牺牲恸黎群③。
一夕轻雷千山碧，利津父老迎忠魂。
大节如竹节节翠，常照海右后来人④。

【注释】

①选自宋英著《海岳情结》，山东人民出版社，2002 年版。李竹如（1905 ~ 1942），山东利津人。曾任中共山东分局宣传部长、中共山东分局机关报《大众日报》管理委员会主任、中国青年记者学会山东分会理事长，为中国抗战史、中国新闻史上的著名烈士。

②对崮：村庄名，即对崮峪，在山东省沂水县沙沟镇。

③黎群：人民群众；黎民百姓。

④海右：指黄河、东海以西地区。方位以西为右，故称。唐杜甫《陪李北海宴历下亭》诗：“海右此亭古，济南名士多。”仇兆鳌注引赵汸曰：“海在东，州在西，故云海右。”

◎张少虹

张少虹（1920～2000），山东莱州人。1938年加入中国共产党，同年参与组建鲁东游击队第二支队二大队，任大队指导员。后任八路军山东纵队旅组织科科长、团政委，胶东军区分区政治部主任，华东野战军第九纵队师政治部主任、师政委，第三野战军二十七军师政委。参加了莱芜、孟良崮、南麻、临朐、潍县、济南、淮海、渡江等战役，新中国成立后，任空军航空学校政委、沈阳军区空军政治部副主任、空军政治学校校长、沈阳军区空军副政委、解放军政治学院政治部主任。1964年晋升为少将军衔。

孟良崮大捷（二首）[①]

1947年5月

一

桂匪七军侵苏村[②]，天兵奔袭午夜临[③]。
正拟选择突破点，急令回返任务新。
朱家坪坳兴劲旅[④]，孟良崮上杀御林。
虎穴掏崽英雄胆，雕窝擒贼豪杰心[⑤]。
逐岛攻歼达顶峰，山上山下俘成群。

二

金陵蒋秃难想象，哭求陈纳德帮忙[⑥]。
美国弹药南京包，千箱百笼往下降。
又命秘书传奖令，快给灵甫升上将。
死守待援胜利到，尔为钓饵它为网。
待至消灭“共匪”日，我为诸兄敬酒浆。
呼叫半日无回音，笑煞英雄编歌唱。

【注释】

①选自张秀岳主编《沂蒙之光诗词选》，山东人民出版社，1998年版。

②桂匪：桂系军阀，是指在1911年辛亥革命之后，以广西为统治基地，以广西籍军政人物为主要代表的军阀统治集团。按代表人物来分，可以分为以陆荣廷为代表的“旧桂系”，以及以李宗仁、白崇禧为代表的“新桂系”。苏村：今沂南县苏

村镇。

③天兵：神话中指天神之兵。

④朱家坪：今沂南县张庄镇朱家坪村。

⑤雕：又叫鹫。像鹰一样，比鹰大，翅膀短，尾巴长，羽毛是黄色的。

⑥陈纳德（1893～1958），生于美国得克萨斯州康麦斯，美国陆军航空队中将，第二次世界大战时在中国作战的美国志愿航空队（“飞虎队”）的指挥官，有“飞虎将军”之称。

◎章　洛

章洛，1920 年生，湖北江陵人。1936 年参加革命。1937 年加入中国共产党。1938 年随抗敌演剧第六队到沂蒙山区，在八路军山东纵队和国民党东北军中作抗日宣传工作，后参加新四军第二师。解放战争时期，随军北上，编入华东野战军，参加了莱芜、孟良崮等战役，再度转战沂蒙山区。新中国成立后，调铁道部工作。曾任铁路老年大学校长、全国铁路书画研究会会长。

梦萦魂牵沂蒙山①

1993 年夏

欣逢盛世，时常思念曾两次前往工作的沂蒙老区。梦萦魂牵，赋此以记对生死与共的人民的感激之情。

生死千般情更浓，梦走鲁南旧山中。
绿树摇曳夕阳里②，羊肠断崖血染红。
银发依门思俊骨③，稚童争呼毛泽东。
把手无言心凝重，低回婉转吟沂蒙。

【注释】

①选自张秀岳主编《沂蒙之光诗词选》，山东人民出版社，1998 年版。

②摇曳：晃荡；飘荡。南朝宋鲍照《代棹歌行》：“飂戾长风振，摇曳高帆举。”

③银发：老年人。俊骨：高雅的气质。明沈璟《义侠记·失霸》：“英姿俊骨夸身世，少年时方逞狂游。”

◎谢　华

谢华，1920 年生，山东龙口人。1938 年参加中华民族解放先锋队。次年加入中国共产党。曾任中共北海地委组织部科长、地委秘书长，招北县委副书记，黄县县委书记，胶东区委秘书主任兼政策研究室主任。新中国成立后，历任中共中央山东分局农村工作委员会秘书长，中共山东省委副秘书长，国务院农林办公室公社组组长，中共中央农林政治部秘书长，农林部政策研究室主任，国家农业委员会委员兼办公厅主任，中共中央书记处农村政策研究室副主任。

重访莒南[1]

莒南儿女壮志多，当年奋起斩阎罗。
糁糠瓜干肚肠饱[2]，淮河长江谈笑过。
军民一体谁能敌？党群同心天可摩。
革命征途遥万里，分段包工奏凯歌。

【注释】

①选自张秀岳主编《沂蒙之光诗词选》，山东人民出版社，1998 年版。

②糁：谷类制成的小渣。瓜干：即生地瓜干，用生的地瓜切成片晒干而成。

◎冒自强

冒自强，1920年生，江苏东海人。1938年参加抗日青年救国团。1940年在抗大一分校学习，后曾任沂水县副县长、莒沂县委书记。离休前任上海日用玻璃制品公司副经理、党委书记。

忆华东抗日圣地革命摇篮——沂蒙[1]

1993年2月10日

在二十世纪三十年代，
日本军国主义侵略我国广大领土。
敌寇肆意攻我城市、杀我同胞、抢掠财物[2]，
城乡人民男女老幼遭祸殃。
民族灾难深重、国家危亡，
人民救星共产党来到我家乡。
宣传抗日、救国、保家，
有钱的出钱，有力的出力，有枪的拿枪。
敌后方开展游击战，
四〇年春党对我培养，
送我进抗日军政大学[3]，
来到沂蒙山区——垛庄[4]。
学习马列主义毛泽东思想，
党的领导、慈母心肠，
艰苦奋斗、灵活机动、坚定的政治方向，
给我无穷力量。
供我衣、食、住是老乡大娘，
兄弟姐妹组织起来，
齐心打东洋。
沂蒙莒日临沂[5]，
那无数的山山水水、田园村庄，
都是同志们活动的地方。
在那艰苦的岁月中，
我在您这伟大的怀抱里，

生活、学习、行军、站岗，
在学习中战斗，在战斗中成长。
抗战八年，日寇投降。
蒋介石的国民党丧尽天良，
妄图继续他那封建官僚独裁统治，
蓄谋已久、一心要想消灭共产党。
撕毁国共停战协议⑥，
开大军进攻解放区，
抢占抗日人民胜利果实，
沂蒙地区父老再次遭祸殃。
共产党领导人民，
反奸诉苦、土地改革、生产救灾，
动员子弟不怕牺牲流血上战场，
组织民工、不顾一切倾家荡产支援前方。
解放军大打运动战，
鲁南、莱芜、临朐、南麻战果辉煌。
孟良崮击毙王牌军师长张灵甫，
济南战役活捉战区司令王耀武，
几路大军会战淮海，
反动透顶的中央军，
死的死，伤的伤，投降的投降。
一九四九年我百万雄师过大江，
南京、上海、大陆全解放，
打倒了人民公敌——老蒋，
亿万人民喜洋洋。
沂蒙——您这抗日圣地、革命摇篮，
英雄儿女们流血流汗，
对祖国为人民的卓越奉献，
将永远光耀在史册上，
我终生难忘！

【注释】

①选自张秀岳主编的《沂蒙之光诗词选》，山东人民出版社，1998 年版。

②肆意：纵情任意，不受拘束。后多含贬义，谓不顾一切，由着自己的性子。

③抗日军政大学：中国人民抗日军事政治大学，简称“抗大”，是抗日战争时期由中国共产党创办的培养军事和政治干部的学校，校址在延安。1939 年 2 月，抗大一分校在晋东南的故县成立。校长何长工、副校长周纯全。1940 年 1 月，迁至山

东沂蒙山区。

④垛庄：镇名。地处蒙阴县东南30千米处。垛庄镇具有光荣的革命传统。中国共产党早期领导人刘晓浦、刘一梦就出生在这里，也是闻名中外的孟良崮战役主战场。孟良崮战役遗址和作为全国烈士纪念物保护单位的孟良崮烈士陵园已成为全国著名的爱国主义教育基地。

⑤莒日：指当时的山东省莒县和日照县。

⑥国共停战协议：指的是抗战之后国共双方签订的停战合约。后国民党单方面撕毁条约。1945年抗日战争结束后，国民党为独吞胜利果实，在美帝国主义支持下向解放区发动进攻，遭到解放区军民有力反击。国民党不得不与中国共产党于1946年1月10日签订关于停止军事冲突的协定，规定双方军队自1月13日午夜起就各自位置上停止军事行动。

◎刘继先

刘继先，1921 年生，山东莱西人。1938 年参加革命。1939 年加入中国共产党。历任蒙阴县垛庄区区委青救会长，蒙阴县委组织部科员。1943 年秋，到鲁中党校学习，后任中共临朐县蒋峪区区委书记。解放战争时期，任新海连特委组织部科长。新中国成立后，历任中共日照县委组织部长，中共沂源县委书记，中共沂水县委书记，中共临沂县委书记，中共郯城县委书记。1961 年，任临沂地委监察委书记。1975 年，任临沂地委组织部副部长。

忆战地①

沂蒙儿女多豪志，叱咤风云保家园②。
松明驱暗读马列③，薯菜果腹育英贤④。
跋山涉水寻常事，风餐露宿只等闲。
热血一腔求真理，功盖千秋永世传。

【注释】

①选自李兴河主编《沂蒙当代诗词选》，黄河出版社，2001 年版。

②叱咤风云：一声怒喝可以使风云翻腾起来。形容威力极大。

③松明：山松多油脂，劈成细条，燃以照明，叫“松明”。宋梅尧臣《宣城杂诗》之十八：“野粮收橡子，山屋点松明。”

④果腹：填饱肚子。唐柳宗元《憎王孙文》：“充嗛果腹兮，骄傲欢欣。”

◎王照华

王照华（1921～2009），山东肥城人。1938年加入中国共产党。曾任中共沂水县委青年部部长、山东各界救国联合会剧团团长、山东分局青年干部学校科长、山东省滨海区青联主任、滨北中学副校长、山东省青年联合会宣传部部长。新中国成立后，历任共青团中央研究室秘书、组织部副部长、办公室副主任，共青团北京市委第二书记、第一书记，共青团中央书记处书记，中国人民对外友好协会副会长，第七机械工业部第五研究院党委书记，中央组织部秘书长、副部长，中国老龄问题全国委员会主任，中国关心下一代工作委员会常务副主任。

颂山东青年（三首）①

一

日寇入侵甚猖狂，国破家亡民遭殃。
中共号召齐抗日，昏暗之中闪火光。
青年首先来响应，你呼我唤奔山冈。
投笔从戎献青春②，脱下长衫着军装③。

二

青联开过三大会④，动员青年上前线。
先组青年救国会，随后发展青抗先⑤。
披红戴花送参军，后方勤务勇承担。
青年农民是主体，抗日战争操胜券⑥。

三

解放战争近四年，青年贡献更明显。
百万青壮参军队，千万民工去支前。
牺牲烈士十二万，百中七十是青年。
山东青年得锻炼，光荣事迹代代传。

【注释】

①选自张秀岳主编《沂蒙之光诗词选》，山东人民出版社，1998年版。

②投笔从戎：典出《后汉书·班超传》：班超“家贫，常为官佣书以供养。久

劳苦，尝辍业投笔叹曰：‘大丈夫无它志略，犹当效傅介子、张骞立功异域，以取封侯，安能久事笔研间乎?’”后立功西域，封定远侯。因以“投笔从戎”为弃文就武的典故。唐陈子昂《为金吾将军陈令英请免官表》：“臣幸以常才，文武兼阙，始年十八，投笔从戎。”

③原注：1939年冬，中共山东省委发出文件，号召知识分子脱下长衫，到游击队中去。

④三大会：1939年4月，在沂水县夏蔚村举行的苏鲁战区青年团体临时代表会；1940年7月，在临沂县青驼寺举行的山东省联合大会、山东省第一次青年代表大会；1942年2月，在沂南县常山庄举行的山东省第二次青年代表大会。

⑤青抗先：抗日根据地普遍建立的坚持参加生产的半军事性的自卫武装组织青年抗日先锋队，简称“青抗先”。青抗先在配合主力部队作战和支前等方面起了重要作用。

⑥胜券：取胜的凭据，因指获胜的把握。

◎刘振华

刘振华，1921年生，山东泰安人。1938年参加八路军，同年加入中国共产党。曾任八路军山东纵队连指导员、营教导员，鲁中军区第三军分区九团政委，东北野战军师政治部主任。新中国成立后，历任中国人民志愿军师长，解放军副军长、军政委，沈阳军区副政委兼旅大警备区第一政委，驻阿尔巴尼亚大使，外交部副部长，沈阳军区、北京军区政委。1964年晋升为少将军衔，1988年被授予上将军衔。著有《海南之战》。

沂蒙情（四首）[①]

一

梦中常见蒙山美，饮水常思沂水甜。
投笔从戎驱倭寇[②]，转战沂蒙整八年。

二

抗日烽火映齐鲁，沂蒙人民斗志坚。
家家户户是堡垒，铁壁合围也枉然[③]。

三

父老恩情终难忘，舍生忘死勇支前。
壮起战士猛虎胆，红嫂乳汁救伤员。

四

昔日写下光荣史，今朝再著四化篇。
喜看沂蒙腾飞起，系上老兵情意绵。

【注释】

①选自张秀岳主编《沂蒙之光诗词选》，山东人民出版社，1998年版。

②投笔从戎：典出《后汉书·班超传》，后用为弃文就武的典故。唐陈子昂《为金吾将军陈令英请免官表》："臣幸以常才，文武兼阙，始年十八，投笔从戎。"

③铁壁合围：日军侵华期间使用的大部队严密交互包围的战法。枉然：徒劳无功，浪费时间。

◎李子超

李子超（1921～2002），山东沂南人。1939年加入中国共产党。曾任沂南县青救会会长、民运部长、抗联主任，中共沂南县委副书记，沂蒙地委青委书记。新中国成立后，历任青年团山东省委常委兼秘书长，中共中央山东分局工业部处长，山东省交通厅党组副书记、副厅长，山东省人民委员会秘书长，山东胜利石油化工总厂指挥，中共山东省委常委兼秘书长、省委统战部部长，山东省革委会副主任，山东省政协副主席，中共山东省委书记等职。有诗作《白驹集》《无邪集》等。

妇女识字班放午学[①]

1943年5月于沂南县安乐庄[②]

古钟古刹播新音[③]，红女戎行出观门[④]。
吐气扬眉践枷锁[⑤]，高歌浴日遏行云。

【注释】

①选自李子超著《白驹集——李子超诗选》，山东文艺出版社，1992年版。

②安乐庄：村庄名，在山东省沂南县双堠镇。

③古刹：古寺。南朝陈徐陵《出自蓟北门行》："燕山对古刹，代郡隐城楼。"

④戎行：行伍；军队。《左传·成公二年》："下臣不幸，属当戎行，无所逃隐。"戎：军队，军事。原注：观，指沂南县安乐庄西南之长德观。群众打碎了菩萨，在这里办起了抗日小学和妇女识字班。

⑤践：摧毁。

鲁中抗日烈士纪念碑落成（二首）[①]

1944年5月于沂南县隋家店[②]

一

如磐风雨暗家园[③]，敌忾同仇众志坚[④]。
血沃崇山松柏茂[⑤]，一人倒下万人前。

二

丹心耀日染朝霞，苦斗捐躯报国家。
壮志岂单灭日寇，鲜血不只灌中华。

【注释】

①选自李子超著《白驹集——李子超诗选》，山东文艺出版社，1992年版。鲁中烈士纪念碑：在沂南县隋家店东的万松山上。鲁中区党委、鲁中行署、鲁中军区于1944年兴建。1945年5月被日寇炸毁。新中国成立后，沂南县人民政府又按原样重建。

②隋家店：村庄名，在山东省沂南县依汶镇。

③如磐风雨：同“风雨如磐”。比喻黑暗势力压迫沉重。鲁迅《自题小像》诗：“灵台无计逃神矢，风雨如磐闇故园。”磐：大石，纡回层叠的山石。

④敌忾同仇：全体一致地抱着对敌人的仇恨和愤怒。《清史稿·李宗羲传》：“天下臣民，知皇上有卧薪尝胆之思，必共振敌忾同仇之气。”

⑤沃：灌溉，浇。

记三次反“扫荡”（三首）[①]

一

1941年12月于沂南县邵家湖[②]

黑云低压欲摧城，五万虎狼窜沂蒙。
强化治安逞暴虐[③]，“三光”政策肆残凶。
天罗地网群心结，铁壁铜墙众志成。
堪笑东洋武士道[④]，焚尸祭马奏奇功。

二

1944年9月于沂南县依汶庄[⑤]

青纱帐落碧天高，敌骑骄横肆咆哮。
镇静山川潜雁眼[⑥]，动摇林木走鸡毛[⑦]。
无粮难以踞空舍，有炮岂能过断桥？
夜袭日剿人不见，神兵天降命难逃。

三

1945年5月于沂南县高家中疃[⑧]

狗急跳墙计黠狡[⑨]，抢粮早在麦黄梢。
山川镇静狼烟起[⑩]，村里纷纭大火烧。
四起民兵魔入瓮[⑪]，突来主力鬼餐刀。
仓皇逃遁陷雷阵，赫赫皇军成草包[⑫]。

【注释】

①选自李子超著《白驹集——李子超诗选》，山东文艺出版社，1992年版。

②邵家湖：村庄名，在山东省沂南县依汶镇。

③强化治安：指日寇推行的所谓强化治安运动。暴虐：凶狠残酷。《左传·宣公三年》：“商纣暴虐，鼎迁于周。”

④堪笑：可笑。武士道：源于日本，强调为主君毫无保留地舍命精神。

⑤依汶村：村庄名，在山东省沂南县依汶镇。

⑥“镇静”句：雁群黑夜睡觉时，必设专职警戒，名之曰雁奴。这里是说，千山万壑都有我们的瞭望哨监视敌人。

⑦走鸡毛：指鸡毛信在山村里快速传送。

⑧高家中疃：村庄名，在山东省沂南县里庄乡。

⑨黠狡：同“狡黠”。诡诈，狡猾。《三国志·蜀志·张嶷传》：“健弟狡黠，又夷狄不能同功，将有乖离。”

⑩狼烟：燃狼粪升起的烟。古时边防用作军事上的报警信号。唐杜牧《边上闻笳》诗之一：“何处吹笳薄暮天？塞垣高鸟没狼烟。”

⑪入瓮：即“请君入瓮”。谓以其人之道还治其人之身。清蒲松龄《聊斋志异·席方平》：“当掬西江之水，为尔湔肠；即烧东壁之床，请君入瓮。”瓮：一种盛水或酒等的陶器。

⑫赫赫：显赫盛大貌；显著貌。《诗经·小雅·节南山》：“赫赫师尹，民具尔瞻。”

参加翻身诉苦大会有感[①]

1947年9月于沂南县孙农[②]

多少苦来多少悲，千年高压起惊雷。
先前人说富当富，现在我知谁养谁[③]。
团结一心四海沸，斗争协力两山摧[④]。
兼天波浪淘腥恶，万里朝晖照大旆[⑤]。

【注释】

①选自李子超著《白驹集——李子超诗选》，山东文艺出版社，1992年版。

②孙农：村庄名，在山东省沂南县依汶镇，今名孙隆村。

③谁养谁：山东革命根据地在减租和土改运动中，对农民进行阶级教育的重要内容，对提高农民的阶级觉悟，起了重要的作用。

④两山：两座大山，指帝国主义和封建主义。

⑤大旆：大旗。唐刘禹锡《连州腊日观莫徭猎西山》诗：“围合繁钲息，禽兴大旆摇。”

土改有感（二首）[①]

1947年9月于沂南县依汶庄

一

万代千朝俱不公，农家都要佃田耕[②]。
一年穑稼空心腹，四季桑棉露背胸[③]。
租重利高皮菜死[④]，工繁役苦骨柴生。
漫漫长夜何时旦？多少英雄抱恨终！

二

铁树开花明了天，农奴奋起把身翻。
印章到手抓枪杆，土地还家焚债券。
重铸长镣俱打碎，陈规旧制尽更弦。
红旗指引光明路，团结一心永向前。

【注释】

①选自李子超著《白驹集——李子超诗选》，山东文艺出版社，1992年版。

②佃：向地主或官府租种土地。

③“一年”二句：谓劳动人民整年种地却吃不饱肚子，整年种桑种棉却不得不袒胸露背。穑稼：农事的总称。春耕为稼，秋收为穑，即播种与收获，泛指农业劳动。

④皮菜：指皮肤呈菜色。

沂蒙山颂[①]

1949年2月于临沂城

龙盘虎踞纵奇神[②]，屹立长空傲雾云。
大雪扑来披玉素，山洪湍下净灰尘[③]。
冬寒风怒舞松树，夜黑星多拱北辰[④]。
九曲沂汶南注远[⑤]，鲜花芳草覆忠魂。

【注释】

①选自李子超著《白驹集——李子超诗选》，山东文艺出版社，1992年版。

②龙盘虎踞：语出《太平御览》卷一五六引晋吴勃《吴录》：“钟山龙盘，石头虎踞，此帝王之宅。”后因以“龙盘虎踞”形容地势雄壮险要。唐李白《永王东巡歌》之四：“龙盘虎踞帝王州，帝子金陵访古丘。”

③湍：急流，急流的水。

④拱：环绕。北辰：指北极星。《论语·为政》："子曰：'为政以德，譬如北辰，居其所而众星拱之。'"

⑤"九曲"句：意谓弯弯曲曲的沂河和汶河向遥远的南方流去。

沂蒙山区寻旧书感（十首）[①]

1982年7月10日于临沂城

一、沂水城

鸿爪雪泥隐约寻[②]，手抚白发忆青春。
河山不负时光逝，覆地翻天一代人。

二、岸堤[③]

一插红旗山水鲜，三千英俊效延安。
春风桃李满天下，万里关山问变迁[④]。

三、青驼寺[⑤]

草没铜驼不忍闻[⑥]，青驼激昂救国心。
联合大会联齐鲁[⑦]，银杏参天谱史文。

四、孙祖[⑧]

深入寇兵气焰高，蒋军弃甲曳兵逃[⑨]。
指挥若定赖徐帅[⑩]，孙祖大捷脚站牢[⑪]。

五、岱崮[⑫]

钻天拔地气雄深，雨骤风狂若不闻。
强虏鏖兵两折戟[⑬]，千秋万代振人心。

六、大店[⑭]

几代横行霸一方，莒人侧目庄阎王[⑮]。
翻身怒火平鹰墓[⑯]，满地牛羊五谷香。

七、依汶[⑰]

南北山头接白云，因依汶水名依汶。
艰难岁月集多士，百折不挠报国心[⑱]。

八、孟良崮

峻峭挺拔盘地牢，九重天上落狂飙[19]。
御林就歼独夫泪[20]，陈帅诗成弈兴高[21]。

九、留田[22]

云黑风黄欲撼山，九重铁壁裹留田[23]。
奇飞神守仰罗帅[24]，强虏焚尸祭马还。

十、临沂烈士陵园[25]

神凝正气满苍穹[26]，血染河山万代红。
崇殿丰碑驰笑意，英雄儿女又长征。

【注释】

①选自李子超著《白驹集——李子超诗选》，山东文艺出版社，1992年版。

②鸿爪：宋苏轼《和子由渑池怀旧》诗："人生到处知何似，应似飞鸿踏雪泥。雪上偶然留爪印，鸿飞那复计东西。"后用"鸿爪"比喻往事留下的痕迹。清黄景仁《和仇丽亭》诗："鸿爪游踪首重回，经年褦襶逐尘埃。"

③岸堤：乡镇名，位于山东省临沂市沂南县县城西北部，镇驻地距县城31千米，东邻马牧池，西与蒙阴县旧寨乡、界牌镇相邻，北邻沂水县高庄镇，南邻孙祖镇及蒙阴县垛庄镇。

④关山：关隘山岭。《乐府诗集·横吹曲辞五·木兰诗一》："万里赴戎机，关山度若飞。"

⑤青驼寺：位于山东省临沂市沂南县青驼镇境内。抗战时期是山东省工会成立之处，是有名的红色遗迹。

⑥铜驼：铜铸的骆驼，古代置于宫门外。晋陆翙《邺中记》："二铜驼如马形，长一丈，高一丈，足如牛，尾长三尺，脊如马鞍，在中阳门外，夹道相向。"

⑦联合大会：指1940年7月，在沂南县青驼寺召开的山东省各界救国联合会成立大会。

⑧孙祖：乡镇名，位于山东省沂南县。

⑨弃甲曳兵：丢掉盔甲，拖着武器。形容打败仗狼狈逃跑的样子。曳：拉，牵引。《孟子·梁惠王上》："填然鼓之，兵刃既接，弃甲曳兵而走，或百步而后止，或五十步而后止。"

⑩指挥若定：指挥起来稳操胜算，镇定自如。徐帅：指徐向前元帅。

⑪孙祖大捷：1940年3月16日，日军300多人和伪军运输队200余人，扫荡沂蒙根据地，八路军山纵二支队、抗大一分校三个大队及山纵五支队交通营和山纵特务营九连，与敌激战一天，并攻占孙祖。共毙伤敌人200余名。这是沂蒙军民抗战

以来取得的第一次重大胜利。

⑫岱崮：崮名，坐落于沂蒙山区腹地，位于山东蒙阴县东北部，毗邻临沂、莱芜、淄博三市交界地带。

⑬鏖兵：大规模的激烈战争。北周庾信《哀江南赋》：“鏖兵金匮，校战玉堂。”两折戟：南北岱崮山上先后发生了两次击退敌人进攻的岱崮保卫战，涌现出了两个“英雄岱崮连”。1943 年 11 月，鲁中军区十一团三营八连战士坚守岱崮 18 天，以伤 7 人、牺牲 2 人的较小代价，取得了拖住日军 2000 余人、毙伤敌人 300 余人后安全突出重围的巨大胜利。1947 年 6 月，鲁中军区监护营一连，在广大民兵和群众配合下，在岱崮山顶坚持 42 个昼夜，炸毁了敌人的弹药库和汽车，端掉了敌人一个师供给所。折戟：即“折戟沉沙”，意思是断戟沉埋在沙里。形容失败惨重。

⑭大店：乡镇名，今山东省莒南县大店镇。

⑮侧目：不敢从正面看，形容畏惧。《战国策・秦策一》：“妻侧目而视，侧耳而听。”庄阎王：新中国成立前，人们对莒南大店庄氏大地主的称呼。

⑯平鹰墓：即平鹰坟，1923 年 3 月 2 日，莒南大店地主庄善昌外出放鹰捉兔，鹰直向农舍里的鸡扑去。前王庄村农民魏学墩见鹰飞来抓他家的鸡，情急之下一铁锨把鹰和鸡都拍死。庄善昌逼魏学墩披麻戴孝为鹰出殡、立碑。1943 年，中共莒南县委组织群众平掉鹰坟，砸断鹰碑。20 世纪 70 年代，上海电影制片厂以此事为题材，拍摄了电影《平鹰坟》。

⑰依汶：村庄名，在山东省沂南县依汶镇。

⑱百折不挠：受到无数挫折都不屈服、动摇。形容意志坚强。汉蔡邕《太尉桥公碑》：“其性疾华尚朴，有百折不挠，临大节而不可夺之风。”

⑲狂飙：暴风，借指猛烈的潮流或力量。毛泽东《蝶恋花・从汀州向长沙》词：“国际悲歌歌一曲，狂飙为我从天落。”

⑳御林：御林军，旧时护卫皇帝、皇家、皇城的特殊军队。这里指蒋军整编七十四师。独夫：残暴无道、众叛亲离的统治者，这里指蒋介石。

㉑陈帅：指陈毅元帅。弈兴：下棋的兴致。

㉒留田：今山东省沂南县张庄镇留田村，著名的留田突围即发生在这里。

㉓铁壁：比喻坚不可摧的事物。宋徐积《和倪敦复》：“金城不可破，铁壁不可夺。”

㉔罗帅：指罗荣桓元帅。

㉕临沂烈士陵园：即华东革命烈士陵园，位于临沂市城区金雀山脚下，沂河西岸，是华东地区最大的革命烈士陵园。1949 年 4 月，山东省人民政府为纪念在抗日战争和解放战争中牺牲的华东地区革命烈士而建。占地 15 万平方米，有塔、堂、馆、亭、墓、廊等大型纪念建筑物 18 座。毛泽东、刘少奇、周恩来、朱德、任弼时、邓小平、江泽民等党和国家领导人曾为陵园题词。

㉖苍穹：苍天。《梁书・邵陵王纶传》：“唯应剖心尝胆，泣血枕戈，感誓苍穹，凭灵宗祀，书谋夕计，共思匡复。”

◎华　楠

华楠，1921年生，山东乳山人。1937年入华北公学学习，同年加入中国共产党。抗日战争时期，任八路军山东纵队政治部宣传队队长，教育科副科长，八路军一一五师教导第一旅政治部宣传科科长，鲁中军区政治部宣教科科长。解放战争时期，任鲁中军区政治部宣传部部长，华东野战军第八纵队政治部宣教部部长，第二十四师政治部主任，第三野战军九兵团政治部宣传部部长。新中国成立后，任中国人民解放军总政治部副秘书长，解放军报社总编辑、社长，中国人民解放军总政治部副主任。1964年晋升为少将军衔。

鲁南战役有感[①]

1947年2月

雪送寒冬迎春天，骄师汹汹窜鲁南[②]。
南下北上捕战机，东堵西围争时间。
飞兵临敌酒未醒，铁甲失据陷泥潭。
鹰犬无计天不助，可怜快纵成快餐[③]。

【注释】

①选自李治亭著《烽火人生：一名战地记者和战争年代的人》，黄河出版社，2002年版。鲁南战役：解放战争时期，中国人民解放军山东野战军和华中野战军，在山东省南部地区对国民党军进行的进攻战役，亦称“峄枣战役”。鲁南战役历时18天，歼灭国民党两个整编师和一个快速纵队，共5300余人，缴获坦克24辆、榴弹炮48门、汽车480辆、各种小炮400余门，缴获重机关枪若干。

②骄师：指国民党军美械装备的整编第二十六师、整编第五十一师和第一快速纵队。

③快纵：即快速纵队。此指国民党军队的第一快速纵队。国民党军第一快速纵队于1946年9月在徐州成立，编有步兵整编第八十旅、战车第一团第一营、炮兵第四团和第五团各一部、汽车团、通讯营和工兵营，总兵力1万余人。

悼吴瑞林同志[①]

1996年春

一代名将去，河山为之悲。

折却松柏枝，送我师友归。
巴蜀睿知见[②]，沂蒙强敌摧[③]。
辽沈俘敌酋，南海扬军威[④]。
勋业垂青史[⑤]，风范留光辉。

【注释】

①选自李治亭著《烽火人生：一名战地记者和战争年代的人》，黄河出版社，2002年版。吴瑞林（1915~1995），四川巴中人。中国人民解放军优秀的军事指挥员、中国人民解放军高级将领。新中国成立后，任中国人民解放军海南军区司令员，海军南海舰队司令员，广州军区副司令员兼南海舰队司令员，海军常务副司令员。1955年被授予中将军衔。

②睿知：同“睿智”。聪慧；明智。唐韩愈《贺徐州张仆射白兔书》：“事之纤悉，不可图验。非睿智博通，孰克究明?”

③“沂蒙”句：吴瑞林抗战初期即从延安来到山东。在长达7年多的艰苦岁月里，他与山东抗日军民同呼吸，共命运，转战沂蒙、泰山，为消灭侵入山东的日寇、解放齐鲁大地，做出了重要贡献。

④“南海”句：吴瑞林任南海舰队司令员时，不懈地加强战备，主动寻找战机，打击来犯之敌，取得了多次海战、空战的胜利。

⑤勋业：功业。《三国志·魏志·傅嘏传》：“子志大其量，而勋业难为也，可不慎哉!”

◎阮若珊

阮若珊（1921~2001），河北怀安人。1939 年春到太行山抗日军政大学第五期学习，同年加入中国共产党。1939 年冬随抗大一分校文工团到沂蒙山。1940 年在蒙山望海楼山下的费县白石屋村，她和李林共同创作了《反对黄沙会》（《沂蒙山小调》的前身）。1949 年以后，任中南军区部队艺术学院戏剧系主任，后为中南军区文艺工作团“战士话剧团”团长。1954 年调南京军区“前线话剧团”任团长。1958 年从部队转业至中央戏剧学院，历任导演教师、系负责人、院党委副书记、副院长等职，培养了一批从事表导演的学生。1986 年离休。

反对黄沙会[①]

人人都说沂蒙山好，沂蒙山上好风光。
青山绿水多好看，风吹草地见牛羊。
自从起了黄沙会[②]，大家小户遭了殃。
牛鼻子一吹嘟嘟响[③]，拿起梭镖上战场。
硬说俺身子能挡枪炮，谁知子弹穿过见阎王。
装神弄鬼把人害，烧香磕头骗钱财。
八路神兵从天降，要把害人虫消灭光。
沂蒙山的人民得解放，男女老少喜洋洋。

【注释】

①选自牟文正编《中国百首经典歌曲及其背后的故事》，金盾出版社，2008 年版。1940 年春天，国民党顽固派经常利用当地的反动会道门组织黄沙会，与我抗日军民对抗，最后被我军打败。为了配合我军的斗争，阮若珊创作了这首歌词，曲调是李林根据山东逃荒到东北的卖唱人所唱的小曲加工整理的。这首歌迅速传遍沂蒙山区、华北和华东各抗日根据地。在流传过程中，随着形势的变化，人们不断修改歌词。反对黄沙会的内容逐渐淡出，歌名也变成了《沂蒙山小调》。中华人民共和国成立后，《沂蒙山小调》经一代又一代歌唱家演唱，影响更加广泛，被联合国亚太地区教科文组织评为优秀民歌。

②黄沙会：红枪会的分支，分布在山东、河南等地。抗日战争期间，沂蒙地区的黄沙会被国民党顽固派利用，发展成为与人民抗日武装为敌的反动会道门组织。

③“牛鼻子”句：谓黄沙会的牛皮吹得很响亮。

◎牛瑞华

牛瑞华，1921 年生，山东邹平人。1939 年参加革命，1944 年加入中国共产党。战争年代曾在抗大一分校学习，当过《前锋报》记者、编辑，一直战斗在沂蒙地区。新中国成立后曾任上海航道局党委副书记、上海长江航运局纪委书记。

忆沂蒙（五首）[①]

一

沂蒙油灯万丈焰，光射齐鲁真理传。
教育奠定人生路，校风播春意盎然[②]。

二

音容犹在唐国琼[③]，尊师育人建奇功。
为国捐躯沂蒙地，激愤军民杀敌凶。

三

半世虽过难忘记，让屋铺草密针缝。
夏除蚊咬冬送暖，别时无不双泪盈。

四

昨日观报感受深，得知山富楼连荫。
汽车绕山门前路，城市化的新农村。

五

老区早应得此路，路斜不容销人魂。
远识卓见翁指路[④]，兴党兴国富人民。

【注释】

①选自张秀岳主编《沂蒙之光诗词选》，山东人民出版社，1998 年版。

②校风：1938 年毛泽东为中国人民抗日军事政治大学制定的校风。即“团结、紧张、严肃、活泼”。

③唐国琼：广东人，归国华侨，抗大一分校第二大队教员。1941 年 11 月，在大青山突围中负伤被俘。敌人用铁丝把他捆起，浇上汽油活活烧死。

④翁指路：指邓小平改革开放的富民政策。

◎孙向群

孙向群，1921 年生，山东淄川人。1937 年参加革命，同年加入中国共产党。战争年代，曾任八路军山东纵队随营学校青年队长、山东分局民运部干事、沂南县农救会会长等职。参加了黑铁山武装起义，反顽、反“扫荡”等战役和战斗。后任上海市南市区民政局局长。离休后，撰写了多篇革命回忆录。

沂蒙小调新歌（四首）[①]

1993 年 5 月 26 日

一

人人都说沂蒙好，沂蒙山人胆气豪。
苍山暴动虽失败[②]，星火终以燎原烧。

二

沂蒙山人拥军好，抗日救国大义晓[③]。
人人争当八路军，横河村中有红嫂[④]。

三

沂蒙山人风格高，男女老少尽天骄。
车轮滚滚江南去，碾碎独夫蒋王朝[⑤]。

四

沂蒙山人精神好，跟着党走不动摇。
坚走改革开放路，风流人物看今朝。

【注释】

①选自张秀岳主编《沂蒙之光诗词选》，山东人民出版社，1998 年版。

②苍山暴动：1933 年 7 月 6 日至 10 日，中国共产党人刘之言、郭云舫等，在山东省兰陵县大苍山组织武装暴动。暴动失败后主要领导人全部牺牲。

③晓：明白，了解。

④横河：今沂南县马牧池乡横河村。横河村的明德英曾用乳汁救过伤员。明德英是小说《红嫂》和现代京剧《红嫂》的原型。

⑤独夫：残暴无道、众叛亲离的统治者。此指蒋介石。

◎李国栋

李国栋，1921年生，北京市人。1938年秋去延安，入抗日军政大学学习，1940年任抗大一分校区队长。1942年离校后，一直战斗在沂蒙山区，历任区长、县长、副专员及淄博市副市长、市政协副主席等。1980年离休后，曾撰写了《小篆字汇》，是自秦汉历代小篆的汇集，全书共20卷，约30万字。书成后于1992年春全部无偿献给了国家。

怀念沂蒙忆抗战十二首[1]

1997年12月26日

一

沂蒙根据地，诸多可歌泣。
抗日浴血战，军民齐努力。

二

开辟根据地，多亏党教育。
没有共产党，抗战谈何易？

三

工农兵学商，奋起来救亡[2]。
有钱来捐钱，有枪献出枪。

四

救亡组织起，建立各团体。
工农与青妇[3]，坚决战到底。

五

民兵儿童团，站岗把路盘。
传送鸡毛信[4]，军民得安全。

六

群众拥军忙，送鞋又送粮。

我军来宿营，铺草又腾房[5]。

七

敌寇屡进犯，扫荡家常饭。
敌军山前搜，我在后山转。

八

敌人搞三光[6]，军民有主张。
空室又清野[7]，俟机打豺狼[8]。

九

敌袭大青山，拼杀非一般。
战友洒热血，突围一整天。

十

抗战得胜利，全凭根据地。
军民鱼水情，牢记再牢记。

十一

抗战历八年，凯歌全国传。
时隔半世纪，沂蒙史册填。

十二

向前再向前，建设非等闲。
实现现代化，还须拼几年。

【注释】

①选自张秀岳主编《沂蒙之光诗词选》，山东人民出版社，1998年版。

②“工农”二句：面对日本帝国主义的侵略，党发出这样的号召：工农兵学商，全国人民团结抗日救国。

③工农与青妇：指抗日根据地建立的工人、农民、青年、妇女等抗日救国组织。

④鸡毛信：指需要紧急传递的信件。因常粘上或插上鸡毛，故称。李季《五月端阳·满天红》诗：“卖脑的白军一出动，鸡毛信转眼间送上了山。”

⑤“我军”二句：人民欢迎子弟兵，给住宿的部队腾出最好的房子，送来松软的铺草。

⑥“三光”：指日寇对根据地实行所谓抢光、烧光、杀光之“三光”政策。

⑦空室又清野：或称“坚壁清野”，指把可吃可用的东西都藏起来，水井也掩

埋起来，烧柴也藏起来，以便困扰敌人，疲惫敌人，造成打击和消灭敌人的有利条件。这是抗日战争时期军民为对抗敌人的扫荡采取的一种斗争策略。

⑧俟机：同“伺机”。侦候可乘之机。清薛福成《议定滇缅界商务条约疏》：“彼知中国界址未定，漫无限制，仍可伺机进占。”

◎杨斯德

杨斯德，1921年生，山东滕州人。1938年参加八路军，同年加入中国共产党。曾任山东苏鲁支队政治部敌工股股长、八路军一一五师教导第二旅六团敌工股股长、滨海军区第一军分区政治部敌工股股长、胶东军区政治部联络科科长、华东野战军第十三纵队联络民运部部长、第三野战军三十四军师副政委。新中国成立后，历任南京警备司令部政治部主任、华东公安部队师政委、空军师政委、总政治部联络部部长、福州军区政治部副主任、中央台办主任。1964年晋升为少将军衔。著有《历史的使命》等。

忆沂蒙①

1993年春

五十年前风雨夜，众持长缨抱犊山②。
红装书生从戎日③，杀敌报国义凛然④。
沂蒙清泉征衣洗，东海红日照人间。
战士不计勋爵禄⑤，心系齐鲁不夜天。

【注释】

①选自张秀岳主编《沂蒙之光诗词选》，山东人民出版社，1998年版。

②抱犊山：即抱犊崮。抱犊崮在兰陵县城西北33千米，兰陵、费县、枣庄三县市交界处。抗战时期，八路军一一五师在此创建了抱犊崮山区抗日民主根据地。

③红装：同“红妆”，指青年妇女。清蒲松龄《聊斋志异·西湖主》：“无何，红装数辈，拥一女郎至亭上坐。”

④凛然：严肃而可敬畏的样子。《孔子家语·致思》：“夫子凛然曰：‘美哉德也！’”

⑤勋：特殊的功劳。爵禄：官爵和俸禄。《周礼·夏官·司士》：“凡邦国，三岁则稽士任而进退其爵禄。”

◎徐尧田

徐尧田，1921年生，山东莒南人。1938年参加八路军，同年加入中国共产党。曾任八路军山东纵队四支队宣传员，山东抗日军政干部学校学员，鲁中军区连指导员、营教导员，华东野战军第八纵队团政治处副主任、主任、政委。参加了鲁南、莱芜、孟良崮、洛阳、淮海等战役。新中国成立后，历任中国人民志愿军师政治部副主任、主任，海军长山要塞区政治部主任、副政委，济南军区工程兵政委，云南省军区政委。

英雄的沂蒙，可爱的家乡[①]

1993年11月23日

我在沂蒙出生，我在沂蒙成长。
我从沂蒙走出，走过大江南北，
走过鸭绿江畔，走过千里海疆，
走过万里边防[②]，走不出的是我心中的
英雄的沂蒙，可爱的家乡。

【注释】

①选自张秀岳主编的《沂蒙之光诗词选》，山东人民出版社，1998年版。

②边防：为保卫国家安全在边境地区布置的防务。《南齐书·陈显达传》："但国家边防，自应过存备豫。"

◎高　励

高励，女，1921 年生，山东郯城人。1939 年参加八路军，1941 年加入中国共产党。曾任滨海建国学院组织科干部、一一五师战士剧社分队长，滨海地委宣传部干事，华东青年文工团教导员。参加了白彦、天宝山、甲子山等战斗的战勤、宣传鼓动工作。新中国成立后，历任戏剧学院歌剧系助理员、中国戏剧家协会办公室主任、中央戏剧学院科研处处长等职。

从军杀敌（二首）①

一

国破家亡山河在，脱去红装换戎装②。
文武战线同抗敌③，抗日卫国保家乡。

二

从军宣传文艺兵，战时火线救英雄。
回顾硝烟逾十载，争得解放慰英灵。

【注释】

①选自张秀岳主编《沂蒙之光诗词选》，山东人民出版社，1998 年版。

②戎装：军装。《魏书·杨大眼传》：“至于攻陈游猎之际，大眼令妻潘戎装，或齐镳战场，或并驱林壑。”

③文武战线：指文化界的爱国人士和人民军队共同组成的抗日民族力量。

◎王汝涛

王汝涛（1921～2009），河北文安人。1949年5月参加工作，先后在曲阜鲁中南行署工商处、临沂专署工商科、临沂地委土改工作队、临沂师范学院工作。1984年加入中国共产党，1990年12月离休。历任副教授、教授，历史科主任、诸葛亮王羲之研究室主任等职。先后担任山东省历史学会琅琊文化专业委员会会长、临沂市文联副主席、临沂市社联副主席。被评为山东省优秀教师、山东省劳动模范，被临沂市委、市政府授予“临沂市文学艺术终身成就奖”。享受国务院政府特殊津贴。专著有《金瓶梅与兰陵笑笑生》《琅琊居文集》《王羲之志》《琅琊王氏考信录》等，共计1000多万字。

文武两烈士[①]

20世纪30年代，曾在临沂为官及抗日守土者，有文武二人，后均牺牲于抗日战场上。中共中央均给予高度评价。

张自忠[②]

抗日烽烟起，倭寇气焰凶。
东路攻徐州，道经临沂城。
守土有名将，荩忱张自忠[③]。
昔战喜峰口[④]，已有赫赫名。
闻道平津陷，将军被恶名[⑤]。
誓死沙场上，鲜血表精忠[⑥]。
沂蒙作屏障，屡次败倭兵。
台儿庄胜利，侧翼钳制功。
其后襄河战[⑦]，杀敌战果丰。
上将身战死，将军为鬼雄。

范筑先[⑧]

放眼旧中国，人民喜清官。
六十年前事，难忘范筑先。
临沂为县长，文官不爱钱。
尽量除苛政，为民解倒悬[⑨]。

听讼效包拯[10]，不为情所牵。
执法身作则，立身更清廉。
闻说调任日，万民送青天：
一镜一盆水，炉香吐清烟。
范公逐家谢，半日细周旋[11]。
好官自爱国，聊城抗倭焰，
殉国为烈士，美名千古传。

【注释】

①选自李兴河主编《沂蒙当代诗词选》，黄河出版社，2001年版。

②张自忠（1891~1940）：山东临清人。以中华民国上将衔陆军中将之职殉国，著名抗日将领，民族英雄。张自忠戎马近三十载，竭尽微忱。自抗战时起，命运起落无常。曾被污为汉奸，备受责难。抱定“只求一死”之决心，一战于淝水，再战于临沂，三战于徐州，四战于随枣，五战于枣宜。1940年5月的枣宜战役，日军将张自忠与第七十四师围于宜城南瓜店，5月16日张自忠所部损失殆尽，张自忠身中七弹身亡，以一生之践行，换得了名中的一“忠”字。

③荩忱：张自忠的字。

④喜峰口：位于河北省迁西县北部燕山山脉的中段，是万里长城的一个重要关隘，也是塞北通往京都的交通要冲。这里山屏耸秀，绝壁危崖，构成天然之险。1933年3月，日军独立混成第十四旅团和第八师团第四旅团及伪满军一部，共3万余人，攻占喜峰口东北制高点孟子岭，以火力控制了喜峰口，形势对我极为不利。张自忠指挥的三十八师参与了这次战役，立下赫赫战功，因此被国民政府授予中将军衔，并获青天白日勋章一枚。

⑤“闻道”二句：卢沟桥事变发生后，张自忠同宋哲元等认为“目前日本还不至于对中国发动全面战争，只要我们表示一些让步，局部解决仍有可能”。但张自忠力求就地解决事变的态度进一步加深了舆论界对他的误解。在一般人看来，张自忠无疑是“主和派”的代表人物，离汉奸只有一步之遥。平津舆论界言语中透着对张自忠的不满。张自忠神色严肃地说：“谁是民族英雄，谁是混账王八蛋，将来看事实吧！”被：遭遇，遭受。

⑥“誓死”二句：抗战初期，南京当局下令张自忠撤出天津，却将不战而退的恶名加于将军头上。守临沂时，将军曾对部下拊膺大恸，说明真相，声言誓以鲜血洗此恶名。

⑦襄河：即汉水。1940年5月1日，张自忠率2000多人东渡襄河后，一路奋勇进攻，将日军第十三师团拦腰斩断。

⑧范筑先（1881~1938）：山东馆陶人。著名民族英雄、抗日烈士、爱国将领。范筑先早年从军到北洋陆军。辛亥革命后任陆军第八旅旅长。1931年回山东，先后任第三路军参议，沂水县、临沂县县长，为官清廉，受到地方拥护。1936年任山东

省第六区行政督察专员、保安司令兼聊城县县长。1938年11月14日，日军进攻聊城，范筑先率部抗击。次日城陷，700多名将士大部分战死。范筑先宁死不当俘虏，举枪自尽，壮烈殉国。

⑨倒悬：指把人或物倒挂起来。以人之倒挂比喻处境极其困苦或危急，以家庭用具之倒挂比喻极其贫困。

⑩听讼：听理诉讼；审案。《论语·颜渊》："听讼，吾犹人也，必也使无讼乎。"效：仿效。

⑪"范公"二句：相传当范筑先调离时，临沂城家家户户门前设一盆清水，一面明镜（表示清如水明如镜），一杯酒，三支香。范公经过每一家，用手指蘸一下酒弹出，表示已饮。小小的临沂城走了半天，才得出城。

◎张　茜

张茜（1922～1974），女，湖北武汉人，陈毅元帅的夫人。1938 年参加新四军，1940 年加入中国共产党。历任新四军文工团员、江南指挥部政治部宣传干事、卫生部政治指导员等职。1945 年 9 月随新四军军部北移山东临沂，同陈毅会合，任山东野战军直属队副协理员。新中国成立后，在出版部门从事翻译等文化业务，又曾长期在外交部工作。陈帅逝世后，她在病中整理编成《陈毅诗词选集》，为中国无产阶级的文学事业做出了宝贵的贡献。

寄　怀①

1945 年秋

鸣声凄凄孤蝉哀②，情思郁郁人伤怀③。
行云慵步回苍穹④，游子久留羁旅中⑤。
空向行云凝眸处⑥，望穿秋水人不至⑦。
几番报归盼欢聚，几番又传归期误⑧。
归期误，一别冬夏已两度，幼儿长成双询父⑨。

【注释】

①选自张茜著《张茜诗抄》，四川人民出版社，1980 年版。原注：抗战胜利后，陈毅同志由延安返回华中，途中接到中央指示，转赴山东战场指挥作战。张茜在华中作此诗寄怀。

②凄凄：悲伤貌；凄凉貌。《关尹子·三极》："人之善琴者，有悲心则声悽悽然。"

③郁郁：忧伤、沉闷貌。《楚辞·九章·哀郢》："惨郁郁而不通兮，蹇侘傺而含感。"王逸注："中心忧满虑闭塞也。"伤怀：伤心。《诗经·小雅·白华》："啸歌伤怀，念彼硕人。"

④行云：流动的云。三国魏曹植《王仲宣诔》："哀风兴感，行云徘徊，游鱼失浪，归鸟忘栖。"慵：困倦，懒得动。

⑤羁旅：寄居异乡。《左传·庄公二十二年》："羁旅之臣……敢辱高位？"杜预注："羁，寄；旅，客也。"

⑥凝眸：注视；目不转睛地看。唐李商隐《闻歌》诗："剑笑凝眸意欲歌，高云不动碧嵯峨。"

⑦望穿秋水：形容急切盼望。秋水，喻指眼睛。清蒲松龄《聊斋志异·凤阳士人》："望穿秋水，不见还家，潸潸泪似麻。"

⑧误：耽搁。

⑨"一别"二句：谓两个孩子与父亲分别两年多，向母亲询问父亲的情况。

《陈毅同志诗词选集》编成题后二诗[1]

1973年11月18日

一

同病堪悲惟自勉[2]，理君遗作见生平。
持枪跃马经殊死，秉笔勤书记战程[3]。
波漾流溪冬月影，风回碣石夏潮声[4]。
残躯何幸逾寒暑[5]，一卷编成慰我情。

二

强扶病体理遗篇，争取分阴又一年[6]。
把卷忆君平日事，淋漓兴会溢行间[7]。

【注释】

①选自张茜著《张茜诗抄》，四川人民出版社，1980年版。

②自勉：勉励自己。《庄子·天运》："此皆自勉，以役其德者也。"

③秉笔：执笔。《国语·晋语九》："臣以秉笔事君。"

④碣石：山名。在河北省昌黎县北。碣石山余脉的柱状石亦称碣石，该石自汉末起已逐渐沉没海中。《尚书·禹贡》："导岍及岐……太行、恒山，至于碣石，入于海。"

⑤何幸：用反问的语气表示很幸运。郭沫若《参观刘胡兰纪念馆》诗："何幸驱车来文水？虔诚扫墓更升堂。"

⑥分阴：谓极短的时间。阴，日影。《晋书·陶侃传》："大禹圣者，乃惜寸阴，至于众人，当惜分阴。"

⑦淋漓：液体缓缓地淌下。形容畅快、痛快。唐李商隐《韩碑》诗："公退斋戒坐小阁，濡染大笔何淋漓。"兴会：意趣；兴致。《宋书·谢灵运传》："灵运之兴会标举，延年之体裁明密，并方轨前秀，垂范后昆。"

◎艾　力

艾力，1922 年生，河南偃师人。1938 年由洛阳中学赴陕北公学参加革命，同年加入中国共产党。曾任山东省文协《大众歌选》主编，中共日照县委、新（浦）海（州）连（云港）市委、济宁市委宣传部部长，滕县地委宣传部部长。战争年代，在山东曾创作了许多革命歌曲。新中国成立后，任哈尔滨坦克厂党委书记，市委委员，中央工业交通政治部宣传部副部长，国务院一机部、农机部、机械部生产局、军工局副局长、局长，中国电动车辆研究会顾问。

沂蒙临沂颂[①]

1993 年秋

历代一名城[②]，坐落在沂蒙，
诸君齐奋斗，临沂必繁荣。

【注释】

①选自张秀岳主编《沂蒙之光诗词选》，山东人民出版社，1998 年版。

②名城：临沂历史悠久，文化源远流长，市内文物古迹众多，城市特色鲜明，形成了蔚为大观的历史传统和人文底蕴。1992 年，临沂市被山东省政府列为第二批历史文化名城。

◎于冠西

于冠西（1922～2002），山东莒县人。1938年加入中国共产党。曾任蒙阴县青委宣传部部长，抗大一分校校报《战旗报》编辑，《大众日报》社特派记者、编辑部副主任、副总编辑。1951年后，历任《浙江日报》社社长兼总编辑、中共浙江省委宣传部副部长、中国文联委员。战争年代，写有《光辉的南北岱崮保卫战》《何万祥》《炮兵连长》等报告文学作品。著有散文集《欧游纪事》《记者日记》《八步半的思忆》，诗集《七日雨》《牧笛集》《林之静美》等。

希望[①]

1942年7月于山东莒南[②]

白云流过白杨，河水弯过村庄，
哥哥的战马拴在柳树上。
哥哥当兵五年整，今日打仗过家乡。
日夜苦斗，磨炼的他，
文武双全，身强体壮，
紫红的面孔，粗粗的臂膀，
肩头上还威风地背着一支枪。
哥哥不能久留，为的是打败敌人求解放。
哥哥上马走了，他说：
鸡在叫了，天快亮了，
黑夜不长，快去迎接太阳。
哥哥的战马，
跨过小河，穿过白杨，
马蹄扬起尘土，
刺刀闪着黎明的曙光……

【注释】

①选自冠西的《七月雨》（诗歌集），浙江人民出版社，1979年版。

②莒南：县名，位于山东省临沂市东部。莒南县是著名的革命老区，抗战时期有“山东小延安”之称。刘少奇、罗荣桓、陈毅、谷牧等老一辈无产阶级革命家都曾在这里工作、战斗过。1945年8月，中国共产党领导下的第一个省政府——山东省政府在莒南大店镇成立，山东省第一个青年团支部也在这里创建。

献给粟裕同志[1]

您的遗言是
丧事什么都别办
只有一件
和长眠在各个战场的战友在一起
多么震撼人的心灵的情感
又听见了炮声
又望见了硝烟
那里是
冰雪覆盖着的鲁南战场
整编二十六师和快速纵队的[2]
美式坦克、装甲车群
十轮大卡车拖着的
榴弹炮炮队
全都成了“运输大队长”
送来的慷慨赠品
不要收条，不用回言
又听见了炮声
又望见了硝烟
那里是
丘陵起伏的莱芜战场
星夜兼程的秘密急行军
奔过崎岖的鲁中小路
穿越险滑的沂蒙山峦
像伴着雷霆自天而降的神兵
抖开衣襟
把六万敌军全都装进了战袍
这是整整七个师
外加他们的司令官
又听见了炮声
又望见了硝烟
那里是
响岩峥嵘的孟良崮战场[3]
像砸一颗硕大无比的铁核桃
震天霹雳般的锤击

硬把“五大主力”之一的美械七十四师
砸碎在那山间
但见金光迸射，铁雨横飞
石破天惊，电火闪闪
又听见了炮声
又望见了硝烟
那里是
深沟高垒设防重重的济南战场
外围高地的争夺
普利门的攻坚[4]
八个昼夜的激战
无数次的拼搏厮杀
红旗终于飘扬在
大明湖上[5]
千佛山巅[6]
这不过是您战史上
几个片断
半个多世纪的
几百次征战
您的战功传颂在
大江南北
淮海中原
而今
当要离去之际
您抚摸着
六次中弹的疤痕
怎能不怀念
怀念起同一个战场上
倒在自己身边的战友
他们有十多万
他们有十多万
他们的音容笑貌
他们献身时用的
刺刀、炸药包、手榴弹
她们冒着炮火背上
煎饼、大葱、拥军鞋
献出的最后一扇门板

他们用来把大军一直送过长江的
担架、小车、扁担
这一切
这一切
全都萦回在脑海心田
他们以自己的鲜血
把祖国的土地浇灌
他们以万丈光焰的生命之火
把祖国上空的乌云驱散
百年阴霾深埋的中华大地[7]
终于云开雾散、丽日高悬
处处绽开充满希望和活力的笑颜
然而
先烈们没有能看到这一天
而今
当要离去之际
怎能不想起
那些长眠在
大江南北、淮海中原、齐鲁大地的
战友兄弟
我要和他们在一起
我要和他们在一起
是人民创造了一切
我不过是大海中的一勺
长江大河的细小支流涓涓
多么博大恢弘的战士胸怀[8]
多么深沉纯真的革命情感
将军啊
作为一个来自山东战地的士兵
我仿佛听见
发自美丽的故乡土地的呼唤
将军啊，欢迎您
将军啊，热烈欢迎您
——这是那里的乡亲和长眠在那里的
先烈们的热情呼唤

【注释】

①选自张秀岳主编《沂蒙之光诗词选》，山东人民出版社，1998 年版。粟裕(1907～1984)，侗族。中国现代杰出的革命家、军事家、战略家。淮海战役、上海解放战役等一系列重大战役的指挥者。新中国成立后历任中国人民解放军总参谋长、军事科学院第一政治委员、全国人大常委会副委员长等职。1955 年授予大将军衔。

②快速纵队：解放战争中，国民党军队的“机械化部队”。它的编制规模通常相当于加强旅，实际上是由摩托化步兵与坦克兵合成的临时结合体。

③响岩：一种碱性喷出岩。

④普利门：地名，在山东省济南市。

⑤大明湖：济南三大名胜之一，是繁华都市中一处难得的天然湖泊，也是泉城重要风景名胜和开放窗口，闻名中外的旅游胜地，素有“泉城明珠”的美誉。

⑥千佛山：泰山的余脉，海拔 285 米。古称历山，亦名舜耕山。据史载：隋朝年间，山东佛教盛行，虔诚的教徒依山沿壁镌刻了为数较多的石佛，建千佛寺而得名千佛山。千佛崖上有隋代石佛 60 余尊，年代悠久，具有很高的艺术价值。

⑦阴霾：空气中因悬浮着大量的烟、尘等微粒而形成的混浊现象。这里指一种压抑沉闷的气氛。清曹寅《中秋西堂待月寄怀子猷及诸同人》诗：“浊世阴霾难久障，幻人梯栈强高攀。”

⑧恢弘：博大，宽宏。《晋书·卞壶传》：“诸君以道德恢弘，风流相尚，执鄙吝者，非壶而谁?”

赠沂水父老[①]

1985 年 5 月 7 日

王庄夏蔚南墙峪[②]，难忘最是沂蒙路。
引吭恋歌延安颂，饥寒苦读马列书。
突围忽患伤寒症[③]，同志父老舍命助。
鱼水情寄拥军鞋，参军送子送丈夫。
生产自救桃花坪，英雄诗史谱岱崮[④]。
绿水青山今胜昔，祝福老区早日富。

【注释】

①选自张秀岳主编《沂蒙之光诗词选》，山东人民出版社，1998 年版。

②王庄：村庄名，山东省沂水县。夏蔚：乡镇名，在山东省沂水县。南墙峪：村庄名，在山东省沂水县院东头乡。

③伤寒：由伤寒杆菌引起的急性消化道传染病。其主要病理变化为全身单核－巨噬细胞系统的增生性反应，以回肠下段淋巴组织增生、坏死为主要病变。

④岱崮：位于山东蒙阴县东北部，毗邻临沂、莱芜、淄博三市交界地带，有

“天下第一崮乡”的美誉。岱崮是著名的革命老区。1943年11月和1947年6月在南北岱崮山上先后发生了两次岱崮保卫战，涌现出了两个“英雄岱崮连”，为此岱崮革命遗址被定为山东省第一批省级重点文物保护单位。

赠莒南父老[①]

1985年5月9日

面貌一新，旧迹难寻。
滨海父老[②]，重逢倍亲。

【注释】

①选自张秀岳主编《沂蒙之光诗词选》，山东人民出版社，1998年版。原注：5月9日到达莒南县东良店、南高庄时，两村父老乡亲几乎全村出动，男女老幼携子抱孙，有的还梳妆打扮，穿着过节的新衣裳前来和我们见面。许多战争年代的房东老大爷、老大娘、民兵、识字班大姐、给报社烧过饭的炊事员、送过信的通信员，还能记起我们之中不少人，呼唤着姓名，亲热地拉着手叙谈家常往事。南高庄当年的识字班队长刘振淑，今年已58岁，当有人谈起当年在一起扭秧歌的事时，她情不自禁地甩开双臂扭了起来，引起场院中的一片欢笑声。这些村庄，不少人家都已翻造了新屋，村中又拓宽了街道，当年报社各部门的住处，大部分都已无法辨认了。

②滨海：指滨海专区，1949年7月由鲁中南行政区第六专区改设，位于山东省东南部，辖临沂、莒南、日照、临沭、郯城、莒县、竹庭、东海八县及新海连市，1950年5月撤销，所辖行政区域全部划入临沂专区，专署驻临沂县。

◎王传斌

王传斌（1922～2011），山东莱芜人。1937年加入中国共产党。曾任八路军山东纵队二支队政治部青年大队长，中共沂南县区委书记，沂中县委宣传部副部长，沂蒙二地委秘书科科长。解放战争时期，参加了莱芜、孟良崮战役支前工作。新中国成立后，历任青年团山东省团校副校长，华东青年团工委秘书长，青年团中央统战部副部长、国际联络部副部长，中国人民保卫世界和平委员会、亚非团结委员会书记处书记，对外友协常务理事，驻尼泊尔、巴基斯坦大使。

沂蒙情[①]

1983年8月于北京

山高水长，人杰地灵。
谁负盛名？当属沂蒙。
崇岭沃土，火种早萌[②]。
风雷激动，蓬勃苗生[③]。
军民同心，众志成城[④]。
母亲胸怀，哺育英雄。
战火炼铸，铜墙铁壁。
艰难险阻，巍然屹立。
凶魔遭歼，神惊鬼泣。
辉煌史绩，历史永纪。
人间巨变，举世瞩目。
胜利原本，前进基础。
作始也简，将毕也钜[⑤]。
旗帜高擎，改革阔步。
天涯海角，鸿雁传音[⑥]。
故乡景图，日异月新。
心之牢系，众望所归。
沂蒙精神，永放光辉。

【注释】

①选自张秀岳主编《沂蒙之光诗词选》，山东人民出版社，1998年版。

②萌：发芽，开始发生。

③茁：壮盛，壮健。

④众志成城：万众一心，像坚固的城堡一样不可摧毁。比喻大家团结一致，力量就无比强大。

⑤“作始”二句：语出《庄子·人间世》：“其作始也简，其将毕也必钜。”钜：同“巨”，大。意思就是事情开头总是简单和容易的，发展到后来，就会越来越复杂和困难。此处指共产党人应该认识到自己事业的长期性和复杂性，有毅力、有信心、善始善终地争取革命的最后胜利。

⑥鸿雁：也叫“大雁”，大型候鸟，每年秋季南迁。鸿雁南迁常常引起游子思乡怀亲之情和羁旅伤感，故常以鸿雁作为传送书信的使者。唐杜甫《天末怀李白》诗：“鸿雁几时到，江湖秋水多。”

◎朱月华

朱月华（1922～2008），江苏赣榆人。1940年参加八路军，次年加入中国共产党。曾任八路军一一五师东进支队二大队二营班长、新四军独立旅十三团二营排长、抗大一分校区队长、滨海军区第二十三团十连连长、东北民主联军营长、东北野战军团参谋长。参加了四平保卫战和辽沈、平津等战役。新中国成立后，历任中国人民志愿军团长，三十八军师参谋长、副师长、师长、副军长、军长，广州军区副司令员。

怀　念①

七七事变烽烟起②，临沂城下鏖战激③。
七十二崮多壮士，沂沭两岸飘红旗。
空舍清野反扫荡④，南征北战斗顽敌。
沂蒙人民钢铁汉，革命英名垂史籍。

【注释】

①选自张秀岳主编《沂蒙之光诗词选》，山东人民出版社，1998年版。

②七七事变：因发生于1937年7月7日而得名，又称卢沟桥事变。因中国驻军第二十九军拒绝日本驻军进入宛平城搜查失踪日军士兵而发生激战，天津、宛平沦陷。历史上，“七七”事变被定性为日本帝国主义全面侵华的开端和中华民族全面抗战的开始。

③鏖战：激烈地战斗；苦战。《新唐书·王翃传》：“引兵三千，与贼鏖战。”

④空舍清野：对付强敌入侵的一种方法。即将田间成熟的庄稼割掉，把人员、牲畜、物资等转移，使敌人占领后一无所获。也称“坚壁清野”。

◎孙轶青

孙轶青（1922～2009），山东乐陵人。1938年加入中国共产党。曾任中共沧县、东光县委书记，冀鲁边区地委秘书长、宣传部副部长。新中国成立后，历任青年团中央宣传部副部长，《中国青年报》社社长、总编辑，《北京日报》社总编辑、党委书记，《人民日报》社副总编辑，国家文物局局长，第六届全国政协副秘书长。兼任中国书法家协会理事、中华诗词学会副会长兼秘书长、中国文物学会顾问、中国博物馆学会名誉理事。

临沂纪游四首[①]

1990年5月9日～13日

题王羲之故居

师尊书圣众芳来，洗砚池边笔阵开[②]。
凤翥龙蟠应胜昔[③]，临池发奋共虚怀[④]。

银杏树

浮来银杏岁三千，腰广十围如碧山。
亲见鲁公莒子会[⑤]，复歌旧地换新天。

题赠沂州盆景园

小中见大夺天工[⑥]，万水千山尺景中。
美不胜收多乐趣，陶然可作百年翁[⑦]。

咏徐公石[⑧]

徐公石砚贵天成[⑨]，绝胜雕师百练功[⑩]。
更爱随形坚润美，挥毫泼墨沐春风。

【注释】

①选自张秀岳主编《沂蒙之光诗词选》，山东人民出版社，1998年版。

②笔阵：比喻书法，谓作书运笔如行阵。晋王羲之《题〈笔阵图〉后》："夫纸者，阵也；笔者，刀矟也；墨者，鍪甲也；水砚者，城池也；心意者，将军也；本领者，副将也；结构者，谋略也。"清吴伟业《项黄中家观万岁通天法帖》诗："此

卷仍逃劫火中，老眼纵横看笔阵。”

③凤翥龙蟠：像凤凰飞舞，蛟龙盘曲。比喻体势的飞扬劲健，回旋多姿。《晋书·王羲之传》：“观其点曳之工，裁成之妙，烟霏露结，状若断而还连；凤翥龙蟠，势如斜而反直。”

④虚怀：谦逊虚心。《晋书·王浑传》：“时吴人新附，颇怀畏惧。浑抚循羁旅，虚怀绥纳，座无空席，门不停宾。于是江东之士莫不悦附。”

⑤鲁公莒子会：指“鲁莒会盟”。春秋时期，鲁莒两国不睦。后来在纪国君主的调解下，鲁国同意与莒国会盟修好，但是在会盟地点上，两国迟迟达不成一致。后经纪子多次斡旋，鲁公于隐公八年（公元前715年）屈尊前往浮来。莒子在此地隆重接待了鲁公，会盟成功。

⑥夺天工：即“巧夺天工”，指人工制作精巧胜过天然。元赵孟頫《赠放烟火者》诗：“人间巧艺夺天工，炼药燃灯清昼同。”

⑦陶然：醉乐貌。晋陶潜《时运》诗：“挥兹一觞，陶然自乐。”

⑧徐公石：为薄层状、多具自然溶蚀边、含少许粉砂质的微晶石灰岩，产于沂南县青驼镇徐公店砚台沟。用它制成的砚台称“徐公石砚”或“徐公砚”。

⑨天成：不假人工，自然而成。《宋书·谢灵运传》：“至于高言妙句，音韵天成，皆暗与理合，匪由思至。”

⑩绝胜：最佳。唐权德舆《送灵澈上人入庐山回归沃州序》：“会稽山水，自古绝胜。”

◎孙恕之

孙恕之，1922年生，江苏丰县人。1938年在延安抗大学习，参加中国共产党。抗日战争时期，在沂蒙山和鲁南地区工作。曾任中共区委书记、县委部长、县长、县委书记。新中国成立后，历任中共山东省工业部副部长，山东省电力厅厅长、化工厅厅长，齐鲁石化总公司党委书记，中共山东省纪律检查委员会副书记，山东省顾问委员会常委等职。

浣溪沙·忆昔日战场孟良崮[1]

公敌重兵犯齐鲁，诈言数月做霸主[2]，铁蹄踏处不忍睹。
人民立马横刀迎，全歼“王牌”毙灵甫，独夫嚎啕美帝吼[3]。

【注释】

①选自张秀岳主编《沂蒙之光诗词选》，山东人民出版社，1998年版。

②诈言：扬言；狂言。

③嚎啕：同“号啕”。大声哭叫。元康进之《李逵负荆》第三折：“老儿也似这般烦恼的无颠无倒，越惹你揉眵抹泪哭嚎啕。”

◎杨　玲

杨玲（1922～2001），女，山东临沂人。1939年参加革命，1944年加入中国共产党。曾任山东纵队十二支队政治部宣传员、山东军区文工团团员、《山东画报》社摄影记者、华东野战军政治部摄影记者、华野特纵政治部摄影记者。参加了许昌、漯河、平汉、开封、洛阳、豫东、淮海等战役的战地采访工作，拍摄了大量珍贵历史镜头。新中国成立后，跟随丈夫康矛召大使从事外交工作，在国外又拍下了大量有价值的照片，是我国最早的女战地摄影记者。

我是一名沂蒙女[①]

沂蒙沂蒙好地方，热爱沂蒙我家乡。
成长喝的沂河水，战斗吃的蒙山粮。
党啊党啊培育我，相机伴我驰战场。
拍下我军英雄照，摄下敌人惨败相。
革命胜利赴欧亚，外交战线气昂扬。
飒爽英姿沂蒙女[②]，一代更比一代强。

【注释】

①选自张秀岳主编《沂蒙之光诗词选》，山东人民出版社，1998年版。

②飒爽英姿：形容英俊威武、精神焕发的样子。毛泽东《为女民兵题照》诗："飒爽英姿五尺枪，曙光初照演兵场。"飒爽：豪迈矫健。英姿：英勇威武的姿态。

◎尚力科

尚力科（1922～2007），山东莱芜人。1940年参加革命。1943年加入中国共产党。曾任山东省抗协宣传部干事，山东省文协《山东文化》编辑，山东军区前线记者，华东野战军第三纵队《麓水报》社兼新华支社记者、采编主任、社长。参加了莱芜、孟良崮、洛阳、开封、济南、淮海、渡江等战役。新中国成立后，历任第三野战军二十二军报社兼新华支社社长，南京军区《华东战士》总编辑，《解放军报》主编、副社长。著有《骁将王吉文》《战地记者的足迹》等。

向沂蒙人民致敬①

青山绿水好沂蒙，革命摇篮传美名。
万千子弟走天涯，不忘老区拥军情。

【注释】

①选自张秀岳主编《沂蒙之光诗词选》，山东人民出版社，1998年版。

◎刘　亮

刘亮，1923 年生，山东沂水人。1940 年参加八路军。1944 年加入中国共产党。历任抗大文工团及山东省文工团团员，山东省文协《山东文化》编辑，新华社山东前线分社记者，华东野战军第三纵队《麓水报》社社长，第三野战军总分社采编部主任。参加了鲁南、莱芜、孟良崮、洛阳、开封、济南、淮海、渡江等战役。新中国成立后，任总政治部《解放军文艺》编辑组组长。先后主持《志愿军一日》《星火燎原》征文编辑工作。著有《沂蒙征卒学咏录》。

赴战行前题壁（四首）[①]

1940 年秋，余决计离家参加抗日战争，行前壮怀慷慨，吟成五言绝句四首，题于沂水城西之西泉庄一茅屋壁上。当夜即越墙潜行，直赴沂蒙抗日根据地腹地。闻此举颇为故乡父老称道。岁月悠悠，转眼已半纪，余亦垂垂老矣[②]！然昔时情景，依稀可记，其诗亦大体尚能记诵，间有词句模糊不详者，则度意为之补足。

家园成灰烬[③]，仇恨记心中。
磨得霜刃利，直贯倭奴胸[④]。

祖国好河山，半壁陷敌手[⑤]。
男儿赴国难，何惜少年头！

投笔从戎去[⑥]，临行欲凄怆[⑦]。
英雄气何短，儿女情本长。

辞别沂河水，疆场任纵横。
神州光复日，引吭唱大风[⑧]。

【注释】

①选自张秀岳主编《沂蒙之光诗词选》，山东人民出版社，1998 年版。

②垂垂：渐渐。元耶律楚材《和渔阳赵光祖》诗之二：“十年叹我垂垂老，万里怜君得得来。”

③“家园”句：作者家住沂水城南关大街，有祖宅一片。日军于 1939 年 5 月二次攻占沂水城，纵火焚烧民宅，全家宅舍尽付一炬。

④贯：穿。

⑤半壁：即“半壁江山”，谓国土的一部或大部分。清黄景仁《满江红·吴大

帝庙》词："半壁江山成夜火，一生事业凭春水。"

⑥投笔从戎：指文人从军。典出《后汉书·班超传》："〔班超〕家贫，常为官佣书以供养。久劳苦，尝辍业投笔叹曰：'大丈夫无它志略，犹当效傅介子、张骞立功异域，以取封侯，安能久事笔砚间乎？'"后立功西域，封定远侯。因以"投笔从戎"为弃文就武的典故。

⑦凄怆：悲伤；悲凉。《楚辞·九辩》："中憯恻之凄怆兮，长太息而增欷。"

⑧引吭：拉开嗓子。谓高鸣或高声吟唱。《禽经》："搏则利嘴，鸣则引吭。"大风：指汉高祖的《大风歌》。唐宋之问《奉和幸长安故城未央宫应制》："乐思回斜日，歌词继《大风》。"

记孟良崮战役[①]

七十四师忒骄狂[②]，越众出班逞强梁[③]。
陈粟帷幄巧布阵[④]，两翼穿插破敌防。
左右援军皆隔断，更有奇兵出蒙阳。
合围四面成铁壁，孤军困守在山冈。
孟良崮上枪声急，敌酋授首响岩旁[⑤]。
重点进攻成幻梦，金陵独夫空凄惶[⑥]！

【注释】

①选自张秀岳主编《沂蒙之光诗词选》，山东人民出版社，1998 年版。孟良崮战役：是解放战争期间，陈毅、粟裕指挥华东野战军在沂蒙山区进行的一次大规模运动战和阵地战相结合的重大战役。中国人民解放军华东野战军取得了战役的胜利，国民党整编第七十四师被完全消灭。这一战役，开创了在敌重兵密集并进的态势下，从敌阵线中央割歼其进攻主力的范例，是打破国民党军对山东解放区重点进攻和转变华东战局的关键一战，被陈毅誉为"百万军中取上将首级"。

②忒：太。

③出班：超出次序行列常规。此指出格，异乎寻常。

④帷幄：指天子决策之处或将帅的幕府、军帐。《史记·太史公自序》："运筹帷幄之中，制胜于无形。"

⑤响岩：一种碱性喷出岩。授首：谓投降或被杀。《战国策·秦策四》："秦楚合而为一，以临韩，韩必授首。"鲍彪注："言其服而请诛。"

⑥金陵独夫：指蒋介石。凄惶：悲伤不安。唐元结《问进士二》："若不困顿于林野，必凄惶于道路。"

◎楚　青

楚青，女，1923 年生，江苏扬州人，粟裕大将的夫人。1938 年参加新四军，1939 年加入中国共产党。曾在新四军一师、华中军区、华东野战军、中共济南市委任速记员、秘书、参谋、调研员等职。1952 年起先后在中华全国供销合作总社、商业部任处、厅级领导职务。1970 年调中国人民解放军军事科学院工作。为军委办公厅军职离休干部。

送魂归（二首）[①]

1984 年 5 月

一

四十二年相伴，万千里路送归，沂蒙钟山复武夷，山深一路风兼雨，杜鹃春啼血[②]。

二

常日金戈铁马[③]，此行柏绕松围，层峦叠嶂水回旋，何处不留英雄迹，挥泪北国回[④]。

【注释】

①选自军事科学院编《粟裕纪念文集》，军事科学出版社，2008 年版。此为楚青悼念丈夫粟裕的两首诗。粟裕生前曾有遗愿，死后的骨灰撒到曾经频繁战斗过的东南八省市，和长眠在那里的战友们在一起。沂蒙山区的蒙阴孟良崮革命烈士陵园、临沂华东革命烈士陵园都撒有粟裕的部分骨灰。

②啼血：指杜鹃鸟哀鸣出血或杜鹃哀鸣所出之血。杜鹃鸟口红，春时杜鹃花开即鸣，声甚哀切，古人误传其“夜啼达旦，血渍草木”。唐顾况《子规》诗：“杜宇冤亡积有时，年年啼血动人悲。”

③金戈铁马：指战争，兵事。唐李袭吉《为周晋王贻梁祖书》：“金戈铁马，蹂躏于明时。”

④北国：我国北方地区。宋苏轼《韩维三代妻·曾祖外均燕国公制》：“是用因上公之旧秩，开北国之新封。”

◎王　浩

王浩，1923年生，山东莒南人。1938年参加革命。1940年加入中国共产党。曾任抗大一分校学员、莒南县府警卫连指导员、武装科员、武工队员、《鲁中南报》社秘书科长、材料科长。新中国成立后，先后在山东省工业厅、省人民银行、省农业银行任处级秘书、山东抗大研究会副秘书长。

颂抗大（二首）[①]

1993年3月

一

五十年前展雄风，抗大熔炉丹心红[②]。
桃李芬芳遍华夏，丰功伟业照汗青[③]。

二

抗大精神红似火，革命征途闪金波。
无情岁月催人老，壮志何惧霜鬓多[④]。

【注释】

①选自张秀岳主编《沂蒙之光诗词选》，山东人民出版社，1998年版。抗大：中国人民抗日军事政治大学，简称“抗大”，是在抗日战争时期，由中国共产党创办的培养军事和政治干部的学校。抗日战争时期，各个大的根据地都组建了抗大分校，1939年2月，抗大一分校在晋东南的故县成立，1940年1月，迁至山东沂蒙山区。1941年与滨海师范合并改为滨海建国学院。

②丹心：赤诚的心。三国魏阮籍《咏怀》诗之五一：“丹心失恩泽，重德丧所宜。”

③汗青：借指史册。宋文天祥《过零丁洋》诗：“人生自古谁无死，留取丹心照汗青。”

④霜鬓：白色鬓发。《乐府诗集·清商曲辞一·子夜四时歌日冬歌》：“感时为欢叹，霜鬓不可视。”

思念沂蒙四首[①]

一

沂水泱泱旭日升[②]，蒙山巍巍三巨峰[③]。
当年突围血战紧，今日犹闻炮火声。

二

梦绕思念五五前，鏖战沂蒙大青山[④]。
壮士搏斗敌五万，呐喊震动众山峦。

三

思念沂蒙乡亲容，铲鞋尖苇胸挂绳[⑤]。
糁米煎饼枪背扛，红嫂救军育深情。

四

九三有幸沂蒙行，悼念烈士痛心中。
坟前祭奠忠魂舞，树木花草皆含情。

【注释】

①选自张秀岳主编《沂蒙之光诗词选》，山东人民出版社，1998 年版。

②泱泱：水深广貌。《诗经·小雅·瞻彼洛矣》："瞻彼洛矣，维水泱泱。"毛传："泱泱，深广貌。"宋范仲淹《桐庐郡严先生祠堂记》："云山苍苍，江水泱泱。"

③三巨峰：指蒙山的望海楼（东蒙）、挂心橛子（云蒙）、龟蒙顶。

④"鏖战"句：大青山突围发生于1941 年11 月，是山东沂蒙抗日根据地5.3 万军民反击日军"铁壁合围"大"扫荡"中的一次著名战斗，也是抗日战争时期津浦铁路以东山东敌后战场我方损失最大的一次突围战。

⑤铲鞋：一种山区农民穿的布鞋，鞋底鞋帮都纳得很细致厚实，方头微翘，上有两条前开后合的鞋梁，略像铲形。

敬悼程克烈士[①]

钢骨铜筋斗志坚，咬耳惊敌大青山[②]。
丹心蔼蔼忘生死[③]，泪惜英才活火燃[④]。

【注释】

①选自张秀岳主编《沂蒙之光诗词选》，山东人民出版社，1998年版。程克(1919～1941)：河南光山人。高中毕业后弃笔从戎，奔赴延安。1938年抗大一分校毕业后留任指导员。1941年大青山突围战中，他率一个区队狙击敌人，完成任务撤退时被敌人包围。程克和战士们同敌人展开肉搏，因寡不敌众壮烈牺牲。

②“咬耳”句：1941年冬，5万日寇残酷“扫荡”沂蒙大青山，抗大政治指导员程克与敌肉搏，牺牲时嘴里仍然衔着鬼子带血的耳朵。

③蔼蔼：温和貌。明何景明《立春日作》诗：“蔼蔼春候至，天气和且清。”

④原注：程克被困在燃火的房中英勇牺牲，当地群众目睹，至今传说落泪。

悼念饶杰指导员①

正茂年华赴疆场，铁牛山前战虎狼②。
一盏明灯哀熄灭，忠心赤胆史留芳。

【注释】

①选自张秀岳主编《沂蒙之光诗词选》，山东人民出版社，1998年版。

②原注：1941年夏，抗大于莒南县岭泉“八一”阅兵，国民党五十七军夜袭大店我二团四连。我一连拂晓前于岭泉飞奔大店铁牛山南由增援转进攻战，四连政治指导员饶杰指挥作战英勇献身。莒南县立碑纪念。

◎荀国栋

荀国栋（1923~2010），山西霍县人。1937 年 4 月参加革命，1939 年加入中国共产党。1939 年随抗大一分校赴沂蒙山区，在二大队工作。新中国成立后历任沈阳中捷友谊厂党委副书记、沈阳机电局党组副书记、沈阳市机电工业局局长兼党委书记、沈阳市知识青年工作领导小组副组长、沈阳市计划委员会副主任、沈阳市经委副主任等职务。

沂蒙策反歼日寇小队后记[①]

两山之谷沂水城[②]，战略要地我必争。
黎公策反入虎穴[③]，祚光弃暗投光明[④]。
一九四一年初四，北风雪地枪炮鸣，
歼灭日寇小分队，祚光率团入我营[⑤]。

【注释】

①选自傅泉主编《抗大旗帜在沂蒙大青山飘扬》，中共党史出版社，2005 年版。

②两山：指沂山、蒙山，沂水县城接近两山，是沂蒙山重要战略要地。

③黎公：指黎玉，1941 年任山东纵队政委。策反：在敌对势力或对立派别的内部，秘密鼓动其中的一些人倒戈。

④“祚光”句：黎玉派敌工队长杜家壮打入敌据点，作争取沂水三区区长、自卫团长邢祚光的工作，使其弃暗投明。

⑤原注：正月初四夜鲁中四团作接应，特务二团二营担任打击敌援军任务。由于邢祚光的弃暗投明，他率领民团在据点内击毙日本鬼子一个小队的 20 余人。缴获轻重机枪两挺、步枪 100 余支、汽车一辆、子弹几千发。

临费战役粉碎“治安强化”[①]

沂蒙抗日烽火起，日寇要强化治安。
实行保甲查户口[②]，发放良民证一片。
一九四一年三月，戴营临费捷报传[③]。
首战歼敌一连整，再战摧毁三道线。
攻克一十七据点，八百敌人全被歼。
治安强化计落空，沂蒙鲁南军区联[④]。

【注释】

①选自傅泉主编《抗大旗帜在沂蒙大青山飘扬》，中共党史出版社，2005 年版。

②保甲：旧时统治人民的户籍编制。新中国成立前，保甲之编组以户为单位，户设户长；十户为甲，甲设甲长；十甲为保，保设保长；实行各户互相监视和互相告发的连坐法，以及各项强迫劳役办法。

③戴营：指戴文贤所在营。戴文贤（1914～1985）：江西吉安人。1932 年 8 月加入中国共产党。1937 年任抗大山东分校独立营营长，山东纵队特务二团二营营长，山东军区鲁中九团团长。解放战争时期，任华东野战军八纵二十三师副师长，河南商丘军分区司令员。新中国成立后，任空军广东航空站政委，空军第七预备学校校长等职。1955 年被授大校军衔。

④“沂蒙”句：为粉碎敌人分割蚕食我根据地的阴谋，八路军山东纵队发动了临费战役。临费战役不仅收复了大片被敌人占领的村镇，也使沂蒙山驻鲁南的军区联在了一起。

◎王金城

王金城，1924年生，山东无棣人。1939年参加八路军，次年加入中国共产党。入抗大一分校学习后，曾在沂蒙山区从事宣传和商贸工作。新中国成立后，历任上海市商业局宣传部部长、上海市粮油进出口公司党委书记兼经理。主编《国营商业》报和《上海外贸史话》。著有纪实文学《烽火》、诗集《霞辉》等。

沂蒙之光组诗（七首）①

一、沂蒙山区风光好

奇峰叠嶂摩蓝天②，梯田白云绕山间。
沂蒙山区风光好，革命老区史诗传。

二、罗帅挥戈③

司令政委罗荣桓，主席亲授离延安。
发展山东根据地，立足鲁南沂蒙山。

三、反“扫荡”

全民皆兵反扫荡，政委前只两个班。
挥戈白彦歼敌寇④，抗大突围大青山。

四、梯田医院

梯田挖洞做医院，垒石当门和窗帘。
敌寇搜山无处找，夜送饭药备明天。

五、冰河洗脸

盐作牙粉瓜叶烟⑤，高粱瓜干煎饼甜⑥。
岂畏严冬雪霜寒，打开冰河洗个脸。

六、大生产

根据地里大生产，群英劳模会莒南。
锣鼓喧天丰年庆，军民情同鱼水般。

七、“三查三整”[7]

全国形势大改变，集中沂滨来整编[8]。
准备接管大城市，查整之后尽开颜。

【注释】

①选自张秀岳主编《沂蒙之光诗词选》，山东人民出版社，1998年版。

②叠嶂：重叠的山峰。摩：擦，蹭，接触。

③挥戈：挥动武器，引申为指挥军队。晋慧远《明报应论》：“此则文殊案剑，迹逆而道顺，虽复终日挥戈，措刃无地矣。”

④白彦：旧县名，在山东省南部，今为平邑县白彦镇。

⑤牙粉：在牙膏出现前，牙粉是人们最常用的牙齿清洁剂。古代为了保持口腔的清洁卫生，在使用各种工具揩齿刷牙的同时，还配以各种洁牙剂，最常见的是盐，即牙粉的前身。宋代，出现了“牙粉行”，专门出售中药配制的牙粉，牙粉已经成为社会商品。牙膏与牙粉的区别，主要是形态上的区别，一个是粉状，一个是膏状，其主要的起效成分基本相同。

⑥瓜干：即生地瓜干，用生的地瓜切成片晒干而成。

⑦“三查三整”：1947年12月至1948年秋，根据中共中央的部署，鲁中区各级党组织开展了以“三查”（查阶级、查工作、查斗志）、“三整”（整顿思想，整顿组织，整顿作风）为主要内容的整党运动，后统称“三查三整”。

⑧沂滨：区名，1941年春设立，在今山东省临沭县。1945年9月，沂滨区划归临沂县。

抗大生活杂咏（七首）[1]

一、母校

抗大就是我们家，千万青年涌向它。
方向正确作风好，革命熔炉开红花。

二、流动夜哨

穿林挥汗鸟惊宿，风大浪高夜渡舟。
黑暗险艰终有尽，朝霞美景在前头。

三、驻村春节参军

喧天锣鼓庆丰年，春节参军喜事添。
县长抬轿荣誉送，保家卫国共欣然[2]。

四、驻村分散学习

群众学员鱼水亲，当年都是受穷人。
边区红日光明照[3]，团结齐心护国门。

五、苦练

攀杠爬墙独木桥，刺枪投弹杀声高。
野营拉练工夫就，赴敌请缨气宇豪[4]。

六、阻敌

日伪出动人数千，我只埋伏两个班。
一战歼敌几十个，转移群众得安全。

七、春节

高跷秧歌跑旱船，“兄妹开荒”奏管弦[5]。
军民同看“白毛女”，锣鼓喧天迎新年。

【注释】

①选自张秀岳主编《沂蒙之光诗词选》，山东人民出版社，1998 年版。

②欣然：喜悦貌。《史记·吕太后本纪》：“上有欢心以安百姓，百姓欣然以事其上，欢欣交通而天下治。”

③边区：我国民主革命时期，共产党领导的革命政权在几个省接连的边缘地带建立的根据地，如陕甘宁边区、晋察冀边区等。朱德《步董必武同志原韵》：“历年征战未离鞍，赢得边区老少安。”

④请缨：请求交给杀敌任务；自请从军报国。典出《汉书·终军传》：“南越与汉和亲，乃遣军使南越，说其王，欲令入朝，比内诸侯。军自请：‘愿受长缨，必羁南越王而致之阙下。’”

⑤兄妹开荒：秧歌剧剧名。原名《王小二开荒》，王大化、李波、路由、安波等创作。采用秧歌的形式反映解放区大生产运动，摒弃了旧秧歌中常有的丑角以及男女调情的成分，代之以新型的农民形象和欢乐的劳动场面。1943 年由鲁迅艺术学院秧歌队演出。

◎杨鸣皋

杨鸣皋（1924～1974），山东兰陵人。高小毕业后在家务农。1939年加入中国共产党，同年参加八路军，历任文书、文化干事、副政治指导员、政治指导员，滨北独立一团三营副政治教导员、政治教导员，胶东军区新五师十三团政治处副主任，陆军第三十二军九十五师二八三团政治处主任，武汉空军政治部直工部主任等职。

抒 怀①

兵荒马乱避征扰②，国破苟安心内焦③。
手挖野菜和根煮，斧砍鲜柴带叶烧。
倭奴侵华蛇吞象④，众志成城国可保。

【注释】

①选自山东省民政厅编《山东革命烈士诗词选》，天津人民出版社，1994年版。这首诗是日寇铁蹄踏进作者家乡后，杨鸣皋随乡亲们上山避难时写下的。原诗无题，为注释者所加。

②兵荒马乱：形容战时动荡不安的景象。元无名氏《梧桐叶》第四折："不然，那兵荒马乱，定然遭驱被掳。"

③苟安：苟且偷安。《后汉书·西羌传》："朝议惮兵力之损，情存苟安。"

④倭奴：指日本侵略者。蛇吞象：形容贪婪之甚。典出《山海经·海内南经》："巴蛇食象，三岁而出其骨。"

赠赵自德①

1950年春

自古征战多殒伤②，君今复苏堪笑慰。
从兹驰骋各南北③，愿存友谊两相随。

【注释】

①选自山东省民政厅编《山东革命烈士诗词选》，天津人民出版社，1994年版。1950年春，部队南下福建剿匪前夕，杨鸣皋派人到医院看望伤病员，给住院的战友赵自德捎去一封信，信的末尾写着这首诗。赵自德，作者的战友。原诗无题，为注释者所加。

②殒伤：犹死伤。

③从兹：犹从此。唐杜甫《为农》诗："卜宅从兹老，为农去国赊。"

◎曾昭明

曾昭明（1924～1987），山东蓬莱人，1940年10月入伍，1941年10月加入中国共产党。1942年初到鲁南费滕边区开展工作，曾任八路军一一五师民运工作队队员，山东野战军第八师敌工干事、二十三团敌工股长、洛阳营指导员，南京政治学校政治部副主任、学校顾问等职。

驱日寇志不移①

1942年

披星戴月青石卧，餐风饮露草充饥。
蓑衣斗篷度仲夏②，羊毛代棉做冬衣③。
疥虱遍身无为痒④，赤足徒步有何奇。
艰苦困难脚下踩，誓驱日寇志不移。

【注释】

①选自中共枣庄市委党史办公室编《风烟之歌——枣庄革命诗歌选》，中国矿业大学出版社，1993年版。

②蓑衣：用蓑草编织成厚厚的像衣服一样能穿在身上用以遮雨的雨具，铺在地上亦可以当小的草苫子用。斗篷：方言。斗笠。

③“羊毛”句：曾昭明《我的戎马生涯》曰：“在学校（指抗大）发的棉军装，是鲁南土布，像麻袋片似的。里面不是棉花，而是没经加工的山羊毛。羊毛硬硬直直的，刺得皮肤发痒，穿在身上很不舒服……羊毛代作棉絮还有一个坏处，就是引线容易断，线断之后羊毛就从上边掉到下边，像个绵羊尾巴似的。”

④“疥虱”句：曾昭明《我的戎马生涯》曰：“因没有被子得穿着衣服睡觉，很快就生了一身虱子，当时称为革命虫。因为大家睡的是通铺，所有学员都生了虱子。浑身上下白天晚上都发痒，也说不清是虱子咬还是羊毛扎。学员们午饭后便在太阳底下捉虱子，脱下棉衣一看，衣缝里密密麻麻的虱子卵，虱子都钻在羊毛里，捉也不好捉，徒叹奈何。”疥：一种传染性皮肤病，非常刺痒，是疥虫寄生而引起的。通常称“疥疮”，亦称“疥癣”。

◎杨一山

杨一山（1924～2004），字艮之，山东泰安人。中纪委离休干部。战争年代曾在沂蒙山区战斗、工作过，1945年任中共徂阳区委书记。离休后曾任中华诗词学会会员、观园诗社副社长。

律绝三首[①]

一

文韬武略世称奇[②]，革命忠贞忘我私。
三唱梅岭慷慨调[③]，一歌东进激昂词[④]。
战功显赫挥戈日，政绩辉煌外长时。
怒斥逆林豪气壮[⑤]，青松雪压岂弯枝[⑥]。

二

陈总当年战日顽，临危受命挽狂澜[⑦]。
七师扩建哀兵胜[⑧]，灭蒋降倭百姓欢。

三

九域争歌红叶赞[⑨]，幽兰诗句万家传[⑩]。
谆谆语重莫伸手[⑪]，陈帅遗诗堪细研。

【注释】

①选自沙地主编《纪念陈毅诗词选》，中国青年出版社，1995年版。这三首诗歌颂了陈毅元帅的丰功伟绩、耿介性格和诗词创作成就。

②文韬武略：韬，指《六韬》，古代兵书，内容分文、武、龙、虎、豹、犬六韬；略，指《三略》，古代兵书，凡三卷。比喻用兵的谋略。《水浒传》第四七回：“你便有文韬武略，怎逃出地网天罗。”

③梅岭：指《梅岭三章》，是1936年冬天陈毅在梅岭被国民党四十六师围困时写下的三首诗。

④一歌东进：指陈毅作词、任士德谱曲的《新四军军歌》，歌词的中心句为“东进，东进！我们是铁的新四军！”

⑤怒斥逆林："文化大革命"初期，陈毅曾不点名地怒斥林彪说："中国现在又有人把毛主席捧得这样高！毛主席的威望国内外都知道嘛，不需要这样捧嘛！我看哪，历史惊人地相似，他不当叛徒我不姓陈！"见彭建冬编著《十大元帅轶事》，中共党史出版社，2004年版，第219页。

⑥"青松"句：指陈毅《青松》诗："大雪压青松，青松挺且直。要知松高洁，待到雪化时。"

⑦临危受命：谓在危难之际接受任命。语本三国蜀诸葛亮《前出师表》："受任于败军之际，奉命于危难之间。"

⑧哀兵：带有悲愤情绪的军队。后也借指带有悲愤情绪的人。

⑨九域：九州。《文选·潘勖〈册魏公九锡文〉》："绥爰九域，罔不率俾。"李善注："薛君曰：九域，九州也。"晋陶潜《赠羊长史》诗："九域甫已一，逝将理舟舆。"红叶：指陈毅诗《题西山红叶》。

⑩幽兰：指陈毅《幽兰》诗："幽兰在山谷，本自无人识。只为馨香重，求者遍山隅。"

⑪谆谆：反复告诫貌。《诗经·大雅·抑》："诲尔谆谆，听我藐藐。"朱熹集传："谆谆，详熟也。"莫伸手：陈毅有组诗《感事书怀》之四《手莫伸》，振聋发聩的警句是"手莫伸，伸手必被捉"。

沁园春·《中共沂蒙党史大事记》读后[①]

魂绕沂蒙，万千往事，奔上心头。忆硝烟岁月，金戈铁马，南征北战，风雨急稠。上下同心，军民戮力[②]，卫国保家杀寇仇。有多少，英雄儿女，血染荒丘！

山高崮险鬼愁，显身手我军竞风流。吉山战斗[③]，孟良炮火[④]，日倭丧胆，蒋军毙酋。红嫂王妈[⑤]，敏山秀海[⑥]，生产支前勋罕俦[⑦]。光荣史，要子孙牢记，万代千秋！

【注释】

①选自张秀岳主编《沂蒙之光诗词选》，山东人民出版社，1998年版。

②戮力：勉力；并力。戮，通"勠"。《尚书·汤诰》："聿求元圣，与之戮力，以与尔有众请命。"孔颖达疏："戮力，犹勉力也。"

③吉山战斗：吉山，村庄名，在山东省莱芜市的茶业口镇。1942年，在吉山村村东发生了著名的吉山战斗。日伪军包围了原泰山军分区教导队，在激战中，我军有263人壮烈牺牲，鲁中军区第一军分区政委汪洋牺牲。

④孟良炮火：指1947年5月我全歼蒋军王牌整编七十四师之孟良崮战役。是役，蒋七十四师师长张灵甫被我击毙。

⑤红嫂王妈：指"沂蒙红嫂"明德英和"沂蒙母亲"王换于。

⑥敏山秀海：即"民兵英雄"徐敏山、"一级战斗英雄"张秀海，两人均为民兵队长，骁勇善战，机智勇敢，使敌人闻风丧胆，多次受到山东军区、鲁中军区通

令嘉奖，是沂蒙山地区妇孺皆知的传奇式的人物。

⑦罕俦：少可相比。《南齐书·王思远传》：“陛下矜遇之厚，古今罕俦。”罕：稀少。俦：相比。

忆沂蒙地区支前司令部[①]

蒋军压境势猖狂，沂水蒙山遭祸殃。
上下同心驱虎豹，军民合力打豺狼。
壮青外出抬担架，妇老在家磨军粮。
报道前方得胜利，千家万户喜洋洋。

【注释】

①选自张秀岳主编《沂蒙之光诗词选》，山东人民出版社，1998年版。解放战争期间，沂蒙地委提出“倾家荡产，支援前线”的口号，组成沂蒙地区支前司令部，发动群众出担架、送军粮、做军鞋。当时作者在支前司令部负责办《支前快报》，曾参加孟良崮战役，听闻许多民工的模范事迹，深受教育。

◎张伟强

张伟强（1924～2010），女，山东临朐人。1938年参加革命，1940年加入中国共产党。曾任八路军山东纵队一支队宣传员，抗大一分校女生队学员，山东省姊妹剧团、山东军区文工团、实验剧团演出股股长，《山东文化》《文化翻身》《群众文化》记者、编辑。新中国成立后，历任上海市出版科长、宣传部长，市总工会副主席，上海工业大学、电视大学副校长，上海抗大研究会副秘书长。

颂姊妹剧团（二首）[①]

一

沂蒙山中一枝花，豆蔻年华十七八[②]，
唱歌跳舞为抗日，飒爽英姿是女娃[③]。
走门串户做宣传，大娘大嫂啦啦呱：
抗日战争要参加，没有祖国哪有家？

二

男人扛枪上前方，妇女托起半边天。
运送军粮救伤员，孝敬父母帮种田。
红花献给英雄戴，庆祝胜利合永欢。
茁壮成长好女儿，姊妹剧团谱新篇。

【注释】

①选自张秀岳主编《沂蒙之光诗词选》，山东人民出版社，1998年版。姊妹剧团：为开展敌后妇女工作，在山东分局书记朱瑞的倡导支持下，于1940年建立了“姊妹剧团”，共21人，团员大都是十七八岁的小姑娘，在团长辛锐、指导员甄磊的带领下，活跃在沂蒙、滨海、鲁南一带，开展文艺宣传工作，深受广大人民群众尤其是妇女群众的欢迎。

②豆蔻：又名草果。多年生草本植物，高丈许，秋季结实，种子可入药，产岭南。诗文中常用以比喻少女。唐杜牧《赠别》诗：“娉娉袅袅十三余，豆蔻梢头二月初。”

③飒爽英姿：形容英俊威武、精神焕发的样子。唐杜甫《丹青引赠曹将军霸》：“褒公鄂公毛发动，英姿飒爽来酣战。”

◎李　芬

李芬，1924年生，山东郯城人。1942年参加革命，1944年加入中国共产党。曾任费县县委宣传部长、临沂地直机关党委书记、政策研究室主任、地区科协主席、科委副主任、行署办公室副主任等职。曾任临沂诗词学会副会长、银雀诗社社长、临沂老年大学副校长。主编《琅琊乡音》《银雀诗集》《银雀诗词选》《易学通讯》等书刊。

反“扫荡”[1]

1944年秋

坚壁清野反扫荡[2]，擦枪磨刀备战忙。
老弱转移山里去，民兵进入青纱帐。
鬼子盲目胡乱闯，马无草料人无粮。
扑空急得团团转，突然脚下地雷响。
枪声四处不见人，大炮只好朝天放。
死尸丢下一大堆，抱头鼠窜哭天皇[3]。

【注释】

①选自李兴河主编《沂蒙当代诗词选》，黄河出版社，2001年版。

②坚壁清野：指采用使敌人攻不下据点又得不到任何东西的措施，是一种对付优势敌人入侵而困死、饿死敌人的作战方法。

③天皇：日本国君主的称号，日本国家元首和国家的象征。天皇作为日本名义上的最高统治者的称号，源于中国道教。

鲁南战役全歼敌快速纵队纪实[1]

鲁南前线炮声隆，快速纵队恣横行[2]。
飞机俯冲拉长笛，炮弹看点黑雾浓。
英雄自有猛虎胆，豪杰岂惧小爬虫。
运筹帷幄赖砥柱[3]，克敌制胜有雄兵。
天时地利人和俱，战斗正酣大雨倾。
空中优势难施展，装甲坦克陷泥泞。
健儿横刀跃战马，军号长鸣划苍穹[4]。

多行不义必自毙[5]，全歼蒋军震金陵。

【注释】

①选自李兴河主编《沂蒙当代诗词选》，黄河出版社，2001年版。

②恣：放纵，无拘束。

③砥柱：比喻能负重任、支危局的人或力量。宋陈亮《〈三国纪年〉序》：“《春秋》，事几之衡石、世变之砥柱也。”

④苍穹：苍天。《梁书·邵陵王纶传》：“唯应剖心尝胆，泣血枕戈，感誓苍穹，凭灵宗祀，昼谋夕计，共思匡复。”

⑤多行不义必自毙：指经常干坏事的人必然自取灭亡。《左传·隐公元年》：“多行不义必自毙，子姑待之。”

收复临沂（二首）[1]

1948年秋

一

临沂自古战略地，祊涑沂水绕城阙[2]。
鲁南要冲一重镇，金城汤池称锁钥[3]。
蒋匪自恃处地利[4]，万民遭殃失人和。
济南解放大局转，不战而逃惊弓雀。

二

接管王匪洪九司令部[5]

敌人逃窜多狼狈，密件狼藉满地飞[6]。
城门钥匙壁间挂，办公用具乱成堆。
青天白日落地下[7]，女人裙带飘窗帷[8]。
昔日气焰今烟消，墙上空余标语吹。

【注释】

①选自李兴河主编《沂蒙当代诗词选》，黄河出版社，2001年版。

②祊：即祊河，是费县主要干河，属沂河水系一级支流。发源于山东省平邑县白彦镇的大筐崮（今名太皇崮），流经山东省费县、临沂市兰山区，在临沂城北汇入沂河。涑：即涑河，明代嘉靖年间为引涑水入济护城河而开凿的一条人工河道，属季节性河道，是临沂城区6大河流之中唯一东西流向、横贯城区的河流。城阙：都城，京城。汉张衡《东京赋》：“肃肃习习，隐隐辚辚，殿未出乎城阙，旆已返乎郊畛。”此指临沂城。

③金城汤池：金属造的城，沸水流淌的护城河。形容城池险固。《汉书·蒯通传》："必将婴城固守，皆为金城汤池，不可攻也。"颜师古注："金以喻坚，汤喻沸热不可近。"锁钥：喻军事重镇；出入要道。宋王君玉《国老谈苑》："准曰：'主上以朝廷无事，北门锁钥，非准不可。'"

④自恃：自负。《吕氏春秋·本味》："士有孤而自恃，人主奋而好独者，则名号必废熄，社稷必危殆。"

⑤王洪九（1906～1979）：山东临沂人。七七事变后任临费边境联庄会会长，曾开展过一些抗日活动，打击过进犯徐州的日军。自1939年起，他积极反共，制造摩擦，捕杀抗日军民。1945年5月任山东第三区行政督察专员兼保安司令。1947年春，一度亡命在外地的王洪九随国民党主力返回临沂，在一年半多的时间内，即屠杀革命干群6000余人。新中国成立后逃往台湾。

⑥狼藉：纵横散乱貌。《史记·滑稽列传》："日暮酒阑，合尊促坐，男女同席，履舄交错，杯盘狼藉。"

⑦青天白日：指国民党党旗。

⑧窗帷：同"窗帏"。窗上遮阳挡风的帘幕。北魏贾思勰《齐民要术·种桑柘》："每饲蚕，卷窗帏，饲讫还下。"帷：围在四周的帐幕。

坚持边沿斗争[①]

羽信飞传万火急[②]，日寇偷袭我边邑[③]。
吉利埠村不吉利[④]，黄金斗村烈火起[⑤]。
牛羊鸡鸭遭抢劫，裙布钗荆被凌欺[⑥]。
百里驰援驱日寇，军民携手筑铁篱。

【注释】

①选自李兴河主编《沂蒙当代诗词选》，黄河出版社，2001年版。

②羽信：即羽书，军中书信。

③边邑：边境城市。此指根据地边缘的城市。邑：县城。

④吉利埠村：始称"系驴埠"，是山东省临沭县蛟龙镇一个人口大村。

⑤黄金斗村：在山东省临沭县蛟龙镇。据说建村时，有人在此盘窑烧砖瓦，生意兴隆，日进斗金，故得名"黄金斗"。现改名为黄金沟。

⑥裙布钗荆：荆枝为钗，粗布为裙。形容妇女装束简陋寒素。明高明《琵琶记·散发归林》："夫人是香闺绣阁之名姝，奴家是裙布钗荆之贫妇。"

悼念艾山区委副书记李明嵩同志[①]

1948 秋

霸匪还乡面狰狞[②]，白色恐怖罩沂蒙。
土地还家欢未已[③]，人民又陷灾难中。
义不容辞潜敌区[④]，联系群众致党情。
叛徒告密搏斗死，噩耗传来尽吞声[⑤]。

【注释】

①选自张秀岳主编《沂蒙之光诗词选》，山东人民出版社，1998 年版。艾山区：在山东省沂南县。李明嵩，中共艾山区委副书记。1947 年 5 月孟良崮战役胜利后，国民党军队疯狂反扑，实施鲁南大合击。“六九大突围”前，区委研究决定，李明嵩等同志留下，坚持地下斗争。由于叛徒出卖，李明嵩等同志被敌人包围，他在打完最后一颗子弹后壮烈牺牲。

②狰狞：凶恶。指性情、行为或状貌十分可怕。元杨梓《豫让吞炭》第二折：“往常你统着兵车百乘，如今却落不的折箭半茎，却甚不动刀枪自太平。你也忒跛扈，忒狰狞。”

③未已：不止；未毕。《诗经·秦风·蒹葭》：“蒹葭采采，白露未已。”

④义不容辞：道义上不容推辞。《三国演义》第五八回：“可差人往鲁子敬处，教急发书到荆州，使玄德同力拒曹……玄德既为东吴之婿，亦义不容辞。”

⑤噩耗：凶信。多指人死的消息。清赵翼《哭蒋立崖之讣》诗：“噩耗传来梦亦惊，寝门为位泪泉倾。”吞声：无声地悲泣。唐杜甫《哀江头》诗：“少陵野老吞声哭，春日潜行曲江曲。”

◎杜德明

杜德明，1924 年生，山东郯城人。1945 年入伍，同年入党。曾任县委组织部长，临沂地区粮食局长、地区纪委副书记等职。临沂诗词学会会员、银雀诗社社员。

忆南下战友[1]

马陵挂剑送君行[2]，激昂慷慨依依情。
征衣未解赴闽浙[3]，为救黎民水火中[4]。

【注释】

①选自张秀岳主编《沂蒙之光诗词选》，山东人民出版社，1998 年版。

②挂剑：区名，1941 年春设立，归山东省郯城县。

③征衣：出征将士之衣。唐赵嘏《送李裴评事》诗：“入夜笳声含白发，报秋榆叶落征衣。”

④黎民：民众，百姓。《尚书·尧典》：“黎民于变时雍。”孔传：“黎，众。”

◎张　明

张明（1925～2001），山东邹平人。1938年参加八路军，1940年加入中国共产党。曾任鲁南军区八师、华东野战军第三纵队连指导员、营副教导员、营长。参加了宿北、鲁南、孟良崮、洛阳、济南、淮海、渡江等战役。获乙等战斗英雄、甲等战斗英雄、“洛阳营”营长、华东一级人民英雄称号。1950年出席全国英模代表大会。新中国成立后，历任解放军团长、师长，南京军区副参谋长、军政委、军长，南京军区副司令员，中共南京军区纪委书记。1988年被授予中将军衔。著有《钢枪铁笔录》《洛阳营》等。

忆歼灭“快速纵队”①

1998年夏

快速纵队骄横飞，一字长蛇钻袋中。
利剑猛刺敌心脏，泥汁湖陷度铁堆。
漏网师长马励武，峄城当了俘虏兵②。
美械装备全缴获，华野从此建特纵③。

【注释】

①选自张秀岳主编《沂蒙之光诗词选》，山东人民出版社，1998年版。

②“漏网”二句：1947年1月2日，山东野战军集中优势兵力，向固守峄县的马励武的整编第二十六师发动进攻，马励武率部负隅顽抗。10日，华东野战军攻克峄县，马励武被俘。

③特纵：中国人民解放军各野战军“特种兵纵队”的简称。

◎尹作让

尹作让，1925 年生，山东沂南人。1941 年加入中国共产党。抗日战争时期曾任沂南县张庄区委书记、沂南县公安局长。1948 年南下，历任浙江省临安县委书记、县长，嘉兴地委秘书长，在湖州市委离休。

边联颂（四首）[①]

——为纪念抗战胜利暨边联县完成历史任务50周年而作

1995 年 10 月

一

救国战生县边联，赴汤蹈火历五年[②]。
抗战潮涌首尾高，经霜盛花不畏寒。

二

三七七七卢沟桥[③]，四五亿人浩劫遭。
民族团结齐救国，敌后游击起高潮。

三

三县边联沂蒙保，人民战争把敌包。
扫荡蚕食被粉碎，军民越战越活跃。

四

两路三河四通道，人地文武古今茂。
五载边联光辉史，驱暗争明又一朝。

【注释】

①选自张秀岳主编《沂蒙之光诗词选》，山东人民出版社，1998 年版。边联是指沂（水）临（沂）费（县）三县边联。1940 年 6 月，山东分局决定建立边联县委，坚持抗日战争，成为沂蒙根据地的南大门。1945 年 9 月日本投降后，边联县撤销。历时共五年。

②赴汤蹈火：敢于投入沸水，跳进烈火。比喻不避艰险。

③三七七七：指 1937 年 7 月 7 日的卢沟桥事变。

◎袁　超

袁超（1925～2014），山东沂南人。1938年参加革命，曾任区儿童团长，抗大一分校文工团团员、指导员、教导员、县公安局长，淄博市人大常委会副秘书长，淄博市农委顾问。抗日战争中，长期战斗在沂蒙山区。在临沭县进行减租减息工作中，曾为《大众日报》《农民报》写过文章。离休后，撰写回忆文章十万余字。是抗大研究会淄博市联络员。

忆抗日战争中的故乡——沂蒙山[①]

硝烟弥漫天昏暗，日寇铁蹄踏家园。
中共领导群奋起，前仆后继战敌顽[②]。
抗日战争狂风卷，沂蒙人民战敌欢。
长缨在手纵横战[③]，八路健儿凯歌旋。
蒙山顶上插红旗，庆祝会在沂河边。
男女老少来慰问，军民欢呼冲云端。
蒙山挺秀沂水甜，齐鲁大地红旗展。
转战沂蒙整八载，倭败我胜笑开颜。
工农青妇文武儿[④]，齐心协力情谊牵。
送子送夫到前线，胜利到来全民欢。

【注释】

①选自张秀岳主编《沂蒙之光诗词选》，山东人民出版社，1998年版。

②前仆后继：唐孙樵《祭梓潼神君文》：“跛马愊僕，前仆后踣。”本指前后倒仆，难以前进。后以“前仆后继”谓前面的倒下了，后面的紧跟上来。形容连续不断地英勇斗争。清秋瑾《吊吴烈士樾》诗：“前仆后继人应在，如君不愧轩辕孙。”

③长缨：指捕缚敌人的长绳。《汉书·终军传》：“军自请：‘愿受长缨，必羁南越王而致之阙下。’”

④文武儿：指文化界、人武部、儿童团。

◎迟浩谦

迟浩谦，1925 年生，山东招远人。原军委副主席兼国防部长迟浩田的胞兄。1937 年参加中华民族解放先锋队，1939 年加入中国共产党，1940 年入抗大一分校学习。历任战士、班长、排长、股长、秘书等职务，曾参加过沂蒙山区的反“扫荡”战斗。抗日战争时期被评为模范，解放战争时期立过三次大功。新中国成立后曾任北海舰队军务处处长。

浣溪沙·沂蒙丰碑[①]

1997 年 5 月 16 日于蒙阴

阔别沂蒙五四年，孟良崮喜登巅[②]。极目联翩烽火瀼[③]，民支前。
乳哺英雄千百万，英雄魂忠骨壮河山。革命丰碑巍屹立，舜尧天[④]。

【注释】

①选自张秀岳主编《沂蒙之光诗词选》，山东人民出版社，1998 年版。摊破浣溪沙：词牌名。“浣溪沙”之别体，上下片各增三字，移其韵于结句。双调，四十八字，上片四句三平韵，下片四句两平韵。作者原注：1997 年 5 月 16 日，我有幸旧地重游，回到阔别 54 年的沂蒙老区，带着年老多病的身体，想着当年攻打孟良崮勇士们的英雄气概，一鼓作气登上孟良崮之巅。仰望直刺蓝天的纪念塔，俯视张灵甫毙命的山洞，再回头远望沂水蒙山，心潮澎湃，流连忘返。仿佛听见两军厮杀、炮火连天的响声，又好像看到沂蒙人民全力支前的情景。

②巅：山顶。

③极目：纵目，用尽目力远望。汉王粲《登楼赋》：“平原远而极目兮，蔽荆山之高岑。”联翩：形容连续不断。汉张衡《思玄赋》：“缤联翩兮纷暗暧。”瀼：多。

④舜尧天：即“舜日尧天”，指尧舜时代，泛指太平盛世。清钱彩《说岳全传》第一回：“尧天舜日庆三多，鼓腹含哺遍地歌。”

沂水蒙山（二首）[①]

1997 年 8 月于青岛

一

沂蒙儿女志冲天，鱼水军民斗敌顽。
漫卷红旗华夏灿[②]，英雄业绩史诗篇。

二

汹涌新潮沂水欢，蒙山旧貌换新颜。
军民红嫂同心曲，再创辉煌千古传。

【注释】

①选自张秀岳主编《沂蒙之光诗词选》，山东人民出版社，1998年版。

②漫卷：随风翻卷。毛泽东《清平乐·六盘山》词：“六盘山上高峰，红旗漫卷西风。”

◎王成义

王成义，1925 年生，山东沂水人。1940 年入伍，1948 年入党。历任副县长、临沂地区物资局局长等职。临沂诗词学会会员、银雀诗社社员。

重游抗战时期《前卫》报社故址天水栈①

昔日硝烟罩沂蒙，血染河山寇势汹。
英雄儿女齐奋起，艰苦卓绝猎豺熊②。
《前卫》天水出战报，鼓励抗敌建伟功。
五十年后游故地，相识依稀话和平③。

【注释】

①选自李兴河主编《沂蒙当代诗词选》，黄河出版社，2001 年版。《前卫》报社：1940 年 11 月，根据中共山东分局书记、八路军第一纵队政委朱瑞提议，山东纵队决定由政治部创办《前卫》报，为纵队军政委员会机关报。7 日，《前卫》在沂南创刊。1942 年 8 月，《前卫》成为鲁中军区机关报。天水栈：村庄名，在山东省临沂市沂南县孙祖镇。《前卫》报社印刷厂设在天水栈村，于瑞光任厂长。

②艰苦卓绝：极端的艰难困苦。

③依稀：隐约；不清晰。南朝宋谢灵运《行田登海口盘屿山》诗："依稀采菱歌，仿佛含嚬容。"

◎李治亭

李治亭，1926 年生，山东博山人。1940 年参加八路军鲁中第四支队。1943 年加入中国共产党。曾任连队指导员、记者、编辑、宣传干事，报社编辑主任、总编辑。参加了鲁中反“扫荡”及莱芜、孟良崮、沙土集、淮海、渡江等重大战役。新中国成立后，历任宣传科长，济南军区政治部办公室主任、报社社长，二十六军副政委，青岛警备区政委，济南军区调研员。

沂蒙反“扫荡”①

倾巢扫荡出敌军，狼虎何能胜猎人？
万丛青纱藏铁马，千村暗道罩烟尘。
天地罗网早布阵，倭奴山间变游魂②。
兽性三光惨人寰③，此恨绵绵岂可吞！
草木皆兵狂飙起④，侵华美梦葬于坟。
英雄碧血开新宇⑤，中华崛起九州春。

【注释】

①选自张秀岳主编《沂蒙之光诗词选》，山东人民出版社，1998 年版。1942 年，日伪军组织几万人，对我鲁中根据地进行疯狂的大“扫荡”，我军民英勇抵抗，巧妙地进行反击，取得重大胜利。

②倭奴：对日本侵略者的蔑称。明沈德符《野获编·日本》：“谓之妒功生事则可；其恨之者至云党倭奴以坏战局。”

③人寰：人间；人世。南朝宋鲍照《舞鹤赋》：“去帝乡之岑寂，归人寰之喧卑。”

④狂飙：急骤的暴风。晋陆云《南郊赋》：“狂飙起而妄骇，行云霭而芊眠。”

⑤碧血：《庄子·外物》：“苌弘死于蜀，藏其血，三年而化为碧。”后因以“碧血”称忠臣烈士所流之血。

无人区惨像①

鲁中山区敌边缘，烧伤掳掠绝人寰。
老叟吊死大树上②，妇女剖腹亡床边。
壮年活埋千人冢③，儿童当靶子弹穿。

鸡犬无声人灭迹，狼崽打窝屋内眠。
荒凉蒿莱草没颈[④]，群鸟孵蛋碾磨间。
门窗布满蜘蛛网，破壁残垣断炊烟。
凄凉阴森如地狱，尸骨遍野毛悚然[⑤]。
忆昔敌寇侵略事，义愤填膺发冲冠[⑥]。

【注释】

①选自张秀岳主编《沂蒙之光诗词选》，山东人民出版社，1998 年版。1943 年，日军在鲁中临朐、博山、沂源边缘地区制造了惨绝人寰的无人区，作者当时任副指导员的一个连队驻防此地，亲眼目睹了这一景象。

②老叟：年老的男人。

③冢：坟墓。

④蒿莱：野草；杂草。《韩诗外传》卷一：“原宪居鲁，环堵之室，茨以蒿莱。”

⑤毛悚然：即“毛骨悚然”，身上汗毛竖起，脊梁骨发冷，极言吃惊和恐惧。《三国演义》第二二回：“左右将此檄传进，操见之，毛骨悚然，出了一身冷汗。”

⑥义愤填膺：由正义而激发的愤怒充满心胸。清余怀《板桥杂记·丽品》：“余时义愤填膺，作檄讨罪。”冲冠：谓头发上指把帽子冲起，形容极为愤怒。语出《史记·廉颇蔺相如列传》：“相如因持璧却立，倚柱，怒发上冲冠。”

◎陈淑伦

陈淑伦，1926年生，山东莒县人。1944年参加革命，1945年加入中国共产党。曾任区抗日青救会委员，郯城县分区委书记、县委组织部部长，费县县委副书记。新中国成立后，历任山东省农业厅畜牧局副局长、国家水利部黄委会山东黄河河务局处长等职。

忆沂蒙山间小路[①]

沂蒙山间的小路，
革命者足迹密布，
纵横在山岭多有趣。
沿路烈火燃
焚敌于穷途[②]。
沂蒙山间的小路，
信息往来常寻呼。
“鸡毛火促”不停步[③]。
报警信号响，
集兵如神速。
沂蒙山间的小路，
愚公生财来往渡。
“支前”车薪天涯处。
春花似彩云，
秋实遍山峪。
沂蒙山间的小路，
胜利捷报呼飞舞。
路边洒满欢乐音符。
阔步跟党走，
歌声荡幽谷。

【注释】

①选自张秀岳主编《沂蒙之光诗词选》，山东人民出版社，1998年版。

②穷途：绝路。比喻处于极为困苦的境地。南朝宋鲍照《代昇天行》：“穷途悔短计，晚志重长生。”

③鸡毛火促：临沂方言。犹急忙火促。

◎冯文镐

冯文镐，1926年生，山东荣成人。1949年参加工作，1952年入党。历任财务科副科长、科长秘书等职。1974年从省直机关调来临沂地区工作，任中共临沂地委副秘书长兼地委研究室主任。兼任临沂诗词学会会长、银雀诗社副社长、《银雀诗集》副主编、临沂老年书画研究会常务副会长、临沂市书法家协会副主席、临沂书画函授大学副校长等职。

访《大众日报》社当年驻地房东刘老妈[1]

满头银丝七秩多[2]，相见如故话蹉跎[3]。
三句不离多谢党，感情真挚出心窝。
当年报社曾驻此，鱼水情谊比嵯峨[4]。
别绪依依握双手[5]，心潮伏起逐逝波。

【注释】

①选自李兴河主编《沂蒙当代诗词选》，黄河出版社，2001年版。

②秩：十年。

③蹉跎：失意；虚度光阴。南朝齐谢朓《和王长史卧病》："日与岁眇邈，归恨积蹉跎。"此指岁月坎坷。

④嵯峨：山高峻貌。《楚辞·淮南小山〈招隐士〉》："山气巃嵸兮石嵯峨，溪谷崭岩兮水曾波。"王逸注："嵯峨嶻嶭，峻蔽日也。"

⑤别绪：离别的情思。唐骆宾王《饯骆四得钟字》诗："曲终惊别绪，醉里失愁容。"

◎胡建隆

胡建隆（1926～2002），山东临沂人。1941 年参加革命，1944 年入党。曾任区委书记，费县、沂水县委副书记，莒县、临沂县委书记，临沂地委常委兼日照县委书记，临沂地委常委、纪律检查委员会书记等职。是中共十二大代表。曾任临沂诗词学会会长、银雀诗社顾问。

悼念革命烈士[①]

面对强虏气凛然[②]，身经险境只等闲[③]。
跨沂穿蒙七二崮[④]，越壑飞涧卷巨澜。
赤胆挺身杀敌寇，百战红缨施铁拳。
甘为革命洒热血，英雄业绩青史传。

【注释】

①选自李兴河主编《沂蒙当代诗词选》，黄河出版社，2001 年版。

②凛然：严肃；令人敬畏的样子。《孔子家语·致思》：“夫子凛然曰：‘美哉德也！’”

③等闲：寻常；平常。唐贾岛《古意》诗：“志士终夜心，良马白日足。俱为不等闲，谁是知音目。”

④七二崮：指蒙山七十二崮。崮是由于地壳运动和地层断裂而形成的地理现象，它的基本特征是四壁陡峭而顶部平坦。这种地貌世界少见，但是在沂蒙山区却不新鲜。沂蒙七十二崮，或雄奇，或秀美，颇有神工鬼斧之妙。在中国革命历史上，沂蒙崮做出了不可磨灭的贡献。著名的孟良崮战役、岱崮保卫战、抱犊崮战斗、龙须崮暴动等都在这里发生。

◎宫家和

宫家和，1927年生，山东沂水人。1942年入伍，1944年11月加入中国共产党。历任山东沂水县区长和子弟兵团营长。1949年12月，随中国人民解放军西南服务团第五支队到达重庆。到重庆后任涪陵县区委书记、区长。后任南川县委副书记、书记，涪陵地委副书记、副专员，涪陵地区政协工委主任，国务院三峡水利工程论证领导小组移民专家，三峡建设委员会移民局巡视员。享受副省级待遇。

忆孟良崮战役①

三十七年重登山②，战火硝烟如眼前。
曾记蒋军攻临沂，麕集军队四十万③。
山东遍地狼烟起，烧杀抢掠人人怨。
华东我军诱敌入④，十万民工来支前。
四、九纵队正面攻，一、八纵队抄两沿。
六纵飞兵断后路，御林被困孟良山⑤。
三、十纵队摆北面，二、七纵队杀向南。
一举攻占垛庄铺⑥，勇猛阻击截敌援。
告急电报雪片飞，汤顾闻之心胆寒⑦。
独夫下令解重围⑧，敌军畏缩不敢前。
我军万炮轰崮顶⑨，九个纵队齐奋战⑩。
击毙师长张灵甫，活捉少将魏振钺⑪。
三万敌兵全被歼⑫，美式装备送给咱。
山东战局形势变，我军挥戈又向南。
沧海桑田事多变⑬，沂蒙山区换新颜。

【注释】

①选自《涪陵地区党史资料》，1985年，第4～5期。

②原注：1947年笔者随军参加孟良崮战役，1984年重回孟良崮参观。

③麕集：群居；聚集。清顾炎武《钱粮论·上》：“今若于通都大邑行商麕集之地，虽尽征之以银，而民不告病。”

④原注：华东野战军当时的主要领导是陈毅、粟裕和谭震林。

⑤御林：张灵甫任师长的整编第七十四师战斗力较强，号称国民党军五大主力

之首，被称为荣誉军、御林军。孟良山：即孟良崮。

⑥垛庄铺：即垛庄镇，在山东省蒙阴县东南30千米处，是山东省“中心镇”。

⑦汤顾：指汤恩伯与顾祝同。汤恩伯（1898～1954），浙江金华人。1947年汤恩伯指挥进攻山东解放区受挫，国军主力张灵甫的整编七十四师被歼灭，汤恩伯因而被撤职，后转任首都（南京市）卫戍司令。1947年兼任陆军副司令，并曾代理总司令。顾祝同（1893～1987），江苏涟水人。抗战期间，任第三战区司令长官，兼江苏省主席，奉蒋介石密令，制造震惊中外的“皖南事变”。在黄埔嫡系将领中，顾祝同初为“八大金刚”之一，后又列名“五虎上将”。

⑧独夫：指蒋介石。

⑨崮顶：即大崮顶，孟良崮的主峰。

⑩九个纵队：指华东野战军的九个主力纵队，每个纵队相当于一个军。

⑪魏振钺：1906年生，湖南长沙人。中国国民党陆军少将。日本陆军士官学校第二十二期工兵科、陆军大学第十六期毕业。1946年任整编第七十三师少将参谋长，1947年5月16日在孟良崮战役中被俘虏。后任解放军南京军事学院战史教员。

⑫三万敌兵：孟良崮战役毙伤敌人1.3万余人，俘虏敌人1.9万余人，共计3.2万余人。

⑬沧海桑田：语本晋葛洪《神仙传·王远》：“麻姑自说云：‘接待以来，已见东海三为桑田。’”后以“沧海桑田”比喻世事变化巨大。唐储光羲《献八舅东归》诗：“独往不可群，沧海成桑田。”

◎牟乃江

牟乃江，1928 年生，山东日照人。1946 年入伍，1948 年入党，曾任北海专署科员、临沂地区银行科长、地区纪委办公室主任、地委组织部科长、地区计划委员会副主任等职。兼任银雀诗社副社长、临沂老年书画研究会副会长。1998 年被山东省委、省政府授予“先进离休干部”荣誉称号。

纪念孟良崮战役四十周年①

忆昔当年炮声隆，沂蒙大地卷飓风②。
陈总挥师山河动，王牌精锐丧残生。
大战威名扬四海，撼天震地乱金陵③。
独夫暴跳春梦破④，无可奈何叹哀鸣⑤。

【注释】

①选自李兴河主编《沂蒙当代诗词选》，黄河出版社，2001 年版。

②飓风：中国古籍中明以前将台风称为飓风，明以后按风情不同有台风和飓风之分。唐李肇《唐国史补》卷下：“南海人言，海风四面而至，名曰飓风。”

③金陵：南京的别称。

④独夫：指残暴无道、众叛亲离的统治者。此指蒋介石。《尚书·泰誓》：“独夫受，洪惟作威，乃汝世雠。”春梦：春夜的梦，比喻转瞬即逝的好景，也比喻不能实现的愿望。

⑤哀鸣：悲痛哀伤或凄厉的鸣叫。

◎王庆祥

王庆祥，1929年生，山东兰陵人，1941年2月参加东进支队后方医院，1944年9月在临沂县青救会工作，1945年11月加入中国共产党，1946年任鲁南三军分区兼警备九旅文工队分队长。1948年任台枣军分区十八团政治处宣传干事。新中国成立后，先后任九十三师宣传科干事，第七航校政治部文化科副科长、科长，三团一大队政委、三团政委，校政治部主任，副政委兼政治部主任。

赞武工队①

1943年秋

敌强我弱，硬拼不行。
隐蔽精干，化整为零。
灵活机动，出奇制胜。
神出鬼没，草木皆兵。
袖珍匕首，大显神通。
文能宣传，武能进攻。
人人孤胆，个个英雄。
游击敌后，鼓舞群众。
驻军敌堡下，夜观敌营灯。
穿越封锁线，来去无影踪。
镇压坏中坏，威慑敌官兵。
侦察捉舌头②，随时知敌情。
敌后武工队，鲁南建奇功。

【注释】

①选自中共枣庄市委党史办公室编《风烟之歌——枣庄革命诗歌选》，中国矿业大学出版社，1993年版。

②舌头：为侦讯敌情中捕获的敌兵。

◎夏雨常

夏雨常，1930年生，山东威海人。1945年参加革命，1946年加入中国共产党。历任文化教员、指导员、编辑、记者、处长，山东省文联副秘书长、秘书长，中国作家协会山东分会理事，作家权益保障委员会副主任等职。

沂蒙情深（四首）

1980年10月于沂南

访陈毅报告台[①]

1945年党的“七大”之后，在华东军区驻地山东临沂县举行盛大集会，陈毅将军登台报告“七大”精神。

开完“七大”[②]，激情满怀，
你迈着大步登上报告台——
指着那民族胜利的晨曦[③]，
赞美这翻天覆地的时代[④]。
如今，元帅虽已离去，
而历史的回音却永远长在，
报告台——岁月的驿站[⑤]，
时刻注视我们继往开来[⑥]……

【注释】

①选自夏雨常著《情意赋》，山东文艺出版社，1987年版。

②七大：在抗日战争即将取得胜利的前夜，1945年4月23日至6月11日，中国共产党第七次全国代表大会在延安召开。七大的重要意义在于阐明了全党全国人民的奋斗目标是打败日本侵略者，建立一个新民主主义的中国；阐明了为实现这一奋斗目标，就要放手发动群众，壮大人民力量；阐明了加强党的领导是革命取得胜利的关键，同时也确立了毛泽东在中国共产党的重要地位。

③晨曦：清晨的阳光。晋陶潜《闲情赋》：“悲晨曦之易夕，感人生之长勤。”

④翻天覆地：形容变化巨大而彻底。柳亚子《次韵和刘仁女士》之一：“欣见翻天覆地时，国维重奠系千丝。”

⑤驿站：古时供传递文书、官员来往及运输等中途暂息、住宿的地方；旅店。

⑥继往开来：谓继承前人的事业，开辟未来的道路。明王守仁《传习录》卷上：

“文公精神气魄大，是他早年合下便要继往开来，故一向只就考索著述上用功。”

谒罗炳辉塑像[①]

“从奴隶到将军”的罗炳辉，闻名中外。葬于山东临沂，墓前立有巨大塑像。

苦难，把你沦为戴枷奴隶，
革命，把你铸成威武大将。
为了民族生存，你万死不辞[②]，
为了人民的解放，冲杀在疆场。
一腔血交给了可爱的山河，
使大地加深了红色的希望。
此刻，你在沉思着什么？
可是祖国的繁荣、兴旺……

【注释】

①选自夏雨常著《情意赋》，山东文艺出版社，1987 年版。

②万死不辞：死亡一万次也甘心情愿承担重任。

瞻母子树[①]

陈若克是山东省第一任妇联主任和在抗日斗争中杰出的妇女领袖，后被日寇逮捕杀害。

残酷的“扫荡”中，不幸身陷魔窟，
狡诈的敌人妄图逼你屈服[②]。
坚贞无畏的斗争，使他们绝望，
残忍地把你和孩子推下坟墓。
哪料想，来年坟边长出一棵青松，
更谁知，树怀里又生出幼苗一株。
从此，“母子树”的动人传说，
年年代代，长在人心深处……

【注释】

①选自夏雨常著《情意赋》，山东文艺出版社，1987 年版。陈若克（1919 ~ 1941），女，革命烈士。祖籍广东顺德，出生于上海。1936 年 8 月 23 日加入中国共产党，1939 年 6 月起，任山东分局妇女委员、山东省妇女救国联合会常委、山东分局组织部科长等职。1941 年 11 月大青山突围时落入敌手。11 月 26 日，陈若克与未满月的女儿一同被敌人杀害。

②狡诈：狡猾奸诈。唐张鷟《朝野佥载》卷三：“中郎李庆远狡诈倾险，初事皇太子，颇得出入。”

怀念希伯[1]

希伯，德国人，共产党员，在抗日战争中来到中国，支援我国革命，曾写过许多宣传中国胜利的文章，不幸，在沂蒙山区大青山战争中，投笔持枪，英勇牺牲。

你挥笔把中国的胜利传播，
你持枪战斗在风雨如晦的岁月[2]，
你甘当中华民族的忠贞儿子，
大青山浸透了你殷红的热血……
你的鲜血滴滴，凝成花种颗颗，
在你拥抱的土地上盛开了胜利花朵；
而人民的思念犹如只只深情的小鸟，
在你的墓前，呼唤着：希伯、希伯……

【注释】

①选自夏雨常著《情意赋》，山东文艺出版社，1987 年版。汉斯·希伯（1897～1941）：德国共产党党员，伟大的国际主义战士，中国人民的好朋友。曾几次来到中国，编辑英文刊物并撰写过大量政论文章。先后参加过国民革命军、新四军、八路军，对中国人民和中国革命怀有深厚的感情。1941 年沂蒙军民反“扫荡”，在大青山突围中壮烈牺牲。

②风雨如晦：比喻社会黑暗，局势动荡。《诗经·郑风·风雨》：“风雨如晦，鸡鸣不已。”

◎张秀岳

张秀岳，1931 年生，山东莒县人。1946 年参加中国人民解放军，曾任部队卫生员、卫生班长、药材干事、政工干事等。参加过孟良崮、胶东、潍县、兖州、济南、淮海、渡江、上海、福州、厦门等战役和战斗。1951 年加入中国共产党。1955 年转业到临沂，长期从事宣传文化工作和地方史志工作。1983 年离休后，潜心搜集文史资料，策划《沂蒙之光丛书》。已主编出版了大型革命历史摄影集《沂蒙之光》《沂蒙之光墨迹选》等书。临沂诗词学会会员、银雀诗社副秘书长。

悼念黎玉同志（二首）[①]

1986 年 6 月

一

一年之前访北京，黎老待人实热诚。
文物照片并题词，一颗赤心献沂蒙。
一生跌宕有波澜[②]，功绩常在日月共。
耄耋之年逢盛世[③]，又遣豪情笔端行。

二

惊闻黎老与世辞，只恨未能再相逢。
抗日血染大青山，鼎助三帅建奇功[④]。
徂徕烽火永不灭，后人举旗继传统。
黎老逝去英名在，齐鲁谁不忆黎公？

【注释】

①选自明湖诗词学会编《明湖诗刊》，1995 年第 7 期。黎玉（1906 ~ 1986），山西崞县人。1936 年任中共山东省委书记。抗日战争爆发后，领导了徂徕山起义，兼任起义部队政委。1938 年任中共中央山东分局委员、八路军山东纵队政委，1940 年任山东战时工作执行委员会主任。1943 年起任山东军区副政委、山东战时行政委员会主任、中共中央山东分局副书记。1944 年至 1945 年，协助罗荣桓领导山东军民对日伪军进行局部反攻和全面反攻。1945 年起任山东省政府主席，中共中央山东分局代书记，中共中央华东局第二副书记、新四军兼山东军区副政委，山东野战军政委，华东军区副政委。协助陈毅等领导军民保卫山东解放区，粉碎国民党军的重点

进攻。

②跌宕：起伏；上下。清洪升《长生殿·舞盘》："盘旋跌宕，花枝招飐柳枝扬，凤影高骞鸾影翔。"

③耄耋：犹高龄，高寿。三国魏曹操《对酒》诗："人耄耋，皆得以寿终。"

④鼎助：敬辞，大力协助。

在京影展纪诗（二首）

沂蒙影展动京城[1]

1989年1月，临沂地区在北京中国美术馆举办了《奉献的土地》摄影展览，反映强烈，轰动一时，特别是其中30幅历史照片，更引人注目。

沂蒙影展动京城[2]，历史照片显神通。
报纸电台竞报道，只缘革命有殊功。
沂蒙山区地方好，观众一片赞歌声。
奉献精神心田播，伟大瞬间将永恒。

【注释】

①选自张秀岳主编《沂蒙之光诗词选》，山东人民出版社，1998年版。

②沂蒙影展：指临沂地区于1989年1月在北京中国美术馆举办的《奉献的土地——振兴中的沂蒙山区》大型摄影展览。参展照片共260幅，有的摄影作品再现了沂蒙人民同敌人浴血奋战的史实，更多的摄影作品从多角度、多侧面反映了新中国成立以来，特别是中共十一届三中全会以来临沂地区所取得的建设成就。照片还对沂蒙山区的物产资源、风景名胜、风俗人情作了介绍。

将军与老兵[1]

在京举办影展期间，见到自淮海战场一别41年的老首长陈士榘司令员，他赠我墨宝两幅，勉励我做好文史工作。感慨系之，歌咏以志。

将军老兵会京城，畅述在莒战斗情。
心心相印何曾忘，谆谆教诲永记铭[2]。
当年教我握枪杆，而今拿笔颂沂蒙。
老兵不负将军望，文史战线立新功。

【注释】

①选自张秀岳主编《沂蒙之光诗词选》，山东人民出版社，1998年版。

②谆谆：反复告诫、再三叮咛貌。《诗经·大雅·抑》："诲尔谆谆，听我藐藐。"

北京采访纪诗（十一首）[①]

为编辑出版大型革命历史摄影集《沂蒙之光》，1989年9月、10月间，予在北京采访，昔年功建沂蒙的老将军、老领导热情支持，不吝教诲。此行收获之大，教益之深，感人肺腑，特赋诗志怀。

一、访彭冲副委员长[②]

国事肩重任，兴会沂蒙兵。
执手问寒暖，不忘老区情。
喜闻编史册，凝思为命名。
“沂蒙之光”好，字字透九重[③]。

二、访叶飞副委员长[④]

医院访叶老，畅叙昔日情。
随征赴沪闽，厦门几相逢。
破家纾国难[⑤]，丹心照沂蒙。
《征战纪事》最[⑥]，永彪赫赫功[⑦]。

三、访杨得志总长[⑧]

督鲁十六载[⑨]，英名贯长虹，
先哲诞生地[⑩]，三帅建殊功[⑪]。
题词辉青史，泼墨寄深情。
沂蒙光万道，照我跨新程。

四、访陈士榘司令员[⑫]

滨海舞长缨，齐鲁半壁红。
鼎力助陈粟，扬威唱大风。
寿高体雄健，把酒话振兴。
四化开新宇，盛赞我沂蒙。

五、访郭洪涛同志[⑬]

郭老情意浓，待我如弟兄。
珍照数十幅，再现岁峥嵘。
延安率精干，浩荡进沂蒙。
创建根据地，干校育群英。

六、访苏静将军[14]

长征一英雄，摄影史独钟。
入鲁战犹酣，历险摄征程。
受命赴东北，无忘沂蒙情。
年高丹心在，助我揖良朋[15]。

七、访胡奇才将军[16]

鲁中抗日战将勇，伪顽闻风胆颤惊。
迟总题歌敬奇才[17]，世人永铭不朽功。
几回老区乡亲探，血肉故情传京城。
赞我奔忙不辞劳，热情相助送东风。

八、访梁必业将军[18]

罗帅挥师进山东，威震齐鲁战倭凶。
将军撰史铭雄师[19]，一曲高歌颂沂蒙。
今逢老区编史诗，梁老踏歌兴意浓[20]。
盛情如同一团火，激人奋进攀高峰。

九、访林月琴同志[21]

长征伴侣又东征，齐鲁大地战旗红。
罗帅领导勋卓著，内助英贤有大功。
没齿难忘乡亲谊[22]，回家先谒众英灵[23]。
为协沂蒙成画卷，罄君珍藏表衷情[24]。

十、访王光伟同志[25]

战前就是一豪英，发展组织临沂城。
革命火种播莒沂，抗日烽火点点红。
王老耆年更思乡[26]，见我访京情更盛。
喜看沂蒙光辉照，乐听沂蒙战歌声。

十一、采访感志

此访更知事空前，北京沂蒙情相连。
革命前辈肝胆照，《沂蒙之光》动宇寰。
祖国万年常青树，党育英烈有遗篇。
革命史上一明珠，发扬光大世代传。

【注释】

①选自张秀岳主编《沂蒙之光诗词选》，山东人民出版社，1998年版。

②彭冲（1915～2010），福建漳州人。1934年8月加入中国共产党。抗日战争爆发后，任新四军宣传队队长，新四军第二支队民运科长。解放战争时期，历任苏中军区独立旅团政治委员，第二十四军第七十二师副政治委员。新中国成立后，任中共福建省委秘书长，南京市委第一书记，南京大学党委书记，中共上海市委第三书记，政协全国委员会副主席等职。

③九重：指天门；天。《乐府诗集·郊庙歌辞一·汉郊祀歌一》："九重开，灵之斿，垂惠恩，鸿祜休。"

④叶飞（1914～1999），福建南安人。1928年加入中国共产主义青年团，1932年转为中国共产党党员。抗日战争爆发后，历任新四军第三支队第六团团长、江南抗日义勇军副指挥等职。解放战争时期，历任山东野战军第一纵队司令员、华东野战军第一纵队司令员兼政治委员、第一兵团副司令员兼第一纵队司令员等职，先后参加宿北、鲁南、莱芜、孟良崮、豫东等战役。新中国成立后，历任福建军区司令员，南京军区第一政治委员，福州军区司令员、第一政治委员，交通部部长，海军司令员。1955年被授予上将军衔。

⑤纾：缓和，解除。

⑥《征战纪事》：革命回忆录，叶飞著，上海文艺出版社1990年版。书中载有沂蒙人民"破家支前"的动人情景。

⑦彪：彰明。

⑧杨得志（1911～1994），湖南醴陵人。1928年加入中国工农红军，同年10月加入中国共产党。历任红一军团一师一团团长、红一军团第二师师长。抗日战争爆发后，任八路军第二纵队司令员兼冀鲁豫军区司令员。解放战争时期，历任晋冀鲁豫军区第一纵队司令员、华北军区第二兵团和第十九兵团司令员。1951年后，历任中国人民志愿军第十九兵团司令员、志愿军副司令员、司令员。1955年后，历任济南军区司令员、武汉军区司令员、昆明军区司令员、国防部副部长。1955年被授予上将军衔。有《横戈马上》《为了和平》等著作。

⑨督鲁十六载：应为"督鲁十八载"。杨得志于1955年4月被任命为济南军区司令员。1973年12月22日，八大军区司令员对调，杨得志调任武汉军区司令员。其间"督鲁"共十八年零八个月。

⑩先哲：尊称已经死去的有才德的人。

⑪三帅建殊功：杨总长为《沂蒙之光》的题词是："孔明右军生沂蒙，三帅在此建殊功。"三帅即陈毅、罗荣桓、徐向前。

⑫陈士榘（1909～1995），湖北荆门人。1927年参加中国共产主义青年团，同年参加秋收起义，并转入中国共产党。曾任红三十军参谋长、代军长，八路军一一五师参谋长，滨海军区司令员，新四军兼山东军区参谋长，华东野战军参谋长兼西线兵团司令员。参加了沂蒙山区反"铁壁合围"和山东攻势作战。参与指挥鲁南、孟良崮、洛阳、开封、淮海、渡江等战役。新中国成立后，历任华东军政大学副校

长，军事学院教育长，工程兵司令员兼特种工程指挥部司令员、政委，中央军委顾问。1955年被授予上将军衔。

⑬郭洪涛（1909～2004），陕西米脂人。1925年参加中国共产党，担任中共特支书记、中共榆林地委组织部部长。1934年，兼任红军陕北游击队总指挥部政治委员，1935年冬，任中共陕北省委书记。1938年，调入山东，担任中共山东省委书记、中共苏鲁豫皖边区省委书记。解放战争期间，任东北铁路总局、北平铁路管理局局长。中华人民共和国成立后，历任天津铁路管理局局长、铁道部副部长、国家经济委员会副主任。

⑭苏静（1910～1997），福建海澄人。1936年加入中国共产党。抗日战争时期，历任八路军一一五师政治部保卫部部长兼敌工部部长、战时工作委员会公安处副处长、山东军区政治部秘书长等职。解放战争时期，历任山东军区参谋处副处长兼情报处处长、东北民主联军司令部情报处处长。新中国成立后，历任中南军区副参谋长，解放军总参谋部军务部部长，国家计划委员会副主任等职。1955年被授予中将军衔。他是我国唯一的红军摄影家。一一五师入鲁后的历史照片，大都是他和由他培养的郝世保所拍摄。

⑮揖：古代的拱手礼。

⑯胡奇才（1914～1997），湖北红安人。1930年参加中国工农红军，历任红四军第十一师三十三团、三十五团政治委员，第十一、十二师政治委员。抗日战争时期，任山东纵队第八支队副司令员，第四支队政治委员，鲁中军区司令部参谋处处长，山东军区第三师副师长。解放战争时期，任东北民主联军辽东军区第三纵队司令员，第四纵队司令员。中华人民共和国成立后，任辽东军区司令员，沈阳军区空军副司令员，辽西军区司令员，解放军工程兵副司令员。1955年被授予中将军衔。

⑰迟总：即迟浩田总参谋长。他曾题鲁中抗日歌谣一幅赠胡老，词曰："胡奇才，真勇敢，指挥八路攻冶原，打死鬼子三十三，活捉一个翻译官。"

⑱梁必业（1916～2002），江西庐陵人。1930年加入中国共产主义青年团，同年参加中国工农红军，1932年转入中国共产党。抗日战争时期，历任师政治部总务处处长，师直属队政治处主任，师政治部组织部长，山东军区政治部组织部长、教导团政治委员，师政治委员等职。解放战争时期，历任师政治委员、纵队副政治委员兼政治部主任、纵队政治委员、军政治委员等职。新中国成立后，历任中国人民志愿军副政委，济南军区政委，总政治部副主任，军事科学院政委等。1955年被授予中将军衔。

⑲梁老撰写革命回忆录《一一五师在鲁南》，载于《忆沂蒙》一书。

⑳踏歌：指行吟；边走边歌。唐李白《赠汪伦》诗："李白乘舟将欲行，忽闻岸上踏歌声。"

㉑林月琴（1914～2003），安徽金寨人。红军长征女干部，罗荣桓元帅的夫人。历任八路军第一一五师司令部直属队分总支书记，八路军第一一五师政治部组织部干部科干事、副科长，分管师直属队的干部工作。新中国成立后，任总政治部主任办公室副主任等职。1955年被授予大校军衔。

㉒没齿难忘：形容对别人的恩情或关怀终生不能忘记。

㉓“回家”句：曾在沂蒙山区战斗过的女同志，喜欢把回老区看望说成是“回娘家”。

㉔罄：穷尽。

㉕王光伟（1914～1996），山东沂水人。1930 年加入中国共产党。1933 年 7 月后，在沂水西北部一带建立根据地。1938～1941 年，在延安抗大、延安马列主义学院学习、工作。后任马列学院马列主义研究室主任、中央军委总政治部秘书处处长、嫩江省政府秘书长、东北人民政府统战部秘书长。新中国成立后，历任国家计委副主任、黑龙江省副省长。

㉖耆年：指老年、高年。清袁枚《随园诗话》卷三：“归愚先生虽耆年重望，意不属也。”

◎苗得雨

苗得雨，1932年生，山东沂南人。诗人、作家。上过不足三年私塾与三年抗日小学。自1944年任儿童团长起就开始写诗，被称为解放区的“孩子诗人”。1949年起在《鲁中南报》《农村大众报》任编辑、记者，后任山东和华东文联编创员、创作员。新中国成立后，历任《前哨》与《山东文学》副主编，山东省文联副主席，作协山东分会副主席。出版作品有诗集《旱苗得雨》《沂蒙春》《苗得雨诗选》，文艺评论集《文谈诗话》《赏诗谈艺》，散文集《沂水情》等30余本。

旱苗得雨[①]

1944年春

苗得雨，苗得雨，从小受穷又受苦。
爹爹逃荒下关东，家里撇下几亩土。
全靠奶奶拉把着过[②]，吃的穇子煎饼稀糊涂[③]。
鬼子汉奸没人心，逼粮催款猛似虎。
揭去大锅还不算，小绳拴了奶奶去。
一家大小哭成泥，鬼子汉奸笑嘻嘻。
得雨跺脚暗发誓：“长大报仇剥你的皮！”
今年二月晴了天，炮声一响人心恣。
八路军解放了俺家乡，全家烧香又烧纸。
苗得雨，心欢喜，旱苗得雨旺嗤嗤[④]。
有朝一日苗长成，棵棵庄稼黄金米。
军粮送到前方去，慰劳辛苦的好同志。

【注释】

①选自林默涵主编《中国解放区文学书系·诗歌编》，重庆出版社，1992年版。
②拉把：临沂方言，犹抚养，拉扯。
③稀糊涂：即稀粥。
④旺嗤嗤：临沂方言，兴旺茁壮的样子。

铁算盘子来算账[1]

1945 年冬

铁算盘子咯咯响，邱大老爷来算账。
肚子大，屁股胖，走起路来乱摇晃。
文明棍子手里拿[2]，金丝眼镜架鼻梁，
迈开方步挨门闯，眼珠乱瞪乱打量。
扒墙头，挖土炕，窗缝席底全翻光。
穷人的血汗全归他，抽筋剥皮的活阎王！
如今算盘又一响，翻身群众坐满场。
“铁算盘子”邱老爷，好像夹着尾巴的黄鼠狼。
大家你一言来我一语，鼻涕一把泪两行。
血肉债，冤枉账，一笔一笔全记上。
看你“邱爷爷”有多凶，有话有理你来讲！

【注释】

①选自苗得雨《解放区少年的歌》，中国少年儿童出版社，1980 年版。

②文明棍子：即“文明棍”，手杖，又叫“司的克”（stick）。旧时西方绅士平时喜欢拿一根精致的手杖以示风度和身份，成为西方绅士的招牌形象。民国年间，中国的一些知识分子和绅士受西方文化的影响，也喜欢拿一根手杖。这条手杖到了中国，被称为文明棍。

反奸诉苦[1]

1945 年冬

鬼子完了蛋，汉奸一绳拴。
摆下大会场，黑压一大片。
有苦就诉苦，有冤就诉冤。
有咱毛主席，给咱撑着天！
如今不说话，过后别嫌晚！

【注释】

①选自穆敏主编《山东抗日根据地的文化》，中共党史出版社，2005 年版。诉苦：最早是对中国人民解放军和解放区人民进行阶级教育的一种形式，全国解放战争时期曾广泛运用。诉苦：即诉旧社会和反动派给予劳动人民之苦，通过诉苦提高全体指战员和劳动人民的阶级觉悟。

我送哥哥上战场[①]

1946 年夏

新衣服，净光光，一朵红花挂胸上。
我家哥哥上战场，放下锄头杀老蒋！
皮底鞋，壮又壮，哥哥穿着多跟趟[②]。
本是一点小意思，表表弟弟的热心肠。
小毛巾，白又长，哥哥带着上前方，
你在前方擦汗用，擦得眼明好打枪。
小饭勺，小茶缸，哥哥带着上前方，
吃饭喝茶多便利，吃饱杀敌力气强。
日记本，铅笔长，哥哥带着上前方，
学习文化多识字，学个文武“状元郎”。
小刺刀，大长枪，哥哥带着去打仗，
哥哥哥哥听我说，打抢打得要准当。
小包袱，背身上，哥哥起身往前方。
锣鼓打的长行点[③]，秧歌扭得实在强，
大嫂抱着宝宝送，满场人群闹嚷嚷！
小小儿童嘻嘻笑，欢送哥哥上战场。
你在前方莫想家，家里的活儿俺担当。
等到胜利回家时，咱再欢乐闹一场。

【注释】

①选自林默涵主编《中国解放区文学书系·诗歌编》，重庆出版社，1992 年版。
②跟趟：临沂方言，犹赶趟，跟得上。
③长行点：是打击乐中的一种点子，适用于送行。

放哨歌[①]

1947 年春

身背大马刀，连蹦又带跳，
不怕大风吹，庄头去放哨。
莫看我们年纪小，件件活儿做得好。
参加变工大生产[②]，开荒拾粪起得早。
光能劳动还不算，文化水平也提高。
保证一天识仨字，劳动学习结合好。

当个儿童通讯员，写稿寄到鲁中报[3]，
咱们告诉蒋介石，不让他卖国胡吊闹！
蒋介石，大坏蛋，鬼头鬼脑要难看。
当了干儿卖祖国，弄来枪炮胡捣乱。
特务派到解放区，破坏工作造谣言。
咱们加紧来防奸，站岗放哨莫等闲。
青年从军上前方，这个担子咱来担。
不怕敌人凶，不怕风雨大！
主力军大哥是钢锤，咱们儿童是铁蛋！
为了后方得平安，咱们不能叫困难！

【注释】

①选自苗得雨《解放区少年的歌》，中国少年儿童出版社，1980 年版。

②变工：解放区和全国解放初期曾经施行过的农业劳动互助的简单形式，是农民相互调剂劳动力的方法，有人工换人工、牛工换牛工、人工换牛工等。

③鲁中报：1943 年创办于沂蒙革命根据地的报纸。1948 年与《鲁南时报》合并为《鲁中南报》，成为鲁中南行政公署和鲁中南区党委机关报。

支援淮海战役七章[1]

1948 年秋冬、1949 年春

送叔叔支前

公鸡叫，明了天，叔叔穿上新衣衫，
“叔叔叔叔哪里去?”“我要出工去支前！”
“叔叔出工去支前，俺在家里也不闲，
我挑水，婶垫栏[2]，我下坡[3]，婶种园，
小缸一挑溜溜满，柴禾一拾一大篮。
叔叔前方好好干，扎朵红花等你还！”

碾　米

吱咯吱，碾儿响，家家碾米日夜忙。
推的推，簸的簸，称的称，装的装。
簸得小米没有糠，做饭保管扑鼻香。
忙忙忙，送前方，淮海大战灭蒋贼，
人人都要出力量。

做　鞋

布子好，麻绳壮，妇女做鞋不相让。
缝的缝，绱的绱[4]，一双一双铁一样。
不分黑白一齐忙，同志们穿上打胜仗。
又好穿，又跟趟，哪个穿上不夸奖：
“大娘姐妹您等着，捉来蒋贼咱们和他算总账！”

磨　面

抱着磨棍呼呼转[5]，月亮底下磨白面。
老一班，少一班，磨头遍，又二遍。
老妈妈累得搭拉髻[6]，大姑娘直甩两条辫。
脸上汗水像涌泉，头发上露水珠子连成串。
咱们这里装上担，男人们挑着送前线。
夜夜不合眼，日日不歇班。
老蒋你来看一看，就知道为啥不敌俺！

“老将”出马

徐州城以南，炮火响连天，
咱和蒋介石，来个大决战！
我老汉急得像着火，走着坐着都不安。
我今年六十整，几年就要把气断，
一世生活在人间，难得留名辈辈传。
刮刮胡子洗洗脸，我把衣裳换一换。
黄忠八十都上阵[7]，俺比他少二十年！
你们壮年头里走，老汉这就把路赶！

送军粮

小毛驴，实在壮，粮米口袋驮身上。
一队就是千多头，顺着大路往前淌。
赶驴的倒比驴还矮，全是儿童小姑娘，
“得儿”“呜儿”一齐喊，汗珠滚在两腮旁。
“弟弟妹妹哪里去？”“俺上前线运军粮！”
“弟弟妹妹您慢走，有个消息对您讲，
徐州古城已解放，蒋匪俘虏像群羊。”
大家拍手哈哈笑，催马加鞭往前闯，
忙把军粮运前方，看看蒋匪什么样！

信　心

历来革命千百次，你见哪次像如今？
拿起锄来就是民，扛起枪来就是兵。
又种田地又打仗，天下人民都是兵！
咱们的孩子虽年小，这村那村去送信。
支前民工千千万，哪个不是庄稼汉？
身披蓑衣头[8]，头带苇笠帽，
脚穿老粗鞋，腰挂干水瓢。
出发沂蒙山，直挺海南岛！
堂堂“蒋委员长”，被咱庄稼汉赶得拼命逃！

【注释】

①选自苗得雨《解放区少年的歌》，中国少年儿童出版社，1980 年版。淮海战役自 1948 年 11 月始，1949 年 1 月结束，歼灭国民党军队 55 万余人。

②垫栏：给家畜圈里铺垫土或野草、秸秆以积肥。

③下坡：临沂方言，下地种田。

④绱：将鞋帮与鞋底缝合。

⑤磨棍：用于推磨的棍子。一般为约一米多长、手腕粗细的圆木棒。

⑥搭拉：方言，犹耷拉。髻：盘在头顶或脑后的发结。

⑦黄忠（？～220），字汉升，南阳（今河南南阳）人。本为刘表部下中郎将，后归刘备。刘备称汉中王后封后将军，赐关内侯。黄忠在后世多以勇猛的老将形象出现于各类作品中，在小说《三国演义》中是蜀汉五虎大将之一，后成为老当益壮的代名词。

⑧蓑衣头：破旧的蓑衣。蓑衣：用蓑草编织成厚厚的像衣服一样能穿在身上用以遮雨的雨具，铺在地上亦可以当小的草苫子用。

沂蒙春[1]

1978 年 3 月

沂蒙三月百花红，满山遍野火浪腾，
似多少红绸漫空舞，似多少红缨拂春风。
想起家乡春三月，哪年不是火样红？
家乡春光火中炼，家乡春光血汗凝。
望见满山红花开，多少春雷响回声，
多少色彩绘春景，多少深情在春日里倾。
日寇据点拔除日，正是河开杨柳青，
日寇“扫荡”被粉碎，大地回春暖融融。

正月新春送参军，耕种时节打蒙城[2]，
参军青年披红走，英雄得胜山花迎。
翻身欢庆第一春，元宵红灯耀眼明，
鞭炮啪啪春花放，炉火熊熊映天红。
广场民兵大练武，村头站我红哨兵，
正当春雨濛濛下[3]，蒋匪炸弹响河东。
这个春天最难忘，这个春天有美名，
军民英勇天下唱，齐赞领袖真英明。
光明与黑暗大决战，历史碑文刻山峰，
山崖如剑斩魔爪，人民欢笑敌悲鸣。
祖国多少英雄山，朋友闻名敌闻名，
红花满山山更美，日照红花花更红。
当年老将未下鞍，如今战马仍嘶鸣，
战旗插处战旗舞，曾安营处仍安营。
如同支前通宵忙，战地山野灯火明；
如同大战孟良崮，开山炮火硝烟浓。
群山如浪浪奔腾，新的长征洪流涌，
当年杀敌的智和勇，有老有新的将和兵。
英雄山乡多英雄，老兵身边站新兵，
当年红缨抖动处，遍地红缨更威风。
今昔斗争紧相连，铲除一切害人虫，
山花迎着胜利开，革命春风是东风。
老枝茁壮新枝茂，万物逢春齐繁荣，
若无老将带新兵，哪有今日百花红！

【注释】

①选自杨四平著《世纪回眸：苗得雨研究初探》，中国国际广播出版社，1998年版。

②蒙城：即山东省蒙阴县城。

③濛濛：即蒙蒙。细雨迷蒙貌。明王韦《阁试春阴诗》：“苔花苍润上帘栊，蒙蒙经雨还未雨。”

◎王裕晏

王裕晏，1933 年生，山东临沭人。1948 年 10 月参加革命，1952 年 10 月加入中国共产党。曾任洪门酒厂会计，新海连专卖事业处会计，临沂专卖公司会计、副股长。1953 年任山东省专卖公司、省商业厅、省计划委员会、省物价局、省工委科员、秘书，山东省计委、经委副科长、副处长、处长，山东省计委副主任、主任，省外经贸委主任，省长助理，副省长，省政协副主席。

英雄孟良崮①

1997 年

五十年前飞硝烟，神兵威振沂蒙山。
血染战旗孟良崮，七十二峰更壮观。
自诩铁军张灵甫②，马陵道上演庞涓③。
重点进攻陷绝境，东方报晓换新天。

【注释】

①选自山东省人民政府办公厅编《征程放歌——山东省人民政府办公厅老干部诗词选集》，1999 年版。

②自诩：犹自夸。清蒲松龄《聊斋志异·浙东生》："浙东生房某，客于陕，教授生徒。尝以胆力自诩。"铁军：勇敢善战的军队。

③"马陵"句：马陵之战是战国时期齐军在马陵歼灭魏军的著名伏击战。周显王二十八年（公元前 341），齐威王以田忌为主将，田婴、田盼为副将，孙膑为军师，运用"围魏救赵"战法，率军直取魏都大梁（今河南开封），诱使魏军回救，以解韩围。这次战役中孙膑利用庞涓的弱点，制造假象，诱其就范，使战局始终居于主动地位。此战是中国战争史上设伏歼敌的著名战例。马陵：在今山东莘县；一说即马陵山，在今山东郯城县。

◎刘　超

刘超，原名刘兰德，山东枣庄人。1938 年参加革命，1939 年加入中国共产党，曾任沂水县塘子区妇女主任，鲁南三地委妇女部干事，1940 年牺牲在抱犊崮山区兰陵县流井。此诗作于在济宁中专读书时。

九一八国耻四周年作[①]

1935 年 9 月

东三省，东三省，现在水深火热中[②]。
百姓当了亡国奴，活不活来生不生。
贪得无厌日本鬼，虎视又向关内盯[③]。
同胞们，快觉醒，切莫再做桃源梦[④]！

【注释】

①选自中共枣庄市委党史办公室编《风烟之歌——枣庄革命诗歌选》，中国矿业大学出版社，1993 年版。九一八：指九一八事变；日本称满洲事变。指 1931 年 9 月 18 日中日之间爆发的一次军事冲突和政治事件。此次事变后，日本与中国之间的矛盾进一步激化，中国东北三省全部被日本关东军占领，日本利用前清废帝溥仪在东北建立了满洲国傀儡政权，实行了 14 年之久的殖民统治，使东北同胞饱受亡国奴的痛苦滋味，因此被中国民众视为国耻。

②水深火热：比喻生活处境极端艰难痛苦。典出《孟子·梁惠王下》："箪食壶浆以迎王师，岂有他哉？避水火也。如水益深，如火益热，亦运而已矣。"

③虎视：谓如虎之雄视，有伺机攫取之意。《后汉书·臧洪传》："今王室将危，贼臣虎视，此诚义士效命之秋也。"

④桃源："桃花源"的省称。见晋陶潜的《桃花源记》。此指脱离现实、避世隐居。

◎肖　岩

肖岩，号沈阳山人。1938 年 1 月加入中国共产党。1938～1943 年，先后任中共鲁西区党委会计、八分区教导队政治指导员、运西青年救国会主任、冀鲁豫边区抗日救国联合会组织部长。1943 年 8 月被党组织调往延安中央党校二部学习，后任中央党校一部总务处副处长。新中国成立后，历任哈尔滨市道里区区长、东北财经学院教务长、沈阳市机电局长、沈阳市农机局长、辽宁省机械局局长、辽宁省经委副主任等职。

青驼寺大会记①

为纪念 1940 年山东召开人民大会而书

朱瑞“国际到山东”，青驼寺会气势猛。
青联抗总会成立，齐鲁烽火格外红。

【注释】

①选自肖岩著《肖岩诗词选》，辽宁大学出版社，2008 年版。作者原注：朱瑞英勇牺牲于 1948 年末（辽沈战役之锦州战役中）。朱瑞曾在山东省人民大会上作“从国际到山东”为题目的形势报告。当时我是鲁西人民代表，同时又是参加山东青联会代表。会上我被选为山东省青联委员会委员。注者按：原诗作“青陀寺”，误。

◎杨树民

杨树民，鲁南军区第三军分区政治部宣传科干事。1948 年 11 月，淮海战役开始后，在台儿庄被国民党飞机扫射中弹牺牲。

送别书赠王庆祥同志[①]

1948 年 3 月

赵镈塔前叙离分[②]，春光影里别故人。
仰首峰峦云天处，扬鞭长啸踏征尘[③]。
忆昔相聚载余春，战友挚情手足亲[④]。
从此风晨雨夕夜，失却磋磨一知音[⑤]。

【注释】

①选自中共枣庄市委党史办公室编《风烟之歌——枣庄革命诗歌选》，中国矿业大学出版社，1993 年版。

②赵镈塔：指赵镈纪念碑，在山东省兰陵县尚岩镇文峰山麓。赵镈（1906 ~ 1941），陕西府谷人。1926 年入党，受周恩来同志的直接派遣到黄埔军校学习。1930 年任中共北平市委副书记兼军委书记，直接领导北平地下武装活动。1940 年，任鲁南区委书记，兼任鲁南军区政委、党校校长。1941 年 10 月 27 日被国民党反动派俘虏，于 11 月 13 日被秘密杀害。

③征尘：指旅途中所染的灰尘，含有劳碌辛苦之意。宋陆游《剑门道中遇微雨》诗："衣上征尘杂酒痕，远游无处不销魂。"

④手足：喻兄弟。汉焦赣《易林·益之蒙》："饮酒醉酣，跳起争斗，手足纷拏，伯伤仲僵。"

⑤磋磨：研讨；商议。清曹寅《和些山咏东轩竹见寄》之四："杜陵句法磋磨得，朝夕还同座右铭。"

◎李洪林

李洪林，曾任鲁南军区第三军分区政治部宣传科长。新中国成立后曾任南京军区空军政治部宣传部长，军委空军宣传部副部长，南空政治部副主任等职。

送别战友王庆祥同志①

1948 年 3 月

春雨连绵别意长，君行千里意难忘。
忆昔三载患难共，愿寄数语诉衷肠②。
志在少年情如荼，偷生行尸愧为伍③。
休强他人称我意，长短优劣共相辅。
巨厦巍峨赖基深，革命宗旨为黎群。
勿效达官三呼诺④，应为阶级效劳勤。
良言悦耳倍增欢，恶语伤人恨万千。
并非调和效好好，意在教育团结坚。
送君千里终须别，歧路荆棘赖君决⑤。
扬鞭长追莫回首，圆缺且看长空月。
罄竹难书离别情⑥，愧无佳礼佐君行。
忠言相赠志永念，聊供途中伴行影。

【注释】

①选自中共枣庄市委党史办公室编《风烟之歌——枣庄革命诗歌选》，中国矿业大学出版社，1993 年版。

②衷肠：犹衷情，内心的感情。唐韩偓《天鉴》诗："神依正道终潜卫，天鉴衷肠竟不违。"

③偷生：苟且求活。《荀子·荣辱》："今夫偷生浅知之属，曾此而不知也。"

④达官：泛指高官。唐韩愈《送郑十校理序》："常以宠丞相为大学士，其他学士皆达官也，校理则用天下之名能文学者。"

⑤歧路：从大路上分出来的小路；岔路。三国魏曹植《美女篇》："美女妖且闲，采桑歧路间。"

⑥罄竹难书：极言事实之多，难以尽载。《旧唐书·李密传》载：密作书移郡县，数隋炀帝十罪，且曰："罄南山之竹，书罪未穷；决东海之波，流恶难尽。"

◎陈　前

陈前，湖南双峰人，1938 年 9 月进入抗日军政大学学习，同年加入中国共产党。抗战期间曾在莒县做过敌工工作，任中共莒中县委敌工部部长。后历任团政委、军区政委等职。

赠王建青同志①

曩岁追随敌后方②，壮志豪情未能忘。
莒中浴血驱倭寇，滨北驰骋卫梓桑③。
因危五载共风雨，老病久别诉衷肠。
盛世举杯祝公健，暮年尤须珍夕阳。

【注释】

①选自政协日照市文史联谊委员会编《日照烽火录》（纪念抗日战争胜利六十周年），2005 年版。王建青：当为王健青。作者在抗日战争期间与王健青同志一起在莒中县战斗了五年。王健青（1911～1991），山东新泰人。1931 年加入中国共产党。历任八路军山东纵队连政治指导员、营政治教导员、团政治委员，滨海军区第三军分区副政治委员、第二军分区司令员，第三野战军第二十六军师长等职。1955 年被授予少将军衔。

②曩岁：往年。宋张师正《括异志》卷二："太常少卿陈公希亮，曩岁刺宿州厅事，后门常扃钥。"

③滨北：当时莒中县位于滨海区的北部，故有滨北之称。梓桑：梓树与桑树。《诗经·小雅·小弁》："维桑与梓，必恭敬止。"东汉以来一直以"桑梓"借指故乡或乡亲父老。

◎陈昊苏

陈昊苏，1942 年生，四川乐至人。1963 年加入中国共产党。1965 年毕业于中国科技大学无线电系。历任第七机械工业部研究所室副主任、军事科学院战史研究员、共青团中央书记处书记、中共北京市丰台区委副书记、北京市副市长、广播电影电视部副部长、对外友协副会长、中国友好和平发展基金会常务副会长。著有诗词集多部，编有《陈毅诗词全集》等。

重返临沂①

1991 年 2 月

我之所思在临沂②，飞鸿于此踏雪泥③。
当年畅饮沂河水，留得亲情成永忆。

我之所恋在沂蒙，五月花开旗帜红。
身寄摇篮行万里，心随劲旅猎山东④。

我之所钟在老区，艰难时日得安居。
乡亲抚育恩情重，报答之心常勉勖。

我之所爱在人民，家传革命守坚贞。
所遇新人皆同志，忠诚爱党并爱军。

【注释】

①选自陈昊苏著《陈昊苏诗集——时空的跨越》，新星出版社，2006 年版。作者于 1946 年 4 月随新四军北上山东临沂，当时只有四岁，跟随父亲陈毅、母亲张茜转战沂蒙山区。四十五年后故地重游，写下了这组诗。

②我之所思：本段与以下三段化用汉代张衡《四愁诗》“我所思兮在太山”“我所思兮在桂林”“我所思兮在汉阳”“我所思兮在雁门”的句式。

③“飞鸿”句：鸿雁在雪地上走过时留下的脚印。语本宋苏轼《和子由渑池怀旧》：“人生到处知何似？应似飞鸿踏雪泥。泥上偶然留指爪，鸿飞那复计东西？”后用“雪泥鸿爪”比喻事情过后遗留下的痕迹。

④劲旅：精锐的军队。此指转战山东战场的新四军。1945 年 8 月 26 日，中共中央任命陈毅为新四军军长。10 月，中共中央军委决定新四军军部兼山东军区机关，统一指挥新四军和山东八路军，后于 1947 年 1 月改为华东军区和华东野战军。

参考文献

[1] 张秀岳主编:《沂蒙之光诗词选》,山东人民出版社,1998年版。
[2] 魏巍主编:《将帅诗词选》,辽宁人民出版社,1987年版。
[3] 魏巍主编:《将帅诗词选》(续集),辽宁人民出版社,1988年版。
[4] 朱德等:《将帅诗词300首》,解放军出版社,2000年版。
[5] 山东省民政厅:《山东革命烈士诗词选》,天津人民出版社,1994年版。
[6] 李兴河主编:《沂蒙当代诗词选》,黄河出版社,2001年版。
[7] 临沂市兰山区委员会:《琅琊诗韵》,临沂市新闻出版办公室,2006年版。
[8] 中共枣庄市委党史办公室:《风烟之歌——枣庄革命诗歌选》,中国矿业大学出版社,1993年版。
[9] 老战士诗文集编委会:《老战士诗文集》,新华出版社,1983年版。
[10] 许立昌:《毛泽东诗词赏析辞典》,中国文联出版公司,1993年版。
[11] 中共中央文献研究室:《朱德诗词集》,中央文献出版社,2007年版。
[12] 董必武:《董必武诗词》,人民文学出版社,1977年版。
[13] 中共中央文献研究室:《叶剑英诗词集》,中央文献出版社,2008年版。
[14] 陈毅:《陈毅诗词选集》,人民文学出版社,1977年版。
[15] 迟浩田:《迟浩田军事文选》,解放军出版社,2009年版。
[16] 中共潍坊市委党史资料征集委员会:《潍畔英豪》,山东人民出版社,1985年版。
[17] 李海涛:《王尽美》,中共党史出版社,2005年版。
[18] 秦岭、川之:《革命烈士诗选讲》,内蒙古人民出版社,1985年版。
[19] 山东省民政厅:《光照千秋——山东革命烈士事迹选》(第一册),山东人民出版社,1981年版。
[20] 刘汉黄主编:《罗荣桓元帅》,解放军出版社,1987年版。
[21] 王家伦主编:《中国无产阶级革命家诗词鉴赏》,中国广播电视出版社,1993年版。
[22] 江树生:《名人诗词选》,天马图书有限公司,2004年版。
[23] 张爱萍:《神剑之歌——张爱萍诗词、书法、摄影选集》,人民美术出版社,1991年版。
[24] 杨学军:《红色之旅》,黑龙江人民出版社,2006年版。
[25] 萧华:《万水千山只等闲》,甘肃人民出版社,1979年版。

[26] 河北省馆陶县政协文史资料研究委员会:《范筑先传》,1986 年版。
[27] 王统照:《王统照文集》(第四卷),山东人民出版社,1982 年版。
[28] 祝宏等:《解放号角(1945.9~1949.9)》,齐鲁书社,1993 年版。
[28] 彤心:《中华英烈诗萃》,东北朝鲜民族教育出版社,1991 年版。
[30] 孙学仁、刘祖荫主编:《常恩多将军》,白山出版社,1996 年版。
[31] 枣庄市政协文史资料委员会:《枣庄文史资料》,1989 年第 4 辑。
[32] 国家中医药管理局:《忆郭子化》,中共党史出版社,1991 年版。
[33] 郯城县地方史志编纂委员会:《郯城县志》,深圳特区出版社,2001 年版。
[34] 韦英生等:《关注老龄化社会》,广西人民出版社,2005 年版。
[35] 谢承仁:《中华传统思想文化渊源》,人民出版社,2004 年版。
[36] 靳星五:《烽火挚友》,山东人民出版社,1995 年版。
[37] 中共枣庄市委党史办公室:《烽火丹心》,1995 年版。
[38] 庄严主编:《中华当代绝句选粹》(第一卷),国际炎黄文化出版社,2003 年版。
[39] 郭化若纪念文集编委会:《一代儒将:郭化若纪念文集》,军事科学出版社,1999 年版。
[40] 朱孟明、庄传璋主编:《沂蒙星火》,山东大学出版社,1990 年版。
[41] 明湖诗词学会:《明湖诗刊》,1995 年第 7 期。
[42] 贺新辉主编:《中华诗词鉴赏辞典》,中国妇女出版社,1991 年版。
[43] 莒县党史研究室:《卢兼三诗词选》,中央党史出版社,2004 年版。
[44] 中共临沂地委党史资料征集委员会、中共莒南县委员会:《罗生特在中国》,山东人民出版社,1992 年版。
[45] 魏传统:《追思集》,四川人民出版社,1979 年版。
[46] 牟宜之:《牟宜之诗》,人民出版社,2009 年版。
[47] 冯毅之:《冯毅之六十年作品选》,山东文艺出版社,1990 年版。
[48] 山东省临沂地区民政局:《沂蒙英烈》(第三集),山东人民出版社,1988 年版。
[49] 仁怀政协学习文卫委:《仁怀历代诗钞》,中国文史出版社,2008 年版。
[50] 中共山东省委党史资料征集研究委员会:《深切怀念黎玉同志》,山东人民出版社,1989 年版。
[51] 刘瑞龙:《刘瑞龙文集》,人民出版社,2010 年版。
[52] 中共蒙阴县委党史资料征集委员会:《蒙阴党史资料》,1992 年第 6 辑。
[53] 张麟:《头等兵团:中国人民解放军第二十二军征战纪实》,解放军文艺出版社,2008 年版。
[54] 解放军红叶诗社:《红叶》(第 31 辑),解放军文艺出版社,2005 年版。
[55] 中共临沂市委、中共山东省委党史研究室:《三帅在沂蒙》,中共党史出版社,1996 年版。

［56］欧阳文:《青松诗集》,长征出版社,1991 年版。
［57］政协费县委员会:《费县政协文史资料》(第 4 辑),大中华文化出版社,2006 年版。
［58］曹明新主编:《良师益友》,中国人民大学出版社,2005 年版。
［59］廖联原:《半纪生涯诗选》,广西民族出版社,1988 年版。
［60］李治亭:《烽火人生:一名战地记者和战争年代的人》,黄河出版社,2002 年版。
［61］政协日照市文史联谊委员会:《日照文史》(纪念抗日战争胜利五十周年专辑),1995 年版。
［62］徐洪章、张宝康主编:《铁军诗韵》,中共党史出版社,2009 年版。
［63］石一宸:《铁血曲》,黄河出版社,1994 年版。
［64］李志主编:《抗大精神永放光芒》,黄河出版社,2005 年版。
［65］抗大一分校校史研究会:《在敌后的抗大一分校续集》,中国物价出版社,1998 年版。
［66］莱芜市政协文史资料委员会:《莱芜文史》,1999 年第 10 辑。
［67］山东省沂南县地方史志编纂委员会:《沂南县志》,齐鲁书社,1997 年版。
［68］田兵:《田兵诗集》,贵州人民出版社,1993 年版。
［69］蒙阴县志编纂委员会办公室:《蒙阴县志》,齐鲁书社,1992 年版。
［70］政协山东省临沂市兰山区委员会:《兰山区政协志》,齐鲁书社,2001 年版。
［71］张鹏:《牡丹绝响》,山东画报出版社,2006 年版。
［72］袁宝华:《偷闲吟草》,中国人民大学出版社,2001 年版。
［73］欧阳平:《清晨漫曲》,解放军文艺出版社,1990 年版。
［74］王希坚:《心影集》,山东文艺出版社,1995 年版。
［75］中共临沂市委党史委、中共蒙阴县委:《英雄孟良崮》,1992 年版。
［76］中共临沂地委党史资料征集委员会:《滨海地区党史资料征集座谈会会刊》,1984 年版。
［77］刘春:《随感诗草抄》,书海出版社,2006 年版。
［78］刘华南、王木兰:《后春吟草》,山东文艺出版社,1997 年版。
［79］中共临沂市委:《沂蒙将军颂》(解放战争卷),军事谊文出版社,2005 年版。
［80］金枫:《岭南通俗传统诗歌 400 首》,岭南诗社,1997 年版。
［81］高锐:《行吟集》,军事科学出版社,1999 年版。
［82］张世珠:《秋色赋》,贵州人民出版社,1992 年版。
［83］叶尚志:《叶尚志诗集》,学林出版社,1994 年版。
［84］郑芝晨:《即事吟草·爱晚轩吟草》,山东文艺出版社,1990 年版。
［85］宋英:《海岳情结》,山东人民出版社,2002 年版。
［86］薛宁东、魏贤胜主编:《怀念薛亭》,齐鲁书社,1999 年版。
［87］李子超:《白驹集——李子超诗选》,山东文艺出版社,1992 年版。

[88] 潘心德主编:《东镇沂山》,济南出版社,1998 年 9 月版。
[89] 于联凯、许汝贞主编:《古城阳 · 家乡版》,山东电子音像出版社,2002 年版。
[90] 张茜:《张茜诗抄》,四川人民出版社,1980 年版。
[91] 冠西:《七月雨》(诗歌集),浙江人民出版社,1979 年版。
[92] 城阳镇人民政府和莒县地方史志办公室:《城阳镇志》,山东省地图出版社,2006 年版。
[93] 抗大一分校校史研究会:《在敌后的抗大一分校》(下册),中国物价出版社,1995 年版。
[94] 军事科学院:《粟裕纪念文集》,军事科学出版社,2008 年版。
[95] 石英主编:《胜利之歌》,中国文史出版社,2005 年版。
[96] 傅泉主编:《抗大旗帜在沂蒙大青山飘扬》,中共党史出版社,2005 年版。
[97] 中共临沂市委:《沂蒙双拥颂》,中央文献出版社,2005 年版。
[98] 沙地主编:《纪念陈毅诗词选》,中国青年出版社,1995 年版。
[99] 解放军红叶诗社:《解放战争诗词选萃》,解放军文艺出版社,2009 年版。
[100] 潘心德主编:《东镇沂山》,济南出版社,1998 年版。
[101] 夏雨常:《情意赋》,山东文艺出版社,1987 年版。
[102] 李金陵主编:《重读昨天》,济南出版社,2001 年版。
[103] 林默涵主编:《中国解放区文学书系 · 诗歌编》,重庆出版社,1992 年版。
[104] 穆敏主编:《山东抗日根据地的文化》,中共党史出版社,2005 年版。
[105] 杨四平:《世纪回眸:苗得雨研究初探》,中国国际广播出版社,1998 年版。
[106] 苗得雨:《解放区少年的歌》,中国少年儿童出版社,1980 年版。
[107] 苗得雨:《怀揣祖国地图》,湖南教育出版社,1989 年版。
[108] 苗得雨:《山川情》,青岛出版社,1989 年版。
[109] 肖岩:《肖岩诗词选》,辽宁大学出版社,2008 年版。
[110] 山东省人民政府办公厅:《征程放歌——山东省人民政府办公厅老干部诗词选集》,1999 年版。
[111] 政协日照市文史联谊委员会:《日照烽火录》(纪念抗日战争胜利六十周年),2005 年版。
[112] 陈昊苏:《陈昊苏诗集——时空的跨越》,新星出版社,2006 年版。
[113] 明湖诗词学会:《明湖诗刊》,1997 年第 11 期。
[114] 天津日报社:《文艺增刊》,1981 年第 3 期。
[115] 中共山东省委党史资料征集研究委员会:《征集与研究》,1988 年第 1 期。